2023

中国住房公积金年鉴

Yearbook of China Housing Provident Fund

住房和城乡建设部住房公积金监管司 主编

中国城市出版社

图书在版编目（CIP）数据

2023中国住房公积金年鉴 = Yearbook of China Housing Provident Fund / 住房和城乡建设部住房公积金监管司主编. -- 北京：中国城市出版社，2024.7.
ISBN 978-7-5074-3731-7

Ⅰ．F299.233.1-54

中国国家版本馆CIP数据核字第2024VU3443号

责任编辑：万 李
责任校对：赵 力

2023中国住房公积金年鉴

Yearbook of China Housing Provident Fund
住房和城乡建设部住房公积金监管司 主编
*
中国城市出版社出版、发行（北京海淀三里河路9号）
各地新华书店、建筑书店经销
北京鸿文瀚海文化传媒有限公司制版
北京中科印刷有限公司印刷
*
开本：880毫米×1230毫米 1/16 印张：26¼ 插页：1 字数：842千字
2024年8月第一版 2024年8月第一次印刷
定价：180.00元
ISBN 978-7-5074-3731-7
（904758）

版权所有 翻印必究
如有内容及印装质量问题，请与本社读者服务中心联系
电话：（010）58337283 QQ：2885381756
（地址：北京海淀三里河路9号中国建筑工业出版社604室 邮政编码：100037）

《2023中国住房公积金年鉴》编写委员会

主　任

　　董建国　住房和城乡建设部
　　　　　　党组成员、副部长

副主任

　　杨佳燕　住房和城乡建设部住房公积金
　　　　　　监管司司长
　　斯淙曜　住房和城乡建设部住房公积金
　　　　　　监管司一级巡视员
　　王旭东　住房和城乡建设部住房公积金
　　　　　　监管司副司长
　　井　明　财政部综合司副司长
　　彭立峰　中国人民银行金融市场司
　　　　　　副司长
　　张　锋　中国建筑出版传媒有限公司
　　　　　　（中国城市出版社有限公司）
　　　　　　党委书记、董事长

编　委

　　蔺雪峰　天津市住房和城乡建设委员会
　　　　　　党委书记、主任
　　马　韧　上海市住房和城乡建设管理
　　　　　　委员会党委委员、副主任
　　陈拥军　重庆市住房和城乡建设委员会
　　　　　　党组成员、副主任
　　赵春旺　河北省住房和城乡建设厅
　　　　　　党组成员、副厅长
　　卫再学　山西省住房和城乡建设厅
　　　　　　党组成员、副厅长
　　张　鹤　内蒙古自治区住房和城乡建设厅
　　　　　　党组成员、副厅长
　　曹桂喆　辽宁省住房和城乡建设厅
　　　　　　党组成员、副厅长
　　刘　萍　吉林省住房和城乡建设厅
　　　　　　一级巡视员
　　徐东锋　黑龙江省住房和城乡建设厅
　　　　　　党组成员、副厅长
　　范信芳　江苏省住房和城乡建设厅
　　　　　　党组成员、副厅长
　　施卫忠　浙江省住房和城乡建设厅
　　　　　　党组成员、副厅长
　　何以文　安徽省住房和城乡建设厅
　　　　　　党组成员、总工程师
　　王明炫　福建省住房和城乡建设厅
　　　　　　党组成员、副厅长
　　任红丽　江西省住房和城乡建设厅
　　　　　　党组成员、副厅长
　　周善东　山东省住房和城乡建设厅
　　　　　　党组成员、副厅长、一级巡视员
　　李学军　河南省住房和城乡建设厅
　　　　　　总工程师
　　刘　震　湖北省住房和城乡建设厅
　　　　　　党组成员、副厅长
　　易继红　湖南省住房和城乡建设厅
　　　　　　党组成员、总工程师
　　刘　玮　广东省住房和城乡建设厅
　　　　　　党组成员、副厅长
　　汪夏明　广西壮族自治区住房和城乡建设厅
　　　　　　党组副书记、副厅长、一级巡视员

吴旭彦	海南省住房和城乡建设厅党组成员、副厅长	李兰宏	甘肃省住房和城乡建设厅党组成员、副厅长
樊　晟	四川省住房和城乡建设厅党组成员、副厅长	马庆林	青海省住房和城乡建设厅党组成员、副厅长
王　春	贵州省住房和城乡建设厅党组成员、副厅长	李　梅	宁夏回族自治区住房和城乡建设厅党组成员、副厅长
黄　媛	云南省住房和城乡建设厅党组成员、副厅长	王　策	新疆维吾尔自治区住房和城乡建设厅党组成员、副厅长
于　洋	西藏自治区住房和城乡建设厅党组成员、副厅长	耿明杰	新疆生产建设兵团住房和城乡建设局党组成员、副局长
王友志	陕西省住房和城乡建设厅党组成员、副厅长	刘旭泽	中央国家机关住房资金管理中心主任

《2023中国住房公积金年鉴》编写执行委员会

杨　林　住房和城乡建设部住房公积金监管司
　　　　综合处处长
李晓霞　住房和城乡建设部住房公积金监管司
　　　　政策协调处副处长
蒋俊锋　住房和城乡建设部住房公积金监管司
　　　　督察管理处处长
葛　峰　住房和城乡建设部住房公积金监管司
　　　　信息化推进处处长
陈彩林　住房和城乡建设部住房公积金监管司
　　　　服务指导处处长
张　程　财政部综合司住房土地处副处长
郑玉玲　中国人民银行金融市场司房地产与
　　　　消费金融处处长
魏　庆　上海市住房和城乡建设管理委员会
　　　　二级巡视员、审计处（公积金处）处长
赵国栋　河北省住房和城乡建设厅住房保障与
　　　　住房公积金监管处处长
郭永昶　山西省住房和城乡建设厅住房公积金
　　　　监管处处长
王丹阳　内蒙古自治区住房和城乡建设厅住房
　　　　保障与公积金监管处处长
李依然　辽宁省住房和城乡建设厅住房公积金
　　　　监管处处长
赵　伟　吉林省住房和城乡建设厅房地产市场
　　　　监管处（住房公积金管理办公室）
　　　　副处长
王　亮　黑龙江省住房和城乡建设厅住房保障和
　　　　房地产处处长

葛仁军　江苏省住房和城乡建设厅住房公积金
　　　　监管处处长
梁红伟　浙江省住房和城乡建设厅住房改革与
　　　　公积金监管处处长
刘家祥　安徽省住房和城乡建设厅住房公积金
　　　　监管处处长
卢文英　福建省住房和城乡建设厅住房公积金
　　　　监管处处长、一级调研员
林　伟　江西省住房和城乡建设厅住房公积金
　　　　监管处处长
王访儒　山东省住房和城乡建设厅住房公积金
　　　　监管处处长
远　航　河南省住房和城乡建设厅住房公积金
　　　　监管处处长
康忠荣　湖北省住房和城乡建设厅住房公积金
　　　　监管处处长
黄　俊　湖南省住房和城乡建设厅住房公积金
　　　　监管处处长
林刘雄　广东省住房和城乡建设厅住房公积金
　　　　监管处处长
傅　文　广西壮族自治区住房和城乡建设厅
　　　　住房公积金监管处处长、一级调研员
卓书成　海南省住房和城乡建设厅住房保障与
　　　　公积金监管处处长
谭维斌　四川省住房和城乡建设厅住房公积金
　　　　监管处处长
罗立平　贵州省住房和城乡建设厅住房公积金
　　　　监管处处长

文小勇	云南省住房和城乡建设厅住房改革和公积金监管处处长	彭少卿	江苏省淮安市住房公积金管理中心党组书记、主任
何 荆	西藏自治区住房和城乡建设厅规划财务处（住房公积金监督管理处）处长	张成中	江苏省盐城市住房公积金管理中心党组书记、主任
王宏宇	陕西省住房和城乡建设厅住房公积金监管处处长	南晓清	浙江省杭州住房公积金管理中心党组书记、主任
贺瑞雪	甘肃省住房和城乡建设厅住房公积金监管处处长	郑 俊	浙江省温州市住房公积金管理中心党组书记、主任
渭兆军	青海省住房和城乡建设厅住房改革与保障处（住房公积金监管处）处长	池丽萍	浙江省湖州市住房公积金管理中心党组书记
张小霞	宁夏回族自治区住房和城乡建设厅住房公积金监管处处长	王永飞	浙江省嘉兴市住房公积金管理服务中心党组书记
艾斯卡尔·艾合塔尔	新疆维吾尔自治区住房和城乡建设厅住房公积金监管处处长	程家宏	安徽省马鞍山市住房公积金管理中心党组书记、主任
		赵劲松	福建省厦门市住房公积金中心主任
芦 伟	新疆生产建设兵团住房和城乡建设局住房保障处处长	杨永斌	山东省济南住房公积金中心党组书记、主任
张国伟	北京住房公积金管理中心党组书记、主任	于 晨	山东省枣庄市住房公积金管理中心主任
刘诚宏	天津市住房公积金管理中心党组书记、主任	于 艳	山东省济宁市住房公积金管理中心党组书记、主任
浦建华	上海市公积金管理中心党委副书记、主任	李如民	山东省德州市住房公积金管理中心党组书记、主任
陈正义	重庆市住房公积金管理中心党组书记、主任	李如山	山东省滨州市住房公积金管理中心党组书记、主任
张李虎	山西省晋中市住房公积金管理中心党组书记、主任	袁运强	湖北省武汉住房公积金管理中心党组书记、主任
龙 加	辽宁省沈阳住房公积金管理中心党组书记、主任	熊相军	湖北省宜昌住房公积金中心党组书记、主任
易贵平	吉林省长春市住房公积金管理中心党组书记、主任	冯 卫	广东省广州住房公积金管理中心党组书记、主任
靳 影	黑龙江省伊春市住房公积金管理中心党组书记、主任	黄玉珊	广东省中山市住房公积金管理中心党组书记、主任
周云东	江苏省常州市住房公积金管理中心党组书记、主任	周高明	海南省住房公积金管理局党组书记、局长
何静清	江苏省苏州市住房公积金管理中心党组书记、主任	王 庆	四川省成都住房公积金管理中心党组书记、主任

刘　震　四川省广安市住房公积金管理中心
　　　　党组书记、主任

谈敦旺　甘肃省兰州住房公积金管理中心
　　　　党组书记、主任

李银海　宁夏回族自治区银川住房公积金
　　　　管理中心党组书记、主任

吴风芳　宁夏回族自治区吴忠市住房公积金
　　　　管理中心党组书记、主任

陈　伟　宁夏回族自治区固原市住房公积金
　　　　管理中心党组书记、主任

《2023中国住房公积金年鉴》主要撰稿人名单（以姓氏笔画排序）

马　倩　马　循　马韶男　王　芳　王　晓　王　辉

王利军　王松岩　孔翠羽　冯　昇　朱国彪　任文忠

刘　涛　刘利荷　刘建成　刘玲娜　许龙华　孙　康

牟宗英　杜凌波　李　莹　李　慧　李玉雪　李洋宇

李博文　李富民　李慧群　杨　帆　吴　昊　吴丕镇

余筱雅　张　健　张化友　张荣松　张莹莹　陆　波

陈　赛　陈　燕　陈　默　邵彦恒　范保峰　林炽锦

罗　芳　周　洁　底伟波　孟　萍　孟常旺　赵　斌

赵唐武　赵联政　胡国旭　侯利萍　夏剑君　原嘉颖

黄子锟　梁佳玮　彭佳娟　蒋丹猛　蒋丽萍　舒　磊

童成刚　温华茂　谢洪亮　慕　剑　蔺晓慧　熊志澜

戴旭东

编写说明

《中国住房公积金年鉴》是由住房和城乡建设部组织编纂的住房公积金资料工具书，由中国城市出版社负责具体的编辑出版。

一、《中国住房公积金年鉴》综合反映我国住房公积金制度发展年度情况，内容丰富，数据翔实，具有很强的实用性、可读性、指导性，可为相关部门和人员提供参考借鉴，为学术研究机构提供有力支撑，为社会各界提供知情渠道。

二、《中国住房公积金年鉴》2023卷力求全面记载当年住房公积金管理运行情况，突出展示住房公积金年度重点工作、主要举措和经验亮点。

三、《中国住房公积金年鉴》共分三个部分，第一部分为全国住房公积金年度报告；第二部分为各地住房公积金年度报告，包括各省、自治区、直辖市年度报告，所有省市年度报告均附有在线阅读二维码；第三部分为住房公积金行业经验做法。

限于编写水平和经验，本年鉴难免存在不足之处，欢迎广大读者提出宝贵意见。谨向关心支持住房公积金事业发展的各级领导、撰稿人员和广大读者致以诚挚的感谢！

目　　录

第一部分　全国住房公积金年度报告

全国住房公积金2023年年度报告 ·· 2
全国住房公积金2023年年度报告解读 ·· 14

第二部分　各地住房公积金年度报告

北京市 ··· 18
　北京住房公积金2023年年度报告 ·· 19
　北京住房公积金2023年年度报告二维码 ·· 24
天津市 ··· 25
　天津市住房公积金2023年年度报告 ·· 26
　天津市住房公积金2023年年度报告二维码 ·· 31
河北省 ··· 32
　河北省住房公积金2023年年度报告 ·· 33
　河北省及省内各城市住房公积金2023年年度报告二维码 ·························· 38
山西省 ··· 40
　山西省住房公积金2023年年度报告 ·· 41
　山西省及省内各城市住房公积金2023年年度报告二维码 ·························· 46
内蒙古自治区 ·· 48
　内蒙古自治区住房公积金2023年年度报告 ·· 49
　内蒙古自治区及自治区内各城市住房公积金2023年年度报告二维码 ········· 55
辽宁省 ··· 57
　辽宁省住房公积金2023年年度报告 ·· 58
　辽宁省及省内各城市住房公积金2023年年度报告二维码 ·························· 63
吉林省 ··· 65
　吉林省住房公积金2023年年度报告 ·· 66
　吉林省及省内各城市住房公积金2023年年度报告二维码 ·························· 71
黑龙江省 ·· 73
　黑龙江省住房公积金2023年年度报告 ··· 74
　黑龙江省及省内各城市住房公积金2023年年度报告二维码 ······················ 82
上海市 ··· 84
　上海市住房公积金2023年年度报告 ·· 85
　上海市住房公积金2023年年度报告二维码 ·· 93

江苏省	94
江苏省住房公积金2023年年度报告	95
江苏省及省内各城市住房公积金2023年年度报告二维码	102
浙江省	104
浙江省住房公积金2023年年度报告	105
浙江省及省内各城市住房公积金2023年年度报告二维码	111
安徽省	113
安徽省住房公积金2023年年度报告	114
安徽省及省内各城市住房公积金2023年年度报告二维码	120
福建省	123
福建省住房公积金2023年年度报告	124
福建省及省内各城市住房公积金2023年年度报告二维码	130
江西省	132
江西省住房公积金2023年年度报告	133
江西省及省内各城市住房公积金2023年年度报告二维码	138
山东省	140
山东省住房公积金2023年年度报告	141
山东省及省内各城市住房公积金2023年年度报告二维码	149
河南省	152
河南省住房公积金2023年年度报告	153
河南省及省内各城市住房公积金2023年年度报告二维码	159
湖北省	162
湖北省住房公积金2023年年度报告	163
湖北省及省内各城市住房公积金2023年年度报告二维码	169
湖南省	172
湖南省住房公积金2023年年度报告	173
湖南省及省内各城市住房公积金2023年年度报告二维码	178
广东省	180
广东省住房公积金2023年年度报告	181
广东省及省内各城市住房公积金2023年年度报告二维码	187
广西壮族自治区	190
广西壮族自治区住房公积金2023年年度报告	191
广西壮族自治区及自治区内各城市住房公积金2023年年度报告二维码	198
海南省	200
海南省住房公积金2023年年度报告	201
海南省住房公积金2023年年度报告二维码	208
重庆市	209
重庆市住房公积金2023年年度报告	210
重庆市住房公积金2023年年度报告二维码	214
四川省	215
四川省住房公积金2023年年度报告	216
四川省及省内各城市住房公积金2023年年度报告二维码	222

贵州省 ··· 225
贵州省住房公积金 2023 年年度报告 ··· 226
贵州省及省内各城市住房公积金 2023 年年度报告二维码 ··· 231

云南省 ··· 233
云南省住房公积金 2023 年年度报告 ··· 234
云南省及省内各城市住房公积金 2023 年年度报告二维码 ··· 245

西藏自治区 ··· 248
西藏自治区住房公积金 2023 年年度报告 ··· 249
西藏自治区及自治区内各城市住房公积金 2023 年年度报告二维码 ··· 254

陕西省 ··· 256
陕西省住房公积金 2023 年年度报告 ··· 257
陕西省及省内各城市住房公积金 2023 年年度报告二维码 ··· 262

甘肃省 ··· 264
甘肃省住房公积金 2023 年年度报告 ··· 265
甘肃省及省内各城市住房公积金 2023 年年度报告二维码 ··· 270

青海省 ··· 272
青海省住房公积金 2023 年年度报告 ··· 273
青海省及省内各城市住房公积金 2023 年年度报告二维码 ··· 279

宁夏回族自治区 ··· 281
宁夏回族自治区住房公积金 2023 年年度报告 ··· 282
宁夏回族自治区及自治区内各城市住房公积金 2023 年年度报告二维码 ··· 288

新疆维吾尔自治区 ··· 289
新疆维吾尔自治区住房公积金 2023 年年度报告 ··· 290
新疆维吾尔自治区及自治区内各城市住房公积金 2023 年年度报告二维码 ··· 295

新疆生产建设兵团 ··· 297
新疆生产建设兵团住房公积金 2023 年年度报告 ··· 298
新疆生产建设兵团住房公积金 2023 年年度报告二维码 ··· 302

第三部分 住房公积金行业经验做法

一、全国会议篇 ··· 304
全国住房公积金重点工作推进会暨经验交流会会议精神 ··· 305
四川省成都市推进住房公积金高质量发展 助力谱写中国式现代化成都新篇章 ··· 306
陕西省实施"12345+"工作法 推动住房公积金管理服务迈上新台阶 ··· 308
重庆市改革引领 数字驱动 创新推进灵活就业人员试点工作 ··· 310
广东省广州市贯彻新发展理念 坚持租购并举 助力新市民、青年人解决基本住房问题 ··· 312
江苏省盐城市勇于担当 精准发力 全面提升住房公积金管理服务精细化水平 ··· 314
山东省枣庄市创新住房公积金信用评价体系建设 赋能企业高质量发展 ··· 316
山东省"四强化"促进"四提升" 住房公积金行业精神文明创建再上新台阶 ··· 318
甘肃省数据赋能促转型 共建共享谋发展 ··· 320
北京市多策并用 持续发力 切实维护住房公积金缴存人权益 ··· 322
天津市坚守安全底线 促进提质增效 强化个人贷款全流程风险防控 ··· 324

上海市同心聚力　同向发力　推动长三角住房公积金一体化走深走实 …………………… 326
海南省突出创新引领　破解发展难题　以数字化驱动住房公积金"一体两翼"全面发展 …… 328
江苏省常州市推进数据资源体系建设　夯实数字化发展数据基础 ………………………… 330
江苏省苏州市增创试点新优势　从试验走向示范 …………………………………………… 332
浙江省杭州市积极探索住房公积金贷款资产证券化　加快解决新市民青年人住房问题 …… 334
浙江省温州市探索发挥住房公积金作用　助力共同富裕 …………………………………… 336
福建省厦门市探索实践"一件事"套餐模式　推动住房公积金服务再升级 ……………… 338
山东省滨州市高点定位　高标推进　扎实开展统筹住宅专项维修资金管理试点工作 …… 340
湖北省武汉市顺应经济规律　服务人才流动　住房公积金助力武汉都市圈共圆安居梦 …… 342
宁夏回族自治区银川市以"五易""五办"为抓手　全力打造住房公积金"易"服务品牌 …… 344

二、管理运行篇 ……………………………………………………………………………………… 346

（一）政策执行 …………………………………………………………………………………… 347

浙江省湖州市创新增值举措　推进住房公积金支持保障性住房发展 …………………… 347
山东省济南市精准实施"五心"租房提取政策　加大力度支持新市民、青年人租房安居 …… 349
湖北省宜昌市着力推动制度普惠　助力职工梦圆安居 …………………………………… 351
广东省广州市以行政调解为抓手　引导推动纠纷化解见实效 …………………………… 353

（二）数字化发展 ………………………………………………………………………………… 355

天津市持续深化数据治理　推动管理服务转型升级 ……………………………………… 355
江苏省苏州市全场景应用、全维度覆盖、全链条贯通　打造住房公积金数字人民币
应用"苏州样板" ……………………………………………………………………………… 357
江苏省淮安市推进住房公积金业务数字人民币全场景应用 ……………………………… 359
浙江省杭州市创新住房公积金数字化应用场景　打造"购房贷款"全生命周期生态链 …… 361
安徽省马鞍山市加快数字化建设　推进住房公积金事业高质量发展 …………………… 363
山东省德州市贯彻落实数字政府建设部署　建成住房消费集成服务平台 ……………… 366
甘肃省兰州市坚持数据赋能　推动住房公积金管理服务数字化转型 …………………… 368
宁夏回族自治区固原市健全机制强推进　凝心聚力促实效"四个聚焦"推动征信信息
共享接入工作走深走实 ……………………………………………………………………… 370

（三）风险防控 …………………………………………………………………………………… 372

山西省晋中市下好清收"五步棋"　打好逾期"攻坚战"　全面加强住房公积金贷后
风险管控 ……………………………………………………………………………………… 372
吉林省长春市落实专项审计整改要求　推动解决住房公积金行业分支机构属地化
管理顽瘴 ……………………………………………………………………………………… 374
山东省济宁市完善管控措施　不断提升住房公积金风险防控能力 ……………………… 376
广东省广州市严守安全底线要求　抓实抓细住房公积金风险防控 ……………………… 378
四川省扎实开展"结对子"帮扶工作　帮助西藏提升住房公积金管理水平 …………… 380

（四）服务提升 …………………………………………………………………………………… 382

辽宁省沈阳市数字赋能布局发展新赛道　多元延伸构建服务新模式 …………………… 382
黑龙江省伊春市推动数字化转型　实现"7×24 小时"服务群众不间断 ……………… 384
江苏省盐城市落实"三项清单"　推进走访调研成果转化　提升服务效能 …………… 386
山东省滨州市开展员工竞赛活动　提升为民服务效能 …………………………………… 388
宁夏回族自治区吴忠市圆梦"小窗口"唱响"四部曲" …………………………………… 390

（五）区域协调发展 ……………………………………………………………………………… 392

浙江省嘉兴市"聚焦一体化 共绘同心圆" 积极参与一体化战略合作 …………………………… 392
　　四川省广安市深入推进川渝住房公积金一体化发展 高质量建设川渝高竹新区
　　住房公积金服务专区 …………………………………………………………………………………… 394
　（六）党建综合 ……………………………………………………………………………………………… 396
　　住房和城乡建设部住房公积金监管司党支部在高标准履职尽责中打造坚强战斗堡垒 ………… 396
　　安徽省聚焦四个重点 着力做好住房公积金监管工作 ………………………………………………… 398
　　广东省中山市坚持党建引领 打造为民务实"四好"机关 …………………………………………… 400
　　甘肃省狠抓深化服务提升行动 扎实推动住房公积金高质量发展 ………………………………… 402
2023年住房公积金大事记 …………………………………………………………………………… 404

第一部分
全国住房公积金年度报告

全国住房公积金 2023 年年度报告[1]

2023年，住房公积金行业坚持以习近平新时代中国特色社会主义思想为指导，全面贯彻落实党的二十大精神，认真落实中央经济工作会议、中央金融工作会议决策部署，完整、准确、全面贯彻新发展理念，坚持人民至上，坚持稳中求进工作总基调，坚持房子是用来住的、不是用来炒的定位，推动住房公积金制度惠及更多群体，租购并举解决缴存人基本住房问题，推进住房公积金数字化发展，提升服务标准化规范化便利化水平，住房公积金制度运行安全平稳。根据《住房公积金管理条例》和住房城乡建设部、财政部、中国人民银行《关于健全住房公积金信息披露制度的通知》（建金〔2015〕26号）有关规定，现将全国住房公积金2023年年度报告公布如下。

一、机构概况

（一）根据《住房公积金管理条例》规定，住房城乡建设部会同财政部、中国人民银行负责拟定住房公积金政策，并监督执行。住房城乡建设部设立住房公积金监管司，各省、自治区住房城乡建设厅设立住房公积金监管处（办），分别负责全国、省（自治区）住房公积金日常监管工作。

（二）直辖市和省、自治区人民政府所在地的市，其他设区的市（地、州、盟）以及新疆生产建设兵团设立住房公积金管理委员会，作为住房公积金管理决策机构，负责在《住房公积金管理条例》框架内审议住房公积金决策事项，制定和调整住房公积金具体管理措施并监督实施。截至2023年末，全国共设有住房公积金管理委员会341个。

（三）直辖市和省、自治区人民政府所在地的市，其他设区的市（地、州、盟）以及新疆生产建设兵团设立住房公积金管理中心，负责住房公积金的管理运作。截至2023年末，全国共设有住房公积金管理中心341个；未纳入设区城市统一管理的分支机构99个。全国住房公积金服务网点3675个。全国住房公积金从业人员4.42万人，其中，在编2.66万人，非在编1.76万人。

（四）按照中国人民银行的规定，住房公积金贷款、结算等金融业务委托住房公积金管理委员会指定的商业银行办理。

二、业务运行情况

（一）缴存。2023年，住房公积金实缴单位494.76万个，实缴职工17454.68万人，分别比上年增长9.29%和2.80%。新开户单位77.15万个，新开户职工2017.11万人。

2023年，住房公积金缴存额34697.69亿元，比上年增长8.65%。

截至2023年末，住房公积金累计缴存总额291623.52亿元，缴存余额100589.80亿元，分别比上年末增长13.50%、8.80%（表1、表2、图1）。

2023年分地区住房公积金缴存情况　　　　表1

地区	实缴单位（万个）	实缴职工（万人）	缴存额（亿元）	累计缴存总额（亿元）	缴存余额（亿元）
全国	494.76	17454.68	34697.69	291623.52	100589.80
北京	47.46	946.82	3154.35	26609.27	7591.80

续表

地区	实缴单位（万个）	实缴职工（万人）	缴存额（亿元）	累计缴存总额（亿元）	缴存余额（亿元）
天津	10.93	322.97	670.32	6979.86	2055.17
河北	9.24	572.18	942.59	8342.26	3402.70
山西	5.73	376.68	633.44	5300.01	2068.04
内蒙古	5.46	301.41	623.16	5148.38	2065.65
辽宁	12.21	513.65	998.32	10882.73	3430.26
吉林	5.05	257.01	445.01	4476.27	1687.32
黑龙江	4.61	294.86	576.46	5763.15	2125.72
上海	56.01	944.26	2473.10	19418.42	7745.01
江苏	54.58	1631.80	3037.47	24605.22	7934.02
浙江	44.53	1152.88	2467.11	19602.24	5590.46
安徽	9.97	547.06	1033.50	9059.68	2743.12
福建	18.01	493.74	987.97	8253.67	2593.34
江西	6.75	346.49	668.06	5143.80	2155.81
山东	29.34	1170.51	1990.35	16205.57	5910.68
河南	11.65	731.91	1115.29	9379.36	3951.97
湖北	13.07	588.90	1239.87	10000.17	4119.72
湖南	9.77	547.28	966.13	7915.41	3405.32
广东	64.07	2258.04	3894.19	31532.94	9648.24
广西	7.97	369.10	692.78	5851.09	1904.90
海南	5.72	135.57	211.72	1663.74	683.40
重庆	6.34	323.32	575.74	5039.63	1708.33
四川	19.05	845.57	1594.73	13107.45	4774.47
贵州	7.19	307.45	569.29	4531.98	1680.55
云南	7.06	312.85	711.29	6595.74	2066.43
西藏	0.72	46.61	160.98	1149.75	540.46
陕西	10.13	494.45	850.86	6644.52	2650.93
甘肃	4.12	210.90	424.17	3730.44	1467.81
青海	1.34	61.64	167.54	1468.88	477.53
宁夏	1.42	78.56	164.53	1461.88	475.04
新疆	4.60	239.80	589.51	5233.35	1725.69
新疆兵团	0.66	30.41	67.84	526.68	209.91

2023 年分类型单位住房公积金缴存情况　　　　　　　表 2

单位性质	缴存单位（万个）	占比（%）	实缴职工（万人）	占比（%）	新开户职工（万人）	占比（%）
国家机关和事业单位	72.05	14.56	4835.90	27.71	272.27	13.50
国有企业	27.12	5.48	3054.97	17.50	198.17	9.82
城镇集体企业	5.05	1.02	230.49	1.32	22.83	1.13
外商投资企业	11.69	2.36	1208.46	6.92	141.30	7.01

续表

单位性质	缴存单位（万个）	占比（%）	实缴职工（万人）	占比（%）	新开户职工（万人）	占比（%）
城镇私营企业及其他城镇企业	307.48	62.15	6730.48	38.56	1146.79	56.85
民办非企业单位和社会团体	11.89	2.40	317.47	1.82	51.72	2.56
其他类型单位	59.48	12.02	1076.90	6.17	184.02	9.12
合计	494.76	100.00	17454.68	100.00	2017.11	100.00

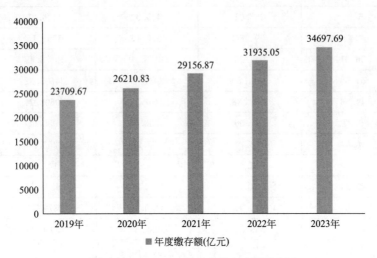

图1　2019—2023年住房公积金缴存额

（二）提取。 2023年，住房公积金提取人数7620.10万人，占实缴职工人数的43.66%；提取额26562.71亿元，比上年增长24.34%；提取率[2] 76.55%，比上年提高9.66个百分点。

截至2023年末，住房公积金累计提取总额191033.72亿元，占累计缴存总额的65.51%（表3、图2）。

2023年分地区住房公积金提取情况　　表3

地区	提取额（亿元）	提取率（%）	住房消费类提取额（亿元）	非住房消费类提取额（亿元）	累计提取总额（亿元）
全国	26562.71	76.55	19780.29	6782.42	191033.72
北京	2554.76	80.99	2138.21	416.55	19017.47
天津	579.45	86.44	415.61	163.84	4924.68
河北	679.21	72.06	417.66	261.55	4939.55
山西	464.76	73.37	329.83	134.93	3231.97
内蒙古	462.22	74.17	299.92	162.30	3082.73
辽宁	851.80	85.32	545.27	306.53	7452.47
吉林	352.55	79.22	214.95	137.61	2788.96
黑龙江	454.32	78.81	253.72	200.60	3637.43
上海	1644.51	66.50	1293.13	351.38	11673.41
江苏	2269.64	74.72	1748.51	521.13	16671.20
浙江	1896.91	76.89	1557.57	339.34	14011.78
安徽	798.28	77.24	585.19	213.10	6316.55
福建	764.60	77.39	582.92	181.68	5660.33

续表

地区	提取额（亿元）	提取率（%）	住房消费类提取额（亿元）	非住房消费类提取额（亿元）	累计提取总额（亿元）
江西	461.29	69.05	315.87	145.42	2987.99
山东	1478.04	74.26	1085.06	392.99	10294.89
河南	840.64	75.37	536.15	304.49	5427.39
湖北	941.97	75.97	618.39	323.57	5880.45
湖南	704.96	72.97	434.34	270.63	4510.09
广东	2992.17	76.84	2475.30	516.87	21884.70
广西	527.84	76.19	394.24	133.60	3946.19
海南	150.76	71.21	108.13	42.62	980.34
重庆	462.51	80.33	338.19	124.32	3331.30
四川	1273.78	79.87	923.02	350.76	8332.98
贵州	464.49	81.59	355.07	109.42	2851.43
云南	597.92	84.06	443.72	154.19	4529.30
西藏	109.45	67.99	85.54	23.91	609.29
陕西	587.91	69.10	432.12	155.80	3993.59
甘肃	355.38	83.78	247.42	107.95	2262.64
青海	135.90	81.11	90.42	45.48	991.35
宁夏	136.36	82.88	97.35	39.01	986.84
新疆	517.10	87.72	384.64	132.46	3507.66
新疆兵团	51.21	75.48	32.84	18.37	316.77

图2 2019—2023年住房公积金提取额

1. 提取用于租赁住房和老旧小区改造

2023年，支持1846.09万人提取住房公积金2031.28亿元用于租赁住房（图3）。支持4.42万人提取住房公积金8.26亿元用于老旧小区改造。

2. 提取用于购买、建造、翻建、大修自住住房和偿还购房贷款本息

2023年，支持4616.66万人提取住房公积金用于购买、建造、翻建、大修自住住房和偿还购房贷款本息，共计17626.43亿元（图4）。

图3 租赁住房提取

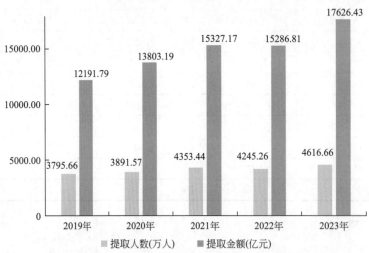

图4 购买、建造、翻建、大修自住住房和偿还购房贷款本息提取

3. 离退休等提取

2023年，支持1092.89万人因离退休等原因提取住房公积金，共计6782.42亿元（表4）。

2023年分类型住房公积金提取情况　　表4

提取原因		提取人数（万人）	占比（％）	提取金额（亿元）	占比（％）
住房消费类	购买、建造、翻建、大修自住住房	653.87	8.58	4840.91	18.22
	偿还购房贷款本息	3962.79	52.00	12785.52	48.13
	租赁住房	1846.09	24.23	2031.28	7.65
	老旧小区改造	4.42	0.06	8.26	0.03
	其他	60.05	0.79	114.32	0.43
非住房消费类	离退休	381.09	5.00	5194.14	19.55
	丧失劳动能力，与单位终止劳动关系	241.13	3.16	415.59	1.56
	出境定居或户口迁移	34.29	0.45	93.40	0.35
	死亡或宣告死亡	15.91	0.21	121.19	0.46
	其他	420.47	5.52	958.09	3.61
合计		7620.10	100.00	26562.71	100.00

(三）贷款

1. 个人住房贷款

2023年，发放住房公积金个人住房贷款286.09万笔，比上年增长15.48%；发放金额14713.06亿元，比上年增长24.25%。

截至2023年末，累计发放住房公积金个人住房贷款4768.54万笔、151858.01亿元，分别比上年末增长6.38%和10.73%；个人住房贷款余额78060.74亿元，比上年末增长6.96%；个人住房贷款率[3]77.60%，比上年末减少1.34个百分点（表5、表6、图5）。

2023年分地区住房公积金个人住房贷款情况　　　　　　　　　　表5

地区	放贷笔数（万笔）	贷款发放额（亿元）	累计放贷笔数（万笔）	累计贷款总额（亿元）	贷款余额（亿元）	个人住房贷款率（%）
全国	**286.09**	**14713.06**	**4768.54**	**151858.01**	**78060.74**	**77.60**
北京	7.63	592.35	151.52	9491.64	5108.40	67.29
天津	5.64	332.01	122.71	4235.41	1692.53	82.35
河北	8.77	445.25	142.53	4280.57	2344.31	68.90
山西	7.04	296.70	88.87	2658.84	1520.79	73.54
内蒙古	6.82	298.74	135.01	3157.02	1329.20	64.35
辽宁	8.84	376.16	218.46	5566.82	2424.82	70.69
吉林	4.44	190.58	91.72	2418.00	1170.84	69.39
黑龙江	4.16	154.98	110.06	2694.72	1098.78	51.69
上海	11.02	832.46	322.14	12584.01	6022.29	77.76
江苏	30.09	1625.27	437.48	14174.93	6918.03	87.19
浙江	16.25	981.67	266.09	10075.55	4985.80	89.18
安徽	9.48	395.63	179.29	4731.69	2234.14	81.45
福建	8.16	446.30	132.98	4455.72	2273.16	87.65
江西	8.08	399.97	107.47	3184.45	1719.54	79.76
山东	20.19	896.54	306.72	8906.28	4620.29	78.17
河南	11.57	508.93	179.83	5122.95	2831.63	71.65
湖北	14.80	820.53	191.50	6248.23	3378.48	82.01
湖南	10.72	507.01	178.28	4774.65	2631.61	77.28
广东	20.20	1191.30	290.68	12077.26	7172.49	74.34
广西	6.44	280.38	100.33	2742.39	1648.43	86.54
海南	2.48	145.59	25.69	989.28	648.38	94.88
重庆	6.78	343.60	85.16	2732.72	1634.74	95.69
四川	14.57	644.10	226.92	6782.12	3713.72	77.78
贵州	6.53	274.29	101.95	2859.68	1576.76	93.82
云南	7.16	353.66	151.95	3722.52	1608.73	77.85
西藏	0.63	43.45	12.43	566.56	277.54	51.35
陕西	9.74	548.57	113.02	3593.90	2208.09	83.30
甘肃	5.19	223.25	97.28	2234.61	1004.04	68.40
青海	1.41	67.89	33.25	808.11	345.72	72.40
宁夏	1.50	76.03	33.79	836.37	302.34	63.65
新疆	8.79	381.33	123.56	2881.01	1445.86	83.78
新疆兵团	0.96	38.53	9.91	269.98	169.26	80.64

2023年分类型住房公积金个人住房贷款情况

表6

类别		发放笔数(万笔)	占比(%)	金额(亿元)	占比(%)
房屋类型	新房	174.40	60.96	8970.80	60.97
	存量商品住房	101.22	35.38	5241.31	35.62
	建造、翻建、大修自住住房	0.26	0.09	13.14	0.09
	其他	10.20	3.56	487.81	3.32
房屋建筑面积	90平方米(含)以下	61.19	21.39	3196.81	21.73
	90至144平方米(含)	198.02	69.22	10012.70	68.05
	144平方米以上	26.87	9.39	1503.55	10.22
支持购房套数	首套	237.37	82.97	12158.93	82.64
	二套及以上	48.72	17.03	2554.13	17.36
贷款职工	单缴存职工	144.24	50.42	6617.91	44.98
	双缴存职工	141.31	49.39	8069.40	54.85
	三人及以上缴存职工	0.53	0.19	25.75	0.18
贷款职工年龄	30岁(含)以下	99.20	34.68	4985.03	33.88
	30至40岁(含)	133.55	46.68	7220.19	49.07
	40至50岁(含)	43.47	15.19	2114.59	14.37
	50岁以上	9.87	3.45	393.25	2.67
贷款职工收入水平	低于上年当地社会平均工资3倍	275.60	96.33	14026.89	95.34
	高于上年当地社会平均工资3倍(含)	10.49	3.67	686.17	4.66

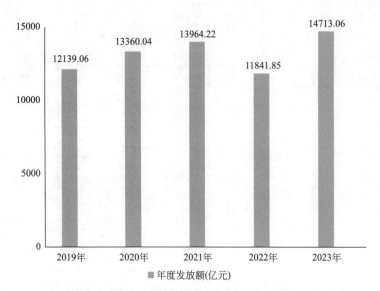

图5 2019—2023年个人住房贷款发放情况

2. 支持保障性住房建设试点项目贷款

近年来，支持保障性住房建设试点项目贷款工作以贷款回收为主。2023年，未发放试点项目贷款，回收试点项目贷款0.75亿元。

截至2023年末，累计向373个试点项目发放贷款872.15亿元，累计回收试点项目贷款871.39亿元，试点项目贷款余额0.76亿元。371个试点项目结清贷款本息，83个试点城市全部收回贷款本息。

(四)国债。2023 年,未购买国债,兑付、转让、收回国债 1.85 亿元;截至 2023 年末,国债余额 3.04 亿元。

三、业务收支及增值收益情况

(一)业务收入。2023 年,住房公积金业务收入 3029.68 亿元,比上年增长 5.62%。其中,存款利息 639.20 亿元,委托贷款利息 2382.36 亿元,国债利息 0.04 亿元,其他 8.08 亿元。

(二)业务支出。2023 年,住房公积金业务支出 1589.08 亿元,比上年增长 8.83%。其中,支付缴存职工利息 1459.02 亿元,支付受委托银行归集手续费 30.10 亿元、委托贷款手续费 73.65 亿元,其他 26.31 亿元。

(三)增值收益。2023 年,住房公积金增值收益 1440.60 亿元,比上年增长 2.29%;增值收益率[4] 1.49%。

(四)增值收益分配。2023 年,提取住房公积金贷款风险准备金[5] 276.90 亿元,提取管理费用 127.64 亿元,提取公租房(廉租房)建设补充资金 1036.19 亿元(表 7)。

2023 年分地区住房公积金增值收益及分配情况　　　　　　　　　表 7

地区	业务收入(亿元)	业务支出(亿元)	增值收益(亿元)	增值收益率(%)	提取贷款风险准备金(亿元)	提取管理费用(亿元)	提取公租房(廉租房)建设补充资金(亿元)
全国	3029.68	1589.08	1440.60	1.49	276.90	127.64	1036.19
北京	231.30	115.25	116.05	1.59	−1.59	5.31	112.33
天津	56.00	34.14	21.86	1.09	1.16	3.96	16.76
河北	101.03	52.37	48.66	1.49	2.38	7.70	38.57
山西	63.53	32.35	31.18	1.57	3.14	3.48	24.56
内蒙古	59.49	30.80	28.69	1.44	11.45	4.07	13.13
辽宁	102.81	54.02	48.78	1.45	5.80	5.04	37.94
吉林	50.40	26.24	24.16	1.47	3.62	3.42	17.11
黑龙江	61.33	32.00	29.33	1.42	0.01	2.90	26.42
上海	245.25	119.43	125.82	1.71	98.94	2.00	24.87
江苏	237.17	129.20	107.97	1.43	44.35	8.02	55.42
浙江	170.22	91.52	78.69	1.48	36.11	4.66	37.92
安徽	77.53	43.06	34.47	1.31	1.70	3.48	29.29
福建	78.84	49.80	29.04	1.17	7.15	1.94	20.08
江西	65.23	32.49	32.74	1.59	2.62	3.21	26.92
山东	177.26	93.81	83.46	1.48	0.96	6.56	75.93
河南	114.44	61.95	52.48	1.38	1.34	4.66	46.48
湖北	127.67	63.93	63.74	1.60	10.65	7.67	45.42
湖南	104.93	51.50	53.43	1.62	3.73	6.57	43.14
广东	298.39	154.11	144.28	1.56	6.48	8.08	129.72
广西	56.33	28.84	27.50	1.51	1.70	2.79	23.04
海南	21.31	10.89	10.42	1.58	6.25	0.99	3.18
重庆	51.87	29.30	22.57	1.36	1.83	2.44	18.30
四川	148.45	73.64	74.82	1.62	8.31	7.60	58.89
贵州	50.60	27.89	22.71	1.39	0.89	2.45	19.37

续表

地区	业务收入（亿元）	业务支出（亿元）	增值收益（亿元）	增值收益率（%）	提取贷款风险准备金（亿元）	提取管理费用（亿元）	提取公租房(廉租房)建设补充资金(亿元)
云南	62.24	32.88	29.35	1.46	1.30	5.65	22.40
西藏	10.47	6.97	3.50	0.68	2.19	0.15	1.38
陕西	77.33	41.66	35.67	1.42	7.11	5.06	23.45
甘肃	42.61	24.26	18.36	1.28	1.42	3.10	13.85
青海	14.13	6.57	7.57	1.64	3.65	0.76	3.16
宁夏	13.08	7.18	5.91	1.28	0.14	0.76	5.00
新疆	52.34	27.78	24.57	1.46	1.50	2.89	20.18
新疆兵团	6.11	3.28	2.83	1.41	0.59	0.27	1.97

截至2023年末，累计提取住房公积金贷款风险准备金3356.90亿元，累计提取公租房（廉租房）建设补充资金7560.20亿元。

（五）管理费用支出。 2023年，实际支出管理费用115.67亿元，比上年增长0.73%。其中，人员经费[6] 66.56亿元，公用经费[7] 9.72亿元，专项经费[8] 39.38亿元。

四、资产风险情况

（一）个人住房贷款。 截至2023年末，住房公积金个人住房贷款逾期额18.68亿元，逾期率[9] 0.02%。

2023年，使用住房公积金个人住房贷款风险准备金核销呆坏账0元。

（二）支持保障性住房建设试点项目贷款。 2023年，试点项目贷款未发生逾期。截至2023年末，无试点项目贷款逾期。

五、社会经济效益

（一）缴存群体持续扩大

2023年，全国净增住房公积金实缴单位42.04万个，净增住房公积金实缴职工475.12万人，住房公积金缴存规模持续扩大（图6）。

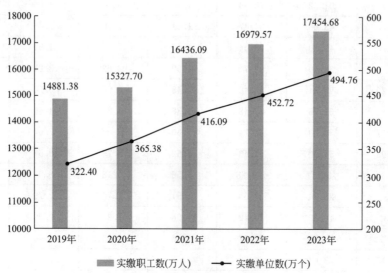

图6 2019—2023年实缴单位数和实缴职工人数

缴存职工中，城镇私营企业及其他城镇企业、外商投资企业、民办非企业单位和其他类型单位占53.47%，比上年提高0.54个百分点。

新开户职工中，城镇私营企业及其他城镇企业、外商投资企业、民办非企业单位和其他类型单位的职工占比达75.55%；非本市职工1180.19万人，占全部新开户职工的58.51%（图7）。

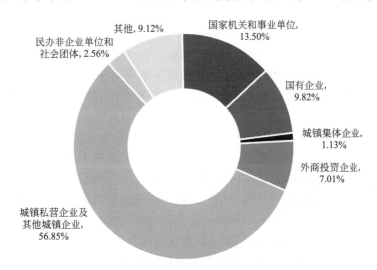

图7　2023年按单位性质分新开户职工人数占比

（二）支持缴存职工住房消费

支持租赁住房消费。2023年，租赁住房提取金额2031.28亿元，比上年增长33.52%；租赁住房提取人数1846.09万人，比上年增长20.04%。

支持城镇老旧小区改造。2023年，支持4.42万人提取住房公积金8.26亿元用于加装电梯等自住住房改造，改善职工居住环境。

个人住房贷款重点支持购买首套普通住房。2023年发放的个人住房贷款笔数中，首套住房贷款占82.97%，144平方米（含）以下住房贷款占90.61%，40岁（含）以下职工贷款占81.36%（图8）。2023年末，住房公积金个人住房贷款市场占有率[10]　16.98%。

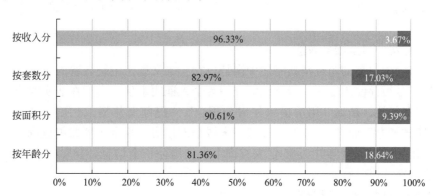

图8　2023年按收入、套数、面积、年龄分贷款笔数占比

2023年，发放住房公积金异地贷款[11]　25.40万笔、1196.43亿元；截至2023年末，累计发放异地贷款170.53万笔、6442.77亿元，余额4271.18亿元。

（三）支持保障性住房建设

2023年，提取公租房（廉租房）建设补充资金占当年分配增值收益的71.92%。2023年末，累计为公租房（廉租房）建设提供补充资金7560.20亿元。

（四）节约职工住房贷款利息支出

住房公积金个人住房贷款利率比同期贷款市场报价利率（LPR）低0.85~1.2个百分点，2023年发放的住房公积金个人住房贷款，偿还期内可为贷款职工节约利息[12]支出约2262.96亿元，平均每笔贷款可节约利息支出约7.91万元。

六、其他重要事项

2023年，住房城乡建设部等部门认真落实"十四五"规划关于"改革完善住房公积金制度，健全缴存、使用、管理和运行机制"要求，租购并举解决住房公积金缴存人基本住房问题，进一步提升住房公积金管理运行水平。

（一）租购并举支持新市民、青年人等缴存人解决住房问题

指导地方加大租房提取支持力度，鼓励大城市支持新市民、青年人全额提取每月缴存的住房公积金支付房租，推广按月提取住房公积金直接支付房租、帮助缴存人争取租金优惠等做法。指导地方优化住房公积金贷款政策，加强住房公积金与住房保障、房地产市场政策协同，支持缴存人刚性和改善性住房需求。

（二）稳步扩大灵活就业人员参加住房公积金制度试点

指导重庆、成都、广州、深圳、常州、苏州等首批试点城市深化试点工作，围绕重点问题开展专题研究，提出试点政策工具箱，明确统一实施的基础性政策和可选用的支持性政策，完善试点工作机制。稳步扩大试点范围，增加济南、武汉、青岛、昆明、包头、晋城、湖州7个试点城市，助力更多灵活就业人员稳业安居。截至2023年末，13个试点城市有49.37万名灵活就业人员纳入住房公积金制度覆盖范围。

（三）加快推进住房公积金数字化发展

推动住房城乡建设部《关于加快住房公积金数字化发展指导意见》（建金〔2022〕82号）实施，围绕构建便捷高效的数字化服务新模式，组建咨询服务团队开展现场服务指导，推进各地住房公积金业务流程优化、模式创新和履职能力提升，让数字化发展成果更多更公平惠及广大群众。以征信信息共享为抓手，指导各地建立健全住房公积金数据质量提升工作机制，为建立数据赋能的数字化管理新机制夯实数据基础。推进部门间数据共享，年内与公安部实现8项数据共享，为住房公积金业务办理提供数据支撑。

（四）持续提升住房公积金服务效能

把为民办实事作为学习贯彻习近平新时代中国特色社会主义思想主题教育的重要内容，通过整合职工缴存证明、异地贷款缴存使用证明、贷款结清证明等个人证明事项，实现在线实时出具，推动"亮码可办"，提升异地服务效能。新增"租房提取住房公积金""提前退休提取住房公积金"2项"跨省通办"服务事项，"跨省通办"服务事项增至13项。上线个人住房公积金年度账单查询功能，向缴存人报告上年度个人缴存使用情况。全年共1.05亿人查询个人住房公积金信息，165.43万人线上异地转移接续个人住房公积金302.99亿元。

（五）规范和加强住房公积金行业管理

加强对城市住房公积金管理委员会的工作指导，推动管理委员会发挥好作用，提高决策科学性和监督有效性。指导地方多措并举推动单位依法缴存住房公积金，总结推广地方经验做法。落实京津冀协同发展、长三角区域一体化发展、成渝地区双城经济圈建设等国家战略部署，推动实现住房公积金区域一体化信息共享、政策协同。建立行业帮扶工作机制，组织四川、江苏、山东分别与西藏、青海、新疆生产建设兵团"结对子"，助力提升住房公积金管理运行水平。指导各地提高风险防控水平，持续加强个人住房贷款逾期风险和银行资金存储风险管控。进一步推动部分住房公积金行业分支机构纳入设区城市住房公积金管理中心统一管理，规范机构设置。编制年度体检评估指标（2023版），组织开展住房公积金管理中心体检评估工作，不断提升行业管理服务水平。

（六）行业文明建设取得积极成效

深化行业精神文明创建，将行业文明建设与提升住房公积金服务、规范住房公积金管理有机结合，推动党建与业务融合，全行业干部职工的思想觉悟、道德水准和文明素养不断提升。全行业持续推进"惠民公积金、服务暖人心"全国住房公积金系统服务提升三年行动，推广服务意识强、服务效能好、群众满意度高的住房公积金星级服务岗先进经验，发挥典型示范引领作用。2023年，全行业共获得地市级以上文明单位（行业、窗口）193个，青年文明号112个，五一劳动奖章（劳动模范）27个，工人先锋号31个，三八红旗手（巾帼文明岗）41个，先进集体和个人983个，其他荣誉称号1038个。

注释：

[1] 本报告数据为2023年度初步统计数，数据取自各省（自治区、直辖市）和新疆生产建设兵团披露的住房公积金年度报告、全国住房公积金统计信息系统及各地报送的数据，对各省（自治区、直辖市）和新疆生产建设兵团年度报告中的部分数据进行了修正。部分数据因小数取舍，存在与分项合计不等的情况，不作机械调整。指标口径按住房城乡建设部、财政部、中国人民银行《关于健全住房公积金信息披露制度的通知》（建金〔2015〕26号）等文件规定注释。涉及的全国性统计数据未包括香港特别行政区、澳门特别行政区和台湾省。

[2] 提取率指当年提取额占当年缴存额的比率。

[3] 个人住房贷款率指年度末个人住房贷款余额占年度末住房公积金缴存余额的比率。

[4] 增值收益率指增值收益与月均缴存余额的比率。

[5] 提取住房公积金贷款风险准备金，如冲减往年提取的住房公积金贷款风险准备金，则按负数统计。

[6] 人员经费包括住房公积金管理中心工作人员的基本工资、补助工资、职工福利费、社会保障费、住房公积金、助学金等。

[7] 公用经费包括住房公积金管理中心的公务费、业务费、设备购置费、修缮费和其他费用。

[8] 专项经费指经财政部门批准的用于指定项目和用途，并要求单独核算的资金。

[9] 个人住房贷款逾期率指个人住房贷款逾期额占个人住房贷款余额的比率。

[10] 个人住房贷款市场占有率指当年住房公积金个人住房贷款余额占全国商业性和住房公积金个人住房贷款余额总和的比率。

[11] 异地贷款指缴存和购房行为不在同一城市的住房公积金个人住房贷款，包括用本市资金为在本市购房的外地缴存职工发放的贷款以及用本市资金为在外地购房的本市缴存职工发放的贷款。

[12] 可为贷款职工节约利息指当年获得住房公积金个人住房贷款的职工合同期内所需支付贷款利息总额与申请商业性住房贷款利息总额的差额。商业性住房贷款利率按贷款市场报价利率（LPR）测算。

全国住房公积金 2023 年年度报告解读

一、租购并举，助力缴存人安居宜居

（一）加大租房提取支持力度

1. 全年支持 1846.09 万人提取住房公积金 2031.28 亿元用于租赁住房，分别比上年增长 20.04%、33.52%。

2. 2019 至 2023 年，累计支持租赁住房提取住房公积金 6937.66 亿元。

（二）减轻缴存人购房支出压力

1. 首套住房贷款笔数占比 82.97%。

2. 普通住房贷款笔数占比 90.61%。

3. 40 岁（含）以下缴存人贷款笔数占比 81.36%。

（三）支持缴存人改善居住环境

将加装电梯提取住房公积金政策的支持范围扩大到本人及配偶双方父母自住住房，全年共 4.42 万人提取住房公积金 8.26 亿元，用于加装电梯等自住住房改造，提取人数比上年增长 313.08%。

二、稳健运行，惠及人群不断扩大

（一）住房公积金缴存规模稳步增长

1. 全国新开户单位 77.15 万个，新开户职工 2017.11 万人。

2. 实缴单位 494.76 万个，实缴职工 17454.68 万人，分别比上年增长 9.29% 和 2.80%。

（二）城镇私营企业等职工占比过半且持续提高

1. 推动单位依法缴存。许多城市将缴存住房公积金纳入劳动合同示范文本，维护职工合法权益。

2. 新开户职工中，城镇私营企业及其他城镇企业、外商投资企业、民办非企业单位和其他类型单位缴存职工占比 75.55%。缴存职工中，城镇私营企业等单位缴存职工占比 53.47%。

（三）持续推进灵活就业人员参加住房公积金制度试点

1. 稳步扩大试点城市范围，指导济南、武汉、青岛、昆明、包头、晋城、湖州 7 个城市开展试点，试点城市增至 13 个，助力更多灵活就业人员"稳业安居"。

2. 灵活就业人员缴存人数翻倍。截至 2023 年末，13 个试点城市有 49.37 万灵活就业人员缴存住房公积金，比上年末增长 124.10%。

三、服务大局，更好发挥制度作用

（一）助力全国统一大市场建立，缴存人办事更加好办易办

1. 实现"亮码可办"。将 3 项住房公积金个人证明事项整合优化为《住房公积金业务办理个人信息表》，以统一"电子码"代替原有纸质证明，实现个人证明事项"亮码可办"，方便缴存人办理异地贷款等相关业务。加强异地协同联动，由缴存人多地跑变为中心间协同办。

2. 增加"跨省通办"服务事项。服务缴存人跨区域流动需要，畅通异地业务办理，新增实现租房提取、提前退休提取住房公积金 2 项高频服务事项"跨省通办"，"跨省通办"服务事项增加至 13 项。

3. 丰富线上服务内容。上线个人住房公积金年度账单查询功能，便利缴存人查看住房公积金缴存使用情况。全年共 1.05 亿人查询个人住房公积金信息，165.43 万人通过线上办理异地转移接续，涉及金额 302.99 亿元。

（二）促进区域协调发展，方便缴存人自由流动

落实国家区域协调发展战略，指导推进京津冀、长三角、粤港澳大湾区、成渝双城经济圈住房公积金一体化发展，探索更多事项跨区域办理，为畅通国内大循环发挥积极作用。

1. 京津冀：出台雄安新区纾解职工住房公积金支持政策，截至 2023 年末，支持纾解职工提取住房公积金 1807 万元，发放个人住房贷款近亿元，有力支持疏解职工住房需求。

2. 长三角：持续丰富长三角住房公积金服务专栏事项，新增实现租赁提取住房公积金业务上线长三角"一网通办"平台。

3. 粤港澳大湾区：落实港澳台同胞缴存住房公积金有关政策，为港澳台同胞到粤港澳大湾区就业安居提供便利。2020 年至 2023 年，粤港澳大湾区共有 2.98 万名港澳台同胞缴存了住房公积金 14.22 亿元，向港澳台同胞发放个人住房贷款 4.27 亿元。

4. 成渝：探索协同服务新模式，在川渝高竹新区设立跨省域住房公积金服务专区，实现 36 个服务事项无差别受理、同标准办理。

四、夯实基础，管理运行更加高效

（一）住房公积金数字化发展基础更加坚实

1. 推动实现个人住房贷款数据与人民银行征信数据全面对接，助力健全社会信用体系。

2. 扩大数据共享"朋友圈"，已与公安、市场监管等 7 个部门实现数据共享，利用共享数据核验简化证明材料，群众办事"流程更优、材料更简"，提高数字化履职能力，助力数字政府建设。

（二）行业管理更加规范

1. 建立行业帮扶工作机制，组织四川、江苏、山东分别与西藏、青海、新疆生产建设兵团"结对子"，助力提升住房公积金管理运行水平。

2. 持续加强住房公积金风险管控，进一步推动行业分支机构实现属地化管理，组织开展住房公积金管理中心体检评估工作，不断提升行业管理服务水平。

（三）行业文明建设取得积极成效

全行业共获得地市级以上文明单位（行业、窗口）193 个，青年文明号 112 个，工人先锋号 31 个，积极为广大缴存人提供更好更优的服务。

第二部分

各地住房公积金年度报告

北京市

北京住房公积金 2023 年年度报告

根据国务院《住房公积金管理条例》和住房和城乡建设部、财政部、中国人民银行《关于健全住房公积金信息披露制度的通知》（建金〔2015〕26 号）的规定，经北京住房公积金管理委员会审议通过，现将北京住房公积金 2023 年年度报告公布如下：

一、机构概况

（一）住房公积金管理委员会

2023 年，北京住房公积金管理委员会有 28 名成员，共召开 5 次会议，审议通过的事项主要包括：2022 年北京住房公积金归集使用计划执行情况和 2023 年计划、北京住房公积金增值收益 2022 年收支情况和 2023 年收支计划、北京住房公积金 2022 年年度报告、对随单位从北京疏解到雄安新区人员实施住房公积金支持政策、住房公积金缴存比例执行及审批单位降低缴存比例和缓缴申请情况、优化住房公积金政策促进房地产市场平稳健康发展等 16 个事项。

（二）住房公积金管理中心

北京住房公积金管理中心（以下简称公积金中心）为北京市政府直属的不以营利为目的的全额拨款事业单位。公积金中心有 3 个分中心：中共中央直属机关分中心（以下简称中直分中心）、中央国家机关分中心（以下简称国管分中心）、北京铁路分中心（以下简称铁路分中心）；内设 14 个处室、机关党委（党建工作处）、机关纪委和工会；垂直管理 19 个分支机构（18 个管理部和住房公积金贷款中心）。从业人员 715 人，其中，在编 693 人，非在编 22 人。

二、业务运行情况

（一）缴存

2023 年，北京地区新开户单位 36914 家，实缴单位 474559 家，净增单位（实缴）37906 家，同比增长 8.7%；新开户职工 70.97 万人，实缴职工 946.82 万人，净增职工（实缴）0.34 万人，同比增长 0.04%；缴存额 3154.35 亿元，同比增长 7.9%。2023 年末，缴存总额 26609.27 亿元，同比增长 13.4%；缴存余额 7591.80 亿元，同比增长 8.6%。受委托办理住房公积金缴存业务的银行 11 家，与上年相比无变化。

（二）提取

2023 年，544.92 万名缴存人提取住房公积金 2554.76 亿元，同比增长 20.9%。占当年缴存额的 81.0%，同比增长 8.7 个百分点。2023 年末，提取总额 19017.47 亿元，同比增长 15.5%。

（三）委托贷款

1. 住房公积金个人住房贷款

个人住房贷款最高额度 120 万元，其中，单缴存职工和双缴存职工的最高额度均为 120 万元。

2023 年，北京地区发放个人住房贷款 76343 笔、592.35 亿元，同比分别下降 6.6%、6.2%。其中，北京地方发放 59113 笔、421.73 亿元，中直分中心发放 763 笔、7.52 亿元，国管分中心发放 14747 笔、149.85 亿元，铁路分中心发放 1720 笔、13.25 亿元。

2023 年，北京地区回收个人住房贷款 568.11 亿元。其中，北京地方回收 453.77 亿元，中直分中心回收 3.08 亿元，国管分中心回收 98.76 亿元，铁路分中心回收 12.51 亿元。

2023 年末，北京地区累计发放个人住房贷款 151.52 万笔、9491.64 亿元，贷款余额 5108.40 亿元，同比分别增长 5.3%、6.7%、0.5%。个人住房贷款余额占缴存余额的 67.3%，比上年同期下降 5.4 个百分点。受委托办理住房公积金个人住房贷款业务的银行 13 家，与上年相比无变化。

2. 异地贷款

2023 年，发放异地购房贷款 793 笔、59975.2 万元。2023 年末，发放异地购房贷款总额 323227.2 万元，异地贷款余额 209507 万元。

3. 公转商贴息贷款

2023 年，未发放公转商贴息贷款，当年贴息额 618.76 万元。2023 年末，累计发放公转商贴息贷款 13528 笔、496295.8 万元，累计贴息 20348.2 万元。

4. 住房公积金支持保障性住房建设项目贷款

2023 年末，累计发放项目贷款 251.09 亿元，项目贷款余额 50 亿元。

（四）购买国债

2023 年末，国债抵债资产 2.27 亿元，未发生新购买、兑付、转让、回收国债情况。

（五）资金存储

2023 年末，住房公积金存款 2447.84 亿元。其中，活期 4.15 亿元，1 年以内定期（含）436.25 亿元，1 年以上定期 1624.90 亿元，其他（协定、通知存款）382.54 亿元。

（六）资金运用率

2023 年末，住房公积金个人住房贷款余额、项目贷款余额和购买国债余额的总和占缴存余额的 68.0%，比上年同期下降 5.3 个百分点。

三、主要财务数据

（一）业务收入

2023 年，住房公积金业务收入共计 2313019.65 万元，同比增长 5.0%。其中，北京地方 1790028.34 万元，中直分中心 24951.19 万元，国管分中心 435489.38 万元，铁路分中心 62550.73 万元；存款（含增值收益存款）利息收入 681981.11 万元，委托贷款利息收入 1619780.14 万元，其他收入 11258.40 万元。

（二）业务支出

2023 年，住房公积金业务支出共计 1152506.88 万元，同比增长 10.3%。其中，北京地方 895609.57 万元，中直分中心 18575.83 万元，国管分中心 204459.45 万元，铁路分中心 33862.03 万元；住房公积金利息支出 1097950.79 万元，归集手续费用支出 2508.75 万元，委托贷款手续费支出 39838.41 万元，其他支出 12208.93 万元。

（三）增值收益

2023 年，住房公积金增值收益 1160512.77 万元，同比增长 0.2%。其中，北京地方 894418.77 万元，中直分中心 6375.36 万元，国管分中心 231029.93 万元，铁路分中心 28688.71 万元。增值收益率（增值收益与月均缴存余额的比率）1.6%，较去年下降 0.17 个百分点。

（四）增值收益分配

2023 年，冲减已计提贷款风险准备金 15900.12 万元，提取管理费用 53080.10 万元，提取城市廉租住房（公共租赁住房）建设补充资金 1123332.78 万元。

2023 年，北京地方上交财政管理费用 38537.02 万元，上缴财政城市廉租住房（公共租赁住房）建设补充资金 411462.98 万元。

2023 年末，贷款风险准备金余额 1098561.25 万元。累计提取城市廉租住房（公共租赁住房）建设补充资金 7736442.19 万元。其中，北京地方提取 6308087.76 万元，中直分中心提取 45312.68 万元，国管分中心提取 1165967.97 万元，铁路分中心提取 217073.78 万元。

（五）管理费用支出

2023 年，管理费用支出 50711.98 万元，同比下降 5.8%。其中，人员经费 28897.03 万元，公用经费 2499.35 万元，专项经费 19315.60 万元。

北京地方管理费用支出 36576.99 万元，中直分中心管理费用支出 1320.37 万元，国管分中心管理费用支出 7885.67 万元，铁路分中心管理费用支出 4928.95 万元。

四、资产风险状况

（一）住房公积金个人住房贷款

2023 年末，逾期住房公积金个人贷款 4072.81 万元，住房公积金个人贷款逾期率 0.08‰。其中，国管分中心逾期率 0.14‰，铁路分中心逾期率 2.3‰。住房公积金个人贷款风险准备金余额为 1098561.25 万元。当年无使用住房公积金个人贷款风险准备金核销金额。

（二）支持保障性住房建设试点项目贷款

2023 年末，无逾期项目贷款。当年无使用项目贷款风险准备金核销金额。

五、社会经济效益

（一）缴存业务

缴存职工中，国家机关和事业单位职工占 13.7%，国有企业职工占 14.8%，城镇集体企业职工占 0.4%，外商投资企业职工占 6.8%，城镇私营企业及其他城镇企业职工占 27.4%，民办非企业单位和社会团体职工占 0.6%，其他职工占 36.3%。

新开户职工中，国家机关和事业单位占 8.4%，国有企业占 12.9%，城镇集体企业占 0.3%，外商投资企业占 5.0%，城镇私营企业及其他城镇企业占 28.0%，民办非企业单位和社会团体占 0.7%，其他占 44.7%。

（二）提取业务

按照职工提取类型，住房消费提取占比超 8 成（其中购买、建造、翻建、大修自住住房占 52.1%，偿还购房贷款本息占 22.0%，租赁住房占 9.7%，支持老旧小区改造占 0.001%），非住房消费提取占比不到 2 成（其中离休和退休提取占 12.4%，完全丧失劳动能力并与单位终止劳动关系提取占 0.005%，户口迁出本市或出境定居占 0.01%，其他占 3.78%）。

（三）贷款业务

1. 住房公积金个人住房贷款

2023 年，支持职工购房 675.04 万平方米。年末住房公积金个人住房贷款市场占有率（指 2023 年末住房公积金个人住房贷款余额占当地商业性和住房公积金个人住房贷款余额总和的比率）为 31.6%，比上年末增加 1.7 个百分点。通过申请住房公积金个人住房贷款，购房职工减少利息支出约 920962.21 万元。

职工贷款笔数中，购房建筑面积 90（含）平方米以下占 61.3%，90~144（含）平方米占 35.5%，144 平方米以上占 3.2%；购买新房占 42.8%（购买保障性住房占 11.8%），购买二手房占 57.2%。

职工贷款笔数中，单缴存职工申请贷款占 48.4%，双缴存职工申请贷款占 51.6%。

贷款职工中，30 岁（含）以下占 27.7%，30 岁~40 岁（含）占 56.4%，40 岁~50 岁（含）占 12.8%，50 岁以上占 3.0%；购买首套住房申请贷款占 77.3%，购买二套住房申请贷款占 22.7%。

2. 支持保障性住房建设试点项目贷款

2023 年末，累计发放项目贷款 37 个，贷款额度 251.09 亿元，可解决约 9 万户职工家庭的住房问题。36 个项目贷款资金已发放并还清贷款本息。

(四) 住房贡献率

2023年，住房公积金个人住房贷款发放额、公转商贴息贷款发放额、项目贷款发放额、住房消费提取额的总和与当年缴存额的比率为87.2%，比上年增长2.1个百分点。

六、其他重要事项

(一) 主动担当作为，服务工作大局

一是积极支持雄安新区建设。第一时间贯彻落实习近平总书记在高标准高质量推进雄安新区建设座谈会上的重要讲话精神，多次赴疏解企业调研，会同雄安中心、合作银行出台北京公积金支持政策试行意见，支持100名疏解人员提取住房公积金共计1807万元。首套房贷款首付比例低至20%、最高可贷款120万元，已向85人发放贷款近亿元。二是全力支持首都灾后恢复重建。"23·7"极端强降雨后一周内出台阶段性支持措施，赴房山、门头沟管理部实地调研，组织管理部对接区、街、镇，建立联动工作机制。实行"见面即办、秒级到账、容缺办理"，精准帮扶8918名受灾职工提取13亿元公积金缓解生活困难。门头沟区、房山区和昌平区等政府部门表示感谢。

(二) 优化业务政策，发挥公积金制度作用

一是坚定不移推进"租购并举"。提取事项新增"按月提取"，无发票租房提取金额从1500元提升至2000元，多子女家庭可按实际房租提取。205万职工租房提取248亿元，320万职工购房提取1894亿元，有效缓解职工住房消费压力。二是及时调整优化个贷政策。执行"认房、认公积金贷款记录"，首付款比例最低降至30%，个贷年限延至30年。同步召开新闻发布会，培训12345、12329热线人员，深入售楼处、中介机构等现场，宣讲贷款政策41次，推动"愿贷尽贷"。实施新政以来，12月份贷款笔数同比上升53%，金额上升66%。三是创新服务为企业增信赋能。上线《企业住房公积金缴存情况报告》，11家银行推出融资增信产品12款，用公积金合规缴存记录畅通企业融资渠道。在服贸会、金融街等国家级论坛广泛宣传增信赋能措施，为165家公积金缴存企业授信贷款近9亿元，单笔最高3000万元，助力解决中小微、科创企业融资难、融资贵问题。

(三) 坚持多措并举，切实维护职工权益

一是广泛宣传公积金缴存政策。通过企业座谈、案件梳理，找准问题症结，建立宣传机制措施，印发3个进企宣传文件，编发40万张"致企业的一封信"。聚焦公积金缴存人数少于社保缴费人数的单位，以及人事代理等机构开展政策讲解。全年对30余万家单位开展67.7万次宣讲，3.8万家未正常缴存企业为11.4万职工恢复缴存。二是着力强化执法工作效能。围绕行政执法案件疑难复杂问题，与市司法局、法院研究统一业务口径，对内发布《关于落实住房公积金执法若干问题执行口径的通知》，提升执法规范化水平。实现执法线上投诉，维权职工可通过微信公众号线上投诉并实时查询案件进展，功能上线半年来共受理1314人投诉，向2.6万投诉人推送6.9万条进展信息。三是推行纠纷多元调解。一方面成立执法调解专班，通过现场调度部署，与市高院、东城法院交流研讨，引入法官工作站及专业调解力量，实行"中心调解企民纠纷＋驻点法官司法确认"模式，确保矛盾纠纷化解在基层。先后为170家单位的2261名维权职工追回补缴资金2797万元，真正做到"案结、事了、人和"。另一方面推动"接诉即办"到"未诉先办"转变。2023年考核成绩在全年参评的53家市属机构中排名并列第1位，较22年上升9位，1名同志获评"北京榜样"，4名同志被评为"贴心服务标兵"。四是修订完善铁路分中心资产管理合同文本、调整评估费用标准、调整租房提取政策，持续优化分中心业务流程。

(四) 强化科技赋能，提升服务水平

一是开展智能客服建设，常见业务智能回复用户提问3万余次，满意率97.25%。公积金异地贷款"亮码可办"，租房提取等13项服务"跨省通办"，"京通"小程序新增5个服务，"京办"接入3个办公模块，全市统一申办受理平台接入19个事项，11家银行实现公积金托收自动签约。二是归集业务100%全程网办，"贷款一件事"集成办理网上贷款申请5323笔、公积金补缴"全程网办"13.8万笔。

三是业务柜台新增18个人脸识别应用场景，分支机构配置69台自助机，23个银行网点覆盖自助机。四是中直分中心持续推动信息化建设，进一步拓展"网上办""掌上办""自助办"应用场景；国管分中心门户网站荣获"2023年度中国领先政务网站"称号，微信平台荣获"2023年度中国优秀政务新媒体"称号。

北京住房公积金 2023 年年度报告二维码

名称	二维码
北京住房公积金 2023 年年度报告	

天津市

天津市住房公积金 2023 年年度报告

2023年，市公积金管理中心全面贯彻落实党的二十大精神，认真落实习近平总书记对天津工作的一系列重要指示要求，服务天津推动高质量发展"十项行动"，积极推进我市住房公积金事业高质量发展。根据国家有关规定，经住房公积金管理委员会审议通过，现将天津市住房公积金 2023 年年度报告公布如下：

一、机构概况

（一）住房公积金管理委员会

住房公积金管理委员会有 27 名委员，2023 年通过召开全体会议和函审方式审议公积金相关事项 6 次，审议通过的事项主要包括：

1. 天津市 2022 年住房公积金归集使用情况及 2023 年住房公积金归集使用计划。
2. 天津市 2022 年住房公积金增值收益分配情况及 2023 年住房公积金增值收益计划。
3. 天津市住房公积金 2022 年年度报告。
4. 天津市 2023 年住房公积金管理工作安排。
5. 天津市住房公积金管理委员会委员聘任管理规定。
6. 天津市 2022 年住房公积金管理工作情况。
7. 调整 2023 年住房公积金缴存额。
8. 关于调整个人住房公积金贷款有关政策的通知。
9. 天津市住房公积金提取管理办法。
10. 天津市住房公积金管理委员会章程。
11. 天津市住房公积金行政处罚罚款裁量权基准。
12. 2023 年市住房公积金管理中心贯彻落实市住房公积金管理委员会政策及开展服务情况的报告。

（二）住房公积金管理中心

住房公积金管理中心为直属于天津市政府、不以营利为目的的事业单位，内设机构 17 个、下设机构 4 个、办事机构 20 个。从业人员 670 人，全部为在编人员。

二、业务运行情况

（一）缴存

2023 年，新开户单位 27136 家，净增单位 20378 家；新开户职工 37.49 万人，净增职工 15.59 万人；实缴单位 109256 家，实缴职工 322.97 万人，缴存额 670.32 亿元，分别同比增长 15.05%、4.49%、4.26%。2023 年末，缴存总额 6979.86 亿元，比上年末增加 10.62%；缴存余额 2055.17 亿元，同比增长 4.63%。受委托办理住房公积金缴存业务的银行 1 家。

（二）提取

2023 年，127.86 万名缴存职工提取住房公积金；提取额 579.45 亿元，同比增长 25.61%；提取额占当年缴存额的 86.44%，比上年增长 14.69 个百分点。2023 年末，提取总额 4924.69 亿元，比上年末增加 13.34%。

（三）贷款

1. 个人住房贷款：个人住房贷款最高额度100万元。多子女家庭购买家庭首套住房的，贷款最高限额以本市统一贷款限额为基础上浮20%。

2023年，发放个人住房贷款5.64万笔、332.01亿元，同比分别增长36.89%、55.90%。

2023年，回收个人住房贷款215.90亿元。

2023年末，累计发放个人住房贷款122.71万笔、4235.41亿元，贷款余额1692.53亿元，分别比上年末增加4.82%、8.51%、7.37%。个人住房贷款余额占缴存余额的82.35%，比上年末提高2.1个百分点。受委托办理住房公积金个人住房贷款业务的银行21家。

2. 异地贷款：2023年，发放异地贷款2478笔、17.62亿元。2023年末，发放异地贷款总额17.66亿元，异地贷款余额17.43亿元。

（四）资金存储

2023年末，住房公积金存款379.69亿元。其中，活期0.06亿元，1年（含）以下定期15.00亿元，1年以上定期347.45亿元，其他（协定、通知存款等）17.18亿元。

（五）资金运用率

2023年末，住房公积金个人住房贷款余额、项目贷款余额和购买国债余额的总和占缴存余额的82.35%，比上年末提高2.1个百分点。

三、主要财务数据

（一）业务收入

2023年，业务收入559975.28万元，同比增长2.89%。存款利息54349.06万元，委托贷款利息505625.48万元，国债利息0万元，其他0.74万元。

（二）业务支出

2023年，业务支出341403.27万元，同比增长5.86%。支付职工住房公积金利息304827.34万元，归集手续费13398.70万元，委托贷款手续费24062.52万元，其他－885.29万元。

（三）增值收益

2023年，增值收益218572.01万元，同比下降1.43%。增值收益率1.09%，比上年减少0.09个百分点。

（四）增值收益分配

2023年，提取贷款风险准备金11611.84万元，提取管理费用39626.98万元，提取城市廉租住房（公共租赁住房）建设补充资金167333.19万元。

2023年，上交财政管理费用39626.98万元。上缴财政城市廉租住房（公共租赁住房）建设补充资金167610.44万元，其中2023年增值收益资金167333.19万元，历年待分配增值收益资金277.25万元。

2023年末，贷款风险准备金余额385068.79万元。累计提取城市廉租住房（公共租赁住房）建设补充资金1862854.48万元。

（五）管理费用支出

2023年，管理费用支出39626.98万元，同比增长3.47%。其中，正常经费26284.26万元，专项经费13342.72万元。增加费用主要是用于综合服务用房安全维修支出。

四、资产风险状况

个人住房贷款：2023年末，个人住房贷款逾期额2523.40万元，逾期率0.15‰。个人贷款风险准备金余额378375.82万元。2023年，使用个人贷款风险准备金核销呆坏账0万元。

五、社会经济效益

（一）缴存业务

缴存职工中，国家机关和事业单位占15.97%，国有企业占10.14%，城镇集体企业占0.83%，外商投资企业占2.28%，城镇私营企业及其他城镇企业占64.92%，民办非企业单位和社会团体占3.13%，灵活就业人员占0%，其他占2.73%；中、低收入占96.70%，高收入占3.30%。

新开户职工中，国家机关和事业单位占5.48%，国有企业占4.59%，城镇集体企业占0.69%，外商投资企业占1.22%，城镇私营企业及其他城镇企业占78.88%，民办非企业单位和社会团体占4.32%，灵活就业人员占0%，其他占4.82%；中、低收入占99.42%，高收入占0.58%。

（二）提取业务

提取金额中，购买、建造、翻建、大修自住住房占11.54%，偿还购房贷款本息占58.51%，租赁住房占1.67%，支持老旧小区改造占0.002%，离休和退休提取占20.09%，完全丧失劳动能力并与单位终止劳动关系提取占0%，出境定居占0.01%，其他占8.18%。提取职工中，中、低收入占94.94%，高收入占5.06%。

（三）贷款业务

个人住房贷款：2023年，支持职工购建房545.17万平方米，年末个人住房贷款市场占有率为18.98%，比上年末增加1.09个百分点。通过申请住房公积金个人住房贷款，可节约职工购房利息支出751710.87万元。

职工贷款笔数中，购房建筑面积90（含）平方米以下占42.39%，90～144（含）平方米占54.12%，144平方米以上占3.49%。购买新房占44.09%（其中购买保障性住房占1.16%），购买二手房占55.91%，建造、翻建、大修自住住房占0%（其中支持老旧小区改造占0%），其他占0%。

职工贷款笔数中，单缴存职工申请贷款占93.82%，双缴存职工申请贷款占6.18%，三人及以上缴存职工共同申请贷款占0%。

贷款职工中，30岁（含）以下占34.88%，30岁～40岁（含）占48.99%，40岁～50岁（含）占14.14%，50岁以上占1.99%；购买首套住房申请贷款占86.62%，购买二套及以上申请贷款占13.38%；中、低收入占98.05%，高收入占1.95%。

（四）住房贡献率

2023年，个人住房贷款发放额、住房消费提取额的总和与当年缴存额的比率为111.53%，比上年增长23.96个百分点。

六、其他重要事项

（一）推进住房公积金数字化发展落实情况

2023年，住房公积金管理中心制定了《数字化发展实施方案》和工作清单，从管理和服务上双向发力，持续健全完善数据资源和平台支撑两个体系，明确了"数字化管理新机制、服务新模式、监管新局面、安全新防线"的四新发展战略。同时，积极推动数字人民币应用试点，顺利完成首笔数字人民币住房公积金个人贷款还款业务，填补了资金结算业务在数字人民币领域的空白。

（二）租购并举落实情况

2023年，开展租房提取政策"四个走遍"宣传推广，组织走遍重点人群集中的缴存单位、走遍用工集中的工业园区、走遍高等院校、走遍房屋租赁运营项目，实现提取住房公积金直接支付房租。全年租房提取公积金达9.70亿元，涉及职工9.26万人，占全部提取金额的1.67%。同时在行业领域率先针对新市民、青年人出台专项租房提取支持政策，全年新市民、青年人租房提取公积金人数5.90万人、3.57亿元，在全部租房提取中占比达63.71%和36.80%。

聚焦刚性和改善性需求，落实个人住房公积金贷款政策。通过调整贷款套数核定标准，更好支持缴存职工购买首套房，全年支持5.64万个职工家庭改善住房条件，其中首套房贷款占比86.62%。提高首套房、二套房住房公积金贷款最高限额，缩短贷款时连续缴存时间，使用公积金贷款购房可就首付款提取公积金。

（三）当年住房公积金政策调整及执行情况

2023年，政策调整主要涉及四个方面。一是缴存额例行调整：自2023年7月1日起，我市住房公积金缴存基数由2021年职工个人月均工资总额，调整为2022年职工个人月均工资总额。2023年度住房公积金缴存基数最低不得低于2180元，最高不得超过26451元。国家机关、事业单位及其职工按各11%或各12%的比例缴存住房公积金，其他单位可以根据自身情况在5%～12%间自主确定单位和职工的缴存比例。二是提取政策调整：将市场租房月提取最高限额统一调整为3000元，新市民、青年人市场租房可按月缴存额提取；租住保障性租赁住房可按月实际租金提取；使用公积金贷款购房可就首付提取住房公积金。三是贷款政策调整：将首套房、第二套房住房公积金贷款最高限额分别提高至100万元、50万元；将贷款时连续缴存时间由12个月调整至6个月；京冀等外地缴存职工与本市职工执行相同贷款政策。四是出台助力城市更新和老旧小区提升改造政策：我市既有房屋由于老旧小区改造提升、城市更新后增加面积的，房屋产权人（公有住房承租人）及其配偶、本人直系血亲可以申请提取住房公积金。

（四）当年服务改进情况

2023年，聚焦京津冀协同发展，大力支持京冀等地职工来津购房置业。向外地缴存职工家庭发放住房公积金贷款17.62亿元，京、冀地区职工占79.7%；紧扣区域一体化发展方向，全面落实国办和住房和城乡建设部关于"跨省通办"工作要求，持续优化"跨省通办"业务办理流程、畅通对接渠道、压缩办理时限、提高服务效率，全年京冀等地职工业务占比达50%以上；关注缴存人"急难愁盼"问题，实现住房公积金贷款业务"带押过户"，突破住房市场化以来一直存在的"想卖房先清贷"的瓶颈障碍，将住房公积金贷款业务流程与我市不动产登记"带押过户"流程结合，支持职工对未结清贷款的住房进行交易，有效减轻住房交易资金成本和时间成本；新增中新生态城、经开区、宁河、河东住房公积金贷款"一站式"四个服务网点，辐射触角覆盖津滨双城。积极打造线上业务"一点就能办"，开展"客户画像"数字化场景建设；上线PAD移动办公系统，优化上门服务体验；推动清明、五一等节日期间线上渠道办理业务，实现全年无休不打烊服务，42项公积金服务事项中，40项实现"不见面、网上办"，全程网办事项比率达95.24%，单位业务网上办理替代率达到99.6%，个人电子业务综合替代率达到98.8%，实现"让数据多跑路、让群众少跑腿"；12329客服中心通过人工、智能语音导航、自助语音方式实现全天候不间断服务，得到群众好评，荣获"天津榜样——2023年为人民服务杰出团队优秀奖"。

（五）当年风险防控情况

2023年，严把"三道防线"，落实风险防控机制。加强风险精细化管理，与新政策新业务同步优化完善风险管理监测体系。开展三道防线风险自评，畅通风险分析信息利用渠道，推动风险问题识别、反馈与处置，加强各类风险常态化监测识别。对标公积金数字化转型工作要求，拓展风险相关信息获取维度，完善个人信用评级标准，改进贷款资产风险分类方法，优化信用风险监测机制，加强事前事中风险识别，有效防范贷款逾期风险。中心内部控制工作连续两年获得市财政局通报表扬。

（六）当年信息化建设情况

2023年，推进国产化替代，夯实信息技术保障。科学统筹规划，制定国产化替代总体工作安排，探索适合的基础设施国产化替代路径；统筹开展国产化基础设施、软件、操作系统的前期测试工作，做好国产化替代设备的选型和适配性测试。

（七）当年住房公积金管理中心及职工所获荣誉情况

2023年，和平管理部荣获"天津市工人先锋号"、河西管理部获得"全国巾帼文明岗""天津市市级机关党员服务示范窗口"称号、红桥管理部获得"天津市模范职工小家"等荣誉。

（八）当年对违反《住房公积金管理条例》和相关法规行为进行行政处罚和申请人民法院强制执行情况

2023年，住房公积金管理中心以提升行政执法质量和效能为目标，全面推进严格规范公正文明执法，行政执法工作体系进一步完善，执法队伍能力素质明显提升。全年共作出行政处罚决定19件，向人民法院申请强制执行407件，因行政执法发生行政复议3件、行政诉讼19件，均通过法院审查或胜诉。建立案件评查工作机制，不断提升案件办理质量，执法案例获评天津市行政执法"十大示范优案"，在全市范围内推广。积极参与构建行政争议多元解纷机制，推动住房公积金争议实质化解，全年职工投诉案件化解率为88%，连续多年达到80%以上。深入推进"双随机、一公开"监管，完善随机抽查工作机制，通过小比例的随机抽查实现大范围的有力震慑。积极开展多部门联合执法，形成打击合力，真正做到"进一次门、查多项事"，不断提升住房公积金监管效能。

天津市住房公积金 2023 年年度报告二维码

名称	二维码
天津市住房公积金 2023 年年度报告	

河北省

河北省住房公积金 2023 年年度报告

根据国务院《住房公积金管理条例》和住房和城乡建设部、财政部、人民银行《关于健全住房公积金信息披露制度的通知》（建金〔2015〕26 号）规定，现将河北省住房公积金 2023 年年度报告汇总公布如下：

一、机构概况

（一）**住房公积金管理机构。**全省共设 11 个设区城市住房公积金管理中心，1 个雄安新区住房管理中心，9 个独立设置的分中心〔其中，定州市和辛集市管理中心分别隶属当地城市人民政府，省直住房资金中心隶属河北省机关事务管理局，冀东油田中心、东方物探中心、华北油田中心、管道局中心隶属中石油股份有限公司，邢矿分中心隶属冀中能源股份有限公司，开滦分中心隶属开滦（集团）有限责任公司〕。从业人员 2403 人，其中，在编 1550 人，非在编 853 人。

（二）**住房公积金监管机构。**省住房城乡建设厅、财政厅和人民银行河北省分行负责对本省住房公积金管理运行情况进行监督。省住房城乡建设厅设立住房保障与住房公积金监管处，负责辖区住房公积金日常监管工作。

二、业务运行情况

（一）**缴存。**2023 年，新开户单位12693 家，净增单位 7749 家；新开户职工 51.94 万人，净增职工 10.63 万人；实缴单位 92446 家，实缴职工 572.18 万人，缴存额 942.59 亿元，分别同比增长 9.15%、1.89%、12.32%。2023 年末，缴存总额 8342.26 亿元，比上年末增加 12.74%；缴存余额 3402.7 亿元，同比增长 8.39%（表1）。

2023 年分城市住房公积金缴存情况　　　　　表 1

地区	实缴单位（万个）	实缴职工（万人）	缴存额（亿元）	累计缴存总额（亿元）	缴存余额（亿元）
河北省	9.24	572.18	942.59	8342.26	3402.70
石家庄市	2.19	111.35	218.42	1828.78	756.11
承德市	0.49	25.29	46.46	418.85	173.31
张家口市	0.59	30.60	55.65	508.99	224.83
秦皇岛市	0.39	29.32	45.49	505.62	167.93
唐山市	0.93	88.03	134.19	1275.08	538.14
廊坊市	0.73	41.72	68.85	621.63	216.41
保定市（含雄安新区）	1.15	73.54	103.69	817.18	377.37
沧州市	0.80	56.14	101.19	979.22	326.76
衡水市	0.47	24.66	33.81	268.48	129.09
邢台市	0.54	39.01	60.03	455.54	186.54
邯郸市	0.95	52.54	74.79	662.87	306.21

（二）提取。 2023年，180.64万名缴存职工提取住房公积金；提取额679.21亿元，同比增长43.85%；提取额占当年缴存额的72.06%，比上年增加15.8个百分点。2023年末，提取总额4939.55亿元，比上年末增加15.94%（表2）。

2023年分城市住房公积金提取情况　　　　　　　　表2

地区	提取额（亿元）	提取率（%）	住房消费类提取额（亿元）	非住房消费类提取额（亿元）	累计提取总额（亿元）
河北省	**679.21**	**72.06**	**417.66**	**261.55**	**4939.55**
石家庄市	162.35	74.33	100.23	62.12	1072.67
承德市	32.99	71.02	19.02	13.97	245.53
张家口市	37.46	67.31	21.18	16.28	284.16
秦皇岛市	37.05	81.44	22.14	14.90	337.69
唐山市	99.46	74.12	61.84	37.62	736.94
廊坊市	54.48	79.12	36.29	18.18	405.22
保定市（含雄安新区）	65.99	63.64	42.42	26.33	439.82
沧州市	75.76	74.87	46.67	26.33	652.46
衡水市	22.88	67.67	13.86	9.02	139.39
邢台市	38.79	64.62	24.05	14.74	269.01
邯郸市	52.00	69.53	29.95	22.05	356.66

（三）贷款。

1. 住房公积金个人住房贷款。2023年，发放个人住房贷款8.77万笔、445.25亿元，同比增长20.14%、28.97%。回收个人住房贷款291.39亿元。

2023年末，累计发放个人住房贷款142.53万笔、4280.57亿元，贷款余额2344.31亿元，分别比上年末增加6.56%、11.61%、7.02%。个人住房贷款余额占缴存余额的68.90%，比上年末减少0.87个百分点（表3）。

2023年，支持职工购建房1016.16万平方米。年末个人住房贷款市场占有率（含公转商贴息贷款）为12.02%，比上年末增加0.35个百分点。通过申请住房公积金个人住房贷款，可节约职工购房利息支出610074.69万元。

2. 异地贷款。2023年，发放异地贷款15981笔、780187.7万元。2023年末，发放异地贷款总额3464173.68万元，异地贷款余额2507462.71万元。

2023年分城市住房公积金个人住房贷款情况　　　　　　　　表3

地区	放贷笔数（万笔）	贷款发放额（亿元）	累计放贷笔数（万笔）	累计贷款总额（亿元）	贷款余额（亿元）	个人住房贷款率（%）
河北省	**8.77**	**445.25**	**142.53**	**4280.57**	**2344.31**	**68.90**
石家庄市	1.27	70.24	23.00	782.60	431.43	57.06
承德市	0.46	22.69	7.36	205.19	108.34	62.51
张家口市	0.68	29.42	11.24	271.12	132.93	59.12
秦皇岛市	0.33	15.10	8.75	248.89	121.80	72.53
唐山市	1.43	79.64	26.12	763.72	393.30	73.09
廊坊市	0.42	21.73	6.80	252.97	149.71	69.18
保定市（含雄安新区）	1.31	66.53	15.21	477.51	303.29	80.37
沧州市	0.89	47.36	14.17	421.82	223.48	68.39

续表

地区	放贷笔数（万笔）	贷款发放额（亿元）	累计放贷笔数（万笔）	累计贷款总额（亿元）	贷款余额（亿元）	个人住房贷款率（%）
衡水市	0.54	22.63	7.46	188.45	89.35	69.21
邢台市	0.45	18.13	9.29	246.93	132.62	71.09
邯郸市	0.99	51.78	13.12	421.37	258.07	84.28

3. 公转商贴息贷款。2023年，发放公转商贴息贷款0笔、0万元，支持职工购建房面积0万平方米。当年贴息额14.38万元。2023年末，累计发放公转商贴息贷款1445笔、55868.88万元，累计贴息303.95万元。

（四）资金存储。2023年末，住房公积金存款1084.86亿元。其中，活期6.16亿元，1年（含）以下定期228.31亿元，1年以上定期761.89亿元，其他（协定、通知存款等）88.5亿元。

（五）资金运用率。2023年末，住房公积金个人住房贷款余额、项目贷款余额和购买国债余额的总和占缴存余额的68.9%，比上年末减少0.87个百分点。

三、主要财务数据

（一）业务收入。2023年，业务收入1010258.76万元，同比增长6.66%。其中，存款利息289158.84万元，委托贷款利息720708.19万元，国债利息0万元，其他391.73万元。

（二）业务支出。2023年，业务支出523705.21万元，同比增长9.48%。其中，支付职工住房公积金利息494242.87万元，归集手续费3037.43万元，委托贷款手续费22611.46万元，其他3813.45万元。

（三）增值收益。2023年，增值收益486553.54万元，同比增长3.78%；增值收益率1.49%，比上年减少0.1个百分点。

（四）增值收益分配。2023年，提取贷款风险准备金23810.84万元，提取管理费用77004.22万元，提取城市廉租住房（公共租赁住房）建设补充资金385738.48万元（表4）。

2023年，上交财政管理费用80912.4万元，上缴财政城市廉租住房（公共租赁住房）建设补充资金384199.97万元。

2023年末，贷款风险准备金余额367133.09万元，累计提取城市廉租住房（公共租赁住房）建设补充资金3044272.48万元。

2023年分城市住房公积金增值收益及分配情况 表4

地区	业务收入（亿元）	业务支出（亿元）	增值收益（亿元）	增值收益率（%）	提取贷款风险准备金（亿元）	提取管理费用（亿元）	提取公租房(廉租房)建设补充资金（亿元）
河北省	**101.03**	**52.37**	**48.66**	**1.49**	**2.38**	**7.70**	**38.57**
石家庄市	21.44	11.57	9.87	1.36	0.18	0.94	8.76
承德市	5.45	2.66	2.80	1.67	0.10	0.51	2.19
张家口市	6.62	3.45	3.17	1.47	0.12	0.70	2.35
秦皇岛市	4.86	2.80	2.06	1.26	0.00	0.24	1.82
唐山市	16.60	8.50	8.10	1.55	0.29	0.58	7.23
廊坊市	6.62	3.29	3.33	1.60	0.06	0.32	2.95
保定市(含雄安新区)	11.14	5.56	5.58	1.53	0.29	1.85	3.44
沧州市	9.95	4.98	4.97	1.62	1.04	0.95	2.98

续表

地区	业务收入（亿元）	业务支出（亿元）	增值收益（亿元）	增值收益率（%）	提取贷款风险准备金（亿元）	提取管理费用（亿元）	提取公租房(廉租房)建设补充资金（亿元）
衡水市	3.58	1.92	1.66	1.35	0.07	0.45	1.15
邢台市	5.45	2.91	2.54	1.42	0.00	0.47	2.08
邯郸市	9.30	4.73	4.58	1.55	0.24	0.70	3.64

（五）管理费用支出。 2023年，管理费用支出66046.44万元，同比增长3.77%。其中，人员经费32145.15万元，公用经费4696.13万元，专项经费29205.16万元。

四、资产风险状况

个人住房贷款：2023年末，个人住房贷款逾期额3145.43万元，逾期率0.1342‰，个人贷款风险准备金余额361905.09万元。2023年，使用个人贷款风险准备金核销呆坏账0万元。

五、社会经济效益

（一）缴存业务

缴存职工中，国家机关和事业单位占40.88%，国有企业占22.02%，城镇集体企业占2.02%，外商投资企业占2.04%，城镇私营企业及其他城镇企业占26.67%，民办非企业单位和社会团体占1.66%，灵活就业人员占0.96%，其他占3.75%；中、低收入占98.4%，高收入占1.6%。

新开户职工中，国家机关和事业单位占22%，国有企业11.36%，城镇集体企业占2.28%，外商投资企业占2.88%，城镇私营企业及其他城镇企业占47.06%，民办非企业单位和社会团体占3.33%，灵活就业人员占1.59%，其他占9.5%；中、低收入占97.9%，高收入占2.1%。

（二）提取业务

提取金额中，购买、建造、翻建、大修自住住房占15.77%，偿还购房贷款本息占41.1%，租赁住房占4.54%；离休和退休提取占29.41%，完全丧失劳动能力并与单位终止劳动关系提取占2.15%，出境定居占0.04%，其他占6.99%。提取职工中，中、低收入占97.99%，高收入占2.01%。

（三）贷款业务

职工贷款笔数中，购房建筑面积90（含）平方米以下占14.55%，90～144（含）平方米占77.89%，144平方米以上占7.56%。购买新房占70.44%（其中购买保障性住房占1.25%），购买二手房占29.56%。

职工贷款笔数中，单缴存职工申请贷款占40.1%，双缴存职工申请贷款占59.86%，三人及以上缴存职工共同申请贷款占0.04%。

贷款职工中，30岁（含）以下占31.37%，30岁～40岁（含）占47.43%，40岁～50岁（含）占17.92%，50岁以上占3.28%；购买首套住房申请贷款占82.65%，购买二套及以上申请贷款占17.35%；中、低收入占97.31%，高收入占2.69%。

（四）住房贡献率

2023年个人住房贷款发放额、公转商贴息贷款发放额、项目贷款发放额、住房消费提取额的总和与当年缴存额的比率为91.55%，比上年增加11.71个百分点。

六、其他重要事项

（一）政策调整情况。 针对海河"23·7"流域性特大洪水，出台住房公积金阶段性支持政策帮扶受灾企业及缴存职工。允许洪涝灾区的受灾企业申请缓缴住房公积金，到期后再进行补缴，缓缴期间缴存职工可正常提取和申请住房公积金贷款。支持各地在缴存职工修缮受灾房屋、租房提取住房公积金等方面出台政策，帮助受灾企业和缴存职工共渡难关。

（二）服务改进情况。全省当年实现住房公积金租房提取、提前退休提取 2 项业务"跨省通办"，"跨省通办"业务累计达到 13 项。全面推行住房公积金个人证明事项"亮码可办"，缴存职工申请开具职工缴存证明、异地贷款缴存使用证明、贷款结清证明等个人证明时，提供实时在线开具、后台自动查验等服务，以统一"电子码"代替原有纸质证明。

（三）信息化建设情况。实现与房屋网签备案系统互联，通过数据共享可获取职工房屋网签备案合同文件办理相关业务，增强了业务协查能力。配合省高院实现对被执行人住房公积金的在线冻结、查控，高效助力执行案件办理。做好人民银行征信系统接入工作。

（四）监督检查情况。深入开展电子稽查，督导各管理中心开展自查，并对各地住房公积金中心（分中心）进行了实地检查。针对发现问题提出整改意见并限期整改，确保业务合规和资金安全。

（五）当年住房公积金机构及从业人员所获荣誉情况。2023 年，全省住房公积金系统创建文明单位（行业、窗口）8 个（其中，省部级 1 个、地市级 7 个）、青年文明号 7 个（其中，国家级 2 个、地市级 5 个）、工人先锋号 2 个（地市级）、五一劳动奖章（劳动模范）1 个（省部级）、三八红旗手 2 个（地市级）、先进集体和个人 57 个（其中，国家级 1 个、省部级 18 个、地市级 38 个）、其他类 45 个（其中，国家级 3 个、省部级 9 个、地市级 33 个）。

（六）当年对住房公积金管理人员违规行为的纠正和处理情况等。无。

（七）其他需要披露的情况。无。

河北省及省内各城市住房公积金 2023 年年度报告二维码

名称	二维码
河北省住房公积金 2023 年年度报告	
石家庄住房公积金 2023 年年度报告	
承德市住房公积金 2023 年年度报告	
张家口市住房公积金 2023 年年度报告	
秦皇岛市住房公积金 2023 年年度报告	
唐山市住房公积金 2023 年年度报告	
廊坊市住房公积金 2023 年年度报告	

续表

名称	二维码
保定市住房公积金 2023 年年度报告	
沧州市住房公积金 2023 年年度报告	
衡水市住房公积金 2023 年年度报告	
邢台市住房公积金 2023 年年度报告	
邯郸市住房公积金 2023 年年度报告	

山西省

山西省住房公积金 2023 年年度报告

根据国务院《住房公积金管理条例》和住房和城乡建设部、财政部、人民银行《关于健全住房公积金信息披露制度的通知》（建金〔2015〕26 号）规定，现将我省住房公积金 2023 年年度报告公布如下：

一、机构概况

（一）住房公积金管理机构： 全省共设 11 个设区城市住房公积金管理中心，2 个独立设置的分中心（其中，省直分中心、焦煤分中心隶属太原市住房公积金管理中心）。从业人员 1926 人，其中，在编 1254 人，非在编 672 人。

（二）住房公积金监管机构： 省住房城乡建设厅、财政厅和中国人民银行山西省分行负责对本省住房公积金管理运行情况进行监督。省住房城乡建设厅设立住房公积金监管处，负责辖区住房公积金日常监管工作。

二、业务运行情况

（一）缴存： 2023 年，新开户单位 6990 家，净增单位 4139 家；新开户职工 32.70 万人，净增职工 13.07 万人；实缴单位 57336 家，实缴职工 376.68 万人，缴存额 633.44 亿元，分别同比增长 7.78%、3.60%、13.27%。2023 年末，缴存总额 5300.01 亿元，比上年末增加 13.57%；缴存余额 2068.04 亿元，同比增长 8.88%（表1）。

2023 年分城市住房公积金缴存情况　　　　　　　　　　　　　　　　表 1

地区	实缴单位（万个）	实缴职工（万人）	缴存额（亿元）	累计缴存总额（亿元）	缴存余额（亿元）
山西省	5.73	376.68	633.44	5300.01	2068.04
太原市	1.95	124.62	237.50	2078.10	760.95
大同市	0.38	35.80	56.80	494.91	163.87
朔州市	0.20	13.18	26.51	227.78	86.94
忻州市	0.42	19.86	28.23	241.84	93.88
吕梁市	0.37	24.21	46.03	299.31	136.77
晋中市	0.39	24.22	33.49	269.37	122.93
阳泉市	0.19	17.41	31.25	242.94	92.14
长治市	0.47	30.90	47.72	389.43	154.39
晋城市	0.32	28.18	45.03	379.69	152.61
临汾市	0.55	28.40	42.20	357.63	159.89
运城市	0.50	29.91	38.68	319.00	143.66

（二）提取： 2023 年，133.24 万名缴存职工提取住房公积金；提取额 464.76 亿元，同比增长 44.29%；提取额占当年缴存额的 73.37%，比上年增加 15.77 个百分点。2023 年末，提取总额 3231.97 亿元，比上年末增加 16.80%（表2）。

2023年分城市住房公积金提取情况 表2

地区	提取额（亿元）	提取率（％）	住房消费类提取额（亿元）	非消费类提取额（亿元）	累计提取总额（亿元）
山西省	**464.76**	**73.37**	**329.83**	**134.93**	**3231.97**
太原市	183.50	77.26	130.96	52.55	1317.15
大同市	51.45	90.59	39.45	12.01	331.04
朔州市	18.54	69.95	13.80	4.74	140.84
忻州市	21.52	76.25	15.31	6.21	147.96
吕梁市	28.64	62.21	20.95	7.69	162.54
晋中市	22.29	66.56	14.03	8.26	146.44
阳泉市	19.00	60.8	12.79	6.21	150.80
长治市	33.95	71.15	24.77	9.19	235.04
晋城市	31.37	69.67	23.59	7.78	227.08
临汾市	28.00	66.35	17.67	10.33	197.73
运城市	26.48	68.46	16.52	9.96	175.34

（三）贷款：

1. 个人住房贷款：2023年，发放个人住房贷款7.04万笔、296.70亿元，分别同比增长11.22％、14.25％。回收个人住房贷款227.36亿元。

2023年末，累计发放个人住房贷款88.87万笔、2658.84亿元，贷款余额1520.79亿元，分别比上年末增加8.60％、12.56％、4.78％。个人住房贷款余额占缴存余额的73.54％，比上年末减少2.88个百分点（表3）。

2023年分城市住房公积金个人住房贷款情况 表3

地区	放贷笔数（万笔）	贷款发放额（亿元）	累计放贷笔数（万笔）	累计贷款总额（亿元）	贷款余额（亿元）	个人住房贷款率（％）
山西省	**7.04**	**296.70**	**88.87**	**2658.84**	**1520.79**	**73.54**
太原市	1.94	80.24	26.64	1021.62	579.14	76.11
大同市	0.59	25.52	6.23	211.49	137.75	84.06
朔州市	0.20	6.24	3.71	79.05	37.19	42.78
忻州市	0.30	12.30	4.86	125.90	65.73	70.01
吕梁市	0.46	19.21	3.22	91.61	52.99	38.75
晋中市	0.57	24.27	5.87	179.27	107.25	87.24
阳泉市	0.25	11.06	3.31	81.67	44.91	48.75
长治市	0.75	35.14	6.77	207.58	130.97	84.83
晋城市	0.61	26.83	6.80	205.92	126.84	83.11
临汾市	0.69	29.64	9.07	231.65	129.20	80.80
运城市	0.69	26.24	12.39	223.08	108.81	75.74

2023年，支持职工购建房862.42万平方米。年末个人住房贷款市场占有率为25.97％，比上年末减少0.52个百分点。通过申请住房公积金个人住房贷款，可节约职工购房利息支出494142.21万元。

2. 异地贷款：2023年，发放异地贷款15282笔、623786.80万元。2023年末，发放异地贷款总额3533413.95万元，异地贷款余额2682538.06万元。

3. 公转商贴息贷款：2023年，发放公转商贴息贷款8424笔、32.07亿元，当年贴息额0元。当年赎回1098笔、7.01亿元。2023年末，公转商贴息贷款余额24.68亿元。

（四）**融资**：2023年，融资0元，归还23.80亿元。2023年末，融资总额144.60亿元，融资余额0元。

（五）**资金存储**：2023年末，住房公积金存款578.28亿元。其中，活期0.38亿元，1年（含）以下定期84.74亿元，1年以上定期402.35亿元，其他（协定、通知存款等）90.81亿元。

（六）**资金运用率**：2023年末，住房公积金个人住房贷款余额占缴存余额的73.54%，比上年末减少2.88个百分点。

三、主要财务数据

（一）**业务收入**：2023年，业务收入635344.18万元，同比增长4.56%。其中，存款利息167778.16万元，委托贷款利息467345.65万元，其他220.37万元。

（二）**业务支出**：2023年，业务支出323545.92万元，同比增长5.56%。其中，支付职工住房公积金利息300422.55万元，委托贷款手续费19340.64万元，其他3782.73万元（含太原市融资借款利息3502.73万元）。

（三）**增值收益**：2023年，增值收益311798.26万元，同比增长3.55%；增值收益率1.57%，比上年减少0.12个百分点。

（四）**增值收益分配**：2023年，提取贷款风险准备金31394.28万元，提取管理费用34755.29万元，提取城市廉租住房（公共租赁住房）建设补充资金245648.69万元（表4）。

2022年分城市住房公积金增值收益及分配情况　　　　　　　　　　　表4

地区	业务收入（亿元）	业务支出（亿元）	增值收益（亿元）	增值收益率（%）	提取贷款风险准备金（亿元）	提取管理费用（亿元）	提取公租房（廉租房）建设补充资金（亿元）
山西省	63.53	32.35	31.18	1.57	3.14	3.48	24.56
太原市	23.44	12.39	11.06	1.50	−0.29	1.23	10.12
大同市	4.93	2.59	2.33	1.41	0.09	0.00	2.24
朔州市	2.48	1.27	1.21	1.47	0.37	0.14	0.69
忻州市	3.07	1.38	1.68	1.88	0.66	0.14	0.88
吕梁市	4.30	1.98	2.32	1.80	0.00	0.40	1.92
晋中市	3.89	1.92	1.97	1.68	0.54	0.25	1.19
阳泉市	2.49	1.35	1.14	1.34	0.00	0.35	0.79
长治市	4.57	2.43	2.13	1.44	0.21	0.01	1.92
晋城市	4.59	2.38	2.21	1.52	0.11	0.33	1.77
临汾市	4.95	2.43	2.52	1.65	0.15	0.40	1.97
运城市	4.83	2.23	2.60	1.89	1.31	0.22	1.07

2023年，上交财政管理费用32910.98万元，上缴财政城市廉租住房（公共租赁住房）建设补充资金199758.38万元。

2023年末，贷款风险准备金余额535972.47万元，累计提取城市廉租住房（公共租赁住房）建设补充资金1752957.47万元。

（五）**管理费用支出**：2023年，管理费用支出35034.47万元，同比增长5.43%。其中，人员经费22605.99万元，公用经费2565.70万元，专项经费9862.78万元。

四、资产风险状况

个人住房贷款：2023年末，个人住房贷款逾期额11242.11万元，逾期率0.07%，个人贷款风险准备金余额535612.27万元。

五、社会经济效益

（一）缴存业务

缴存职工中，国家机关和事业单位占35.73%，国有企业占40.43%，城镇集体企业占1.90%，外商投资企业占2.29%，城镇私营企业及其他城镇企业占14.47%，民办非企业单位和社会团体占1.09%，灵活就业人员占1.68%，其他占2.41%；中、低收入占98.84%，高收入占1.16%。

新开户职工中，国家机关和事业单位占25.46%，国有企业占22.37%，城镇集体企业占1.89%，外商投资企业占3.37%，城镇私营企业及其他城镇企业占34.81%，民办非企业单位和社会团体占2.43%，灵活就业人员占5.49%，其他占4.18%；中、低收入占99.74%，高收入占0.26%。

（二）提取业务

提取金额中，购买、建造、翻建、大修自住住房占24.83%，偿还购房贷款本息占31.41%，租赁住房占14.64%，离休和退休提取占25.16%，完全丧失劳动能力并与单位终止劳动关系提取占2.06%，其他占1.90%。提取职工中，中、低收入占97.74%，高收入占2.26%。

（三）贷款业务

个人住房贷款

职工贷款笔数中，购房建筑面积90（含）平方米以下占9.42%，90~144（含）平方米占80.22%，144平方米以上占10.36%。购买新房占80.54%（其中购买保障性住房占0.01%），购买二手房占16.36%，建造、翻修、大修自住住房占0.03%，其他占3.07%。

职工贷款笔数中，单缴存职工申请贷款占46.04%，双缴存职工申请贷款占53.93%，三人及以上缴存职工共同申请贷款占0.03%。

贷款职工中，30岁（含）以下占27.85%，30岁~40岁（含）占49.03%，40岁~50岁（含）占18.35%，50岁以上占4.77%；购买首套住房申请贷款占87.94%，购买二套及以上申请贷款占12.06%；中、低收入占98.16%，高收入占1.84%。

（四）住房贡献率

2023年，个人住房贷款发放额、住房消费提取额的和与当年缴存额的比率为98.91%，比上年减少5.13个百分点。

六、其他重要事项

（一）优化公积金政策，持续提升资金使用效能。一是合理放宽公积金贷款政策。鼓励各市根据当地房产市场和公积金资金结余情况，及时调整使用政策，最大限度发挥公积金保障作用。截至2023年12月底，全省11个公积金中心出台调整政策60余项，分别从房屋套数认定标准、存贷挂钩、最高贷款额、征信使用、"商转公"贷款时间限制等方面全面放宽，无一收紧，更好地满足职工购房贷款需求。二是重点支持新市民、青年人提取住房公积金解决住房问题。为保障新市民、青年人租房需求，结合实际情况，调整租房提取政策，提高提取额度、增加提取频次。截至2023年12月底，全省11个公积金中心实现了按需或按月提取，7个公积金中心提高了最高提取额度。2023年，全省租赁住房提取人数49.65万人，同比增长45.72%；提取金额68.02亿元，同比增长31.27%。

（二）推动灵活就业人员参加住房公积金，扩大制度覆盖面。一是积极对接住房和城乡建设部，推动晋城市纳入全国灵活就业人员参加住房公积金制度第二批试点城市，晋城市人民政府出台了试点办法，大胆探索创新举措，取得了明显成效，得到了住房和城乡建设部的充分肯定。二是借鉴晋城市试点经验，全省规范开展灵活就业人员参加公积金制度工作。截至2023年12月底，全省共有7.05万灵活就业人员缴存住房公积金12.41亿元，为0.89万灵活就业人员家庭发放住房公积金贷款29.18亿元，为5.45万名灵活就业人员提取住房公积金2.28亿元。通过提取和发放公积金贷款，为灵活就业人员"住有所居"提供了有力的保障。

（三）上下联动，公积金数字化发展稳步推进。 一是认真贯彻落实住房和城乡建设部《关于加快住房公积金数字化发展的指导意见》，结合我省实际，印发了《山西省住房公积金数字化发展实施方案》，全面启动全省公积金数字化发展工作。二是持续深化数据共享应用，按照国务院办公厅《关于扩大政务服务"跨省通办"范围进一步提升服务效能的意见》（国办发〔2022〕34号）要求，全省"租房提取住房公积金"和"提前退休提取住房公积金"两项高频服务事项实现"跨省通办"。同时，推动省内"异地购房提取住房公积金"实现"全程网办"，全省住房公积金"7×24"小时线上办事服务事项不断增多，广大缴存职工体验感进一步提升。三是圆满完成人行征信信息共享接入工作第一阶段任务，住房公积金贷后风险防控能力进一步提升。四是在住房和城乡建设部专家的现场指导下，大力推动疑似问题数据整治工作，全省住房公积金数据质量得到了明显提升。

（四）加强省级监管，确保公积金安全运行。 一是对超时限贷款审批问题进行集中整治，进一步简化贷款要件、优化审批流程、加大超时限审批的核查力度，全省公积金贷款审批效率明显提高。二是对逾期贷款高的公积金中心，研究制定"一笔一策"清收方案，并逐笔指导、跟踪落实，遏制增量，化解存量，全年化解存量逾期贷款6000余万元。三是加强"线上＋线下"监管，重点对报表数据质量不高、管理服务不规范、资金不按规定划拨和储存等问题进行现场核查，建立问题清单，下发整改通知，逐项整改销号，全省公积金管理规范化水平进一步提升。

（五）深化"惠民公积金、服务暖人心"活动，挖掘服务潜能。 一是持续推动跨区域业务协同。针对全省资金使用率差异问题，积极探索，多部门协调，10月12日，启动了山西省中部城市群公积金综合业务服务大厅。忻州、阳泉、晋中、吕梁公积金中心和省直分中心入驻办公，将各自的服务窗口延伸到太原市，为在太原购房的本地缴存职工提供跟踪服务，直接受理和发放公积金贷款。业务大厅的启动，既有效缓解了太原公积金中心异地贷款的资金压力，又提升了其他城市的资金使用效率，实现了城市之间的公积金统筹使用、均衡发展。二是推动二手房交易公积金贷款"带押过户"。推广晋中公积金中心"带押过户"试点做法，全省开展了"公积金贷款转商业贷款""公积金转公积金贷款""商业贷款转公积金贷款"三种模式"带押过户"业务，有效解决了二手房交易融资难、跑路多、程序繁琐等问题，得到了广大职工的高度认可，各大媒体进行了转载报道。

（六）住房公积金机构及从业人员所获荣誉。 着力打造先进典型，充分发挥示范引领作用，全省住房公积金行业争先创优氛围浓厚，公积金管理机构和从业人员获得多项荣誉，国家级青年文明号1个、地市级文明单位6个、地市级青年文明号1个、地市级五一劳动奖章1个、地市级先进集体1个、地市级先进个人1个。

山西省及省内各城市住房公积金 2023 年年度报告二维码

名称	二维码
山西省住房公积金 2023 年年度报告	
太原住房公积金 2023 年年度报告	
阳泉市住房公积金 2023 年年度报告	
朔州市住房公积金 2023 年年度报告	
吕梁市住房公积金 2023 年年度报告	
长治市住房公积金 2023 年年度报告	
忻州市住房公积金 2023 年年度报告	

第二部分　各地住房公积金年度报告

续表

名称	二维码
大同市住房公积金 2023 年年度报告	
晋中市住房公积金 2023 年年度报告	
晋城市住房公积金 2023 年年度报告	
临汾市住房公积金 2023 年年度报告	
运城市住房公积金 2023 年年度报告	

内蒙古自治区

内蒙古自治区住房公积金 2023 年年度报告

根据国务院《住房公积金管理条例》和住房和城乡建设部、财政部、中国人民银行《关于健全住房公积金信息披露制度的通知》（建金〔2015〕26号）的规定，经自治区住房城乡建设厅、财政厅和中国人民银行内蒙古自治区分行审核，现将《内蒙古自治区住房公积金 2023 年年度报告》予以发布。

一、机构概况

（一）住房公积金管理机构： 全区共设 13 个设区城市住房公积金中心和 6 个独立设置的分中心。6 个独立设置的分中心：内蒙古自治区住房资金中心隶属呼和浩特市；内蒙古电力（集团）有限公司住房资金管理中心隶属呼和浩特市；北方联合电力有限责任公司住房公积金管理部隶属呼和浩特市；内蒙古集通铁路（集团）有限责任公司住房公积金管理部隶属呼和浩特市；包钢住房公积金管理分中心隶属包头市；二连浩特市住房公积金中心隶属锡林郭勒盟。

从业人员 1804 人，其中，在编 1047 人，非在编 757 人。

（二）住房公积金监管机构： 内蒙古自治区住房和城乡建设厅、财政厅和中国人民银行内蒙古自治区分行负责对本区住房公积金管理运行情况进行监督。自治区住房城乡建设厅设立住房保障与公积金监管处，负责辖区住房公积金日常监管工作。

二、业务运行情况

（一）缴存： 2023 年，新开户单位 7629 家，净增单位 5442 家；新开户职工 35.40 万人，净增职工 24.44 万人；实缴单位 54588 家，实缴职工 301.41 万人，缴存额 623.16 亿元，分别同比增长 11.07%、8.82%、19.82%。2023 年末，缴存总额 5148.38 亿元，比上年末增加 13.77%；缴存余额 2065.65 亿元，同比增长 8.45%（表1）。

2023 年分城市住房公积金缴存情况　　　　　　　　　　　　　　　　　　表 1

地区	实缴单位（万个）	实缴职工（万人）	缴存额（亿元）	累计缴存总额（亿元）	缴存余额（亿元）
内蒙古自治区	**5.46**	**301.41**	**623.16**	**5148.38**	**2065.65**
呼和浩特市	1.14	66.09	161.32	1205.10	433.23
包头市	0.53	37.99	66.17	630.29	243.89
呼伦贝尔市	0.51	23.73	56.35	488.63	185.76
兴安盟	0.21	10.92	23.05	208.65	72.70
通辽市	0.39	22.55	43.11	374.34	167.86
赤峰市	0.53	32.57	61.48	563.83	228.58
锡林郭勒盟	0.41	12.91	29.81	235.07	88.77
乌兰察布市	0.30	15.14	24.88	221.41	103.69
鄂尔多斯市	0.80	44.93	93.02	592.05	289.98
巴彦淖尔市	0.27	16.62	27.01	277.96	116.32

续表

地区	实缴单位 (万个)	实缴职工 (万人)	缴存额 (亿元)	累计缴存总额 (亿元)	缴存余额 (亿元)
乌海市	0.14	9.73	18.71	158.36	65.92
阿拉善盟	0.16	5.22	10.86	119.35	42.67
满洲里市	0.08	3.00	7.39	73.35	26.30

(二)提取：2023年，95.11万名缴存职工提取住房公积金；提取额462.22亿元，同比增长49.16%；提取额占当年缴存额的74.17%，比上年增加14.59个百分点。2023年末，累计提取总额3082.73亿元，比上年末增加17.64%（表2）。

2023年分城市住房公积金提取情况 表2

地区	提取额 (亿元)	提取率 (%)	住房消费类提取额 (亿元)	非住房消费类提取额 (亿元)	累计提取总额 (亿元)
内蒙古自治区	**462.22**	**74.17**	**299.92**	**162.30**	**3082.73**
呼和浩特市	125.57	77.84	81.17	44.40	771.88
包头市	50.99	77.06	30.60	20.39	386.40
呼伦贝尔市	38.12	67.65	22.32	15.80	302.87
兴安盟	18.07	78.38	12.71	5.36	135.95
通辽市	34.35	79.68	21.78	12.56	206.48
赤峰市	45.78	74.47	28.36	17.42	335.26
锡林郭勒盟	24.62	82.59	18.43	6.19	146.31
乌兰察布市	16.42	65.99	8.93	7.49	117.72
鄂尔多斯市	59.68	64.16	46.82	12.87	302.07
巴彦淖尔市	22.81	84.45	12.97	9.84	161.65
乌海市	14.13	75.75	8.92	5.22	92.44
阿拉善盟	6.89	63.43	4.18	2.71	76.68
满洲里市	4.79	64.81	2.73	2.06	47.05

(三)贷款

1. 个人住房贷款：2023年，发放个人住房贷款6.82万笔、298.74亿元，同比增长52.91%、70.96%。回收个人住房贷款220.07亿元。

2023年末，累计发放个人住房贷款135.01万笔、3157.02亿元，贷款余额1329.20亿元，分别比上年末增加5.32%、10.45%、6.29%。个人住房贷款余额占缴存余额的64.35%，比上年末减少1.3个百分点（表3）。

2023年分城市住房公积金个人住房贷款情况 表3

地区	放贷笔数 (万笔)	贷款发放额 (亿元)	累计放贷笔数 (万笔)	累计贷款总额 (亿元)	贷款余额 (亿元)	个人住房贷款率 (%)
内蒙古自治区	**6.82**	**298.74**	**135.01**	**3157.02**	**1329.20**	**64.35**
呼和浩特市	1.58	84.51	20.60	577.90	309.05	71.34
包头市	0.71	28.46	12.02	358.76	177.85	72.92
呼伦贝尔市	0.49	17.67	14.39	284.47	110.15	59.30

续表

地区	放贷笔数（万笔）	贷款发放额（亿元）	累计放贷笔数（万笔）	累计贷款总额（亿元）	贷款余额（亿元）	个人住房贷款率（%）
兴安盟	0.38	13.53	8.76	171.73	55.78	76.73
通辽市	0.51	18.83	16.00	269.94	81.82	48.74
赤峰市	0.69	29.85	17.15	454.50	165.52	72.41
锡林郭勒盟	0.50	21.95	7.19	159.26	66.35	74.75
乌兰察布市	0.23	8.73	6.92	146.73	55.11	53.15
鄂尔多斯市	1.19	56.97	13.68	369.21	189.38	65.31
巴彦淖尔市	0.20	6.46	9.09	176.50	55.92	48.07
乌海市	0.21	7.85	3.18	78.08	35.15	53.32
阿拉善盟	0.07	2.37	3.75	72.58	16.96	39.73
满洲里市	0.06	1.56	2.29	37.38	10.18	38.70

2023年，支持职工购建房870.21万平方米。年末个人住房贷款市场占有率（含公转商贴息贷款）为30.39%，比上年末增加4.79个百分点。通过申请住房公积金个人住房贷款，可节约职工购房利息支出491439.09万元。

2. 异地贷款：2023年，发放异地贷款7006笔、322127.75万元。2023年末，累计发放异地贷款总额1457153.04万元，异地贷款余额912975.85万元。

3. 公转商贴息贷款：2023年，发放公转商贴息贷款0笔、0万元，支持职工购建房面积0万平方米。当年贴息额0万元。2023年末，累计发放公转商贴息贷款779笔、35601.55万元，累计贴息1268.49万元。

（四）购买国债：2023年，购买国债0亿元，国债0亿元。2023年末，国债余额0亿元，比上年末增加0亿元。

（五）融资：2023年，融资0亿元，归还0亿元。2023年末，融资总额4.5亿元，融资余额0亿元。

（六）资金存储：2023年末，住房公积金存款756.95亿元。其中，活期29.62亿元，1年（含）以下定期293.68亿元，1年以上定期342.30亿元，其他（协定、通知存款等）91.35亿元。

（七）资金运用率：2023年末，住房公积金个人住房贷款余额、项目贷款余额和购买国债余额的总和占缴存余额的64.35%，比上年末减少1.3个百分点。

三、主要财务数据

（一）业务收入：2023年，业务收入593608.22万元，同比增长5.66%。其中，存款利息185888.71万元，委托贷款利息405273.42万元，国债利息0万元，其他2446.09万元。

（二）业务支出：2023年，业务支出307978.34万元，同比增长12.65%。其中，支付职工住房公积金利息300616.52万元，归集手续费97.42万元，委托贷款手续费3186.69万元，其他4077.71万元。

（三）增值收益：2023年，增值收益285629.88万元，同比下降0.96%；增值收益率1.44%，比上年减少0.17个百分点。

（四）增值收益分配：2023年，提取贷款风险准备金114464.60万元，提取管理费用40681.52万元，提取城市廉租住房（公共租赁住房）建设补充资金131286.21万元（表4）。

2023年分城市住房公积金增值收益及分配情况　　　　　　表4

地区	业务收入（亿元）	业务支出（亿元）	增值收益（亿元）	增值收益率（％）	提取贷款风险准备金（亿元）	提取管理费用（亿元）	提取公租房(廉租房)建设补充资金(亿元)
内蒙古自治区	59.36	30.80	28.56	1.44	11.45	4.07	13.13
呼和浩特市	14.26	7.12	7.14	1.55	2.70	0.91	3.53
包头市	6.61	3.52	3.09	1.35	1.86	0.38	0.86
呼伦贝尔市	5.05	2.70	2.35	1.33	1.41	0.46	0.48
兴安盟	2.07	1.08	0.99	1.40	0.19	0.23	0.58
通辽市	4.28	2.55	1.73	1.06	0	0.32	1.40
赤峰市	6.81	3.41	3.39	1.56	0	0.40	2.99
锡林郭勒盟	2.36	1.39	0.96	1.13	0.16	0.30	0.50
乌兰察布市	2.67	1.41	1.26	1.42	0.76	0.50	0.01
鄂尔多斯市	7.91	4.03	3.87	1.46	2.32	0.20	1.35
巴彦淖尔市	2.78	1.68	1.11	1.02	0.66	0.14	0.30
乌海市	2.91	0.94	1.97	3.31	1.18	0.05	0.74
阿拉善盟	0.98	0.55	0.43	1.10	0.17	0.10	0.16
满洲里市	0.69	0.40	0.28	1.14	0	0.08	0.21

2023年，上交财政管理费用42575.77万元，上缴财政城市廉租住房（公共租赁住房）建设补充资金126970.14万元。

2023年末，贷款风险准备金余额1023504.41万元，累计提取城市廉租住房（公共租赁住房）建设补充资金996893.61万元。

（五）**管理费用支出**：2023年，管理费用支出35385.18万元，同比增长9.15%。其中，人员经费15984.99万元，公用经费5246.53万元，专项经费14153.66万元。

四、资产风险状况

个人住房贷款：2023年末，个人住房贷款逾期额8260.44万元，逾期率0.6‰，个人贷款风险准备金余额1023504.41万元。2023年，使用个人贷款风险准备金核销呆坏账0万元。

五、社会经济效益

（一）缴存业务

缴存职工中，国家机关和事业单位占41.74%，国有企业占27.61%，城镇集体企业占1.5%，外商投资企业占0.85%，城镇私营企业及其他城镇企业占23.60%，民办非企业单位和社会团体占0.68%，灵活就业人员占1.37%，其他占2.65%；中、低收入占98.45%，高收入占1.55%。

新开户职工中，国家机关和事业单位占26.13%，国有企业占12.36%，城镇集体企业占1.56%，外商投资企业占1.03%，城镇私营企业及其他城镇企业占43.76%，民办非企业单位和社会团体占1.31%，灵活就业人员占9.59%，其他占4.26%；中、低收入占99.58%，高收入占0.42%。

（二）提取业务

提取金额中，购买、建造、翻建、大修自住住房占23.93%，偿还购房贷款本息占37.12%，租赁住房占3.82%，支持老旧小区改造提取占0%；离休和退休提取占27.45%，完全丧失劳动能力并与单位终止劳动关系提取占2.72%，出境定居占0.21%，其他占4.74%。提取职工中，中、低收入占95.91%，高收入占4.09%。

（三）贷款业务

个人住房贷款

职工贷款笔数中，购房建筑面积90（含）平方米以下占12.64%，90～144（含）平方米占67.64%，144平方米以上占19.72%。购买新房占55.39%（其中购买保障性住房占0%），购买二手房占28.08%，建造、翻建、大修自住住房占0.01%（其中支持老旧小区改造占0%），其他占16.52%。

职工贷款笔数中，单缴存职工申请贷款占46.43%，双缴存职工申请贷款占53.56%，三人及以上缴存职工共同申请贷款占0.01%。

贷款职工中，30岁（含）以下占41.31%，30岁～40岁（含）占39.18%，40岁～50岁（含）占14.60%，50岁以上占4.91%；购买首套住房申请贷款占73.59%，购买二套及以上申请贷款占26.41%；中、低收入占97.70%，高收入占2.30%。

（四）住房贡献率

2023年，个人住房贷款发放额、公转商贴息贷款发放额、项目贷款发放额、住房消费提取额的总和与当年缴存额的比率为96.07%，比上年增加21.65个百分点。

六、其他重要事项

（一）当年住房公积金政策调整情况

严格落实内蒙古自治区住房公积金缴存、提取和贷款三个管理办法，组织召开全区住房公积金工作会、调度会，有机推进便民服务和行业监管。

一是2023年4月印发《内蒙古自治区住房和城乡建设厅关于进一步加强住房公积金个人住房贷款管理的通知》（内建保金〔2023〕88号），要求各盟市中心做好将公积金贷款管理由重大风险防范向全面风险管理转变，公积金贷款管理方式由被动应对向主动监管转变，公积金贷款逾期管理重点由逾期催收向全程监管转变，公积金业务办理重点由线下办理向线上线下并行转变。进一步加强全区住房公积金贷款管理，指导各盟市住房公积金中心做好贷款风险防控和逾期管理工作。

二是2023年6月印发《内蒙古自治区住房和城乡建设厅关于进一步优化住房公积金租房提取机制的通知》，以呼和浩特市住房公积金中心为重点，督促指导各盟市中心优化租房提取机制，提高提取额度，增加提取频次，优化业务流程，切实提高租房提取的便利化水平。

三是贯彻落实《内蒙古自治区国有企业（含驻内蒙古中央企业）住房公积金管理分支机构移交实施方案》，通过组织召开专题推进会、发函督促、定期调度等多种方式，全力推进国有企业分支机构属地化移交工作。截至2023年12月底，国能准能集团有限责任公司、国网内蒙古东部电力有限责任公司已实现全面移交，其他企业分支机构属地化移交工作稳步推进。

（二）当年开展监督检查情况

2023年8月，住房和城乡建设部住房公积金监管司组织国家专家莅临呼和浩特市、呼伦贝尔市，通过会议座谈、现场走访、专家答疑等方式对我区住房公积金服务工作开展面对面服务指导。

2023年11月，自治区住房城乡建设厅住房保障与公积金监管处组织自治区专家，到巴彦淖尔市、满洲里市、乌兰浩特市、赤峰市开展现场服务指导，进一步规范全区住房公积金政策业务，推动降低住房公积金贷款逾期率，推进加快公积金数字化建设步伐。

（三）当年服务改进和信息化建设情况

服务改进方面：一是通过落实文明行业标准、解决群众关心的"关键小事"、宣传推广住房公积金星级服务岗经验做法、打造星级服务岗等举措，持续深入开展"惠民住房公积金、服务暖人心"服务提升三年行动，进一步增强住房公积金服务意识、提升服务效能、提升行业形象、提高群众满意度。二是印发《自治区住房城乡建设厅关于组织开展"最美公积金人"宣传活动的通知》，在全区住房公积金行业开展寻找"最美公积金人"宣传活动，大力发掘住房公积金行业"最美"典型，广泛宣传住房公积金利民惠民成效，持续深化住房公积金行业精神文明创建工作，汇聚推进住房公积金行业高质量发展的强大力量。活动面向住房公积金服务一线工作人员，坚持公平公正、广泛参与、优中选优的原则，同时要符合"四美"要求，即忠诚之美、亲和之美、奉献之美、担当之美。各盟市中心推选的"最美公积金人"相继在厅机关网站亮相，持续展示公积金行业风采。

信息化建设方面：一是配合实现跨部门"一件事一次办"。配合自治区人社、市场监管、民政等部门，对住房公积金企业缴存登记、个人账户设立、退休提取、死亡提取4个服务事项进行规范，推动实现跨部门"一件事一次办"。二是积极推动跨省通办工作。提前实现租房提取、提前退休提取等2个住房公积金高频服务事项"跨省通办"，截至2024年1月初，全区共完成"跨省通办"业务9341笔。三是积极推进人民银行征信对接。2023年6月，配合住房和城乡建设部住房公积金监管司服务指导组召开全区住房公积金数字化发展现场会，并对兴安盟、乌兰察布市和巴彦淖尔市住房公积金中心开展现场服务指导工作。2023年9月，组建自治区数字化发展服务指导小组，采取线上线下相结合的方式，对全区除兴安盟、乌兰察布市和巴彦淖尔市以外的12个城市中心的数字化发展情况，进行点对点服务指导及反馈，持续提升各住房公积金中心数字化发展水平和服务能力。四是实现17项高频业务"全区通办"。配合自治区政务服务局，推动实现住房公积金汇缴、补缴、提取等17项高频服务事项"全区通办"，规范业务办理标准和审查要点，统一办理要件和办理时限，推动实现同一事项在全区各地"无差别受理、同标准办理"。五是加快数字化建设工作。全面落实《住房和城乡建设部关于加快住房公积金数字化发展的指导意见》（建金〔2022〕82号），印发《内蒙古自治区住房和城乡建设厅关于加快住房公积金数字化发展的通知》，升级改造自治区住房公积金一体化监管平台，推动实现全区住房公积金业务实时监管，打造全区数据共享平台和业务通办平台。

（四）当年住房公积金机构及从业人员所获荣誉情况，包括：文明单位（行业、窗口）、青年文明号、工人先锋号、五一劳动奖章（劳动模范）、三八红旗手（巾帼文明岗）、先进集体和个人等

包头市住房公积金中心高新区受理部荣获三八红旗手（巾帼文明岗），市政务大厅网点及相关工作人员荣获全市政务服务"先进集体"称号和全市政务服务"先进个人"称号。呼伦贝尔市住房公积金中心被中共内蒙古自治区委员会、内蒙古自治区人民政府授予"第十届内蒙古自治区文明单位"；2023年3月被住房和城乡建设部评为"2022年度全国住房公积金系统星级服务岗"；2023年中心职工被呼伦贝尔市委宣传部、市直属机关工委、市总工会、市团委、市妇联、市红十字会、市民政局联合评为"新时代文明实践疫情防控志愿服务最美志愿者"；被海拉尔区委、区政府评为"最美逆行者""疫情防控最美志愿者"。通辽市住房公积金中心2007年9月被自治区党委、政府评为"内蒙古自治区文明单位"，2023年经复检合格后继续保留"自治区文明单位"荣誉称号。鄂尔多斯市住房公积金中心2023年荣获全区推进政务服务工作先进集体、优秀市直专业区域、暖城政务·五心服务"石榴籽"窗口岗位技能风采展演比赛第二名。乌海市住房公积金中心2023年被乌海市精神文明建设委员会授予"文明单位"荣誉。阿拉善盟住房公积金中心获得盟级"青年文明号"荣誉称号、疫情防控优秀"社区合伙人"荣誉称号、吉兰泰镇疫情防控"先进单位"，中心一名员工获得盟级"最美家庭"荣誉。

内蒙古自治区及自治区内各城市住房公积金 2023 年年度报告二维码

名称	二维码
内蒙古自治区住房公积金 2023 年年度报告	
呼和浩特市住房公积金 2023 年年度报告	
乌兰察布市住房公积金 2023 年年度报告	
巴彦淖尔市住房公积金 2023 年年度报告	
阿拉善盟住房公积金 2023 年年度报告	
赤峰市住房公积金 2023 年年度报告	
呼伦贝尔市住房公积金 2023 年年度报告	

续表

名称	二维码
包头市住房公积金 2023 年年度报告	
锡林郭勒盟住房公积金 2023 年年度报告	
兴安盟住房公积金 2023 年年度报告	
通辽市住房公积金 2023 年年度报告	
满洲里市住房公积金 2023 年年度报告	
乌海市住房公积金 2023 年年度报告	
鄂尔多斯市住房公积金 2023 年年度报告	

辽宁省

辽宁省住房公积金 2023 年年度报告

根据国务院《住房公积金管理条例》和住房和城乡建设部、财政部、人民银行《关于健全住房公积金信息披露制度的通知》（建金〔2015〕26 号）规定，现将辽宁省住房公积金 2023 年年度报告汇总公布如下：

一、机构概况

（一）**住房公积金管理机构**：全省共设 14 个设区城市住房公积金管理中心，1 个省直住房资金管理中心，4 个独立设置的分中心。从业人员 2057 人，其中，在编 1118 人，非在编 939 人。

（二）**住房公积金监管机构**：辽宁省住房和城乡建设厅、辽宁省财政厅和中国人民银行辽宁省分行负责对本省住房公积金管理运行情况进行监督。辽宁省住房和城乡建设厅设立住房公积金监管处，负责辖区住房公积金日常监管工作。

二、业务运行情况

（一）**缴存**：2023 年，新开户单位 19185 家，净增单位 9704 家；新开户职工 37.14 万人，净增职工 0.93 万人；实缴单位 122115 家，实缴职工 513.65 万人，缴存额 998.32 亿元，分别同比增长 8.63％、0.18％、4.76％。截至 2023 年末，累计缴存总额 10882.73 亿元，比上年末增加 10.10％；缴存余额 3430.26 亿元，同比增长 4.46％（表1）。

2023 年分城市住房公积金缴存情况　　　　表1

地区	实缴单位（万个）	实缴职工（万人）	缴存额（亿元）	累计缴存总额（亿元）	缴存余额（亿元）
辽宁省	**12.21**	**513.65**	**998.32**	**10882.73**	**3430.26**
沈阳市	3.80	165.30	357.70	3748.58	1125.63
大连市	5.32	139.20	270.97	3135.13	839.60
鞍山市	0.36	27.43	48.59	641.66	194.88
抚顺市	0.20	17.07	31.95	396.58	118.57
本溪市	0.22	16.04	28.78	309.11	109.26
丹东市	0.31	15.44	27.46	255.32	93.18
锦州市	0.32	18.80	27.45	301.49	119.74
营口市	0.29	17.06	28.47	273.65	118.23
阜新市	0.20	12.32	19.15	172.94	71.13
辽阳市	0.18	12.39	25.56	277.24	105.86
铁岭市	0.26	16.04	24.57	277.56	115.49
朝阳市	0.35	16.94	29.84	266.51	116.22
盘锦市	0.24	23.59	49.76	559.44	183.24
葫芦岛市	0.16	16.02	28.08	267.51	119.20

(二) 提取：2023 年，229.11 万名缴存职工提取住房公积金；提取额 851.80 亿元，同比增长 23.16%；提取额占当年缴存额的 85.32%，比上年增长 12.75 个百分点。截至 2023 年末，累计提取总额 7452.47 亿元，比上年末增加 12.90%（表2）。

2023 年分城市住房公积金提取情况　　　　表 2

地区	提取额（亿元）	提取率（%）	住房消费类提取额（亿元）	非住房消费类提取额（亿元）	累计提取总额（亿元）
辽宁省	851.80	85.32	545.27	306.53	7452.47
沈阳市	322.70	90.22	213.34	109.36	2622.95
大连市	229.55	84.71	168.69	60.86	2295.53
鞍山市	40.21	82.75	19.75	20.46	446.78
抚顺市	29.70	92.96	15.36	14.34	278.01
本溪市	22.88	79.50	11.27	11.60	199.85
丹东市	22.74	82.81	14.03	8.71	162.14
锦州市	25.81	94.03	13.69	12.12	181.75
营口市	24.18	84.93	15.02	9.15	155.41
阜新市	12.54	65.48	6.47	6.07	101.81
辽阳市	19.40	75.90	9.73	9.67	171.38
铁岭市	19.31	78.59	9.62	9.69	162.07
朝阳市	24.35	81.60	14.74	9.61	150.29
盘锦市	36.91	74.18	21.92	14.99	376.20
葫芦岛市	21.53	76.67	11.66	9.87	148.30

(三) 贷款

1. 个人住房贷款：2023 年，发放个人住房贷款 8.84 万笔、376.16 亿元，同比增加 24.16%、37.86%。回收个人住房贷款 331.27 亿元。

截至 2023 年末，累计发放个人住房贷款 218.46 万笔、5566.82 亿元，贷款余额 2424.82 亿元，分别比上年末增加 4.22%、增加 7.25%、增加 1.89%。个人住房贷款余额占缴存余额的 70.69%，比上年末减少 1.79 个百分点（表3）。

2023 年分城市住房公积金个人住房贷款情况　　　　表 3

地区	放贷笔数（万笔）	贷款发放额（亿元）	累计放贷笔数（万笔）	累计贷款总额（亿元）	贷款余额（亿元）	个人住房贷款率（%）
辽宁省	8.84	376.16	218.46	5566.82	2424.82	70.69
沈阳市	3.36	155.76	72.72	1943.23	845.26	75.09
大连市	2.73	122.83	59.72	1692.85	716.17	85.30
鞍山市	0.28	10.74	9.61	236.02	116.24	59.65
抚顺市	0.23	8.03	8.12	198.65	78.04	65.82
本溪市	0.14	5.20	5.28	120.5	57.17	52.32
丹东市	0.24	9.22	6.61	173.14	74.84	80.32
锦州市	0.26	9.94	7.22	178.05	88.59	73.99
营口市	0.24	8.02	7.95	179.96	84.43	71.41
阜新市	0.18	4.71	5.84	94.23	37.35	52.51

续表

地区	放贷笔数 (万笔)	贷款发放额 (亿元)	累计放贷笔数 (万笔)	累计放款总额 (亿元)	贷款余额 (亿元)	个人住房贷款率 (%)
辽阳市	0.14	4.91	4.59	105.65	39.83	37.63
铁岭市	0.12	3.82	6.67	100.66	40.25	34.85
朝阳市	0.37	13.13	8.89	196.30	91.80	78.99
盘锦市	0.26	9.31	6.95	156.76	67.30	36.73
葫芦岛市	0.29	10.54	8.29	190.81	87.53	73.43

2023年，支持职工购建房907.84万平方米。年末个人住房贷款市场占有率（含公转商贴息贷款）为21.49%，比上年末减少4.46个百分点。通过申请住房公积金个人住房贷款，可节约职工购房利息支出552579.83万元。

2. **异地贷款**：2023年，发放异地贷款7546笔、366961.00万元。截至2023年末，累计发放异地贷款总额2586370.04万元，异地贷款余额1590822.72万元。

3. **公转商贴息贷款**：2023年，发放公转商贴息贷款0笔、0万元，支持职工购建房面积0万平方米。当年贴息额2356.98万元。截至2023年末，累计发放公转商贴息贷款22092笔、834429.10万元，累计贴息34974.78万元。

（四）**购买国债**：2023年，购买国债0亿元，兑付、转让、收回国债0亿元。截至2023年末，国债余额0亿元，比上年末增加0亿元。

（五）**融资**：2023年，融资10.40亿元，归还4.00亿元。截至2023年末，累计融资总额204.87亿元，融资余额6.40亿元。

（六）**资金存储**：截至2023年末，住房公积金存款1015.86亿元。其中，活期5.21亿元，1年（含）以下定期268.08亿元，1年以上定期612.24亿元，其他（协定、通知存款等）130.33亿元。

（七）**资金运用率**：截至2023年末，住房公积金个人住房贷款余额、项目贷款余额和购买国债余额的总和占缴存余额的70.69%，比上年末减少1.79个百分点。

三、主要财务数据

（一）**业务收入**：2023年，业务收入1028064.12万元，同比减少0.14%。其中存款利息276204.72万元，委托贷款利息748318.07万元，国债利息0万元，其他3541.33万元。

（二）**业务支出**：2023年，业务支出540214.73万元，同比增加3.22%。其中，支付职工住房公积金利息503721.00万元，归集手续费7864.61万元，委托贷款手续费23931.15万元，其他4697.97万元。

（三）**增值收益**：2023年，增值收益487849.39万元，同比减少3.62%；增值收益率1.45%，比上年减少0.15个百分点。

（四）**增值收益分配**：2023年，提取贷款风险准备金57967.80万元，提取管理费用50442.87万元，提取城市廉租住房（公共租赁住房）建设补充资金379438.72万元（表4）。

2023年分城市住房公积金增值收益及分配情况 表4

地区	业务收入 (亿元)	业务支出 (亿元)	增值收益 (亿元)	增值收益率 (%)	提取贷款 风险准备金 (亿元)	提取管理费用 (亿元)	提取公租房（廉租房） 建设补充资金(亿元)
辽宁省	102.81	54.02	48.78	1.45	5.80	5.04	37.94
沈阳市	35.22	18.74	16.48	1.49	1.84	1.25	13.40
大连市	25.54	12.80	12.74	1.55	3.33	1.28	8.13

续表

地区	业务收入（亿元）	业务支出（亿元）	增值收益（亿元）	增值收益率（%）	提取贷款风险准备金（亿元）	提取管理费用（亿元）	提取公租房(廉租房)建设补充资金(亿元)
鞍山市	5.22	2.88	2.34	1.22	0.00	0.32	2.02
抚顺市	3.52	1.87	1.65	1.41	0.00	0.19	1.46
本溪市	2.76	1.69	1.07	1.00	0.02	0.14	0.90
丹东市	2.74	1.40	1.34	1.48	0.00	0.20	1.14
锦州市	3.71	1.95	1.76	1.47	0.10	0.15	1.51
营口市	3.35	1.82	1.53	1.31	0.00	0.11	1.41
阜新市	1.52	1.02	0.50	0.74	0.00	0.15	0.35
辽阳市	3.28	1.57	1.71	1.66	0.00	0.16	1.55
铁岭市	3.77	1.76	2.01	1.77	0.40	0.15	1.46
朝阳市	3.54	1.74	1.80	1.57	0.00	0.30	1.50
盘锦市	5.03	2.91	2.12	1.20	0.01	0.42	1.69
葫芦岛市	3.60	1.87	1.73	1.49	0.11	0.21	1.41

2023年，上交财政管理费用48391.44万元，上缴财政城市廉租住房（公共租赁住房）建设补充资金385570.13万元。

截至2023年末，贷款风险准备金余额1587319.61万元，累计提取城市廉租住房（公共租赁住房）建设补充资金3002462.67万元。

（五）管理费用支出： 2023年，管理费用支出48349.50万元，同比减少2.92%。其中，人员经费27471.49万元，公用经费3750.58万元，专项经费17127.43万元。

四、资产风险状况

截至2023年末，个人住房贷款逾期额15150.81万元，逾期率0.62‰，个人贷款风险准备金余额1578835.61万元。2023年，使用个人贷款风险准备金核销呆坏账0万元。

五、社会经济效益

（一）缴存业务： 缴存职工中，国家机关和事业单位占27.38%，国有企业占22.07%，城镇集体企业占1.19%，外商投资企业占6.87%，城镇私营企业及其他城镇企业占32.62%，民办非企业单位和社会团体占1.67%，灵活就业人员占0.09%，其他占8.11%；中、低收入占98.36%，高收入占1.64%。

新开户职工中，国家机关和事业单位占16.00%，国有企业占10.50%，城镇集体企业占0.95%，外商投资企业占4.70%，城镇私营企业及其他城镇企业占53.54%，民办非企业单位和社会团体占2.43%，灵活就业人员占0.45%，其他占11.43%；中、低收入占99.22%，高收入占0.78%。

（二）提取业务： 提取金额中，购买、建造、翻建、大修自住住房10.704%，偿还购房贷款本息占49.689%，租赁住房占3.581%，支持老旧小区改造提取占0.002%；离休和退休提取占29.954%，完全丧失劳动能力并与单位终止劳动关系提取占1.024%，出境定居占0.238%，其他占4.808%。提取职工中，中、低收入占98.18%，高收入占1.82%。

（三）贷款业务： 职工贷款笔数中，购房建筑面积90（含）平方米以下占35.59%，90~144（含）平方米占58.90%，144平方米以上占5.51%。购买新房占40.01%（其中购买保障性住房占0.04%），购买二手房占59.44%，建造、翻建、大修自住住房占0%，其他占0.55%。

职工贷款笔数中，单缴存职工申请贷款占53.42%，双缴存职工申请贷款占46.42%，三人及以上缴存职工共同申请贷款占0.16%。

贷款职工中，30岁（含）以下占36.76%，30岁~40岁（含）占42.34%，40岁~50岁（含）占16.66%，50岁以上占4.24%；购买首套住房申请贷款占82.72%，购买二套及以上申请贷款占17.28%；中、低收入占98.59%，高收入占1.41%。

（四）**住房贡献率**：2023年，个人住房贷款发放额、公转商贴息贷款发放额、项目贷款发放额、住房消费提取额的总和与当年缴存额的比率为92.30%，比上年增加11.2个百分点。

六、其他重要事项

（一）优化缴存使用政策，发挥制度保障作用

聚焦居民刚性和改善性住房需求，持续优化住房公积金政策。加大住房公积金租房提取支持力度，提高租房提取额度、增加租房提取频次、优化租房提取要件，实现按月提取公积金支付租金，减轻新市民、青年人、多子女家庭住房压力。指导各地出台退役军人、灵活就业人员缴存住房公积金等政策，不断扩大制度覆盖范围。支持各地出台提取住房公积金支付贷款首付、商转公等政策，住房公积金制度的保障作用进一步彰显。

（二）强化资金监管，提升风险管理水平

持续开展个贷逾期清收工作，实施月统计、月分析、周报告、定期通报制度，推动公积金逾期贷款异地划扣，截至12月底，个贷逾期率下降至0.062%。对8个城市的风险防控和服务管理工作进行调研，严格防范挤占、挪用住房公积金等问题，发现并整改6方面26个具体问题。加强资金存储风险隐患评估，指导各地建立了定期评估和风险处置预案，确保提前化解相关风险。推动住房公积金管理分支机构调整工作方案，电力分中心和东电管理部已移交至沈阳住房公积金管理中心。

（三）依托数字化建设，提高为民服务质效

积极推动"跨省通办"工作，指导各地提前完成年度"跨省通办"工作任务，实现了住房公积金亮码可办。强力推进"一件事一次办"工作，贷款结清、提取、企业开办、招聘、退休5个事项上线运行。探索开展"带押过户"工作，沈阳、大连、辽阳、盘锦等地率先上线相关服务。大力推动住房公积金区域一体化发展，沈阳现代化都市圈内取消了异地购房提取户籍证明，签订了逾期贷款异地扣划协议，推出了32项圈内通办事项；辽宁沿海经济带区域内6家中心完成框架协议签订和一体化平台建设工作。推动偿还商业贷款提取公积金业务线上办理，沈阳等10个城市实现了线上办理。全力推进征信接入工作，全省各地均已实现征信查询功能，通过了贷款数据报送验收。广泛开展现场服务指导赋能住房公积金数字化发展工作，召开了全省数字化发展座谈会，并对14个城市进行了服务指导。

（四）开展文明行业创建，打造营商环境新高地

各地以"惠民公积金、服务暖人心"服务提升三年行动为契机，开展文明行业创建工作，涌现出一批服务意识强、服务效能好、群众满意度高的集体和个人。2023年度，沈阳住房公积金中心获得国家级荣誉1项，获得省级荣誉3项，获得市级荣誉18项；大连市住房公积金中心获得国家级荣誉3项，获得省级荣誉3项，获得市级荣誉15项；鞍山市住房公积金中心获得省级荣誉1项；抚顺市住房公积金中心获得省级荣誉1项，获得市级荣誉4项；丹东市住房公积金中心获得市级荣誉1项；锦州市住房公积金中心获得市级荣誉6项；营口市住房公积金中心获得市级荣誉3项；阜新市住房公积金中心获得市级荣誉1项；辽阳市住房公积金中心获得市级荣誉1项；铁岭市住房公积金中心获得市级荣誉2项；盘锦市住房公积金中心获得市级荣誉2项；葫芦岛市住房公积金中心获得市级荣誉3项。各地以制度抓管理，用创新促服务，亮点不断。沈阳中心全省率先推出住房公积金信用监管新模式，将单位缴存公积金纳入沈阳市社会信用体系。各地积极做好正面宣传，讲好公积金故事，让更多缴存职工了解公积金政策和感受优化服务。沈阳中心连续2年开展"聚金惠民"政策解读宣介周活动，被人民网、央广网等20余家媒体进行专题报道；大连中心开展"住房公积金芳华三十载助圆安居梦"系列宣传活动，被中央电视台和人民网专题报道；朝阳中心开展了"送政策上门""微信帮"等活动，得到企业和群众的广泛好评。

辽宁省及省内各城市住房公积金 2023 年年度报告二维码

名称	二维码
辽宁省住房公积金 2023 年年度报告	
沈阳市住房公积金 2023 年年度报告	
大连市住房公积金 2023 年年度报告	
鞍山市住房公积金 2023 年年度报告	
抚顺市住房公积金 2023 年年度报告	
本溪市住房公积金 2023 年年度报告	
丹东市住房公积金 2023 年年度报告	

续表

名称	二维码
锦州市住房公积金 2023 年年度报告	
营口市住房公积金 2023 年年度报告	
阜新市住房公积金 2023 年年度报告	
辽阳市住房公积金 2023 年年度报告	
铁岭市住房公积金 2023 年年度报告	
朝阳市住房公积金 2023 年年度报告	
盘锦市住房公积金 2023 年年度报告	
葫芦岛市住房公积金 2023 年年度报告	

吉林省

吉林省住房公积金 2023 年年度报告

根据国务院《住房公积金管理条例》和住房和城乡建设部、财政部、人民银行《关于健全住房公积金信息披露制度的通知》（建金〔2015〕26号）规定，现将吉林省住房公积金2023年年度报告汇总公布如下：

一、机构概况

（一）**住房公积金管理机构**：全省共设9个设区城市住房公积金管理中心，2个独立设置的分中心（其中，长春省直住房公积金管理分中心隶属于吉林省机关事务管理局，松原市住房公积金管理中心油田分中心隶属于中国石油天然气股份有限公司吉林油田分公司）。从业人员1302人，其中，在编722人，非在编580人。

（二）**住房公积金监管机构**：吉林省住房和城乡建设厅、吉林省财政厅和中国人民银行吉林省分行负责对本省住房公积金管理运行情况进行监督。吉林省住房和城乡建设厅设立房地产市场监管处，负责辖区住房公积金日常监管工作。

二、业务运行情况

（一）**缴存**：2023年，新开户单位5322家，净增单位946家；新开户职工19.83万人，净增职工2.03万人；实缴单位50480家，实缴职工257.01万人，缴存额445.01亿元，分别同比增长7.48%、1.70%、7.98%。2023年末，缴存总额4476.27亿元，比上年末增加11.00%；缴存余额1687.32亿元，同比增长5.80%（表1）。

2023年分城市住房公积金缴存情况 表1

地区	实缴单位（万个）	实缴职工（万人）	缴存额（亿元）	累计缴存总额（亿元）	缴存余额（亿元）
吉林省	**5.05**	**257.01**	**445.01**	**4476.27**	**1687.32**
长春市	2.50	130.56	240.15	2407.04	857.34
吉林市	0.59	34.96	59.75	676.70	223.63
四平市	0.24	11.34	18.31	181.23	80.45
辽源市	0.13	6.62	10.95	94.87	45.78
通化市	0.34	14.94	17.64	175.99	86.40
白山市	0.20	10.28	16.46	138.54	57.44
松原市	0.31	16.35	29.34	333.26	134.85
白城市	0.27	11.38	18.03	123.22	62.53
延边州	0.47	20.58	34.38	345.42	138.90

（二）**提取**：2023年，89.08万名缴存职工提取住房公积金；提取额352.55亿元，同比增长29.36%；提取额占当年缴存额的79.22%，比上年增加13.09个百分点。2023年末，提取总额2788.96亿元，比上年末增加14.40%（表2）。

2023 年分城市住房公积金提取情况　　　　表 2

地区	提取额 （亿元）	提取率 （%）	住房消费类提取额 （亿元）	非住房消费类提取额 （亿元）	累计提取总额 （亿元）
吉林省	**352.55**	**79.22**	**214.95**	**137.60**	**2788.96**
长春市	199.78	83.19	131.22	68.56	1549.71
吉林市	51.11	85.54	29.62	21.49	453.07
四平市	12.75	69.60	6.87	5.87	100.78
辽源市	7.20	65.74	3.81	3.39	49.08
通化市	12.87	72.96	6.21	6.66	89.59
白山市	8.96	54.46	4.39	4.57	81.10
松原市	22.34	76.15	11.77	10.58	198.41
白城市	9.38	52.04	4.89	4.49	60.69
延边州	28.16	81.89	16.17	11.99	206.52

（三）贷款。

1. 个人住房贷款：2023 年，发放个人住房贷款 4.44 万笔、190.58 亿元，分别同比增长 30.64%、40.50%。回收个人住房贷款 162.34 亿元。

2023 年末，累计发放个人住房贷款 91.72 万笔、2418.00 亿元，贷款余额 1170.84 亿元，分别比上年末增加 5.09%、8.64%、2.47%。个人住房贷款余额占缴存余额的 69.39%，比上年末减少 2.25 个百分点（表 3）。

2023 年分城市住房公积金个人住房贷款情况　　　　表 3

地区	放贷笔数 （万笔）	贷款发放额 （亿元）	累计放贷笔数 （万笔）	累计贷款总额 （亿元）	贷款余额 （亿元）	个人住房贷款率 （%）
吉林省	**4.44**	**190.58**	**91.72**	**2418.00**	**1170.84**	**69.39**
长春市	2.82	139.20	38.16	1328.21	708.66	82.66
吉林市	0.55	17.87	15.61	355.80	161.82	72.36
四平市	0.12	3.84	6.77	130.96	47.58	59.14
辽源市	0.11	4.11	2.56	60.79	32.88	71.81
通化市	0.18	5.43	6.29	123.25	48.67	56.33
白山市	0.07	1.61	2.50	31.55	9.31	16.21
松原市	0.20	5.92	6.33	129.22	55.44	41.12
白城市	0.09	2.71	4.37	70.05	24.78	39.63
延边州	0.30	9.89	9.13	188.17	81.70	58.82

2023 年，支持职工购建房 477.09 万平方米。2023 年末，个人住房贷款市场占有率为 21.65%，比上年末增加 0.52 个百分点。通过申请住房公积金个人住房贷款，可节约职工购房利息支出 226374.89 万元。

2. 异地贷款：2023 年，发放异地贷款 2268 笔、106157.20 万元。2023 年末，发放异地贷款总额 1351856.60 万元，异地贷款余额 674810.29 万元。

3. 公转商贴息贷款：2023 年，未发放公转商贴息贷款。2023 年末，累计发放公转商贴息贷款 4309 笔、157109.80 万元，累计贴息 8438.06 万元。

（四）资金存储：2023 年末，住房公积金存款 528.97 亿元。其中，活期 29.19 亿元，1 年（含）以下定期 97.42 亿元，1 年以上定期 351.37 亿元，其他（协定、通知存款等）50.99 亿元。

（五）资金运用率：2023 年末，住房公积金个人住房贷款余额、项目贷款余额和购买国债余额的总和占缴存余额的 69.39%，比上年末减少 2.25 个百分点。

三、主要财务数据

（一）业务收入：2023 年，业务收入 503959.20 万元，同比增长 3.54%。其中，存款利息 142853.19 万元，委托贷款利息 360733.17 万元，其他 372.84 万元。

（二）业务支出：2023 年，业务支出 262380.81 万元，同比增长 6.22%。其中，支付职工住房公积金利息 247849.38 万元，归集手续费 161.80 万元，委托贷款手续费 14238.46 万元，其他 131.17 万元。

（三）增值收益：2023 年，增值收益 241578.39 万元，同比增长 0.78%；增值收益率 1.47%，比上年减少 0.10 个百分点。

（四）增值收益分配：2023 年，提取贷款风险准备金 36234.91 万元，提取管理费用 34219.72 万元，提取城市廉租住房（公共租赁住房）建设补充资金 171144.96 万元（表 4）。

2023 年分城市住房公积金增值收益及分配情况　　　表 4

地区	业务收入（亿元）	业务支出（亿元）	增值收益（亿元）	增值收益率（%）	提取贷款风险准备金（亿元）	提取管理费用（亿元）	提取公租房（廉租房）建设补充资金（亿元）
吉林省	50.40	26.24	24.16	1.47	3.62	3.42	17.11
长春市	25.50	13.80	11.70	1.39	1.20	1.36	9.13
吉林市	7.07	3.50	3.57	1.62	0.00	0.47	3.10
四平市	2.11	1.21	0.90	1.15	0.54	0.16	0.19
辽源市	1.46	0.64	0.82	1.86	0.54	0.13	0.15
通化市	2.30	1.32	0.98	1.18	0.04	0.18	0.76
白山市	1.50	0.81	0.69	1.31	0.00	0.10	0.59
松原市	4.15	1.99	2.16	1.66	1.30	0.51	0.35
白城市	1.75	0.91	0.84	1.46	0.00	0.17	0.68
延边州	4.56	2.06	2.50	1.84	0.00	0.34	2.16

2023 年，共上缴管理费用 32988.22 万元，上缴廉租住房（公共租赁住房）建设补充资金 158895.90 万元。其中，上缴财政管理费用 31606.19 万元，上缴财政城市廉租住房（公共租赁住房）建设补充资金 157685.25 万元；油田分中心上缴中国石油天然气股份有限公司吉林油田分公司管理费用 1382.03 万元，上缴中国石油天然气股份有限公司吉林油田分公司廉租住房（公共租赁住房）建设补充资金 1210.65 万元。

2023 年末，贷款风险准备金余额 736543.70 万元，累计提取城市廉租住房（公共租赁住房）建设补充资金 1079496.59 万元。

（五）管理费用支出：2023 年，管理费用支出 28528.42 万元，同比增长 5.37%。其中，人员经费 15568.66 万元，公用经费 2999.63 万元，专项经费 9960.13 万元。

四、资产风险状况

（一）个人住房贷款：2023 年末，个人住房贷款逾期额 7548.08 万元，逾期率 0.64‰，个人贷款风险准备金余额 733763.70 万元。2023 年，未使用个人贷款风险准备金核销呆坏账。

（二）支持保障性住房建设试点项目贷款：全省支持保障性住房建设试点项目贷款全部收回，无逾期项目贷款。2023年末，项目贷款风险准备金余额2780.00万元。

五、社会经济效益

（一）缴存业务。

缴存职工中，国家机关和事业单位占38.46%，国有企业占25.82%，城镇集体企业占1.89%，外商投资企业占2.49%，城镇私营企业及其他城镇企业占25.11%，民办非企业单位和社会团体占2.18%，灵活就业人员占0.31%，其他占3.74%；中、低收入占98.54%，高收入占1.46%。

新开户职工中，国家机关和事业单位占25.16%，国有企业占14.30%，城镇集体企业占1.57%，外商投资企业占2.60%，城镇私营企业及其他城镇企业占43.73%，民办非企业单位和社会团体占4.13%，灵活就业人员占1.12%，其他占7.39%；中、低收入占99.67%，高收入占0.33%。

（二）提取业务。

提取金额中，购买、建造、翻建、大修自住住房占10.06%，偿还购房贷款本息占47.07%，租赁住房占3.84%；离休和退休提取占33.39%，完全丧失劳动能力并与单位终止劳动关系提取占2.49%，出境定居占0.01%，其他占3.14%。提取职工中，中、低收入占97.87%，高收入占2.13%。

（三）个人住房贷款。

职工贷款笔数中，购房建筑面积90（含）平方米以下占29.31%，90～144（含）平方米占63.90%，144平方米以上占6.79%。购买新房占44.53%（其中购买保障性住房占0%），购买二手房占55.47%。

职工贷款笔数中，单缴存职工申请贷款占45.02%，双缴存职工申请贷款占54.97%，三人及以上缴存职工共同申请贷款占0.01%。

贷款职工中，30岁（含）以下占36.71%，30岁～40岁（含）占45.10%，40岁～50岁（含）占14.43%，50岁以上占3.76%；购买首套住房申请贷款占91.75%，购买二套及以上申请贷款占8.25%；中、低收入占98.49%，高收入占1.51%。

（四）住房贡献率： 2023年，个人住房贷款发放额、公转商贴息贷款发放额、项目贷款发放额、住房消费提取额的总和与当年缴存额的比率为91.13%，比上年增加13.47个百分点。

六、其他重要事项

（一）当年住房公积金政策调整情况

省住房城乡建设厅坚持以人为本、以用为先，指导中心依法依规调整和制定政策，住房公积金住有所居作用得到进一步发挥。一是开展提取住房公积金支付房租。指导中心兼顾二孩以上家庭、新市民、青年人以及无房家庭的实际需要，采取提高提取额度、增加提取频次等的方式满足职工需求，2023年全省12.12万人提取13.55亿元用于支付房租。二是指导灵活就业人员参加住房公积金制度。长春、四平、通化、辽源、白山、白城市和延边州开展了灵活就业人员缴存住房公积金业务。2023年全省0.78万名灵活就业人员缴存住房公积金0.70亿元。三是拓展住房公积金使用渠道。指导中心全面推行商业银行与公积金组合贷款、商转公贷款和异地贷款工作。2023年全省共办理组合贷款4656笔金额14.42亿元、商转公贷款15573笔金额65.28亿元、异地贷款2268笔金额10.62亿元。

（二）当年开展监督检查情况

省住房城乡建设厅采取统一部署、自查自纠、信息化监管、通报情况、印发督办函、实地调研、服务指导等方式加强全省个贷监管工作。一是开展"解剖麻雀"式调研，梳理推广"经验做法"。以"解剖麻雀"式调研找准症结，及时总结攻坚行动中成效显著的招法举措，积极借鉴外省中心成熟经验，梳理归纳十条逾期清收工作经验做法，为中心提供有益参考；二是加大督导督办力度，提高监管指导质效。落实逾期管理"四清一责任"工作机制，在"逾期贷款电子台账"中增加"3期及以上逾期贷款原因分类情况统计报表"，对清收工作"提级管控"，组织省内行业专家开展全覆盖服务指导；三是排查整改贷款风险，消除疑点线索隐患。结合住房公积金监管服务平台和电子稽查工具发现的风险线索和疑点数据，省住房城乡建设厅专门制定《电子稽查疑点情况季报表》，要求中心风险线索整改完成率达到100%，电子稽查疑点率控制在8%以内，夯实提升全省个贷工作管理水平。

（三）当年服务改进情况

一是配合做好"一网通办"工作。长春、吉林市等8个中心已通过省政务信息共享平台完成与市监部门的信息共享。二是按要求做好"跨省通办"工作。2023年要求的"租房提取""提前退休提取"两项业务各中心均已完成。三是深入开展"惠民公积金、服务暖人心"三年行动。督促指导各中心按照年度实施方案，采取有效措施提升服务水平。四是做好住房公积金政策宣传和信息报送工作。全年共收到各中心宣传信息148条，向中国建设报推荐宣传信息33条。

（四）当年信息化建设情况

一是制定数字化发展方案。转发住房和城乡建设部《关于加快住房公积金数字化发展的指导意见》，要求中心制定上报逐年落实的数字化发展实施方案。二是调度掌握全省数字化发展情况。建立《吉林省住房公积金数字化建设台账》，对进展缓慢的中心及时督促推进。三是大力推进数据共享。与省政数局召开数据共享工作座谈会，印发《关于切实做好住房公积金数据共享工作的通知》。四是推进征信信息共享接入，白城市中心已完成接入，长春市中心已通过人民银行验收，其他中心均按住房和城乡建设部要求进入贷款信息上报验收工作阶段。

（五）当年住房公积金机构及从业人员所获荣誉情况

1. 创建文明单位（行业、窗口）：省部级3个（白城市中心、省直分中心分别被住房和城乡建设部评为全国住房公积金系统服务提升三年行动2022年度表现突出"星级服务岗"，辽源市中心荣获吉林省精神文明建设指导委员会办公室颁发的"文明服务窗口"），地市级6个。

2. 青年文明号：省部级2个（长春市中心综合服务中心、辽源市中心分别荣获共青团吉林省委"青年文明号"），地市级3个。

3. 工人先锋号：国家级1个（辽源市中心公积金服务大厅荣获中华全国总工会颁发的"工人先锋号"）。

4. 五一劳动奖章（劳动模范）：地市级1个。

5. 三八红旗手：省部级1个（长春市中心高新分中心被吉林省妇联授予"吉林省三八红旗集体"）。

6. 先进集体和个人：省部级1个（辽源市中心荣获人力资源和社会保障部、住房和城乡建设部联合颁发的"先进集体"），地市级30个。

7. 其他类：省部级1个（辽源市中心一人被共青团吉林省委授予的"优秀团干部"），地市级18个。

（六）其他需要披露的情况

一是推进住房公积金分支机构属地化管理。省住房城乡建设厅印发《住房和城乡建设部住房公积金监管司关于住房公积金分支机构属地化管理督导调研会议纪要》，指导推进油田分中心分支机构调整工作。

二是进一步完善逾期贷款风险防控机制体系。省住房城乡建设厅为加强异地贷款逾期管理，制定《逾期贷款异地扣划协同机制合作协议》，组织所有中心现场签约，全年逾期贷款异地划扣共8笔31.36万元。

三是高质量完成全省统计及年度信息披露工作。省住房城乡建设厅为提高统计工作效率，制定下发《月度贷款、提取数据调查表》《季度业务运行分析数据和文字模板》《年度报告数据汇总表》，确保全省所有报表数据的连续性、真实性和准确性；高质量完成全省2022年度住房公积金信息披露工作，主要采取"三审制"方式对中心《年度信息披露报告》进行审核，指导中心通过新闻通稿、短视频、宣传长图、解读文章等形式加大年度报告和解读的宣传力度，为住房公积金制度高质量发展营造良好的舆论氛围。

吉林省及省内各城市住房公积金 2023 年年度报告二维码

名称	二维码
吉林省住房公积金 2023 年年度报告	
长春市住房公积金 2023 年年度报告	
吉林市住房公积金 2023 年年度报告	
四平市住房公积金 2023 年年度报告	
辽源市住房公积金 2023 年年度报告	
通化市住房公积金 2023 年年度报告	
白山市住房公积金 2023 年年度报告	

续表

名称	二维码
松原市住房公积金 2023 年年度报告	
白城市住房公积金 2023 年年度报告	
延边朝鲜族自治州住房公积金 2023 年年度报告	

黑龙江省

黑龙江省住房公积金 2023 年年度报告

根据国务院《住房公积金管理条例》和住房和城乡建设部、财政部、人民银行《关于健全住房公积金信息披露制度的通知》（建金〔2015〕26号）规定，现将黑龙江省住房公积金2023年年度报告汇总公布如下：

一、机构概况

（一）**住房公积金管理机构**：全省共设13个设区城市住房公积金管理中心，1个县级市公积金中心（绥芬河市住房公积金管理中心），1个行业公积金中心（黑龙江省森工林区住房公积金管理中心，隶属于中国龙江森林工业集团有限公司），3个独立设置的分中心（其中，哈尔滨住房公积金管理中心省直分中心，隶属于黑龙江省机关事务管理局；哈尔滨住房公积金管理中心农垦分中心，隶属于北大荒农垦集团有限公司；哈尔滨住房公积金管理中心电力分中心，隶属于国网黑龙江省电力有限公司）。从业人员1504人，其中，在编966人，非在编538人。

（二）**住房公积金监管机构**：省住房城乡建设厅、财政厅和中国人民银行黑龙江省分行负责对本省住房公积金管理运行情况进行监督。省住房城乡建设厅设立住房公积金监管处，负责辖区住房公积金日常监管工作。

二、业务运行情况

（一）**缴存**：2023年，新开户单位4543家，净增单位2722家；新开户职工20.16万人，净增职工0.51万人；实缴单位46073家，实缴职工294.86万人，缴存额576.46亿元，分别同比增长6.28%、0.17%、7.19%。2023年末，缴存总额5763.15亿元，比上年末增加11.11%；缴存余额2125.72亿元，同比增长6.10%（表1）。

2023年分城市住房公积金缴存情况　　　　表1

地区	实缴单位（个）	实缴职工（万人）	缴存额（亿元）	累计缴存总额（亿元）	缴存余额（亿元）
黑龙江省	46073	294.86	576.46	5763.15	2125.72
哈尔滨市	15450	93.34	193.17	1936.53	607.57
省直	957	11.20	33.21	325.81	94.16
农垦	707	8.27	15.66	171.13	64.64
电力	53	3.34	10.39	159.62	46.45
齐齐哈尔市	4042	22.60	41.12	376.96	156.93
鸡西市	1669	12.05	20.41	158.93	82.43
鹤岗市	970	8.75	13.05	107.62	56.68
双鸭山市	1443	9.55	18.92	151.90	83.25
大庆市	3886	41.42	93.31	1201.30	365.66
伊春市	1595	9.80	15.20	112.49	54.87

续表

地区	实缴单位（个）	实缴职工（万人）	缴存额（亿元）	累计缴存总额（亿元）	缴存余额（亿元）
佳木斯市	2784	12.84	22.39	214.04	88.89
牡丹江市	3644	13.30	22.98	224.80	92.62
绥芬河市	337	0.89	1.41	14.97	8.10
七台河市	958	7.88	11.85	97.88	52.12
黑河市	2047	10.37	19.62	169.38	85.84
绥化市	3196	17.80	25.08	200.44	103.26
大兴安岭	1285	5.52	10.67	78.66	40.96
森工	1050	5.91	7.99	60.68	41.29

2023年各地市缴存职工人数同去年对比情况见图1。

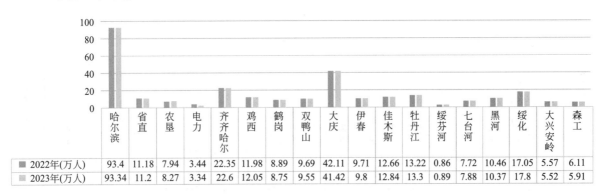

图1 实缴职工人数统计对比图

（二）提取：2023年，101.39万名缴存职工提取住房公积金；提取额454.32亿元，同比增长32.79％；提取额占当年缴存额的78.81％，比上年增加15.19个百分点。2023年末，提取总额3637.43亿元，比上年末增加14.27％（表2）。

2023年分城市住房公积金提取情况　　　表2

地区	提取额（亿元）	提取率（％）	住房消费类提取额（亿元）	非住房消费类提取额（亿元）	累计提取总额（亿元）
黑龙江省	**454.32**	**78.81％**	**253.72**	**200.60**	**3637.43**
哈尔滨市	162.02	83.87％	105.12	56.90	1328.96
省直	26.94	81.12％	18.56	8.37	231.64
农垦	12.18	77.78％	4.33	7.85	106.49
电力	8.18	78.73％	3.60	4.57	113.17
齐齐哈尔市	32.36	78.70％	17.14	15.22	220.03
鸡西市	13.19	64.63％	4.74	8.44	76.51
鹤岗市	9.48	72.64％	4.08	5.41	50.94
双鸭山市	11.95	63.16％	4.61	7.34	68.65
大庆市	82.22	88.11％	46.37	35.85	835.64
伊春市	10.42	68.55％	5.22	5.20	57.62

续表

地区	提取额（亿元）	提取率（%）	住房消费类提取额（亿元）	非住房消费类提取额（亿元）	累计提取总额（亿元）
佳木斯市	16.78	74.94%	8.41	8.37	125.15
牡丹江市	17.29	75.24%	8.97	8.33	132.18
绥芬河市	1.03	73.05%	0.35	0.68	6.87
七台河市	7.12	60.08%	2.66	4.46	45.77
黑河市	14.34	73.09%	6.89	7.45	83.53
绥化市	16.96	67.62%	8.14	8.82	97.18
大兴安岭	6.19	58.01%	2.94	3.25	37.70
森工	5.68	71.09%	1.60	4.08	19.39

2023年各地市住房公积金提取额占当年缴存额的比重见图2。

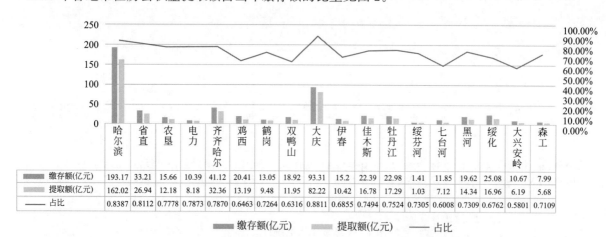

图2　2023年住房公积金提取额占当年缴存额比重表

2023年各地市住房公积金资金使用率情况见图3。

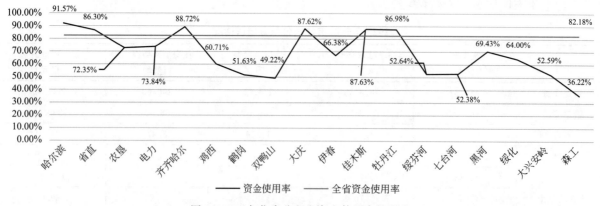

图3　2023年住房公积金资金使用率情况表

(三) 贷款：

1. 个人住房贷款：2023年，发放个人住房贷款4.16万笔、154.98亿元，同比增长23.81%、30.81%。回收个人住房贷款163.15亿元。

2023年末，累计发放个人住房贷款110.06万笔、2694.72亿元，贷款余额1098.78亿元，分别比上年末增加3.93%、6.10%、-0.74%。个人住房贷款余额占缴存余额的51.69%，比上年末减少3.56

个百分点（表3）。

2023年分城市住房公积金个人住房贷款情况　　　　　表3

地区	放贷笔数（笔）	贷款发放额（亿元）	累计放贷笔数（万笔）	累计贷款总额（亿元）	贷款余额（亿元）	个人住房贷款率（%）
黑龙江省	**41554**	**154.98**	**110.06**	**2694.72**	**1098.78**	**51.69**
哈尔滨市	15102	69.26	29.30	940.64	444.33	73.13
省直	1224	6.38	3.44	122.31	49.55	52.62
农垦	677	2.79	2.58	44.93	17.33	26.81
电力	4	0.015	0.31	10.15	4.70	10.12
齐齐哈尔市	4291	16	9.04	240.14	114.40	72.90
鸡西市	1317	4.11	4.33	66.56	19.97	24.23
鹤岗市	503	1.17	3.78	44.46	4.62	8.16
双鸭山市	666	1.07	2.76	32.00	6.12	7.35
大庆市	8108	25.94	26.03	657.30	216.99	59.34
伊春市	1214	3.1	3.26	48.46	17.05	31.07
佳木斯市	1800	5.29	6.13	136.77	62.42	70.22
牡丹江市	2042	6.10	5.82	136.89	63.36	68.41
绥芬河市	71	0.13	0.25	4.76	1.01	12.47
七台河市	494	1.24	0.96	13.85	5.50	10.55
黑河市	1721	5.82	6.57	102.16	34.07	39.69
绥化市	1745	5.28	4.73	79.90	31.11	30.13
大兴安岭	524	1.08	0.68	9.92	3.67	8.97
森工	51	0.20	0.09	3.51	2.59	6.27

2023年，支持职工购建房441.52万平方米。年末个人住房贷款市场占有率（含公转商贴息贷款）为9.34%，比上年末增加0.20个百分点。通过申请住房公积金个人住房贷款，可节约职工购房利息支出218942.02万元。

2. 异地贷款：2023年，发放异地贷款4271笔、184147.40万元。2023年末，发放异地贷款总额1662053.28万元，异地贷款余额999924.51万元。

2023年各地市住房公积金个贷率情况见图4。

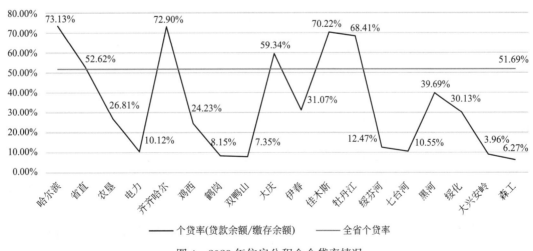

图4　2023年住房公积金个贷率情况

（四）资金存储：2023年末，住房公积金存款1019.64亿元。其中，活期9.39亿元，1年（含）以下定期169.46亿元，1年以上定期780.70亿元，其他（协定、通知存款等）60.09亿元。

（五）资金运用率：2023年末，住房公积金个人住房贷款余额、项目贷款余额和购买国债余额的总和占缴存余额的51.69%，比上年末减少3.56个百分点。

三、主要财务数据

（一）业务收入：2023年，业务收入613272.24万元，同比增长2.19%。其中，存款利息264005.81万元，委托贷款利息348579.77万元，其他686.66万元。

（二）业务支出：2023年，业务支出319969.98万元，同比增长6.32%。其中，支付职工住房公积金利息305482.56万元，归集手续费3331.39万元，委托贷款手续费10744.37万元，其他411.66万元。

（三）增值收益：2023年，增值收益293302.26万元，同比下降1.96%；增值收益率1.42%，比上年减少0.15个百分点。

（四）增值收益分配：2023年，提取贷款风险准备金85.30万元，提取管理费用28990.66万元，提取城市廉租住房（公共租赁住房）建设补充资金264226.30万元（表4、图5）。

2023年分城市住房公积金增值收益及分配情况　　　　表4

地区	业务收入（亿元）	业务支出（亿元）	增值收益（亿元）	增值收益率（%）	提取贷款风险准备金（亿元）	提取管理费用（亿元）	提取公租房（廉租房）建设补充资金（亿元）
黑龙江省	**61.33**	**32.00**	**29.33**	**1.42**	**0.01**	**2.90**	**26.42**
哈尔滨市	19.03	9.79	9.24	1.57		0.72	8.52
省直	2.50	1.57	0.93	1.02		0.13	0.80
农垦	1.64	0.96	0.68	1.11		0.18	0.50
电力	1.05	0.69	0.36	0.78		0.01	0.35
齐齐哈尔市	4.46	2.34	2.12	1.39		0.13	1.99
鸡西市	2.67	1.20	1.47	1.86		0.18	1.29
鹤岗市	1.50	0.83	0.67	1.21		0.10	0.57
双鸭山市	2.04	1.18	0.86	1.08		0.08	0.78
大庆市	10.51	5.52	4.99	1.39		0.28	4.71
伊春市	1.78	0.76	1.02	1.95		0.11	0.91
佳木斯市	2.76	1.33	1.43	1.67		0.13	1.30
牡丹江市	2.82	1.41	1.41	1.57		0.26	1.15
绥芬河市	0.22	0.12	0.10	1.31		0.04	0.06
七台河	1.44	0.75	0.69	1.38		0.07	0.61
黑河市	2.59	1.29	1.30	1.57		0.12	1.18
绥化市	1.88	1.08	0.80	0.81		0.15	0.65
大兴安岭	1.31	0.59	0.72	1.83	0.01	0.06	0.65
森工	1.13	0.59	0.54	1.35		0.14	0.40

2023年，上交财政管理费用31483.76万元，上缴财政城市廉租住房（公共租赁住房）建设补充资金280579.22万元。

2023年末，贷款风险准备金余额362257.12万元，累计提取城市廉租住房（公共租赁住房）建设补充资金2009317.07万元。

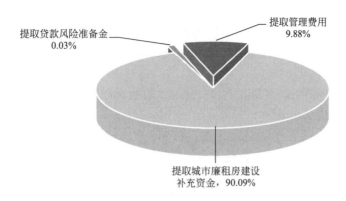

图 5　2023 年全省增值收益分配情况

（五）管理费用支出：2023 年，管理费用支出 27932.79 万元，同比增长 2.64％。其中，人员经费 15779.23 万元，公用经费 2349.93 万元，专项经费 9803.63 万元。

四、资产风险状况

个人住房贷款：2023 年末，个人住房贷款逾期额 8562.58 万元，逾期率 0.78‰，个人贷款风险准备金余额 348625.12 万元。

五、社会经济效益

（一）缴存业务。

缴存职工中，国家机关和事业单位占 42.52％，国有企业占 36.35％，城镇集体企业占 0.73％，外商投资企业占 1.23％，城镇私营企业及其他城镇企业占 13.57％，民办非企业单位和社会团体占 1.69％，灵活就业人员占 1.53％，其他占 2.38％；中、低收入占 98.70％，高收入占 1.30％。

新开户职工中，国家机关和事业单位占 39.06％，国有企业占 21.24％，城镇集体企业占 0.86％，外商投资企业占 1.51％，城镇私营企业及其他城镇企业占 27.82％，民办非企业单位和社会团体占 1.96％，灵活就业人员占 1.99％，其他占 5.56％；中、低收入占 99.53％，高收入占 0.47％。

（二）提取业务。

提取金额中，购买、建造、翻建、大修自住住房占 16.03％，偿还购房贷款本息占 36.06％，租赁住房占 3.75％；离休和退休提取占 37.93％，完全丧失劳动能力并与单位终止劳动关系提取占 2.24％，出境定居占 0.45％，其他占 3.54％。提取职工中，中、低收入占 98.19％，高收入占 1.81％。

2023 年全省住房公积金提取用途分类情况见图 6。

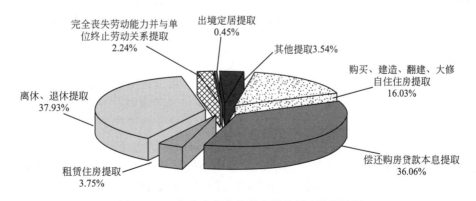

图 6　2023 年全省住房公积金提取用途分类情况

(三) 贷款业务。

个人住房贷款：职工贷款笔数中，购房建筑面积90（含）平方米以下占28.90%，90～144（含）平方米占64.15%，144平方米以上占6.95%。购买新房占44.48%，购买二手房占53.84%（其中购买保障性住房占0.01%），其他占1.68%。

职工贷款笔数中，单缴存职工申请贷款占75.38%，双缴存职工申请贷款占24.61%，三人及以上缴存职工共同申请贷款占0.01%。

贷款职工中，30岁（含）以下占36.60%，30岁～40岁（含）占43.77%，40岁～50岁（含）占15.49%，50岁以上占4.14%；购买首套住房申请贷款占85.66%，购买二套及以上申请贷款占14.34%；中、低收入占95.49%，高收入占4.51%。

(四) 住房贡献率：

2023年，个人住房贷款发放额、公转商贴息贷款发放额、项目贷款发放额、住房消费提取额的总和与当年缴存额的比率为70.90%，比上年增加9.28个百分点。

六、其他重要事项

(一) 住房公积金政策调整情况

1. 加大公积金租房提取支持力度。2024年4月3日省住房城乡建设厅印发了《关于做好住房公积金租房提取工作的通知》，指导各公积金中心做好重点支持新市民、青年人租房提取工作。各公积金中心及时响应，积极制定支持政策并组织实施。

2. 积极推动跨省通办业务办理。印发《关于持续做好住房公积金"跨省通办"服务的通知》，指导各公积金中心积极推动提前退休提取和租房提取两项新增服务事项实现跨省通办。

3. 督促指导各地中心开通"商转公"业务。为充分发挥住房公积金支持刚性和改善性住房需求积极作用，更好满足缴存职工合理贷款需求，指导各地公积金中心积极推动住房商业贷款转住房公积金贷款业务办理，提升业务覆盖面。各地依据本地调研分析报告，制定并履行管委会审议程序后出台了相关政策，并开通了业务办理。

(二) 住房公积金监督检查情况

为化解住房公积金贷款逾期风险，省住房城乡建设厅从各中心选调熟悉财务审计、业务系统、风险防控等方面的专家组成督导组赴个别城市开展现场督导，帮助分析研判存在的漏洞和风险点，针对贷款管理工作不规范、逾期率升高等问题提出解决办法和整改要求，指导逾期率超国家风险值的公积金中心采取有效措施开展逾期清收。

(三) 信息化建设方面

为积极推动住房公积金数字化发展，组建了省内住房公积金专家服务团队；印发了《关于抓紧谋划住房公积金数字化发展工作的通知》督促各中心提早谋划数字化发展相关工作，明确目标任务及建设计划。赴部分城市开展了现场服务指导，提出工作建议。9月组织召开了全省住房公积金数字化发展现场推进会，各地中心对下步数字化发展谋划情况及本地区方案制定出台情况进行了交流，哈尔滨中心做了经验交流。2023年11月3日，黑龙江省住房和城乡建设厅出台《加快住房公积金数字化发展的实施意见》，为加快住房公积金数字化发展提供指导意见。

(四) 建立体检评估机制情况

为丰富住房公积金监管手段，规范住房公积金管理运行，促进住房公积金事业高质量发展，探索建立体检评估机制，客观评价公积金中心管理运行状况。年初组建专家组，2月6日至2月8日专家组赴哈尔滨、伊春开展体检评估复评工作。印发《黑龙江省住房和城乡建设厅关于学习借鉴体检评估试点经验的通知》要求各中心认真学习借鉴，超前谋划本年度体检评估工作。向哈尔滨、伊春下发了《关于印发体检评估复评报告的通知》，督促指导哈尔滨、伊春中心按照年度重点任务清单要求，结合复评报告指出的不足和短板弱项指标，制定整改提升工作方案，同时定期调度。10月初印发《关于开展2023年住房公积金管理中心体检评估工作的通知》在全省范围内启动了体检评估工作。

（五）服务改进情况

深入推进"办好一件事"任务落实。省住房城乡建设厅与省市场监督管理局和省营商局共同打造"办好一件事"政务服务办理新模式，制定公积金"公民身后一件事、企业简易注销一件事、企业开办一件事、企业职工退休一件事、员工录用一件事"方案。充分发挥省级部门统筹协调的作用，重点攻坚各公积金中心要件流程不同、工作基础参差不齐等难题，针对对接过程中政策把握不准等情况，省住房城乡建设厅多次组织省级"一件事"平台开发技术人员、公积金中心业务科室骨干召开视频会，逐项破解难题，实现了"一套材料、一次告知、一表申请、一窗受理、一网通办、一次办结"的目标。各公积金中心"办好一件事"均已通过测试工作，正式投入使用。全省公积金中心通过"一件事"平台完善了服务功能，简化了服务流程，有效满足了缴存单位和职工个性化、多元化服务需求。

（六）行业分支机构调整情况

联合中共黑龙江省委机构编制委员会办公室和黑龙江省财政厅印发《国网黑龙江省电力有限公司住房公积金管理机构调整实施方案》的通知（黑建房〔2023〕5号），12月8日召开电力行业住房公积金管理分支机构移交工作启动会，电力行业移交正式启动。

（七）当年住房公积金机构及从业人员所获荣誉情况

1. 哈尔滨住房公积金管理中心杨志斌同志被评为全省中青年档案业务骨干称号；
2. 齐齐哈尔市住房公积金管理中心被省总工会、省妇联评为"巾帼文明岗"荣誉称号；
3. 佳木斯住房公积金管理中心党组书记、主任余鸿被评为"省优秀工会之友"；
4. 佳木斯住房公积金管理中心刘晓东同志被评为黑龙江省"五个100"优秀志愿者。

黑龙江省及省内各城市住房公积金 2023 年年度报告二维码

名称	二维码
黑龙江省住房公积金 2023 年年度报告	
哈尔滨市住房公积金 2023 年年度报告	
齐齐哈尔市住房公积金 2023 年年度报告	
牡丹江市住房公积金 2023 年年度报告	
佳木斯市住房公积金 2023 年年度报告	
大庆市住房公积金 2023 年年度报告	
鸡西市住房公积金 2023 年年度报告	

续表

名称	二维码
双鸭山市住房公积金 2023 年年度报告	
鹤岗市住房公积金 2023 年年度报告	
七台河市住房公积金 2023 年年度报告	
伊春市住房公积金 2023 年年度报告	
黑河市住房公积金 2023 年年度报告	
绥化市住房公积金 2023 年年度报告	
大兴安岭地区住房公积金 2023 年年度报告	
绥芬河市住房公积金 2023 年年度报告	

上海市

上海市住房公积金 2023 年年度报告

根据国务院《住房公积金管理条例》和住房和城乡建设部、财政部、人民银行《关于健全住房公积金信息披露制度的通知》（建金〔2015〕26 号）的规定，经审计，并由住房公积金管理委员会审议通过，现将上海市住房公积金 2023 年年度报告公布如下：

一、机构概况

（一）**住房公积金管理委员会**：住房公积金管理委员会有 21 名委员，2023 年召开 2 次会议，审议通过的事项主要包括：《关于 2022 年本市住房公积金预算收支执行、重点工作完成情况及 2023 年计划安排的报告》《关于〈上海市住房公积金 2022 年年度报告〉编制说明的报告》《关于制定〈关于本市实施多子女家庭住房公积金支持政策的通知〉的报告》《关于〈上海市住房公积金个人住房贷款业务委托协议（2023—2024）〉的修订说明的报告》《关于本市住房公积金缴存、提取和个人贷款管理办法修订情况的报告》《关于 2023 年上半年本市住房公积金主要工作推进情况及下半年工作计划的报告》《关于调整本市住房公积金购买存量住房贷款期限政策的报告》《关于本市住房公积金支持城市更新有关政策的情况报告》《关于江苏银行上海分行申请承办本市住房公积金个人贷款业务的情况汇报》等。

（二）**住房公积金管理中心**：上海市公积金管理中心（以下简称"中心"）为直属上海市政府不以营利为目的的独立的自收自支的事业单位，设 13 个处室，16 个管理部。2023 年末，从业人员 304 人，其中，在编 247 人，非在编 57 人。

二、业务运行情况

（一）**缴存**：2023 年，新开户单位 7.05 万家，净增单位 3.88 万家；新开户职工 71.22 万人，净增职工 8.06 万人；实缴单位 56.01 万家，实缴职工 944.26 万人，缴存额 2473.10 亿元（图 1），同比分别增长 7.44％、0.86％和 11.04％。2023 年末，缴存总额 19418.42 亿元，比上年增长 14.59％；缴存余额 7745.01 亿元，同比增长 11.98％。受委托办理住房公积金缴存业务的银行 1 家。

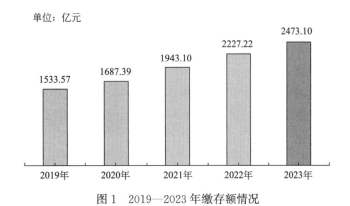

图 1　2019—2023 年缴存额情况

（二）**提取**：2023 年，400.40 万名缴存职工提取住房公积金；提取额 1644.51 亿元（图 2），同比增长 19.22％；提取额占当年缴存额的 66.50％，比上年增加 4.56 个百分点。2023 年末，提取总额 11673.41 亿元，比上年增长 16.40％。

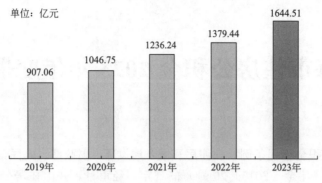

图 2　2019—2023 年提取额情况

（三）贷款：

1. 个人住房贷款：本市购买首套住房家庭最高贷款额度为 100 万元（个人为 50 万元），缴交补充公积金的最高贷款额度为 120 万元（个人为 60 万元），多子女家庭在本市购买首套住房，最高贷款限额（含补充公积金最高贷款限额）在以上基础上上浮 20%；本市购买第二套改善型住房家庭最高贷款额度为 80 万元（个人为 40 万元），缴交补充公积金的最高贷款额度为 100 万元（个人为 50 万元）。

2023 年，发放个人住房贷款 11.02 万笔、832.46 亿元（图 3），同比分别下降 2.48%、1.22%。

2023 年，回收个人住房贷款 682.42 亿元。

2023 年末，累计发放个人住房贷款 322.14 万笔、12584.01 亿元，贷款余额 6022.29 亿元，分别比上年增长 3.54%、7.08%、2.56%。个人住房贷款余额占缴存余额的 77.76%，比上年末减少 7.14 个百分点。受委托办理住房公积金个人住房贷款业务的银行 19 家。

图 3　2019—2023 年住房公积金个人住房贷款发放额情况

2. 异地贷款：2023 年，发放异地贷款 535 笔、5.06 亿元。2023 年末，发放异地贷款总额 13.49 亿元，异地贷款余额 12.06 亿元。

3. 住房公积金贴息贷款：2023 年，未发放住房公积金贴息贷款，当年贴息额为零，至年末贴息贷款余额为零。

（四）购买国债：2023 年未购买国债，至年末国债余额为零。

（五）资产证券化：2023 年末，个人住房贷款资产支持证券的未偿付贷款笔数为 4.84 万笔，本金余额为 64.85 亿元。

（六）资金存储：2023 年末，住房公积金存款 1801.59 亿元，其中，1 年（含）以下定期 535.00 亿元，1 年以上定期 532.00 亿元，其他（协定、通知存款等）734.59 亿元。

（七）资金运用率：2023 年末，住房公积金个人住房贷款余额和项目贷款余额的总和占缴存余额的 77.76%，比上年末减少 7.14 个百分点。

三、主要财务数据

（一）业务收入： 2023 年，业务收入 245.25 亿元，同比增长 6.21%。其中，住房公积金业务收入 242.05 亿元，包括存款利息 53.27 亿元，委托贷款利息 188.58 亿元，其他 0.20 亿元。

（二）业务支出： 2023 年，业务支出 119.43 亿元，同比增长 12.61%。其中，住房公积金业务支出 118.37 亿元，包括支付职工住房公积金利息 111.77 亿元，归集手续费 2.86 亿元，委托贷款手续费 3.74 亿元。

（三）增值收益： 2023 年，增值收益 125.82 亿元。其中：

住房公积金增值收益 123.68 亿元，同比增长 0.53%。当年增值收益率 1.68%，比上年减少 0.21 个百分点。

城市廉租住房建设补充资金增值收益 2.14 亿元。

（四）增值收益分配： 2023 年，提取贷款风险准备金 98.94 亿元，上缴管理费用 2.00 亿元，提取城市廉租住房建设补充资金 24.88 亿元（含城市廉租住房建设补充资金增值收益 2.14 亿元）。

2023 年末，贷款风险准备金余额 769.61 亿元。累计提取城市廉租住房建设补充资金 318.49 亿元。

（五）管理费用支出： 2023 年，管理费用支出 2.01 亿元（含上年结转 0.01 亿元），同比增长 16.18%。其中，人员经费 1.18 亿元，公用经费 0.25 亿元，专项经费 0.58 亿元。

四、资产风险状况

个人住房贷款：2023 年末，个人住房贷款逾期额 2.66 亿元，逾期率 0.443‰。个人贷款风险准备金余额 769.61 亿元。2023 年，未使用个人贷款风险准备金核销逾期贷款。

五、社会经济效益

（一）缴存业务

缴存职工中，国家机关和事业单位占 8.34%，国有企业占 13.07%，城镇集体企业占 1.54%，外商投资企业占 16.76%，城镇私营企业及其他城镇企业占 57.17%，民办非企业单位和社会团体占 1.18%，灵活就业人员占 0.05%，其他占 1.89%（图 4）；中、低收入占 92.40%，高收入占 7.60%。

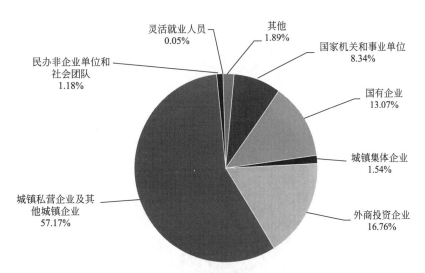

图 4 2023 年实缴职工按所在单位性质分类

新开户职工中，国家机关和事业单位占 3.69%，国有企业占 10.74%，城镇集体企业占 1.02%，外商投资企业占 13.95%，城镇私营企业及其他城镇企业占 68.05%，民办非企业单位和社会团体占 0.71%，灵活就业人员占 0.01%，其他占 1.83%；中、低收入占 98.00%，高收入占 2.00%。

（二）提取业务

提取金额中，偿还购房贷款本息占 62.30%，租赁住房占 11.12%，购买、建造、翻建、大修自住住房占 5.06%，支持老旧小区改造占 0.15%，离休和退休提取占 16.21%，完全丧失劳动能力并与单位终止劳动关系提取占 0.02%，出境定居占 0.14%，其他占 5.00%（图 5）。

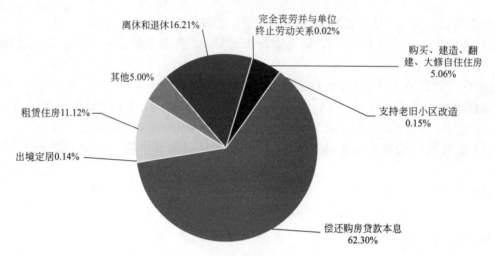

图 5　2023 年住房公积金提取额按提取原因分类

提取职工中，中、低收入占 88.86%，高收入占 11.14%。

（三）贷款业务

个人住房贷款：2023 年，支持职工购建房 1005.78 万平方米，年末个人住房贷款市场占有率为 27.24%，比上年末增加 1.1 个百分点。通过申请住房公积金个人住房贷款，在贷款合同约定的存续期内可节约职工购房利息支出 123.39 亿元。

职工贷款笔数中，购房建筑面积 90（含）平方米以下占 47.28%，90~144（含）平方米占 48.18%，144 平方米以上占 4.54%（图 6）。购买新房占 46.13%（其中购买保障性住房占 3.03%），购买二手房占 53.87%。

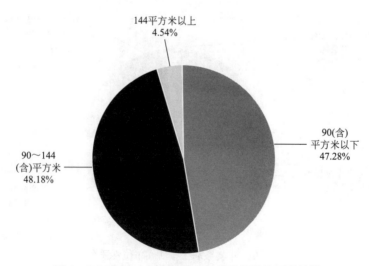

图 6　2023 年个人住房贷款职工贷款笔数按面积分类

职工贷款笔数中，单缴存职工申请贷款占 46.60%，双缴存职工申请贷款占 53.28%，三人及以上缴存职工共同申请贷款占 0.12%。

贷款职工中，30 岁（含）以下占 22.66%，30 岁～40 岁（含）占 55.31%，40 岁～50 岁（含）占 18.88%，50 岁以上占 3.15%（图 7）；购买首套住房申请贷款占 81.21%，购买二套及以上申请贷款占 18.79%；中、低收入占 85.28%，高收入占 14.72%。

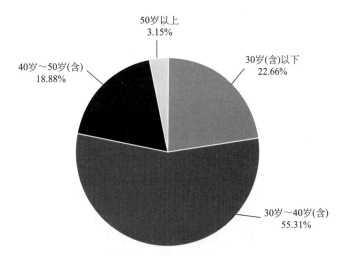

图 7　2023 年个人住房贷款职工按年龄分类

（四）住房贡献率

2023 年，个人住房贷款发放额、住房消费提取额的总和与当年缴存额的比率为 85.95%，比上年减少 3.12 个百分点。

六、其他重要事项

（一）政策调整情况

1. 调整 2023 年度住房公积金缴存基数和月缴存额上下限

自 2023 年 7 月 1 日起，本市职工住房公积金的缴存基数由 2021 年月平均工资调整为 2022 年月平均工资。2023 年度职工本人和单位住房公积金缴存比例为各 5% 至 7%，由单位自主确定；单位可以自愿参加补充住房公积金制度，补充住房公积金缴存比例为各 1% 至 5%。2023 年度本市住房公积金月缴存额上下限如表 1 所示。

2023 年度本市住房公积金月缴存额上下限　　表 1

类型	单位和个人缴存比例（%）	月缴存额上限（元）	月缴存额下限（元）
住房公积金	各 7	5116	362
	各 6	4386	310
	各 5	3654	260
补充住房公积金	各 5	3654	260
	各 4	2924	208
	各 3	2192	156
	各 2	1462	104
	各 1	730	52

2. 修订缴存、提取和个人贷款管理办法

完成《上海市住房公积金缴存管理办法》《上海市住房公积金提取管理办法》以及《上海市住房公

积金个人住房贷款管理办法》三个规范性文件的到期修订工作，并自 2023 年 4 月 1 日起施行。修订后的三个管理办法加强了规范性文件融合归并、强化了数字化服务、完善了部分条款顺序及表述，为更好地维护缴存单位和职工合法权益、支持住房公积金事业发展提供有力制度保障。

3. 优化提取政策

一是 2023 年 5 月 1 日起，实施多子女家庭住房公积金支持政策。符合本市租赁提取规定的多子女家庭，可按照实际房租支出提取住房公积金。二是 2023 年 10 月 7 日起，实施本市住房公积金支持城市更新政策。纳入本市城市更新范围内的旧住房更新改造项目，业主（产权人或公有住房承租人）购买改造后具备交易条件的房屋（含增加面积），或在项目建设期内租赁住房过渡安置的，可以按照实际支出提取本人以及配偶、父母、子女（含子女配偶）住房公积金。

4. 优化贷款政策

一是 2023 年 5 月 1 日起，实施多子女家庭住房公积金支持政策。多子女家庭在本市购买首套住房，最高贷款限额（含补充公积金最高贷款限额）在本市最高贷款限额的基础上上浮 20%。二是 2023 年 10 月 7 日起，调整本市住房公积金购买存量住房最长贷款期限。所购存量住房房龄为 6（含）～20 年之间的，最长贷款期限调整为不超过 30 年；所购存量住房房龄为 20（含）～35 年之间的，最长贷款期限调整为不超过"50～房龄"。三是 2023 年 10 月 30 日起，优化住房公积金个人住房贷款套数认定标准。缴存职工家庭名下在本市无住房、在全国未使用过住房公积金个人住房贷款或首次住房公积金个人住房贷款已经结清的，认定为首套住房；缴存职工家庭名下在本市已有一套住房、符合改善型认定条件，在全国未使用过住房公积金个人住房贷款或首次住房公积金个人住房贷款已经结清的，认定为第二套改善型住房。

（二）业务服务优化情况

1. 持续优化营商环境，企业办事更便捷

一是推进歇业备案"一口办理"，企业通过"上海企业登记在线"平台提交歇业申请后，可同步在线申请住房公积金降低缴存比例或缓缴业务。二是推进企业变更登记信息数据共享，实现企业名称变更后，在其登录住房公积金网上业务办理系统时，主动提示办理单位住房公积金账户信息修改业务。三是提升住房公积金综合服务平台功能，为单位提供业务数据可视化和重要业务主动提醒服务，新增使用外国人永久居留身份证网上办理个人住房公积金账户设立、查询等。

2. 深化"一网通办"改革，"跨省通办"办得通

一是推动住房公积金贷款提取还贷申请、封存满半年提取住房公积金和多子女家庭租赁提取住房公积金等 6 项服务事项接入本市"一网通办"移动端，累计实现 47 项服务事项接入"一网通办"平台。二是实现租赁提取住房公积金业务上线长三角"一网通办"平台，进一步丰富长三角住房公积金服务专栏事项。三是持续强化主动服务意识，推动实现购买共有产权保障住房（贷前提取）服务"免申即享"。四是不断满足异地缴存职工住房公积金跨省办事需求，进一步扩大服务事项范围，累计实现 40 余项住房公积金服务事项"全国漫游"。五是开展"跨省通办"专项检查，对服务落实情况进行排摸检查，督促指导管理部规范、及时、准确落实，推动"跨省通办"事项服务标准化、规范化。

3. 建章立制规范管理，办事有序提质效

一是优化整合原有业务办理流程，印发《上海市公积金管理中心"跨省通办"业务操作规范》，进一步理顺工作流程、明确工作职责，同步推广《"跨省通办"异地中心收件要求共享备忘录》，建立共同维护机制。同时，在业务系统内打造"跨省通办"业务专区，实现"跨省通办"业务自动导入、超期预警等功能，与全国住房公积金监管服务平台有效衔接，减少业务流转环节和时间，进一步提高业务办理效率。二是印发《上海,市公积金管理中心"办不成事"反映窗口工作制度（试行）》，通过设立"办不成事"反映窗口，对现有好的做法归口收集、优化提炼、统一管理，不断提升管理部窗口服务能级。

4. 线上线下服务升级，办理体验上台阶

一是完成 14 项"双 100"高频事项优化改造，推进智能申报，开通"专业人工帮办"，推动实现高

频业务"智慧好办"。二是试点推行线上虚拟窗口视频客服。进一步升级"一网通办"在线帮办服务，通过多类信息的实时传递、发送，共享操作界面、评价反馈等功能，为服务对象提供更加直观精准的指导帮助。三是推进上海公积金App与"随申办"全面深度融合，打造"上海市公积金服务专区"，实现渠道统一化。四是以闵行区管理部为试点，完善线下网点建设。增设智能化设备，将接入"一网通办"自助终端的8项住房公积金服务事项及8项便民工具赋能中心自助设备，同时合理设计功能布局，着力打造舒适、便捷、高效、智能的现代化服务网点。

（三）宣传培训情况

一是依托"政策百家讲""政府开放日"等宣传平台，结合管理部区域联动，采用"办专场""录视频""做直播""全链条拼盘式"等形式，进社区、进企业开展精准辅导式培训宣讲。2023年组织开展培训共计142场次。二是加强新媒体政务宣传，通过大调研，制定计划做好网上靶向宣传，同时进一步丰富网上宣传形式，制作短视频、沪语公积金科普等内容。助力住房公积金惠民政策、便民举措及时有效深入下去、传播开来，扩大缴存对象对住房公积金政策业务的知晓度。

（四）执法推进情况

1. 健全完善行政执法制度体系

落实上位法规定，完成《上海市住房公积金执法程序操作规范（缴存类）》修订，在上海市统一综合执法系统中推进《上海市住房公积金执法程序操作规范（提取及贷款类）》落地实施，试点集中立案、批量处理的执法办案新模式，不断丰富办案指导口径，构建形成住房公积金"1+3+N"行政执法制度体系，实现缴存类、提取及贷款类、债权处置类等业务全面覆盖。

2. 多元化解维护缴存职工合法权益

2023年，全市共受理登记投诉举报3087件，经中心积极督促协调，2115件得以在立案前协调化解，立案前的协调化解率近71%。当年共发出《责令限期缴存通知书》209件，向人民法院申请强制执行149件，通过执法办案共为1280名职工追回住房公积金1068.94万元。

（五）风险防控情况

一是持续优化"制度＋机控"风险防控系统建设。强化数字化监管手段，持续优化风险防控检查规则，不断提高风险防控规则与业务贴合度和针对性。实现风险防控系统与全国住房公积金监管服务平台对接，进一步健全一体化风险防控工作平台。二是加强审计规范化建设，编印内审工作指导手册，搭建内审知识库；强化审计监督，规范审计流程，有序开展审计项目；加强审计整改跟踪，着力闭环管理，强化结果运用，保障住房公积金资金安全。

（六）信息化建设情况

1. 推动落实数字化发展，逐步打造智慧公积金新格局

一是积极落实住房和城乡建设部"亮码可办"工作部署，形成补充公积金住房和城乡建设部对接方案。二是推进自主核算贷款征信上报工作，于四季度通过验收并完成上线准备工作。三是结合市"一网通办"工作任务，构建微服务架构体系，探索建设数据平台，持续提升系统安全基线，全方位提升数字化支撑能级。四是持续丰富RPA作业流程自动化技术应用，落地17个数字化应用场景。

2. 持续推进系统建设，助力业务高水平发展

一是完成保障房管理系统升级改造。实现从合同签约到退房退租的全流程数字化"一网统管"。二是扎实开展数据治理，推进贷后信息系统建设，促进业务管理提质增效。

（七）荣誉获得情况

2023年，中心、部门及职工共获得省部级以上荣誉12项，分别为：上海12329住房公积金热线荣获"2022年12345市民服务热线系统立功竞赛话务受理专业赛道奖项"；上海住房公积金网荣获"2022年度中国领先政务网站"；上海公积金微博荣获"2022年度中国优秀政务新媒体"；中心1个部门荣获2023年上海市工人先锋号；中心"刘忆创新工作室"获评"上海市劳模创新工作室"荣誉称号；中心1名职工荣获上海市青年五四奖章个人；中心1个部门荣获2022年度市"一网通办"立功竞赛活动集体

类一等奖;中心 3 名职工荣获 2022 年度市"一网通办"立功竞赛活动个人奖项,其中二等奖 1 名、三等奖 2 名;中心获评 2023 年上海市优秀学习型企事业单位;"公积金妈咪小屋"获评"四星级"爱心妈咪小屋。

上海市住房公积金 2023 年年度报告二维码

名称	二维码
上海市住房公积金 2023 年年度报告	

江苏省

江苏省住房公积金 2023 年年度报告

根据国务院《住房公积金管理条例》以及住房和城乡建设部、财政部、人民银行《关于健全住房公积金信息披露制度的通知》（建金〔2015〕26 号）要求，现将江苏省住房公积金 2023 年年度报告汇总公布如下。

一、机构概况

（一）住房公积金管理机构

全省共有 13 个设区市住房公积金管理中心、8 个独立分中心（其中：江苏省省级机关住房资金管理中心隶属江苏省机关事务管理局，江苏省监狱系统住房公积金管理部隶属江苏省监狱管理局，中国石化集团华东石油局住房公积金管理部隶属中国石化集团华东石油局，徐州矿务集团住房基金管理中心隶属徐州矿务集团有限公司，隶属大屯煤电（集团）有限责任公司的大屯煤电（集团）有限责任公司住房公积金管理中心于 2023 年 12 月 26 日与徐州市住房公积金管理中心签订属地化管理移交协议，扬州市住房公积金管理中心仪化分中心隶属中国石化仪征化纤有限责任公司，江苏石油勘探局有限公司住房公积金管理中心隶属中国石化集团江苏石油勘探局有限公司，苏州工业园区社会保险基金和公积金管理中心隶属苏州工业园区管委会）。

从业人员 1954 人，其中：在编 1135 人、非在编 819 人。

（二）住房公积金监管机构

江苏省住房和城乡建设厅、江苏省财政厅和人民银行江苏省分行负责对本省住房公积金管理运行情况进行监督。江苏省住房和城乡建设厅设立住房公积金监管处，负责住房公积金日常监管工作。

二、业务运行情况

（一）缴存业务

2023 年，新开户单位 118694 家，净增单位 97452 家；新开户职工 208.53 万人，净增职工 85.88 万人；实缴单位 545819 家，实缴职工 1631.80 万人，缴存额 3037.47 亿元，分别同比增加 6.85％、1.33％、6.56％。2023 年末，缴存余额 7934.02 亿元，同比增长 10.71％；缴存总额 24605.22 亿元，比上年末增加 14.08％（表 1）。

2023 年住房公积金缴存简表　　　　　表 1

地区	实缴单位（万个）	实缴职工（万人）	缴存额（亿元）	缴存余额（亿元）	备注：缴存总额（亿元）
江苏省	**54.58**	**1631.80**	**3037.47**	**7934.02**	**24605.22**
南京市	9.78	303.52	702.26	1894.14	5739.81
无锡市	10.23	195.35	342.31	962.32	2783.81
徐州市	1.20	70.68	152.63	522.69	1473.06
常州市	4.88	126.91	208.66	558.73	1678.26
苏州市	17.83	443.77	747.98	1767.38	5811.57

续表

地区	实缴单位（万个）	实缴职工（万人）	缴存额（亿元）	缴存余额（亿元）	备注：缴存总额（亿元）
南通市	1.96	108.70	230.61	558.61	1774.74
连云港市	1.35	45.34	89.70	240.99	736.29
淮安市	0.90	50.33	92.38	222.36	753.52
盐城市	1.99	87.08	127.49	266.61	925.22
扬州市	1.59	65.65	119.96	328.83	1065.72
镇江市	1.28	45.32	77.97	222.94	730.91
泰州市	1.00	45.12	83.02	232.51	715.73
宿迁市	0.59	44.03	62.50	155.91	416.58

（二）提取业务

2023年，821.18万名缴存职工提取住房公积金；提取额2269.64亿元，同比增长18.92%；提取额占当年缴存额的74.72%，比上年增加7.77个百分点。2023年末，提取总额16671.20亿元，比上年末增加15.76%（表2）。

2023年住房公积金提取简表　　　　表2

地区	提取额（亿元）	住房消费类提取额（亿元）	非住房消费类提取额（亿元）	提取率（%）	备注：提取总额（亿元）
江苏省	2269.64	1748.51	521.13	74.72	16671.20
南京市	568.20	443.97	124.23	80.91	3845.66
无锡市	243.85	195.36	48.48	71.24	1821.49
徐州市	112.72	74.47	38.24	73.85	950.37
常州市	144.18	118.54	25.64	69.10	1119.54
苏州市	530.65	417.44	113.21	70.94	4044.18
南通市	172.03	121.06	50.97	74.60	1216.12
连云港市	70.03	50.56	19.48	78.07	495.31
淮安市	72.54	57.09	15.45	78.52	531.16
盐城市	92.80	73.24	19.56	72.79	658.62
扬州市	93.82	67.43	26.39	78.21	736.89
镇江市	59.52	43.90	15.62	76.33	507.96
泰州市	64.40	50.46	13.95	77.57	483.23
宿迁市	44.90	34.99	9.91	71.84	260.67

（三）贷款业务

2023年，发放个人住房贷款30.09万笔、1625.27亿元，同比增长43.32%、57.37%。其中：发放异地贷款17249笔、975689.81万元；发放公转商贴息贷款3292笔、107621.31万元，支持职工购建房面积30.74万平方米，当年贴息额20886.56万元。回收个人住房贷款841.11亿元。

2023年，支持职工购建房3348.22万平方米。年末个人住房贷款市场占有率（含公转商贴息贷款）为14.81%，比上年末增加1.86个百分点。通过申请住房公积金个人住房贷款，可节约职工购房利息支出1802211.19万元。

2023年末，累计发放个人住房贷款437.48万笔、14174.93亿元（表3），贷款余额6918.03亿元，分别比上年末增加7.39%、12.95%、12.78%。其中：发放异地贷款总额2854507.71万元，异地贷款余额2153454.23万元；累计发放公转商贴息贷款190325笔、6659420.58万元，累计贴息274925.48万元。个人住房贷款余额占缴存余额的87.19%，比上年末增加1.60个百分点。

2023年住房公积金个人住房贷款简表　　　　　　　　　　　　　　　　　　　　　　表3

地区	放贷笔数（万笔）	贷款发放额（亿元）	贷款余额（亿元）	个人住房贷款率（%）	备注：放贷总笔数（万笔）	贷款总额（亿元）
江苏省	30.09	1625.27	6918.03	87.19	437.48	14174.93
南京市	5.18	303.22	1788.81	94.44	93.60	3426.78
无锡市	3.91	178.25	817.42	84.94	50.98	1762.64
徐州市	1.37	70.78	417.78	79.93	30.52	903.36
常州市	2.63	148.58	517.47	92.62	34.70	1116.20
苏州市	5.34	395.68	1464.14	82.84	69.86	2677.32
南通市	2.26	111.04	504.21	90.26	34.80	1046.43
连云港市	1.63	71.28	229.71	95.32	17.64	539.31
淮安市	1.82	78.39	200.85	90.33	16.38	450.43
盐城市	1.75	87.56	244.92	91.87	21.02	518.86
扬州市	1.16	53.79	249.28	75.81	22.84	585.57
镇江市	0.93	33.66	169.95	76.23	18.50	423.10
泰州市	1.04	48.01	171.67	73.83	17.08	435.92
宿迁市	1.07	45.03	141.82	90.97	9.56	289.01

累计发放项目贷款7.58亿元（2016年4月前已全部还清）。

（四）购买国债

2023年末，国债余额0.49亿元，比上年末减少0.10亿元。

（五）融资

2023年，融资39.90亿元，归还31.80亿元。2023年末，融资余额26.28亿元（融资总额611.79亿元）。

（六）资金存储

2023年末，住房公积金存款987.00亿元。其中，活期2.23亿元，1年（含）以下定期406.72亿元，1年以上定期208.54亿元，其他（协定、通知存款等）369.51亿元。

（七）资金运用率

2023年末，住房公积金个人住房贷款余额、项目贷款余额和购买国债余额的总和占缴存余额的87.20%，比上年末增加1.60个百分点。

三、主要财务数据

（一）业务收入

2023年，业务收入2371720.30万元，同比增长10.39%。其中：存款利息338436.51万元，委托贷款利息2030767.94万元，国债利息159.69万元，其他2356.15万元。

（二）业务支出

2023年，业务支出1292006.77万元，同比增长7.48%。其中：支付职工住房公积金利息1135431.02万元，归集手续费54618.80万元，委托贷款手续费62081.32万元，其他39875.63万元。

(三) 增值收益

2023年，增值收益 1079739.04 万元，同比增长 14.10%；增值收益率 1.43%，比上年增加 0.02 百分点（表4）。

2023年住房公积金增值收益及分配简表　　表4

地区	业务收入（亿元）	业务支出（亿元）	增值收益（亿元）	提取贷款风险准备金（亿元）	提取管理费用（亿元）	提取公租房（廉租房）建设补充资金(亿元)	增值收益率（%）
江苏省	237.17	129.20	107.97	44.35	8.02	55.42	1.43
南京市	58.68	32.49	26.19	7.35	1.06	17.77	1.43
无锡市	30.97	15.66	15.31	9.19	0.60	5.52	1.68
徐州市	15.26	8.72	6.54	0.25	0.68	5.42	1.30
常州市	16.15	9.64	6.51	3.90	0.43	2.17	1.24
苏州市	50.13	27.89	22.24	11.55	1.14	9.55	1.34
南通市	16.79	8.67	8.12	4.87	0.43	2.82	1.53
连云港市	7.56	3.17	4.39	3.48	0.41	0.50	1.90
淮安市	6.50	3.33	3.17	0.00	0.29	2.89	1.49
盐城市	7.67	4.22	3.45	0.00	1.12	2.34	1.39
扬州市	10.07	5.55	4.52	2.19	0.74	1.59	1.43
镇江市	6.11	3.73	2.38	0.34	0.54	1.51	1.11
泰州市	6.89	3.80	3.09	0.00	0.39	2.70	1.38
宿迁市	4.39	2.33	2.06	1.23	0.19	0.64	1.40

(四) 增值收益分配

2023年，提取贷款风险准备金 443547.69 万元，提取管理费用 80212.38 万元，提取城市廉租住房（公共租赁住房）建设补充资金 554161.53 万元。

2023年，上交财政管理费用 77119.13 万元，上缴财政城市廉租住房（公共租赁住房）建设补充资金 518197.22 万元。

2023年末，贷款风险准备金余额 3897302.60 万元，累计提取城市廉租住房（公共租赁住房）建设补充资金 4163004.36 万元。

(五) 管理费用支出

2023年，管理费用支出 73996.63 万元，同比增长 4.46%。其中，人员经费 45272.96 万元，公用经费 4605.31 万元，专项经费 24118.36 万元。

四、资产风险状况

2023年末，个人住房贷款逾期额 3670.72 万元，逾期率 0.05‰，个人贷款风险准备金余额 3896749.40 万元。2023年，使用个人贷款风险准备金核销呆坏账 0 万元。

五、社会经济效益

(一) 缴存业务

缴存职工中，城镇私营企业及其他城镇企业占 55.68%，国家机关和事业单位占 15.84%，外商投资企业占 12.62%，国有企业占 8.90%，城镇集体企业占 1.82%，灵活就业人员占 1.48%，民办非企业单位和社会团体占1.31%，其他占2.35%；中、低收入占98.22%，高收入占1.78%。

新开户职工中，城镇私营企业及其他城镇企业占68.16%，外商投资企业占11.89%，国家机关和事业单位占5.61%，灵活就业人员占4.86%，国有企业占3.99%，民办非企业单位和社会团体占1.09%，城镇集体企业占1.06%，其他占3.34%；中、低收入占99.49%，高收入占0.51%。

（二）提取业务

提取金额中，偿还购房贷款本息占58.14%，离休和退休提取占15.56%，购买、建造、翻建、大修自住住房占12.72%，租赁住房占6.12%，出境定居占1.63%，完全丧失劳动能力并与单位终止劳动关系提取占1.12%，支持老旧小区改造提取占0.01%；其他占4.70%。提取职工中，中、低收入占97.22%，高收入占2.78%。

（三）个人贷款业务

职工贷款笔数中，购房建筑面积90～144（含）平方米占67.67%，90（含）平方米以下占23.62%，144平方米以上占8.71%。购买新房占48.53%（其中购买保障性住房1.61%），购买二手房占48.24%，建造、翻建、大修自住住房占0.01%，其他占3.22%。

职工贷款笔数中，双缴存职工申请贷款占56.92%，单缴存职工申请贷款占42.53%，三人及以上缴存职工共同申请贷款占0.55%。

贷款职工中，30岁~40岁（含）占49.59%，30岁（含）以下占32.15%，40岁~50岁（含）占15.40%，50岁以上占2.86%；购买首套住房申请贷款占84.82%，购买二套及以上申请贷款占15.18%；中、低收入占96.38%，高收入占3.62%。

（四）住房贡献率

2023年，个人住房贷款发放额、公转商贴息贷款发放额、项目贷款发放额、住房消费提取额的总和与当年缴存额的比率为111.43%，比上年增加20.28个百分点。

六、其他重要事项

（一）推进住房公积金制度建设情况

1. 继续增扩灵活就业人员参加住房公积金制度。持续跟踪并全面推广常州、苏州等试点城市灵活就业人员参加住房公积金制度的成功经验，目前全省各设区市均已建立了相关制度，有241102名灵活就业人员自愿缴存住房公积金。

2. 推进住房公积金领域数字人民币应用。2023年3月29日江苏省住房和城乡建设厅、江苏省地方金融监督管理局、人民银行江苏省分行联合编制全国首个数字人民币应用场景导则——《江苏省住房公积金数字人民币场景应用导则（试行）》（苏建金管〔2023〕44号），为全国公积金领域数字人民币应用增量扩面、场景持续创新、体系不断优化提供了可复制、可推广的范本。2023年末，住房公积金场景应用建设已在无锡、徐州、苏州、淮安、扬州、泰州、宿迁等地区有序开展。全省公积金系统累计使用数字人民币结算突破203亿元。

3. 出台住房公积金个人住房贷款购买法拍房业务实施意见。2023年11月8日，江苏省高级人民法院、江苏省住房和城乡建设厅、人民银行江苏省分行联合出台首个省级层面住房公积金个人贷款购买法拍房业务实施意见——《关于印发〈关于做好住房公积金个人住房贷款购买法拍房业务的实施意见〉的通知》（苏高法〔2023〕200号）。

（二）住房公积金风险防控情况

1. 开展住房公积金年度体检评估。组织全省13个设区市住房公积金管理中心紧扣住房公积金高质量发展内涵，围绕推动管理科学化、规范化的目标任务，从发展绩效、管理规范化、数字化发展、风险防控、服务能力、年度工作等六方面开展2023年年度体检评估自评。

2. 开展住房公积金征信信息共享接入。2023年，江苏省住房和城乡建设厅与人民银行江苏省分行建立信息接入联系机制，推动实现住房公积金个人住房贷款征信信息查询、新增贷款信息纳入征信系统和缴存信息共享。2023年末，南京、徐州、常州、苏州、南通、淮安、盐城、宿迁8个设区市住房公积金管理中心已实现。

（三）住房公积金服务改进情况

1. 重点支持新市民、青年人租房提取公积金解决住房问题。坚持因城施策，促进房地产业良性循环和健康发展；坚持租购并举，加大租房提取支持力度，2023年累计帮助超187万户新市民、青年人租房解决住房问题。全省住房公积金管理中心通过优化业务流程，精简办理要件，增加提取频次，出台优惠政策逐步建立起更加顺畅的租房提取机制，已实现新市民、青年人租房提取在人次、金额上同比增长20%以上的年度目标。南京、苏州、无锡、常州等重点跟踪监测的城市，均已超额完成任务指标。

2. 提前完成"跨省通办"工作任务。根据《国务院办公厅关于加快推进政务服务"跨省通办"的指导意见》（国办发〔2020〕35号）、《国务院办公厅关于扩大政务服务"跨省通办"范围，进一步提升服务效能的意见》（国办发〔2022〕34号）文件要求，我省于2023年5月实现"租房提取住房公积金"和"提前退休提取住房公积金"两项"跨省通办"业务全程网办。

3. 积极推进长三角住房公积金一体化高质量发展。深入贯彻落实习近平总书记在上海深入推进长三角一体化发展座谈会精神，2023年12月25日组织召开长三角住房公积金首次党建业务培训班，提升长三角区域住房公积金干部队伍综合素质。围绕"理念共融、机制共建、资源共用、创新共行"工作思路，参与研究并制定《2023年长三角住房公积金一体化工作方案》《2023年长三角住房公积金合作项目清单》及《2023年长三角住房公积金行业党建联建工作方案》，加强区域联动、省市协同。积极开展长三角住房公积金"鑫先锋"岗位创建工作，提高住房公积金公共服务质量与水平。组织参加长三角住房公积金一体化签约三周年论坛暨成果展，以数据化、可视化的方式展示长三角住房公积金一体化发展成果。参加长三角一体化工作专班，推进租房提取住房公积金事项上线长三角"一网通办"平台，并优化购房提取住房公积金业务。

4. 主动推进淮海经济区住房公积金一体化融合发展。徐州市住房公积金管理中心牵头拟定并推动淮海经济区十个城市共同签署《全面深化淮海经济区公积金一体化发展合作框架协议》。举办淮海经济区住房公积金数字一体化座谈会，推动淮海经济区十个城市共同签署《淮海经济区住房公积金数字一体化战略合作备忘录》。参加第五届淮海经济区住房公积金主任联席会，签署《关于进一步推动淮海经济区住房公积金一体化高质量发展合作协议》。举办首届淮海经济区十城公积金新闻宣传员培训暨淮海十城公积金新闻宣传工作座谈会。与淮海经济区十个城市联合开展"淮海十城公积金联动宣传月"，提高住房公积金惠民政策与便民举措的社会知晓度。

5. 持续提升住房公积金服务水平。南京住房公积金管理中心推进柜面窗口服务标准化建设，形成窗口服务全过程质量管控，让"掌上办""网上办""舒心办"成为服务常态。无锡市住房公积金管理中心严格落实"十要十严禁"、"文明服务六步法"等服务规范，提高服务标准。徐州市住房公积金管理中心创新打造"无人自助+远程坐席指导"5G智慧公积金自助服务厅，研发便携式一体机，提供上门服务，实现公积金业务移动办理。常州市住房公积金管理中心新增工商银行App、中国银行App、交通银行App、常州住房App 4条线上业务办理渠道，推动业务"掌上办"。苏州市住房公积金管理中心拓展智慧精准的数字化服务场景，推出AI智能客服"苏小金"，精准识别咨询提问，打造线上"最美窗口"。南通市住房公积金管理中心构建网上业务大厅、微信公众号、南通公积金App等"1+8"种公积金业务线上办理渠道，综合业务离柜率达95.29%。连云港市住房公积金管理中心推出授权代职工办理公积金提取还贷签约服务新举措，实现从"群众找服务"向"主动送服务"转变。淮安市住房公积金管理中心加快跨部门数据共享，新增线上贷款申请功能，实现56项业务"线上办"。盐城市住房公积金管理中心开展"四进""两送""两问"大走访大调研活动，进社区、进园区、进企业、进售楼处，"面对面"送服务，"手把手"指导网上业务。扬州市住房公积金管理中心积极拓展窗口服务便民化，2023年开通办理预约服务、延时服务及周六和节假日增时服务，实现住房公积金高频业务政务渠道全覆盖。镇江市住房公积金管理中心升级优化《镇江市住房公积金服务规范手册》，不断提升住房公积金服务的标准化、精细化水平。泰州市住房公积金管理中心加快建设"现场标准化、办理标准化、流程标准化、服务标准化、考核标准化"的服务窗口，全力打造"人人有标准、事事有流程、服务有规范、满意有笑容"星级示范标杆窗口。宿迁市住房公积金管理中心持续深化全网通办、全城通办"两全两通"以及线上都能办、线下就近办、特事简化办"三个办"便民举措，全面实现公积金服务平台"一渠道注册，全渠道通用"。

（四）住房公积金信息化建设情况

2023年7月，围绕存量数据治理工作、数字化发展、跨省通办和电子档案应用建设等方面在无锡、徐州、镇江市住房公积金管理中心开展调研及现场服务指导。2023年9月，组织完成对南京、常州、苏州、南通、连云港、淮安、盐城、扬州、泰州、宿迁10个设区市住房公积金管理中心及省级机关住房资金管理中心的现场服务指导工作。

南京住房公积金管理中心开发"带押过户"、提取公积金支付首付款、审计智能预警模块，上线一次性提取还商贷、跨中心电子材料自动流转等新业务，不断充实"南京公积金"App使用功能。无锡市住房公积金管理中心完成信息系统安全升级，实现对信息系统关键数据的透明加解密及强访问控制，有效提升系统数据安全。徐州市住房公积金管理中心新建B类标准化机房，实现公积金核心业务系统应用级容灾备份。常州市住房公积金管理中心建成业务数据场景化分析系统，汇聚内外部数据约6.7亿条，开发9大主题库、4类画像、5个算法模型、113张BI报表，打造大屏、移动、PC多维一体41个场景主题分析，推动住房公积金从经验决策向数据决策转变。苏州市住房公积金管理中心联合不动产登记中心上线"互联网＋不动产登记"系统，实现公积金（组合）贷款不动产登记和抵押注销全流程及公积金（组合）贷款结清不见面注销和"商转公"业务二次抵押线上办理。南通市住房公积金管理中心依托市行政审批局数字证书平台系统，实现南通市公积金、社保、医保等领域CA数字证书"一证通行"。连云港市住房公积金管理中心开通灵活就业人员公积金个人网厅，新增"微信支付"渠道缴存公积金试点，实现灵活就业人员自主线上办理公积金业务"零材料""零审批""秒办结"。淮安市住房公积金管理中心创新资金跨行自动调剂机制，实现资金跨行调配从人工划转向系统控制、事前批量调拨向逐笔精准调拨转变，提升资金跨行调配效率。盐城市住房公积金管理中心将综合业务信息系统迁入"政务云"，有效提升系统运行稳定性和业务数据存储安全性，"基于国密算法商用密码应用解决方案"项目入选2023年省工信厅信息技术应用创新优秀应用示范案例。扬州市住房公积金管理中心秉承智慧匠心，持续深化"智慧公积金"建设，上线"云上营业厅"系统，通过重塑贷款业务流程，实现住房公积金贷款"一次不用跑，全程零材料"，"智慧公积金"荣获"2023年数字江苏建设优秀实践成果"。镇江市住房公积金管理中心建成住房公积金网上服务大厅、微信公众号、自助终端、综合窗口等统一受理平台，实现住房公积金各类事项在移动端、电脑端、自助端、窗口端的融合服务。泰州市住房公积金管理中心对住房公积金管理信息系统开展全面攻防演练、渗透测试和web漏扫，加强了系统访问授权和登录控制，有效提高处理网络与信息安全突发事件的能力。宿迁市住房公积金管理中心建设"智慧公积金个人信息保护'安全屋'应用"，实现电子数据向电子证据的转化，保障数据安全性及可追溯性。

（五）住房公积金机构及从业人员所获荣誉情况

2023年，全省住房公积金系统获得：4个国家级青年文明号；3个国家级、36个省部级、26个地市级先进集体和个人；10个省部级、1个地市级工人先锋号；2个省部级、2个地市级五一劳动奖章（劳动模范）；18个省部级、3个地市级三八红旗手（巾帼文明岗、巾帼标兵岗、巾帼标兵）；1个地市级文明单位；39个省部级、84个地市级其他荣誉。

江苏省及省内各城市住房公积金 2023 年年度报告二维码

名称	二维码
江苏省住房公积金 2023 年年度报告	
南京住房公积金 2023 年年度报告	
无锡市住房公积金 2023 年年度报告	
徐州市住房公积金 2023 年年度报告	
常州市住房公积金 2023 年年度报告	
苏州市住房公积金 2023 年年度报告	
南通市住房公积金 2023 年年度报告	

续表

名称	二维码
连云港市住房公积金 2023 年年度报告	
淮安市住房公积金 2023 年年度报告	
盐城市住房公积金 2023 年年度报告	
扬州市住房公积金 2023 年年度报告	
镇江市住房公积金 2023 年年度报告	
泰州市住房公积金 2023 年年度报告	
宿迁市住房公积金 2023 年年度报告	

浙江省

浙江省住房公积金 2023 年年度报告

根据国务院《住房公积金管理条例》及住房和城乡建设部、财政部、人民银行《关于健全住房公积金信息披露制度的通知》（建金〔2015〕26 号）规定，现将浙江省住房公积金 2023 年年度报告汇总公布如下：

一、机构概况

（一）**住房公积金管理机构**：全省（区）共设 11 个设区城市住房公积金管理中心，12 个独立统计的分中心（其中，北仑、镇海、象山、宁海、余姚、慈溪、奉化分中心隶属宁波市中心，嘉善、海盐、海宁、平湖、桐乡分中心隶属嘉兴市中心）。从业人员 2049 人，其中，在编 1003 人，非在编 1046 人。

（二）**住房公积金监管机构**：浙江省住房和城乡建设厅、浙江省财政厅和人民银行浙江省分行负责对本省住房公积金管理运行情况进行监督。浙江省住房和城乡建设厅设立住房改革与公积金监管处，负责辖区住房公积金日常监管工作。

二、业务运行情况

（一）**缴存**：2023 年，新开户单位 6.52 万家，净增单位 4.29 万家；新开户职工 219.79 万人，净增职工 61.53 万人；实缴单位 44.53 万家，实缴职工 1152.88 万人，缴存额 2467.11 亿元，分别同比增长 10.67％、5.64％、8.49％。2023 年末，缴存总额 19602.24 亿元，比上年末增加 14.4％；缴存余额 5590.46 亿元，同比增长 11.36％（表1）。

2023 年分城市住房公积金缴存情况　　　表 1

地区	实缴单位（万个）	实缴职工（万人）	缴存额（亿元）	累计缴存总额（亿元）	缴存余额（亿元）
浙江省	**44.53**	**1152.88**	**2467.11**	**19602.24**	**5590.46**
杭州市	18.09	388.99	1019.37	7360.07	2043.40
宁波市	7.37	207.53	384.19	3291.96	860.54
温州市	3.90	105.46	196.03	1684.38	545.55
湖州市	2.62	67.81	105.14	839.43	285.25
嘉兴市	3.31	97.36	169.21	1387.23	393.16
绍兴市	2.05	68.95	141.70	1207.96	336.33
金华市	2.13	70.54	134.24	1108.57	339.00
衢州市	0.82	32.93	71.68	607.26	157.59
舟山市	0.51	19.01	45.95	422.95	121.08
台州市	2.93	68.76	134.71	1136.28	349.81
丽水市	0.80	25.55	64.89	556.14	158.74

（二）**提取**：2023 年，524.51 万名缴存职工提取住房公积金；提取额 1896.91 亿元，同比增加 13.00％；提取额占当年缴存额的 76.89％，比上年增加 3.07 个百分点。2023 年末，提取总额 14011.78

亿元，比上年末增加 15.66%（表2）。

2023年分城市住房公积金提取情况　　　　　　　　　　　　　　　　　　　　　　　　表2

地区	提取额（亿元）	提取率（%）	住房消费类提取额（亿元）	非住房消费类提取额（亿元）	累计提取总额（亿元）
浙江省	1896.91	76.89	1557.57	339.34	14011.78
杭州市	774.15	75.94	672.38	101.77	5316.67
宁波市	303.63	79.03	244.76	58.87	2431.42
温州市	150.11	76.57	121.11	29.00	1138.83
湖州市	73.61	70.01	56.32	17.29	554.18
嘉兴市	130.18	76.93	105.39	24.78	994.07
绍兴市	112.98	79.73	87.71	25.28	871.64
金华市	103.30	76.95	78.82	24.48	769.57
衢州市	55.33	77.19	42.89	12.44	449.67
舟山市	35.93	78.20	26.20	9.73	301.87
台州市	106.59	79.13	81.39	25.20	786.46
丽水市	51.10	78.75	40.60	10.51	397.39

（三）贷款

1. 个人住房贷款：2023年，发放个人住房贷款（含异地贷款，下同）16.25万笔、981.67亿元，同比下降15.41%、3.63%。回收个人住房贷款647.08亿元。

2023年末，累计发放个人住房贷款266.09万笔、10075.55亿元，贷款余额4985.80亿元，分别比上年末增加6.5%、10.79%、7.19%。个人住房贷款余额占缴存余额的89.18%，比上年末减少3.47个百分点（表3）。

2023年分城市住房公积金个人住房贷款情况　　　　　　　　　　　　　　　　　　　　表3

地区	放贷笔数（万笔）	贷款发放额（亿元）	累计放贷笔数（万笔）	累计贷款总额（亿元）	贷款余额（亿元）	个人住房贷款率(%)
浙江省	162490	981.67	2660926	10075.55	4985.80	89.18
杭州市	51164	341.86	725500	3411.93	1806.36	88.40
宁波市	24128	174.55	393297	1561.20	801.06	93.09
温州市	19229	96.33	274573	1019.04	507.36	93.00
湖州市	10920	53.15	173898	548.18	270.87	94.96
嘉兴市	18964	96.60	256699	768.11	369.22	93.91
绍兴市	7085	43.29	169940	586.46	264.67	78.69
金华市	8944	51.76	180075	632.17	283.93	83.75
衢州市	6988	43.24	122132	353.93	149.25	94.71
舟山市	3978	17.15	76334	232.31	103.33	85.34
台州市	7478	41.41	193541	644.88	295.03	84.34
丽水市	3612	22.34	94937	317.34	134.71	84.86

2023年，支持职工购建房1916.82万平方米。年末个人住房贷款市场占有率（含公转商贴息贷款）为12.04%，比上年末增加1.13个百分点。通过申请住房公积金个人住房贷款，可节约职工购房利息支出136.72万元。

2. **异地贷款**：2023年，发放异地贷款8509笔、50.76亿元。2023年末，发放异地贷款总额312.17亿元，异地贷款余额198.72亿元。

3. **公转商贴息贷款**：2023年，发放公转商贴息贷款1.65万笔、76.54亿元，支持职工购建房面积108.98万平方米。当年贴息额5.24亿元。2023年末，累计发放公转商贴息贷款20.95万笔、1018.23亿元，累计贴息45.27亿元。

（四）**购买国债**：2023年，购买（记账式、凭证式）国债0亿元，（兑付、转让、收回）国债0亿元。2023年末，国债余额0亿元。

（五）**融资**：2023年，融资2.43亿元，归还13.02亿元。2023年末，融资总额570.91亿元，融资余额12.09亿元。

（六）**资金存储**：2023年末，住房公积金存款686.93亿元。其中，活期2.55亿元，1年（含）以下定期286.14亿元，1年以上定期11.29亿元，其他（协定、通知存款等）386.95亿元。

（七）**资金运用率**：2023年末，住房公积金个人住房贷款余额、项目贷款余额和购买国债余额的总和占缴存余额的89.18%，比上年末减少3.47个百分点。

三、主要财务数据

（一）**业务收入**：2023年，业务收入170.22亿元，同比增长6.7%。其中，存款利息16.83亿元，委托贷款利息153.13亿元，国债利息0万元，其他0.28亿元。

（二）**业务支出**：2023年，业务支出91.52亿元，同比增长9.2%。其中，支付职工住房公积金利息80.11亿元，归集手续费0.23亿元，委托贷款手续费5.43亿元，其他5.76亿元。

（三）**增值收益**：2023年，增值收益78.69亿元，同比增长3.94%；增值收益率1.48%，比上年减少0.12个百分点。

（四）**增值收益分配**：2023年，提取贷款风险准备金36.11亿元，提取管理费用4.66亿元，提取城市廉租住房（公共租赁住房）建设补充资金37.92亿元（表4）。

2023年分城市住房公积金增值收益及分配情况 表4

地区	业务收入（亿元）	业务支出（亿元）	增值收益（亿元）	增值收益率（%）	提取贷款风险准备金(亿元)	提取管理费用(亿元)	提取公租房(廉租房)建设补充资金(亿元)
浙江省	**170.22**	**91.52**	**78.69**	**1.48**	**36.11**	**4.66**	**37.92**
杭州市	61.14	35.12	26.01	1.36	6.90	0.56	18.55
宁波市	26.36	14.24	12.12	1.48	7.27	0.22	4.63
温州市	17.06	8.40	8.66	1.65	3.98	0.70	3.98
湖州市	8.80	4.42	4.38	1.62	2.63	0.39	1.36
嘉兴市	12.41	6.52	5.88	1.57	3.53	0.41	1.94
绍兴市	9.92	5.34	4.58	1.44	2.75	0.50	1.33
金华市	10.25	5.25	4.99	1.55	3.11	0.44	1.44
衢州市	3.66	1.97	1.69	1.45	1.01	0.26	0.41
舟山市	4.94	2.46	2.48	1.66	0.00	0.32	2.15
台州市	10.62	5.37	5.25	1.56	3.34	0.42	1.50
丽水市	5.06	2.42	2.64	1.74	1.59	0.42	0.64

2023年，上交财政管理费用4.67亿元，上缴财政上一年度提取城市廉租住房（公共租赁住房）建设补充资金31.51亿元。

2023年末，贷款风险准备金余额397.19亿元，累计提取城市廉租住房（公共租赁住房）建设补充资金 265.92 亿元。

（五）管理费用支出：2023 年，管理费用支出 6.01 亿元，同比下降 3.59%。其中，人员经费 3.84 亿元，公用经费 0.49 亿元，专项经费 1.67 亿元。

四、资产风险状况

（一）个人住房贷款：2023 年末，个人住房贷款逾期额 0.13 亿元，逾期率 0.027‰，个人贷款风险准备金余额 397.19 亿元。2023 年，未使用个人贷款风险准备金核销呆坏账，收回往年核销呆坏账 0.15 万元。

（二）住房公积金支持保障性住房建设项目贷款：2023 年末，我省无逾期项目贷款，项目贷款风险准备金余额 0.26 亿元。2023 年，使用项目贷款风险准备金核销呆坏账 0 万元。

五、社会经济效益

（一）缴存业务

缴存职工中，国家机关和事业单位占 17.64%，国有企业占 7.75%，城镇集体企业占 1.17%，外商投资企业占 4.40%，城镇私营企业及其他城镇企业占 61.81%，民办非企业单位和社会团体占 1.64%，灵活就业人员占 2.00%，其他占 3.59%；中、低收入占 98.38%，高收入占 1.62%。

新开户职工中，国家机关和事业单位占 5.81%，国有企业占 3.97%，城镇集体企业占 1.38%，外商投资企业占 4.01%，城镇私营企业及其他城镇企业占 73.70%，民办非企业单位和社会团体占 1.87%，灵活就业人员占 4.5%，其他占 4.76%；中、低收入占 99.39%，高收入占 0.61%。

（二）提取业务

提取金额中，购买、建造、翻建、大修自住住房占 11.25%，偿还购房贷款本息占 60.95%，租赁住房占 9.83%；离休和退休提取占 11.48%，完全丧失劳动能力并与单位终止劳动关系提取占 0.87%，出境定居占 1.62%，其他占 4.00%。提取职工中，中、低收入占 97.60%，高收入占 2.40%。

（三）贷款业务

个人住房贷款

职工贷款笔数中，购房建筑面积 90（含）平方米以下占 23.21%，90～144（含）平方米占 67.46%，144 平方米以上占 9.33%。购买新房占 59.11%（其中购买保障性住房占 0.04%），购买二手房占 39.67%，建造、翻建、大修自住住房占 0.04%，其他占 1.18%。

职工贷款笔数中，单缴存职工申请贷款占 43.52%，双缴存职工申请贷款占 56.23%，三人及以上缴存职工共同申请贷款占 0.25%。

贷款职工中，30 岁（含）以下占 35.80%，30 岁～40 岁（含）占 46.29%，40 岁～50 岁（含）占 15.34%，50 岁以上占 2.57%；购买首套住房申请贷款占 76.85%，购买二套及以上申请贷款占 23.15%；中、低收入占 96.51%，高收入占 3.49%。

（四）住房贡献率

2023 年，个人住房贷款发放额、公转商贴息贷款发放额、项目贷款发放额、住房消费提取额的总和与当年缴存额的比率为 106.03%，比上年减少 5.31 个百分点。

六、其他重要事项

（一）住房公积金助力共同富裕示范区建设情况

开展住房公积金支持保障性住房发展试点。立足住房公积金与住房保障制度有机融合，积极探索通过完善政策举措、释放政策红利推动住房公积金支持保障性住房发展，进一步扩大住房保障对象建缴范围，加快解决新市民、青年人住房困难，为提升住房保障对象获得感提供创新思路。截至 2023 年底，全省新增新市民 178 万、青年人 190 万人，分别占同期新增实缴人数的 73.6% 和 78.8%；租房提取住房公积金236万人、186亿元，分别同比增长58%、27.2%。深化住房公积金部省合作联系点建设。在住房和城乡建设部住房公积金监管司指导下，深入推进温州市部省合作联系点建设，相关工作方案获住房和城乡建设部办公厅批复。在全国率先开展龙港集体经济组织成员建缴住房公积金试点，探索建立社员建缴公积金工作配套政策；在全国率先开展龙湾住房公积金支持长租房项目试点，为新市民、青年人提供"住房公积金长租房"租赁居住服务；深化泰顺退役军人建缴住房公积金，助力关心关爱退役军人。深入开展灵活就业人员参加住房公积金制度试点。湖州市成为我省第一个成功入选住房和城乡建设部全国第二批灵活就业人员建立住房公积金制度试点城市，以"自愿缴存，灵活取用；补贴激励，存贷挂钩；资金统筹，分类核算"为导向，创新灵活缴存使用体系。同时，嘉兴、衢州、金华等城市也持续开展灵活就业人员缴存公积金试点。截至2023年底，全省灵活就业人员累计开户30.32万人，缴存总额78.02亿元。积极开展住房公积金个人住房贷款资产证券化。积极指导杭州中心重启住房公积金贷款资产证券化实施工作，在上海证券交易所发行证券化20亿元，募集资金重点支持新市民、青年人租房和购买首套住房。

(二) 深化长三角一体化区域协同情况

牵头长三角"一网通办"服务事项。浙江省作为长三角住房公积金一体化2023年轮值方，研究制定《2023年长三角住房公积金一体化轮值工作方案》，牵头谋划长三角"一网通办"租赁住房提取事项，截至2023年底，全省各城市中心都已实现租赁住房提取在长三角"一网通办"落地实施。"浙江在嘉兴率先实现长三角住房公积金异地提取"入选浙江省推动长三角一体化发展第二批最佳实践。成功举办长三角住房公积金一体化三周年成果展。12月14日，在嘉善成功举办长三角住房公积金一体化战略合作实施三周年研讨会暨成果展。会上集中展示了一批长三角公积金一体化标志性成果，发布了《长三角住房公积金一体化新发展阶段倡议书》，进一步推动长三角住房公积金一体化高质量发展。

(三) 当年住房公积金政策调整情况

出台《关于进一步提升住房公积金公共服务水平助力优化营商环境的通知》（浙建金监函〔2023〕311号）。完善无房租赁提取服务，支持新市民、青年人按实、按月提取，优化公共租赁住房和保障性租赁住房提取流程，为试点城市公共租赁住房和保障性租赁住房对象提供直付房租等便捷服务；优化"浙有善育"，将提高贷款和租赁提取额度等优惠政策覆盖二孩、三孩范围；支持有条件的城市开展"商转公"贷款业务。

(四) 当年开展监督检查情况

开展住房公积金专项监督检查。对杭州、宁波、温州、嘉兴、金华、舟山等管理中心开展年度专项行政监督检查，以检促管，加强查管互动。开展住房公积金管理中心体检评估试点，围绕发展绩效、管理规范化、数字化建设、风险防控、服务能力等方面对五个城市中心工作开展全面评估分析，落实整改措施，及时改进工作。加强电子监管应用，利用全国电子化稽查手段和全国监督平台，实施住房公积金业务实时动态监管，及时排查系统筛选的风险隐患，指导中心落实整改任务。

(五) 当年服务改进情况

持续完善政务服务。进一步优化完善公积金政务服务配置及功能，结合"一地创新，全省共享"模式，通过优化功能配置完善住房公积金封存、单位变更等多个事项。优化拓展线上服务。试点省内跨中心住房公积金按月还贷提取线上办理事项，省直、嘉兴等试点中心已上线并推广全省其他中心，2023年共办理按月还贷提取199笔，结算金额41.46万元。开展信用报告替代无违法违规证明，通过归集共享数据、开发查询功能，将原本需通过开具纸质无违法违规证明的模式，以信用报告的形式向缴存单位提供线上查询下载服务，目前已实现全省贯通。

(六) 当年信息化建设情况

根据住房和城乡建设部《关于加快住房公积金数字化发展的指导意见》（建金〔2022〕82号）精神，印发《2023年全省住房公积金数字化工作方案》（浙建金监发函〔2023〕19号），统筹推进数字化改革，提升住房公积金普惠性公共服务效能。深化政银数据共享。开展政银数据共享接口标准化工作调研，制定企业增信场景的接口标准和数据查询授权方案。截至2023年底，试点中心已实现23家商业银行偿还商业贷款提取住房公积金线上办理。不断加强部门协同。协同市场监管部门推进企业开户、变更、注销等事项的优化完善；协同省法院推进网络协助执行和信息共享；协同民政部门开展"身后事"改造对接。

（七）当年住房公积金机构及从业人员所获荣誉情况

1. 集体荣誉：绍兴市中心、温州市瑞安分中心获"全国青年文明号"；衢州市直管理部荣获"全国五一巾帼标兵岗"；安吉县分中心获"全国巾帼文明岗"；绍兴市、舟山市中心被国家机关事务管理局、中共中央直属机关事务管理局、中华人民共和国国家发展和改革委员会、中华人民共和国财政部评为节约型机关；嘉兴市服务窗口获评"省级工人先锋号"；洞头分中心获"省级巾帼文明岗"；杭州市临平分中心、温州市瑞安分中心、衢州市龙游分中心、台州市中心获全省住房和城乡建设系统"红旗窗口"；金华市中心办事窗口被省委宣传部、省建设厅评为"最美建设群体"。

2. 职工荣誉：杭州市余杭分中心黄艳、宁波市宁海分中心周俏玲、温州市龙港分中心许海鸥、嘉兴市中心郭琛、金华市中心吕琛、丽水市中心杨芬群被评为2023年度全省住房城乡建设系统"服务先锋"。

全省各地住房公积管理机构共获得地市级以上先进单位、个人称号以及其他荣誉77项。

（八）当年对住房公积金管理人员违规行为的纠正和处理情况等

当年全省无对住房公积金管理人员违规行为的纠正和处理情况等。

浙江省及省内各城市住房公积金 2023 年年度报告二维码

名称	二维码
浙江省住房公积金 2023 年年度报告	
杭州市住房公积金 2023 年年度报告	
宁波市住房公积金 2023 年年度报告	
温州市住房公积金 2023 年年度报告	
湖州市住房公积金 2023 年年度报告	
嘉兴市住房公积金 2023 年年度报告	
绍兴市住房公积金 2023 年年度报告	

续表

名称	二维码
金华市住房公积金 2023 年年度报告	
衢州市住房公积金 2023 年年度报告	
舟山市住房公积金 2023 年年度报告	
台州市住房公积金 2023 年年度报告	
丽水市住房公积金 2023 年年度报告	

安徽省

安徽省住房公积金 2023 年年度报告

根据国务院《住房公积金管理条例》和住房和城乡建设部、财政部、人民银行《关于健全住房公积金信息披露制度的通知》(建金〔2015〕26号)规定,现将安徽省住房公积金 2023 年年度报告公布如下:

一、机构概况

(一)住房公积金管理机构

全省共设 16 个设区城市住房公积金管理中心,1 个独立设置的分中心(安徽省省直住房公积金管理分中心隶属安徽省机关事务管理局)。从业人员 1270 人,其中,在编 730 人,非在编 540 人。

(二)住房公积金监管机构

安徽省住房和城乡建设厅、财政厅和中国人民银行安徽省分行负责对本省住房公积金管理运行情况进行监督。安徽省住房和城乡建设厅设立住房公积金监管处,负责辖区住房公积金日常监管工作。

二、业务运行情况

(一)缴存

2023 年,新开户单位 17997 家,净增单位 9279 家;新开户职工 96.56 万人,净增职工 23.68 万人;实缴单位 99720 家,实缴职工 547.06 万人,缴存额 1033.50 亿元,分别同比增长 10.26%、4.52%、10.52%。2023 年末,缴存总额 9059.68 亿元,比上年末增加 12.88%;缴存余额 2743.13 亿元,同比增长 9.38%(表1)。

2023 年分城市住房公积金缴存情况   表1

地区	实缴单位数(个)	实缴职工(万人)	缴存额(亿元)	累计缴存总额(亿元)	缴存余额(亿元)
安徽省	**99720**	**547.06**	**1033.50**	**9059.68**	**2743.13**
合肥市	32164	185.97	346.76	2684.81	782.95
芜湖市	8772	50.99	80.99	681.72	203.08
蚌埠市	4383	23.71	42.65	385.67	124.85
淮南市	3748	25.78	61.16	712.86	200.16
马鞍山市	4058	24.34	55.02	566.51	143.84
淮北市	2316	20.83	46.03	515.05	152.65
铜陵市	3583	13.53	31.31	303.64	86.23
安庆市	5047	24.62	58.59	541.00	166.98
黄山市	3390	11.22	22.84	223.22	66.39
滁州市	6688	35.77	53.99	444.89	132.13
阜阳市	4829	31.09	56.28	466.66	180.27
宿州市	3494	20.61	40.03	318.21	121.63
六安市	5698	26.87	48.47	404.18	138.13
亳州市	3538	18.88	32.77	302.26	105.61

续表

地区	实缴单位数(个)	实缴职工(万人)	缴存额(亿元)	累计缴存总额(亿元)	缴存余额(亿元)
池州市	2508	9.68	20.46	178.36	53.07
宣城市	5504	23.18	36.16	330.64	85.16

(二)提取

2023年,212.21万名缴存职工提取住房公积金;提取额798.28亿元,同比增长24.94%;提取额占当年缴存额的77.24%,比上年增加8.92个百分点。2023年末,提取总额6316.55亿元,比上年末增加14.47%(表2)。

2023年分城市住房公积金提取情况 表2

地区	提取额(亿元)	提取率(%)	住房消费提取额(亿元)	非住房消费提取额(亿元)	累计提取总额(亿元)
安徽省	**798.28**	**77.24**	**585.19**	**213.09**	**6316.55**
合肥市	285.43	82.31	231.01	54.42	1901.86
芜湖市	61.26	75.64	45.89	15.37	478.64
蚌埠市	32.62	76.48	22.55	10.07	260.82
淮南市	45.93	75.10	28.65	17.28	512.70
马鞍山市	45.13	82.02	30.58	14.55	422.67
淮北市	33.83	73.51	22.00	11.83	362.40
铜陵市	23.73	75.79	16.12	7.62	217.41
安庆市	47.00	80.22	30.62	16.38	374.01
黄山市	17.66	77.32	12.23	5.43	156.83
滁州市	39.92	73.94	29.09	10.83	312.77
阜阳市	39.58	70.33	28.20	11.39	286.39
宿州市	25.79	64.43	17.08	8.71	196.58
六安市	35.34	72.91	24.68	10.66	266.05
亳州市	23.08	70.43	16.75	6.34	196.65
池州市	14.94	73.02	10.69	4.25	125.29
宣城市	27.03	74.75	19.07	7.97	245.48

(三)贷款

1.个人住房贷款:2023年,发放个人住房贷款9.48万笔、395.63亿元,同比增长5.92%、18.66%。回收个人住房贷款296.81亿元。

2023年末,累计发放个人住房贷款179.29万笔、4731.69亿元,贷款余额2234.14亿元,分别比上年末增加5.59%、9.12%、4.63%。个人住房贷款余额占缴存余额的81.45%,比上年末减少3.69个百分点(表3)。

2023年分城市住房公积金个人住房贷款情况 表3

地区	放贷笔数(万笔)	贷款发放额(亿元)	累计放贷笔数(万笔)	累计贷款总额(亿元)	贷款余额(亿元)	个人住房贷款率(%)
安徽省	**9.48**	**395.63**	**179.29**	**4731.69**	**2234.14**	**81.45**
合肥市	2.67	131.06	42.15	1413.25	710.85	90.79
芜湖市	0.54	22.61	15.83	365.58	160.62	79.09
蚌埠市	0.51	19.53	8.69	194.39	89.48	71.67

续表

地区	放贷笔数（万笔）	贷款发放额（亿元）	累计放贷笔数（万笔）	累计贷款总额（亿元）	贷款余额（亿元）	个人住房贷款率（%）
淮南市	0.73	26.01	13.25	330.34	137.63	68.76
马鞍山市	0.27	12.64	12.31	273.53	102.38	71.18
淮北市	0.42	16.30	9.44	233.58	110.57	72.43
铜陵市	0.48	18.81	6.02	148.70	73.08	84.75
安庆市	0.52	21.39	13.08	295.57	119.06	71.30
黄山市	0.26	11.05	4.92	110.80	48.61	73.22
滁州市	0.61	23.54	8.83	209.53	87.27	66.05
阜阳市	0.54	21.19	10.93	316.94	181.11	100.47
宿州市	0.37	13.45	6.87	178.29	94.29	77.52
六安市	0.50	18.98	7.97	219.58	115.83	83.86
亳州市	0.34	13.15	6.36	169.29	93.15	88.20
池州市	0.19	7.40	4.05	89.29	40.63	76.56
宣城市	0.53	18.50	8.61	183.02	69.60	81.73

2023年，支持职工购建房1099.63万平方米。年末个人住房贷款市场占有率（含公转商贴息贷款）为12.34%，比上年末增加0.49个百分点。通过申请住房公积金个人住房贷款，可节约职工购房利息支出528242.45万元。

2. 异地贷款：2023年，发放异地贷款11011笔、420706.35万元。2023年末，发放异地贷款总额2341799.01万元，异地贷款余额1102980.51万元。

3. 公转商贴息贷款：2023年，发放公转商贴息贷款1391笔、30000.37万元，支持职工购建房面积12.50万平方米，当年贴息额6180.80万元。2023年末，累计发放公转商贴息贷款36292笔、1054966.14万元，累计贴息35004.95万元。

（四）融资

2023年，融资6.59亿元，归还18.20亿元。2023年末，融资总额506.61亿元，融资余额21.31亿元。

（五）资金存储

2023年末，住房公积金存款556.47亿元。其中，活期1.01亿元，1年（含）以下定期158.10亿元，1年以上定期186.46亿元，其他（协定、通知存款等）210.90亿元。

（六）资金运用率

2023年末，住房公积金个人住房贷款余额、项目贷款余额和购买国债余额的总和占缴存余额的81.45%，比上年末减少3.69个百分点。

三、主要财务数据

（一）业务收入

2023年，业务收入775262.84万元，同比增长1.12%。其中，存款利息87316.64万元，委托贷款利息685842.11万元，其他2104.09万元。

（二）业务支出

2023年，业务支出430569.88万元，同比增长5.55%。其中，支付职工住房公积金利息389972.41万元，归集手续费1801.68万元，委托贷款手续费22099.43万元，其他16696.36万元。

（三）增值收益

2023年，增值收益344692.96万元，同比下降3.91%；增值收益率1.31%，比上年减少0.21个百分点。

（四）增值收益分配

2023年，提取贷款风险准备金17020.99万元，提取管理费用34755.41万元，提取城市廉租住房（公共租赁住房）建设补充资金292916.56万元（表4）。

2023年分城市住房公积金增值收益及分配情况　　　　表4

地区	业务收入（亿元）	业务支出（亿元）	增值收益（亿元）	增值收益率（%）	提取贷款风险准备金（亿元）	提取管理费用（亿元）	提取公租房（廉租房）建设补充资金（亿元）
安徽省	**77.53**	**43.06**	**34.47**	**1.31**	**1.70**	**3.48**	**29.29**
合肥市	22.86	12.91	9.95	1.32	0.00	0.72	9.23
芜湖市	5.96	3.32	2.64	1.37	0.00	0.41	2.23
蚌埠市	3.06	1.95	1.11	0.93	0.00	0.14	0.97
淮南市	5.05	2.72	2.33	1.21	0.00	0.17	2.16
马鞍山市	4.02	2.25	1.77	1.27	0.00	0.12	1.66
淮北市	4.48	2.40	2.07	1.41	0.00	0.20	1.87
铜陵市	2.60	1.36	1.24	1.50	0.00	0.10	1.14
安庆市	4.27	2.50	1.77	1.09	0.00	0.26	1.51
黄山市	1.92	1.09	0.83	1.30	0.00	0.16	0.68
滁州市	3.14	1.99	1.15	0.92	0.00	0.27	0.88
阜阳市	5.68	2.89	2.79	1.61	1.67	0.13	0.98
宿州市	3.23	1.82	1.41	1.23	0.00	0.31	1.10
六安市	4.24	2.15	2.08	1.58	0.03	0.15	1.90
亳州市	3.01	1.54	1.48	1.47	0.00	0.14	1.34
池州市	1.66	0.86	0.81	1.60	0.00	0.08	0.72
宣城市	2.35	1.30	1.05	1.29	0.00	0.13	0.92

2023年，上交财政管理费用41210.17万元，上缴财政城市廉租住房（公共租赁住房）建设补充资金337742.75万元。

2023年末，贷款风险准备金余额686875.64万元，累计提取城市廉租住房（公共租赁住房）建设补充资金2268458.54万元。

（五）管理费用支出

2023年，管理费用支出32519.50万元，同比下降9.25%。其中，人员经费18879.20万元，公用经费3219.30万元，专项经费10421.00万元。

四、资产风险状况

2023年末，个人住房贷款逾期额1172.56万元，逾期率0.052‰，个人贷款风险准备金余额673303.66万元。

五、社会经济效益

（一）缴存业务

缴存职工中，国家机关和事业单位占31.99%，国有企业占21.66%，城镇集体企业占0.79%，外商投资企业占3.87%，城镇私营企业及其他城镇企业占37.05%，民办非企业单位和社会团体占2.39%，灵活就业人员占0.42%，其他占1.83%；中、低收入占98.46%，高收入占1.54%。

新开户职工中，国家机关和事业单位占11.82%，国有企业占11.84%，城镇集体企业占0.69%，外商投资企业占4.99%，城镇私营企业及其他城镇企业占64.87%，民办非企业单位和社会团体占3.09%，灵活就业人员占0.55%，其他占2.15%；中、低收入占99.28%，高收入占0.72%。

（二）提取业务

提取金额中，购买、建造、翻建、大修自住住房占14.87%，偿还购房贷款本息占53.34%，租赁住房占5.01%，支持老旧小区改造提取占0.01%，离休和退休提取占22.63%，完全丧失劳动能力并与单位终止劳动关系提取占1.60%，其他占2.54%。提取职工中，中、低收入占96.52%，高收入占3.48%。

（三）贷款业务

职工贷款笔数中，购房建筑面积90（含）平方米以下占11.96%，90~144（含）平方米占81.62%，144平方米以上占6.42%。购买新房占60.04%，购买二手房占37.62%，其他占2.34%。

职工贷款笔数中，单缴存职工申请贷款占55.74%，双缴存职工申请贷款占44.26%。

贷款职工中，30岁（含）以下占38.38%，30岁~40岁（含）占43.65%，40岁~50岁（含）占14.00%，50岁以上占3.97%；购买首套住房申请贷款占84.63%，购买二套及以上申请贷款占15.37%；中、低收入占98.31%，高收入占1.69%。

（四）住房贡献率

2023年，个人住房贷款发放额、公转商贴息贷款发放额、项目贷款发放额、住房消费提取额的总和与当年缴存额的比率为95.19%，比上年增加5.35个百分点。

六、其他重要事项

（一）完善住房公积金使用政策

指导全省加大租房提取支持力度，实施按月提取住房公积金付房租。加大对缴存人首套刚性住房需求的支持力度，可提取公积金用于付购房首付，适度上浮多子女、绿建、高层次人才购房贷款额度。铜陵、安庆、淮南、滁州等12个城市支持"商业贷款转公积金贷款"。

（二）开展监督检查情况

1. 加强分支机构调整后运行监管。对宝武马钢集团、淮南矿业集团、淮北矿业集团、皖北煤电集团分中心并入马鞍山、淮北、淮南市住房公积金管理中心后，业务系统建设、资金运行、人员管理等进行跟踪督查。

2. 推进"互联网＋监管"模式。依托全国住房公积金监管服务平台，每日通报风险隐患及数据传输问题，建立内部风险防控和外部监管相结合的监管模式。按季度开展电子稽查评估，并委托审计事务所，对阜阳、铜陵市住房公积金管理中心开展专项业务审计，提升住房公积金管理和风险管控水平，确保了政策落实和资金安全。

（三）服务改进情况

1. 当年新增完成租房提取、提前退休提取住房公积金服务"跨省通办"。截至2023年12月底，共实现开具异地缴存使用证明、异地购房提取、离退休提取公积金等13项高频服务事项"跨省通办"。

2. 落实《2023年长三角地区依托全国一体化政务服务平台推进政务服务"一网通办"工作要点》，实现无房且租赁自住住房提取公积金长三角"一网通办"，截至2023年12月底，已实现购房提取住房公积金等8个服务事项长三角"一网通办"。

3. 深入推进"一件事一次办"，实现各地住房公积金业务系统与安徽省政务服务网、皖事通办平台对接，完成企业登记开户、职工退休、员工录用等高频服务事项与公积金业务集成联办。

4. 创新服务新模式。一是推行住房公积金个人证明事项"亮码可办"，并逐步升级实现"扫码可办"。二是推广"公积金+金融"服务,芜湖、阜阳、黄山、淮北等地住房公积金管理中心与建行、中行等金融机构合作,开展"公积金信用贷",将企业缴存住房公积金的资信转换为金融授信,既为中小微企业提供了一条高效便捷的融资渠道,又增加了住房公积金制度的吸引力。三是马鞍山市首先开通商业贷款按月划转公积金服务,并逐步在全省推开。四是宿州市、淮北市实施"宿淮一体化",安庆市、池州市实施"安池一体化",推进公积金跨区域协同服务。

（四）信息化建设情况

1. 按照住房城乡建设部"总对总"征信共享接入工作要求,全省16个城市完成测试环境征信贷款数据报送、验收申请、整改等工作,全部通过征信中心审核验收。

2. 建设完成长三角无房且租赁自住住房提取公积金服务。升级优化长三角购房提取业务,新增购房提取数据汇聚核验、购房发票及共有产权情况数据核验功能,提高了风险防控能力。完成省内企业开户一件事、职工退休一件事系统开发使用,并实现了多部门联办。

3. 2023年8月至9月,在全省开展数字化发展现场服务指导,加快推进数据治理,进一步规范共享数据的使用,落实"可用不可见"管理要求,持续推进全省住房公积金数字化发展,用数字技术推进公积金服务提升。

（五）精神文明创建及所获荣誉情况

持续推进"惠民公积金、服务暖人心"全国住房公积金系统服务提升三年行动,合肥、蚌埠、芜湖、淮北、宣城、宿州、淮南、安庆等地积极创建住房公积金"星级服务岗";组织开展寻找"最美公积金人"宣传推荐活动,进一步发挥典型示范引领作用;加强长三角党建联建,宣传推广"鑫先锋"先进集体和个人。

2023年,全省住房公积金分别荣获省部级文明单位（窗口）2个、地市级15个;国家级青年文明号1个、地市级3个;五一劳动奖章省部级1个、地市级2个;地市级三八红旗手（巾帼文明岗）2个;省部级先进集体和个人12个、地市级45个;2个国家级、34个省部级、66个地市级其他荣誉。

安徽省及省内各城市住房公积金 2023 年年度报告二维码

名称	二维码
安徽省住房公积金 2023 年年度报告	
合肥市住房公积金 2023 年年度报告	
芜湖市住房公积金 2023 年年度报告	
蚌埠市住房公积金 2023 年年度报告	
淮南市住房公积金 2023 年年度报告	
马鞍山市住房公积金 2023 年年度报告	
淮北市住房公积金 2023 年年度报告	

续表

名称	二维码
铜陵市住房公积金 2023 年年度报告	
安庆市住房公积金 2023 年年度报告	
黄山市住房公积金 2023 年年度报告	
滁州市住房公积金 2023 年年度报告	
阜阳市住房公积金 2023 年年度报告	
宿州市住房公积金 2023 年年度报告	
六安市住房公积金 2023 年年度报告	
亳州市住房公积金 2023 年年度报告	

续表

名称	二维码
池州市住房公积金 2023 年年度报告	
宣城市住房公积金 2023 年年度报告	

福建省

福建省住房公积金 2023 年年度报告

根据国务院《住房公积金管理条例》和住房和城乡建设部、财政部、人民银行《关于健全住房公积金信息披露制度的通知》（建金〔2015〕26 号）规定，现将福建省住房公积金 2023 年年度报告公布如下：

一、机构概况

（一）住房公积金管理机构

全省共设 9 个设区市城市住房公积金中心和平潭综合实验区行政服务中心（平潭综合实验区行政服务中心承担住房公积金管理中心的职能），福州另设有省直单位住房公积金管理中心（其隶属福建省机关事务管理局）。全省从业人员 924 人，其中，在编 569 人，非在编 355 人。

（二）住房公积金监管机构

福建省住房和城乡建设厅、福建省财政厅和中国人民银行福建省分行负责对本省住房公积金管理运行情况进行监督。福建省住房和城乡建设厅设立住房公积金监管处，负责辖区住房公积金日常监管工作。

二、业务运行情况

（一）缴存

2023 年，新开户单位 30555 家，净增单位 11984 家；新开户职工 55.29 万人，净增职工 10.53 万人；实缴单位 180140 家，实缴职工 493.74 万人，缴存额 987.97 亿元，同比分别增长 7.13%、2.18%、8.75%。截至 2023 年末，缴存总额 8253.67 亿元，比上年末增长 13.60%；缴存余额 2593.34 亿元，同比增长 9.43%（表1）。

2023 年分城市住房公积金缴存情况 表 1

地区	实缴单位（万个）	实缴职工（万人）	缴存额（亿元）	累计缴存总额（亿元）	缴存余额（亿元）
福建省	18.01	493.74	987.97	8253.67	2593.34
福州市	4.03	123.54	292.06	2446.86	774.70
厦门市	6.57	135.03	263.16	2057.23	658.39
莆田市	0.74	23.16	40.75	348.46	127.06
三明市	0.78	25.94	50.73	492.75	132.45
泉州市	2.67	65.77	130.18	1108.24	344.44
漳州市	1.16	38.24	73.08	581.54	189.83
南平市	0.61	23.88	38.98	371.12	114.69
龙岩市	0.76	24.81	47.71	445.43	118.71
宁德市	0.69	33.36	51.31	402.04	133.08

（二）提取

2023 年，216.74 万名缴存职工提取住房公积金；提取额 764.60 亿元，同比增长 15.00%；提取额占当年缴存额的77.39%，比上年上升4.20个百分点。截至2023年末，提取总额5660.33亿元，比上年末增长15.62%（表2）。

2023年分城市住房公积金提取情况 表2

地区	提取额（亿元）	提取率（%）	住房消费类提取额（亿元）	非住房消费类提取额（亿元）	累计提取总额（亿元）
福建省	**764.60**	**77.39**	**582.92**	**181.68**	**5660.33**
福州市	234.45	80.27	176.51	57.94	1672.16
厦门市	188.64	71.68	153.95	34.69	1398.85
莆田市	31.17	76.50	22.09	9.08	221.40
三明市	43.39	85.54	31.05	12.35	360.30
泉州市	94.56	72.63	73.17	21.38	763.80
漳州市	56.62	77.48	42.86	13.76	391.71
南平市	34.31	88.01	23.10	11.21	256.42
龙岩市	40.29	84.45	30.58	9.71	326.72
宁德市	41.16	80.21	29.60	11.57	268.96

（三）贷款

1. 个人住房贷款：2023年，发放个人住房贷款8.16万笔、446.30亿元，同比增长8.36%、16.57%。回收个人住房贷款257.18亿元。

截至2023年末，累计发放个人住房贷款132.98万笔、4455.72亿元，贷款余额2273.16亿元，比上年末分别增长6.54%、11.13%、9.07%。个人住房贷款余额占缴存余额的87.65%，比上年末减少0.29个百分点（表3）。

2023年分城市住房公积金个人住房贷款情况 表3

地区	放贷笔数（万笔）	贷款发放额（亿元）	累计放贷笔数（万笔）	累计贷款总额（亿元）	贷款余额（亿元）	个人住房贷款率（%）
福建省	**8.16**	**446.30**	**132.98**	**4455.72**	**2273.16**	**87.65**
福州市	1.86	111.01	27.29	1128.57	636.57	82.17
厦门市	1.43	113.74	22.89	1073.43	598.89	90.96
莆田市	0.50	23.65	6.12	198.90	111.04	87.39
三明市	0.52	20.04	12.92	287.04	118.05	89.13
泉州市	1.49	69.73	18.66	661.32	308.66	89.61
漳州市	0.72	37.47	11.12	319.37	170.71	89.93
南平市	0.32	14.31	8.97	216.02	102.84	89.66
龙岩市	0.70	27.01	13.65	285.96	107.66	90.69
宁德市	0.62	29.34	11.37	285.10	118.75	89.23

2023年，支持职工购建房886.46万平方米。年末个人住房贷款市场占有率（含公转商贴息贷款）为15.18%，比上年末增加0.97个百分点。通过申请住房公积金个人住房贷款，可节约职工购房利息支出508992.58万元。

2. 异地贷款：2023年，发放异地贷款4311笔、216154.14万元。截至2023年末，发放异地贷款总额797334.80万元，异地贷款余额626589.49万元。

3. 公转商贴息贷款：2023年，发放公转商贴息贷款1150笔、50680.80万元，支持职工购建房面积13.14万平方米，当年贴息额52949.35万元。截至2023年末，累计发放公转商贴息贷款109568笔、5848681.16万元，累计贴息283716.41万元。

4.住房公积金支持保障性住房建设项目贷款：2023年，我省未开展住房公积金支持保障性住房建设项目贷款。

（四）购买国债

2023年，未购买国债。当年未兑付、转让、收回国债，国债余额0.28亿元，与上年同期相比持平。

（五）融资

2023年，融资0亿元，归还0亿元。年末，融资总额277.88亿元，融资余额0亿元。

（六）资金存储

2023年末，住房公积金存款351.83亿元。其中，活期1.28亿元，1年（含）以下定期99.22亿元，1年以上定期109.88亿元，其他（协定、通知存款等）141.45亿元。

（七）资金运用率

2023年末，住房公积金个人住房贷款余额、项目贷款余额和购买国债余额的总和占缴存余额的87.66%，比上年末减少0.29个百分点。

三、主要财务数据

（一）业务收入

2023年，业务收入788434.84万元，同比增长7.84%。其中，存款利息106909.46万元，委托贷款利息681391.55万元，国债利息87.0万元，其他46.83万元。

（二）业务支出

2023年，业务支出497992.64万元，同比增长14.07%。其中，支付职工住房公积金利息409979.65万元，归集手续费18468.32万元，委托贷款手续费18374.95万元，其他51169.72万元。

（三）增值收益

2023年，增值收益290442.21万元，同比下降1.38%；增值收益率1.17%，同比下降0.14个百分点。

（四）增值收益分配

2023年，提取贷款风险准备金71489.05万元，提取管理费用19422.61万元，提取城市廉租住房（公共租赁住房）建设补充资金200750.55万元（福州中心冲回历史计提的项目贷款风险准备金余额1220万元）（表4）。2023年，上缴管理费用18185.01万元，上缴城市廉租住房（公共租赁住房）建设补充资金229246.92万元。

2023年分城市住房公积金增值收益及分配情况　　　表4

地区	业务收入（亿元）	业务支出（亿元）	增值收益（亿元）	增值收益率（%）	提取贷款风险准备金（亿元）	提取管理费用（亿元）	提取公租房（廉租房）建设补充资金（亿元）
福建省	**78.84**	**49.80**	**29.04**	**1.17**	**7.15**	**1.94**	**20.08**
福州市	23.65	12.52	11.12	1.49	1.45	0.51	9.28
厦门市	20.81	16.89	3.92	0.63	2.46	0.28	1.18
莆田市	3.73	1.95	1.78	1.46	0.47	0.11	1.21
三明市	3.88	2.67	1.21	0.94	0.09	0.15	0.96
泉州市	10.20	5.77	4.44	1.36	1.07	0.24	3.12
漳州市	5.67	3.86	1.82	1.00	0.78	0.21	0.83
南平市	3.55	2.10	1.45	1.29	0.04	0.14	1.27

续表

地区	业务收入（亿元）	业务支出（亿元）	增值收益（亿元）	增值收益率（%）	提取贷款风险准备金（亿元）	提取管理费用（亿元）	提取公租房（廉租房）建设补充资金（亿元）
龙岩市	3.45	1.92	1.54	1.34	0.35	0.14	1.05
宁德市	3.90	2.12	1.78	1.39	0.44	0.16	1.18

2023年末，贷款风险准备金余额911104.26万元，累计提取城市廉租住房（公共租赁住房）建设补充资金1918492.84万元。

（五）管理费用支出

2023年，管理费用支出19458.61万元，同比下降4.65%。其中，人员经费14122.25万元，公用经费1248.82万元，专项经费4087.54万元。

四、资产风险状况

（一）个人住房贷款

2023年末，个人住房贷款逾期额5022.93万元，逾期率0.221‰，个人贷款风险准备金余额909264.26万元。2023年，未使用个人贷款风险准备金核销呆坏账。

（二）住房公积金支持保障性住房建设项目贷款

我省项目贷款于2015年已全部结清，无项目贷款逾期情况，全省项目贷款风险准备金余额为厦门项目贷款风险准备金余额1840万元，福州项目贷款风险准备金余额1220万元冲回可供分配增值收益。

五、社会经济效益

（一）缴存业务

缴存职工中，国家机关和事业单位占25.72%，国有企业占22.35%，城镇集体企业占1.16%，外商投资企业占7.73%，城镇私营企业及其他城镇企业占37.24%，民办非企业单位和社会团体占2.47%，灵活就业人员占0.84%，其他占2.49%；中、低收入占98.76%，高收入占1.24%。

新开户职工中，国家机关和事业单位占10.78%，国有企业占16.25%，城镇集体企业占1.06%，外商投资企业占8.07%，城镇私营企业及其他城镇企业占55.47%，民办非企业单位和社会团体占2.74%，灵活就业人员占0.81%，其他占4.81%；中、低收入占99.63%，高收入占0.37%。

（二）提取业务

提取金额中，购买、建造、翻建、大修自住住房占16.69%，偿还购房贷款本息占53.52%，租赁住房占5.96%，支持老旧小区改造提取占0.06%；离休和退休提取占16.36%，完全丧失劳动能力并与单位终止劳动关系提取占3.60%，出境定居占0.02%，其他占3.79%。提取职工中，中、低收入占98.43%，高收入占1.57%。

（三）贷款业务

1. 个人住房贷款：职工贷款笔数中，购房建筑面积90（含）平方米以下占29.51%，90~144（含）平方米占65.07%，144平方米以上占5.42%。购买新房占64.71%（其中购买保障性住房占2.54%），购买二手房占35.24%，建造、翻建、大修自住住房占0.01%，其他占0.04%。

职工贷款笔数中，单缴存职工申请贷款占59.01%，双缴存职工申请贷款占40.84%，三人及以上缴存职工共同申请贷款占0.15%。

贷款职工中，30岁（含）以下占26.41%，30岁~40岁（含）占52.81%，40岁~50岁（含）占16.20%，50岁以上占4.58%；首套申请贷款占85.31%，二套及以上申请贷款占14.69%；中、低收入占96.21%，高收入占3.79%。

2. 住房公积金支持保障性住房建设项目贷款：2023年，我省未开展住房公积金支持保障性住房建设项目贷款。

(四) 住房贡献率

2023年,个人住房贷款发放额、公转商贴息贷款发放额、项目贷款发放额、住房消费提取额的总和与当年缴存额的比率为104.69%,比上年增加4.05个百分点。

六、其他重要事项

(一) 当年住房公积金政策调整情况

一是加大力度支持租购并举。省住房城乡建设厅印发《福建省住房和城乡建设厅关于进一步规范住房公积金服务标准的指导意见》(闽建金〔2023〕3号),鼓励各地全面提高租房提取额度特别是多子女家庭租房提取额度,并要求各地进一步优化公积金提取机制,放宽提取条件支持缴存地无房即可提取,放宽租房提取频次支持按月提取。2023年全省租赁提取公积金达128.06万人次,提取金额共45.6亿元,同比分别增长17.17%、37.87%。二是积极推进灵活就业人员参加住房公积金制度。指导督促各地积极建立灵活就业人员缴存公积金制度,并进一步完善灵活就业人员缴存、使用公积金相关政策,促进灵活就业人员缴存范围不断扩大,三明、厦门、莆田、龙岩、宁德、漳州、南平、福州共8个地市出台灵活就业人员缴存使用住房公积金政策。截至2023年末,全省共有3.93万灵活就业人员缴存住房公积金。三是持续优化公积金贷款使用政策。按照"首套房优先于二套房"的原则,全省各地陆续调整和优化了公积金贷款住房套数认定、首套房及二套房最低首付款比例、公积金贷款额度等一系列政策,充分发挥住房公积金互助性、保障性的特点。省住建厅、自然资源厅等四部门联合印发《关于推进不动产"带押过户"持续提升便民利企服务水平的通知》,积极推广公积金贷款"带押过户"模式,激活二手房市场,支持改善性购房需求,全省各地全面开展住房公积金贷款"带押过户"业务。四是全面推行提取公积金支付首付款政策。全省持续推行提取公积金支付首付款政策,加大政策宣传力度,扩大政策惠及面,有效缓解缴存职工筹措首付款压力,提振市场信心,购房提取公积金支付首付款政策被我省优化营商环境办公室列为优化营商环境典型案例。

(二) 当年开展监督检查情况

一是联合省内外住房公积金数字化专家开展住房公积金数字化发展现场服务指导,通过集中座谈、现场调研以及常态化跟踪指导等形式,对公积金中心征信信息共享接入、数据治理、数字化发展等工作进行全面督导。二是进一步梳理"五级十五同"标准化目录清单,逐步规范地方特殊事项标准,督促部分地市特殊事项纳入全省统一服务事项中。三是组织全省开展体检评估工作,总结评估成效,形成"体检评估—科学诊断—提出建议—改进工作"的闭环管理机制,着力解决住房公积金运行管理中存在的突出问题,以评促改,以评促建,进一步规范住房公积金管理运行。四是深化住房公积金监管服务平台应用,强化住房公积金日常监管,建立及时监测跟踪机制,确保"跨省通办"协同业务、异地转移接续业务的及时办理。建立风险防控常态化排查、闭环式整改机制,确保整改完成率达到100%。

(三) 当年服务改进情况

一是通过"网办""协办"等方式,线上线下协同推进,全省提前完成"租房提取住房公积金""提前退休提取住房公积金"两项"跨省通办"任务。截至目前,已全面完成13个服务事项"跨省通办"。二是积极推进与不动产登记部门联网共享,全省已基本实现租房提取"零跑腿"、"零材料"网办。其中,厦门、龙岩、漳州、福州、省直等公积金中心充分利用跨部门共享数据开通"一次性签约,逐月自动冲还租",极大提升了办事群众的幸福感、获得感、安全感。三是深化省内跨地区业务协同机制,创新"省内跨中心冲还贷"业务,解决异地贷款以及借款申请人跨中心等情况造成无法办理冲还贷的问题,全面实现全省公积金中心互相"冲提"。四是配合完成涉及住房公积金的4个"一件事"套餐服务事项省级一次性对接,实现跨部门办事"一趟不用跑""一窗联办"。

(四) 当年信息化建设情况

一是9月底全面完成3个证明事项整合、业务流程优化以及系统对接,全省各地均已接口形式接入，实现公积金个人证明事项"亮码可办"，群众异地办事更加便捷。二是全省公积金网上办事大厅服务渠道实现集中部署，构建全省集约高效的公积金数字化系统框架，并接入全省统一身份认证体系，对接闽政通、福建省网上办事大厅、中国福建等系统，实现跨平台服务统一登录。三是全力推进征信共享对接，组织开展方案制定、系统接口开发、验收测试和上线报送等工作。截至年末，全省10个中心完成上线接入，1个中心通过验收待接入。四是持续优化核心系统及各综合服务渠道业务办理功能，全年共实施24次核心系统更新，共682个功能新增及优化，推进更多"掌上办""秒批秒办""省内通办"服务开通。

（五）当年精神文明建设情况

2023年全省全系统创建地市级以上文明单位3个，其中省部级1个；国家级青年文明号1个；工人先锋号2个，其中省部级1个；地市级五一劳动模范1个；先进集体和个人1个；其他类荣誉称号4个。

福建省及省内各城市住房公积金 2023 年年度报告二维码

名称	二维码
福建省住房公积金 2023 年年度报告	
福州住房公积金 2023 年年度报告	
厦门市住房公积金 2023 年年度报告	
漳州市住房公积金 2023 年年度报告	
莆田市住房公积金 2023 年年度报告	
宁德市住房公积金 2023 年年度报告	
三明市住房公积金 2023 年年度报告	

第二部分 各地住房公积金年度报告

续表

名称	二维码
龙岩市住房公积金 2023 年年度报告	
南平市住房公积金 2023 年年度报告	
泉州市住房公积金 2023 年年度报告	

江西省

江西省住房公积金 2023 年年度报告

根据《住房公积金管理条例》和住房和城乡建设部、财政部、人民银行《关于健全住房公积金信息披露制度的通知》（建金〔2015〕26 号）规定，现将江西省住房公积金 2023 年年度报告公布如下。

一、机构概况

（一）**住房公积金管理机构**。全省共设 11 个设区城市住房公积金管理中心，1 个独立设置的分中心（省直分中心，隶属江西省住房和城乡建设厅）。从业人员 1301 人，其中在编 780 人，非在编 521 人。

（二）**住房公积金监管机构**。省住房城乡建设厅、省财政厅和中国人民银行江西省分行负责对本省住房公积金管理运行情况进行监督。省住房城乡建设厅设立住房公积金监管处，负责全省住房公积金日常监管工作。

二、业务运行情况

（一）**缴存**。2023 年，新开户单位 19566 家，净增单位 7161 家；新开户职工 46.76 万人，净增职工 21.29 万人；实缴单位 67516 家，实缴职工 346.49 万人，缴存额 668.06 亿元，同比分别增长 11.86％、6.55％、8.98％。截至 2023 年末，累计缴存总额 5143.80 亿元，比上年末增加 14.93％；缴存余额 2155.81 亿元，同比增长 10.61％（表 1）。

2023 年分城市住房公积金缴存情况　　　　表 1

地区	实缴单位（万个）	实缴职工（万人）	缴存额（亿元）	累计缴存总额（亿元）	缴存余额（亿元）
江西省	6.75	346.49	668.06	5143.80	2155.81
南昌市	1.99	100.30	215.51	1805.19	654.55
景德镇市	0.21	12.83	24.68	189.48	82.69
萍乡市	0.24	12.39	27.02	200.61	90.83
九江市	0.67	39.24	60.25	473.37	173.64
新余市	0.14	10.84	23.86	180.78	75.89
鹰潭市	0.18	7.66	16.00	133.67	55.40
赣州市	1.27	54.98	95.81	662.17	316.47
吉安市	0.58	27.70	51.24	391.10	180.18
宜春市	0.50	30.25	53.80	409.26	160.47
抚州市	0.44	20.56	41.73	267.45	139.84
上饶市	0.53	29.75	58.16	430.72	225.85

（二）**提取**。2023 年，共 131.78 万名缴存职工提取住房公积金；提取额 461.29 亿元，同比增长 19.23％；提取额占当年缴存额的 69.05％，比上年增加 5.94 个百分点。截至 2023 年末，累计提取总额 2987.99 亿元，比上年末增加 18.26％（表 2）。

2023年分城市住房公积金提取情况 表2

地区	提取额（亿元）	提取率（%）	住房消费类提取额（亿元）	非住房消费类提取额（亿元）	累计提取总额（亿元）
江西省	**461.29**	**69.05**	**315.87**	**145.42**	**2987.99**
南昌市	156.17	72.46	113.88	42.29	1150.64
景德镇市	17.83	72.26	12.21	5.62	106.79
萍乡市	18.63	68.95	11.91	6.72	109.78
九江市	45.05	74.76	31.13	13.92	299.73
新余市	15.23	63.83	9.49	5.75	104.90
鹰潭市	11.44	71.52	6.54	4.90	78.27
赣州市	64.02	66.82	45.45	18.56	345.69
吉安市	33.99	66.34	22.09	11.90	210.92
宜春市	36.52	67.88	24.52	12.00	248.79
抚州市	25.72	61.63	15.80	9.92	127.61
上饶市	36.69	63.09	22.84	13.85	204.87

（三）贷款。

1. 个人住房贷款。2023年，发放个人住房贷款8.08万笔、399.97亿元，分别同比增长27.04%、37.49%。回收个人住房贷款213.56亿元。

截至2023年末，累计发放个人住房贷款107.47万笔、3184.45亿元，贷款余额1719.54亿元，分别比上年末增加8.14%、14.36%、12.16%。个人住房贷款余额占缴存余额的79.76%，比上年末增长1.1个百分点（表3）。

2023年分城市住房公积金个人住房贷款情况 表3

地区	放贷笔数（万笔）	贷款发放额（亿元）	累计放贷笔数（万笔）	累计贷款总额（亿元）	贷款余额（亿元）	个人住房贷款率（%）
江西省	**8.08**	**399.97**	**107.47**	**3184.45**	**1719.54**	**79.76**
南昌市	2.42	139.32	27.14	949.58	488.50	74.63
景德镇市	0.24	10.64	4.65	124.76	66.08	79.9
萍乡市	0.27	8.79	4.53	118.82	71.17	78.36
九江市	0.96	39.37	12.83	310.73	148.20	85.35
新余市	0.24	10.72	3.42	88.94	43.75	57.65
鹰潭市	0.14	6.46	2.88	79.65	41.11	74.21
赣州市	1.29	63.61	17.82	485.86	282.10	89.14
吉安市	0.70	32.55	10.05	279.77	157.37	87.34
宜春市	0.54	25.58	8.95	246.39	127.02	79.16
抚州市	0.58	26.57	6.66	199.56	114.00	81.52
上饶市	0.70	36.36	8.54	300.37	180.24	79.8

2023年，支持职工购建房1001.81万平方米。年末个人住房贷款市场占有率（含公转商贴息贷款）为19.10%，比上年末增加2.44个百分点。通过申请住房公积金个人住房贷款，可节约职工购房利息支出504375.08万元。

2. 异地贷款。2023年，发放异地贷款4145笔、187007.60万元。截至2023年末，累计发放异地贷款总额 821269.63 万元，异地贷款余额 554567.45 万元。

3. 公转商贴息贷款。2023 年，发放公转商贴息贷款 0 笔、0 万元，支持职工购建房面积 0 万平方米。当年贴息额 0 万元。2022 年末，累计发放公转商贴息贷款 5931 笔、219844.40 万元，累计贴息 6888.06 万元。

（四）购买国债。2023 年，购买（记账式、凭证式）国债 0 亿元，（兑付、转让、收回）国债 0 亿元。2023 年末，国债余额 0 亿元，比上年末减少（增加）0 亿元。

（五）融资。2023 年，融资 13.79 亿元，归还 14.82 亿元。2023 年末，融资总额 160.02 亿元，融资余额 1.02 亿元。

（六）资金存储。2023 年末，住房公积金存款 480.68 亿元。其中，活期 9.45 亿元，1 年（含）以下定期 118.69 亿元，1 年以上定期 258.51 亿元，其他（协定、通知存款等）94.04 亿元。

（七）资金运用率。2023 年末，住房公积金个人住房贷款余额、项目贷款余额和购买国债余额的总和占缴存余额的 79.76%，比上年末增长 1.1 个百分点。

三、主要财务数据

（一）业务收入。2023 年，业务收入 652280.19 万元，同比增长 6.85%。其中，存款利息 127204.04 万元，委托贷款利息 511212.15 万元，国债利息 0 万元，其他 13864 万元。

（二）业务支出。2023 年，业务支出 324874.70 万元，同比增长 8.61%。其中，支付职工住房公积金利息 304046.05 万元，归集手续费 0.10 万元，委托贷款手续费 16658.76 万元，其他 4169.79 万元。

（三）增值收益。2023 年，增值收益 327405.49 万元，同比增长 5.15%；增值收益率 1.59%，比上年减少 0.1 个百分点。

（四）增值收益分配。2023 年，提取贷款风险准备金 26168.62 万元，提取管理费用 32097.91 万元，提取公共租赁住房建设补充资金 269150.49 万元（表 4）。

2023 年分城市住房公积金增值收益及分配情况　　　　表 4

地区	业务收入（亿元）	业务支出（亿元）	增值收益（亿元）	增值收益率（%）	提取贷款风险准备金（亿元）	提取管理费用（亿元）	提取公租房建设补充资金（亿元）
江西省	**65.23**	**32.49**	**32.74**	**1.59**	**2.62**	**3.21**	**26.92**
南昌市	19.42	10.22	9.20	1.47	1.68	0.56	6.97
景德镇市	2.25	1.21	1.04	1.31	0.01	0.20	0.83
萍乡市	2.68	1.33	1.35	1.56	0.00	0.23	1.12
九江市	5.53	2.33	3.20	1.92	0.18	0.40	2.62
新余市	2.35	1.07	1.28	1.79	0.08	0.06	1.14
鹰潭市	1.73	0.83	0.89	1.68	0.01	0.13	0.75
赣州市	9.05	4.75	4.30	1.43	0.32	0.56	3.42
吉安市	6.08	2.75	3.33	1.93	0.20	0.08	3.05
宜春市	5.04	2.39	2.65	1.75	0.07	0.18	2.41
抚州市	4.18	2.12	2.06	1.54	0.16	0.21	1.69
上饶市	6.90	3.47	3.43	1.59	0.11	0.40	2.92

2023 年，上交财政管理费用 33269.23 万元，上缴财政公共租赁住房建设补充资金 272587.21 万元。

2023 年末，贷款风险准备金余额 383579.32 万元，累计提取公共租赁住房建设补充资金 1882855.61 万元。

（五）管理费用支出。2023 年，管理费用支出 32571.61 万元，同比减少 0.72%。其中，人员经费

21107.95万元,公用经费3997.93万元,专项经费7465.73万元。

四、资产风险状况

个人住房贷款。2023年末,个人住房贷款逾期额1531.36万元,逾期率0.089‰,个人贷款风险准备金余额383579.32万元。2023年,使用个人贷款风险准备金核销呆坏账0万元。

五、社会经济效益

(一)缴存业务

缴存职工中,国家机关和事业单位占43.77%,国有企业占19.91%,城镇集体企业占1.13%,外商投资企业占3.85%,城镇私营企业及其他城镇企业占25.87%,民办非企业单位和社会团体占2.78%,灵活就业人员占0.25%,其他占2.45%;中、低收入占98.10%,高收入占1.90%。

新开户职工中,国家机关和事业单位占25.79%,国有企业占9.94%,城镇集体企业占1.11%,外商投资企业占3.62%,城镇私营企业及其他城镇企业占48.47%,民办非企业单位和社会团体占4.50%,灵活就业人员占1.35%,其他占5.22%;中、低收入占99.64%,高收入占0.36%。

(二)提取业务

提取金额中,购买、建造、翻建、大修自住住房占10.59%,偿还购房贷款本息占54.55%,租赁住房占3.27%,支持老旧小区改造提取占0.04%;离休和退休提取占26.08%,完全丧失劳动能力并与单位终止劳动关系提取占2.24%,出境定居占0.02%,其他占3.21%。提取职工中,中、低收入占94.67%,高收入占5.33%。

(三)贷款业务

职工贷款笔数中,购房建筑面积90(含)平方米以下占9.05%,90~144(含)平方米占80.63%,144平方米以上占10.32%。购买新房占55.97%(其中购买保障性住房占0.01%),购买二手房占28.35%,建造、翻建、大修自住住房占0.01%,其他占15.67%。

职工贷款笔数中,单缴存职工申请贷款占44.27%,双缴存职工申请贷款占55.61%,三人及以上缴存职工共同申请贷款占0.12%。

贷款职工中,30岁(含)以下占35.21%,30岁~40岁(含)占47.06%,40岁~50岁(含)占14.51%,50岁以上占3.22%;购买首套住房申请贷款占79.75%,购买二套及以上申请贷款占20.25%;中、低收入占97.60%,高收入占2.40%。

(四)住房贡献率

2023年,个人住房贷款发放额、公转商贴息贷款发放额、项目贷款发放额、住房消费提取额的总和与当年缴存额的比率为107.15%,比上年增长13.28个百分点。

六、其他重要事项

(一)当年住房公积金制度建设和政策调整情况

一是积极推进灵活就业人员参加住房公积金制度,实现设区市建立制度全覆盖;指导推动各中心借鉴政策工具箱,进一步完善和优化灵活就业人员使用政策。二是加大新市民、青年人租房提取住房公积金支持力度,推动各中心创新租房提取政策,提高提取额度和提取频次,进一步简化业务流程,租房提取金额较上年增长超50%。三是印发《关于协同做好不动产"带押过户"工作的通知》,发挥住房公积金支持住房消费市场的作用,降低存量商品房交易成本,提升便民服务水平。四是推进住房公积金体检评估,组织开展体检评估省级试点,试点工作取得明显成效。

(二)当年开展监督检查情况

一是开展全省住房公积金风险防控和服务工作专题调研,对调研发现的问题督促中心整改落实,进一步提升了中心风险防控能力和服务水平。二是印发《住房公积金个人睡眠账户清理工作方案》,开展全省住房公积金个人睡眠账户专项清理，规范个人账户管理，保障资金安全。三是完成对全省各中心的数字化现场服务指导，为各中心现场解决一批具体问题，提出一批解决方案。四是组织开展全省住房公积金骗提骗贷治理工作，进一步完善长效机制，推进骗提骗贷治理常态化。

（三）当年服务改进情况

一是大力推进服务提升三年行动，指导各地创新服务举措，提升服务效能，打造星级服务岗，开展寻找最美公积金人活动。吉安市、抚州市和景德镇市中心的3个办事处获全国住房公积金系统服务提升三年行动2022年度表现突出星级服务岗。二是提前完成租房提取住房公积金和提前退休提取住房公积金2项"跨省通办"服务事项，并实现更多服务事项跨省通办、省内通办；提前全部实现住房公积金个人证明事项"亮码可办"。三是按照服务标准落实年要求，依据全国住房公积金服务事项基本目录，统一全省住房公积金基本服务事项目录，并纳入全省住建系统公共服务事项清单。四是依托数字化建设，推进线上服务高效便捷，实现更多服务事项掌上办、网上办和"全程网办"。

（四）当年信息化建设情况

一是会同中国人民银行江西省分行推进征信信息共享，完成征信信息系统查询和新增贷款信息纳入征信系统工作。二是深化部门信息共享，依托省住房公积金共享平台，推进税务数据等省级跨部门数据共享工作，指导各中心推进地方跨部门数据共享，扩大跨部门数据共享范围。三是加强数字化监管。依托全国住房公积金监管服务平台、省住房公积金监管平台，对住房公积金运行情况监测研判、分析评估。

（五）当年住房公积金机构及从业人员所获荣誉情况

全省各住房公积金管理中心共获得7个文明单位（行业、窗口），其中国家级1个、省部级3个、地市级3个；国家级青年文明号2个、省部级青年文明号1个、地市级青年文明号1个；地市级三八红旗手1个；地市级先进集体和个人24个；其他荣誉称号27个，其中国家级1个，省部级3个，地市级23个。

江西省及省内各城市住房公积金 2023 年年度报告二维码

名称	二维码
江西省住房公积金 2023 年年度报告	
南昌市住房公积金 2023 年年度报告	
九江市住房公积金 2023 年年度报告	
景德镇市住房公积金 2023 年年度报告	
萍乡市住房公积金 2023 年年度报告	
新余市住房公积金 2023 年年度报告	
鹰潭市住房公积金 2023 年年度报告	

续表

名称	二维码
赣州市住房公积金 2023 年年度报告	
宜春市住房公积金 2023 年年度报告	
上饶市住房公积金 2023 年年度报告	
吉安市住房公积金 2023 年年度报告	
抚州市住房公积金 2023 年年度报告	

山东省

山东省住房公积金 2023 年年度报告

根据国务院《住房公积金管理条例》和住房和城乡建设部、财政部、人民银行《关于健全住房公积金信息披露制度的通知》（建金〔2015〕26号）规定，现将山东省住房公积金 2023 年年度报告汇总公布如下：

一、机构概况

（一）**住房公积金管理机构。**全省共设 16 个设区城市住房公积金（管理）中心，3 个独立设置的分中心（其中，山东电力集团分中心隶属国网山东省电力公司，济南铁路分中心隶属中国铁路济南局集团有限公司，胜利油田分中心隶属中国石化集团胜利石油管理局有限公司）。从业人员 3037 人，其中，在编 1650 人，非在编 1387 人。

（二）**住房公积金监管机构。**省住房城乡建设厅、省财政厅和人民银行山东省分行负责对全省住房公积金管理运行情况进行监督。省住房城乡建设厅设立住房公积金监管处，负责全省住房公积金日常监管工作。

二、业务运行情况

（一）**缴存。**2023 年，新开户单位 51846 家，净增单位 30031 家；新开户职工 120.66 万人，净增职工 46.36 万人；实缴单位 293417 家，实缴职工 1170.51 万人，缴存额 1990.35 亿元（图1），分别同比增长 11.40%、4.12%、9.09%。2023 年末，缴存总额 16205.57 亿元，比上年末增加 14.00%；缴存余额 5910.68 亿元，同比增长 9.49%（表1）。

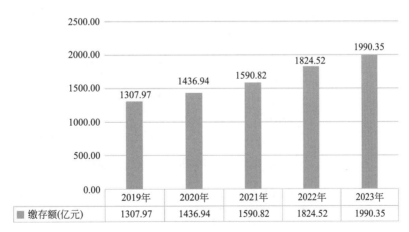

图 1　2019—2023 年全省住房公积金缴存情况图

2023 年分城市住房公积金缴存情况　　　　表 1

地区	实缴单位(万个)	实缴职工(万人)	缴存额(亿元)	累计缴存总额(亿元)	缴存余额(亿元)
山东省	**29.34**	**1170.51**	**1990.35**	**16205.57**	**5910.68**
济南市	6.02	204.87	430.93	3481.01	1248.11

续表

地区	实缴单位(万个)	实缴职工(万人)	缴存额(亿元)	累计缴存总额(亿元)	缴存余额(亿元)
青岛市	8.73	210.34	365.69	3095.64	964.59
淄博市	1.32	61.87	100.03	854.09	356.82
枣庄市	0.71	32.21	53.93	495.21	178.61
东营市	0.63	43.14	98.86	970.15	183.99
烟台市	1.54	90.58	160.46	1239.72	465.08
潍坊市	1.37	84.58	103.72	912.40	328.14
济宁市	1.22	67.67	124.11	1034.24	385.93
泰安市	1.08	54.68	70.37	569.65	220.68
威海市	0.94	45.02	56.14	510.69	211.43
日照市	0.66	29.03	55.30	417.40	154.09
临沂市	1.57	73.73	115.45	893.63	374.15
德州市	1.19	54.20	64.35	431.87	198.49
聊城市	0.97	43.50	63.39	450.38	215.38
滨州市	0.75	34.69	55.09	372.45	168.08
菏泽市	0.63	40.40	72.51	477.04	257.10

（二）提取。2023年，457.62万名缴存职工提取住房公积金；提取额1478.04亿元，同比增长28.44%（图2）；提取额占当年缴存额的74.26%，比上年增加11.19个百分点。2023年末，提取总额10294.89亿元，比上年末增加16.76%（表2）。

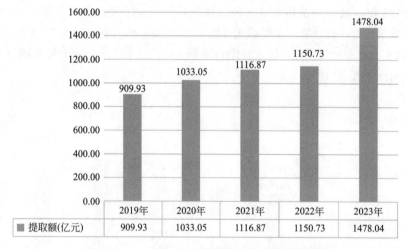

图2 2019—2023年全省住房公积金提取情况图

2023年分城市住房公积金提取情况　　　　　　表2

地区	提取额(亿元)	提取率(%)	住房消费类提取额(亿元)	非住房消费类提取额(亿元)	累计提取总额(亿元)
山东省	**1478.04**	**74.26**	**1085.06**	**392.99**	**10294.89**
济南市	330.30	76.65	254.81	75.49	2232.91
青岛市	274.38	75.03	213.22	61.16	2131.05
淄博市	76.14	76.11	47.07	29.07	497.27
枣庄市	40.06	74.27	27.33	12.73	316.60

续表

地区	提取额（亿元）	提取率（%）	住房消费类提取额（亿元）	非住房消费类提取额（亿元）	累计提取总额（亿元）
东营市	79.84	80.76	67.63	12.21	786.16
烟台市	110.56	68.90	73.24	37.32	774.65
潍坊市	91.87	88.57	67.31	24.56	584.26
济宁市	86.95	70.06	60.55	26.40	648.31
泰安市	46.37	65.89	30.47	15.90	348.96
威海市	42.09	74.97	28.85	13.24	299.26
日照市	40.70	73.60	31.74	8.96	263.30
临沂市	79.02	68.45	56.58	22.44	519.48
德州市	45.52	70.73	30.40	15.12	233.38
聊城市	44.81	70.70	31.93	12.88	235.00
滨州市	40.06	72.72	28.98	11.08	204.37
菏泽市	49.36	68.08	34.94	14.42	219.93

（三）贷款。

1. 个人住房贷款：2023年，发放个人住房贷款20.19万笔、896.54亿元，同比上升7.69%、23.48%。回收个人住房贷款609.84亿元。

2023年末，累计发放个人住房贷款306.72万笔、8906.28亿元，贷款余额4620.29亿元，分别比上年末增加7.05%、11.19%、6.62%。个人住房贷款余额占缴存余额的78.17%，比上年末减少2.11个百分点（图3、表3）。

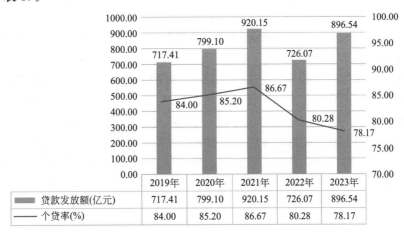

图3　2019—2023年全省住房公积金贷款情况图

2023年分城市住房公积金个人住房贷款情况　　表3

地区	放贷笔数（万笔）	贷款发放额（亿元）	累计放贷笔数（万笔）	累计贷款总额（亿元）	贷款余额（亿元）	个人住房贷款率（%）
山东省	**20.19**	**896.54**	**306.72**	**8906.28**	**4620.29**	**78.17**
济南市	3.33	179.24	46.27	1609.81	855.33	68.53
青岛市	2.96	138.03	46.84	1412.18	757.48	78.53
淄博市	0.99	44.54	19.11	576.37	322.63	90.42
枣庄市	0.86	24.07	11.65	309.34	155.05	86.81

续表

地区	放贷笔数（万笔）	贷款发放额（亿元）	累计放贷笔数（万笔）	累计贷款总额（亿元）	贷款余额（亿元）	个人住房贷款率（%）
东营市	0.75	30.72	13.60	300.04	129.79	70.54
烟台市	1.77	79.48	21.85	656.23	386.95	83.20
潍坊市	1.31	57.15	19.74	516.11	271.21	82.65
济宁市	1.06	49.43	23.92	653.21	308.12	79.84
泰安市	0.94	39.98	12.00	325.43	180.44	81.76
威海市	0.79	33.89	11.37	316.94	140.26	66.34
日照市	0.70	24.81	9.32	236.30	123.74	80.30
临沂市	1.76	88.44	25.08	756.41	335.04	89.55
德州市	1.02	33.73	11.47	324.51	161.04	81.13
聊城市	0.52	16.64	15.52	348.33	163.72	76.01
滨州市	0.61	26.11	8.36	246.08	124.74	74.22
菏泽市	0.83	30.27	10.62	318.98	204.75	79.64

2023年，支持职工购建房2520.90万平方米。年末个人住房贷款市场占有率（含公转商贴息贷款）为14.06%，比上年末减少0.39个百分点。通过申请住房公积金个人住房贷款，可节约职工购房利息支出1346953.19万元。

2. **异地贷款**：2023年，发放异地贷款21099笔、968818.85万元。2023年末，发放异地贷款总额4189839.22万元，异地贷款余额3141372.41万元。

3. **公转商贴息贷款**：2023年，未发放公转商贴息贷款。当年贴息额858.02万元。2023年末，累计发放公转商贴息贷款15577笔、502191.80万元，累计贴息31160.39万元。

（四）**购买国债**：2023年，未购买（记账式、凭证式）国债。年末，国债余额为0。

（五）**融资**：2023年，融资0亿元，归还0亿元。2023年末，融资总额69.61亿元，融资余额为0。

（六）**资金存储**：2023年末，住房公积金存款1337.42亿元。其中，活期0.98亿元，1年（含）以下定期223.17亿元，1年以上定期550.04亿元，其他（协定、通知存款等）563.23亿元。

（七）**资金运用率**：2023年末，住房公积金个人住房贷款余额、项目贷款余额和购买国债余额的总和占缴存余额的78.17%，比上年末减少2.11个百分点。

三、主要财务数据

（一）**业务收入**：2023年，业务收入1772643.35万元，同比增长6.55%。其中，存款利息331993.53万元，委托贷款利息1435919.46万元，其他4730.36万元。

（二）**业务支出**：2023年，业务支出938082.44万元，同比增长9.86%。其中，支付职工住房公积金利息859439.50万元，归集手续费28710.90万元，委托贷款手续费48810.53万元，其他1121.51万元。

（三）**增值收益**：2023年，增值收益834560.91万元，同比增长3.07%；增值收益率1.48%，比上年减少0.12个百分点。

（四）**增值收益分配**：2023年，提取贷款风险准备金9646.45万元，提取管理费用65628.70万元，提取城市廉租住房（公共租赁住房）建设补充资金759285.76万元（表4）。

2023年分城市住房公积金增值收益及分配情况　　　　表4

地区	业务收入（亿元）	业务支出（亿元）	增值收益（亿元）	增值收益率（%）	提取贷款风险准备金（亿元）	提取管理费用（亿元）	提取公租房(廉租房)建设补充资金(亿元)
山东省	**177.26**	**93.81**	**83.46**	**1.48**	**0.96**	**6.56**	**75.93**
济南市	37.42	19.69	17.73	1.48	0.00	1.43	16.30
青岛市	29.19	13.89	15.30	1.66	0.65	1.11	13.54
淄博市	10.97	5.65	5.33	1.54	0.00	0.55	4.78
枣庄市	5.31	2.71	2.60	1.52	0.00	0.19	2.40
东营市	5.25	2.89	2.36	1.35	0.00	0.60	1.76
烟台市	14.81	8.80	6.01	1.36	0.12	0.19	5.70
潍坊市	9.88	5.29	4.59	1.43	0.00	0.58	4.01
济宁市	12.03	6.62	5.41	1.47	0.00	0.35	5.07
泰安市	6.53	3.32	3.22	1.55	0.19	0.22	2.80
威海市	6.61	3.28	3.33	1.65	0.00	0.27	3.06
日照市	4.28	2.32	1.96	1.33	0.00	0.06	1.90
临沂市	11.22	6.10	5.12	1.44	0.00	0.21	4.91
德州市	5.81	3.05	2.76	1.48	0.00	0.21	2.55
聊城市	6.21	3.74	2.47	1.19	0.00	0.20	2.27
滨州市	5.04	2.75	2.29	1.42	0.00	0.20	2.09
菏泽市	6.70	3.72	2.98	1.21	0.00	0.20	2.78

2023年，上交财政管理费用55501.44万元，上缴财政城市廉租住房（公共租赁住房）建设补充资金758857.90万元。

2023年末，贷款风险准备金余额589551.37万元，累计提取城市廉租住房（公共租赁住房）建设补充资金5831038.55万元。

（五）管理费用支出： 2023年，管理费用支出60699.08万元，同比上升0.05%。其中，人员经费35079.24万元，公用经费9080.02万元，专项经费16539.82万元。

四、资产风险状况

2023年末，个人住房贷款逾期额7352.08万元，逾期率0.16‰，个人贷款风险准备金余额589551.37万元。2023年，当年未使用个人贷款风险准备金核销呆坏账。

五、社会经济效益

（一）缴存业务

缴存职工中，国家机关和事业单位占28.31%，国有企业占20.68%，城镇集体企业占3.33%，外商投资企业占4.90%，城镇私营企业及其他城镇企业占34.11%，民办非企业单位和社会团体占2.12%，灵活就业人员占0.85%，其他占5.70%（图4）；中、低收入占98.48%，高收入占1.52%。

新开户职工中，国家机关和事业单位占14.04%，国有企业占13.33%，城镇集体企业占3.22%，外商投资企业占3.90%，城镇私营企业及其他城镇企业占49.23%，民办非企业单位和社会团体占3.48%，灵活就业人员占2.94%，其他占9.86%（图5）；中、低收入占99.72%，高收入占0.28%。

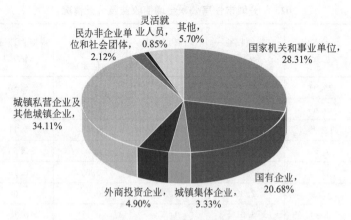

图 4　2023 年缴存职工人数按所在单位性质分类占比图

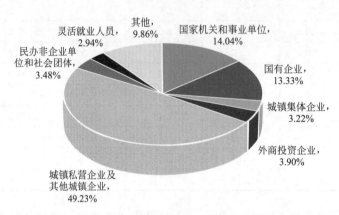

图 5　2023 年新开户职工人数按所在单位性质分类占比图

（二）提取业务

提取金额中，购买、建造、翻建、大修自住住房占 16.20%，偿还购房贷款本息占 52.68%，租赁住房占 4.38%；老旧小区改造提取占 0.01%；离休和退休提取占 22.19%，完全丧失劳动能力并与单位终止劳动关系提取占 2.19%，出境定居占 0.03%，其他占 2.32%（图 6）。提取职工中，中、低收入占 94.16%，高收入占 5.84%。

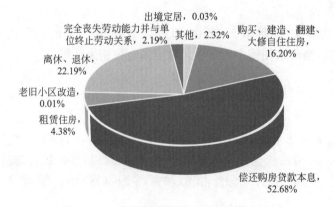

图 6　2023 年提取额按提取原因分类占比图

（三）个人贷款业务

职工贷款笔数中，购房建筑面积 144（含）平方米以下占 82.13%，144 平方米以上占 17.87%；购买首套住房申请贷款占 80.74%，购买二套住房申请贷款占 19.26%；中、低收入占 98.12%，高收入占

1.88%；购买新房占64.66%（其中购买保障性住房占0.56%），购买二手房占33.86%，建造、翻建、大修自住住房占0.00%，其他占1.48%（图7）。

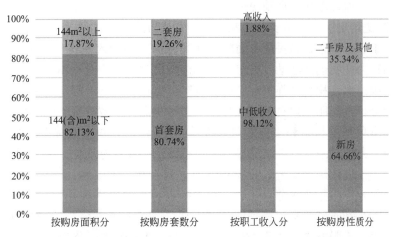

图7 2023年贷款笔数按购房面积、套数、职工收入、性质分类占比图

职工贷款笔数中，单缴存职工申请贷款占43.39%，双缴存职工申请贷款占56.51%，三人及以上缴存职工共同申请贷款占0.10%；贷款职工中，30岁（含）以下占35.91%，30岁~40岁（含）占44.69%，40岁~50岁（含）占15.03%，50岁以上占4.37%。

（四）住房贡献率

2023年，个人住房贷款发放额、公转商贴息贷款发放额、项目贷款发放额、住房消费提取额的总和与当年缴存额的比率为99.56%，比上年增加10.34个百分点。

六、其他重要事项

（一）当年住房公积金政策调整情况。 使用方面，省政府出台《关于进一步提振扩大消费的若干政策措施》，将支持新市民、青年人全额提取住房公积金月缴存额支付房租，提高多子女家庭最高贷款额度，按实际房租提取公积金，支持城镇老旧小区居民提取公积金用于本人、配偶及双方父母加装电梯等内容纳入文件。省住房城乡建设厅印发通知，进一步明确住房公积金领域落实《关于进一步提振扩大消费的若干政策措施》相关要求，指导各市不断优化住房公积金贷款使用政策，支持缴存人刚性和改善性住房需求。根据住房和城乡建设部关于住房公积金"认房不认贷"有关要求，各城市中心调整住房套数认定标准。缴存方面，指导济南、青岛列入第二批灵活就业人员参加住房公积金国家试点（全国共7个），用好试点政策"工具箱"，设置灵活就业人员自主缴存、自由转换和灵活退出机制，配套缴存补贴、贷款额度上浮、房屋租金直付等政策优惠，采取新闻发布、直播宣讲、上门辅导等方式，主动走进灵活就业人员聚集区，鼓励灵活就业人员自愿缴存公积金，让更多群众享受到制度红利。其他城市也全面开展灵活就业人员缴存公积金政策，提供与单位缴存职工同等服务。截至年末，全省累计13.1万名灵活就业人员参加住房公积金制度，缴存额13.99亿元，发放贷款46.62亿元，有力支持了新市民、进城务工人员等灵活就业群体的住房需求。

（二）开展监督检查情况。 一是深入开展逾期贷款管理专项督导。组织各市梳理分析逾期贷款情况，对逾期率较高的城市进行重点督导和帮扶，指导各市分类施策、多措并举，加大逾期贷款催收力度。年末个贷逾期率0.16‰，比上年末降低20%。二是全面开展风险防控调研督导。抽调省内公积金业务、财务、风控、信息等方面的业务骨干组成调研组，深入16设区城市开展住房公积金风险防控调研督导，重点对资金安全管理、贷款管理和监管服务平台、电子稽查工具使用情况进行检查，促进住房公积金管理规范、运行高效、资金安全。三是及时开展政策调整情况自查自纠。组织各设区城市全面梳理本地现行住房公积金政策，对违反国家规定的予以纠正。指导各市落实政策调整备案制度，建立健全风险评估机制，推进政策决策科学化。四是定期开展电子化常态化监管。充分利用电子稽查工具和全国住房公积金监管服务平台，对住房公积金业务和数据进行动态监管，及时排查风险隐患，指导各市公积金中心及时落实整改任务，并定期通报工作开展情况。

（三）当年服务改进情况。认真落实住房和城乡建设部工作要求，不断提升住房公积金管理服务水平，扎实为群众办实事、解难题，为民服务质效不断提升。一是深入开展"惠民公积金、服务暖人心"服务提升三年行动和行业文明创建活动。突出"服务标准落实年"主题，不断优化提升运行效率和服务水平，推出100个省级住房公积金"强规范、优运行"示范项目。开展深化公积金行业文明创建课题研究，为全国住房公积金行业文明创建贡献山东智慧。二是全面提升政务服务标准化水平。组织编制全省住房公积金政务服务事项基本目录和实施清单，推动40个住房公积金服务事项受理标准、服务对象、办理环节、申报材料、办理时限、办理结果等要素全省统一。深化标准化成果应用，加快业务系统与政务服务业务中台对接，推进住房公积金政务服务事项"全上网、进中台、统一办"。三是持续提高缴存职工办事便捷度。深化政务服务"双全双百"工程，推进"一件事一次办"，会同有关部门完成"职工退休一件事""员工就业一件事"，实现相关业务"一次受理、一链办结"。通过全程网办的方式，实现租房提取、提前退休提取等服务事项"跨省通办"。持续推进全国住房公积金公共服务平台应用，实时监控异地转移接续等业务受理情况，确保及时办理。

（四）当年信息化建设情况。一是建设全省住房公积金数字通道。利用区块链技术，建成公积金"数字黄河链"，16设区市公积金中心全部完成接入，实现链上数据共享和业务协同。持续丰富应用场景，支撑跨域房产协查、租赁一站式服务、普惠金融等12类应用场景，"数字黄河链"项目成功入选中国（山东）自贸区最佳实践案例、全国区块链创新应用发展十大优秀案例。二是加快公积金征信信息共享。根据住房和城乡建设部和人民银行关于征信信息共享有关要求，指导各市公积金中心按照第二代征信系统标准，采用"总对总"模式，开展征信信息共享接入，完成了征信信息查询、贷款信息纳入征信系统工作。三是开展数字化发展现场服务指导。贯彻落实《住房和城乡建设部关于加快住房公积金数字化发展的指导意见》，组织省内外专家团队对各市公积金中心征信信息共享接入、数据治理、数字化发展等工作进行实地摸底调研，分析存在的短板和问题，提出优化提升思路，为城市公积金中心数字化转型和发展提供参考路径。举办全省住房公积金数字化发展培训班，邀请相关部门领导、高校教授和业内专家授课，提升从业人员素养。

（五）当年住房公积金行业文明创建开展和所获荣誉情况。印发《全省住房公积金行业文明创建2023年度工作安排》，明确了文明创建年度目标和重点任务、保障措施。各市公积金中心精心开展行业文明建设系列活动，形成深化公积金行业文明创建课题研究初步成果，全系统行业文明建设取得显著成效。承办全省住房城乡建设系统"我为发展建新功"巡回宣讲活动，营造学先进、赶先进、做先进的良好氛围。召开全省住房公积金行业文化建设现场会，以文化建设赋能公积金事业持续健康发展。2023年，全省各级住房公积金管理机构创建文明单位（行业、窗口）省部级14个、地市级8个，青年文明号国家级5个、省部级7个、地市级17个，工人先锋号国家级1个、省部级2个、地市级4个，五一劳动奖章地市级5个，三八红旗手地市级7个，先进集体和个人国家级3个、省部级10个、地市级61个，其他荣誉国家级5个、省部级14个、地市级121个。

山东省及省内各城市住房公积金 2023 年年度报告二维码

名称	二维码
山东省住房公积金 2023 年年度报告	
济南住房公积金 2023 年年度报告	
青岛市住房公积金 2023 年年度报告	
淄博市住房公积金 2023 年年度报告	
枣庄市住房公积金 2023 年年度报告	
东营市住房公积金 2023 年年度报告	
烟台市住房公积金 2023 年年度报告	

续表

名称	二维码
潍坊市住房公积金 2023 年年度报告	
济宁市住房公积金 2023 年年度报告	
泰安市住房公积金 2023 年年度报告	
威海市住房公积金 2023 年年度报告	
日照市住房公积金 2023 年年度报告	
临沂市住房公积金 2023 年年度报告	
德州市住房公积金 2023 年年度报告	
聊城市住房公积金 2023 年年度报告	

续表

名称	二维码
滨州市住房公积金 2023 年年度报告	
菏泽市住房公积金 2023 年年度报告	

河南省

河南省住房公积金 2023 年年度报告

2023年，全省住房公积金系统坚持以习近平新时代中国特色社会主义思想为指导，深入学习贯彻党的二十大精神，践行以人民为中心的发展思想，认真落实省委省政府决策部署，切实发挥住房公积金制度保障作用，持续提升服务效能，着力推动数字化发展，全省住房公积金制度运行安全平稳。根据《住房公积金管理条例》和住房和城乡建设部、财政部、中国人民银行《关于健全住房公积金信息披露制度的通知》（建金〔2015〕26号），现将河南省住房公积金2023年年度报告公布如下。

一、机构概况

（一）**住房公积金管理机构**：全省共设17个省辖市、济源示范区和9个省直管县（市）住房公积金管理中心，6个独立设置的行业分中心（其中，河南省省直机关住房资金管理中心隶属河南省机关事务管理局，郑州住房公积金管理中心黄委会管理部隶属黄河水利委员会机关服务局，中原石油勘探局有限公司住房公积金管理中心隶属中原石油勘探局有限公司，三门峡市住房公积金管理中心义煤集团分中心隶属义马煤业集团股份有限公司，南阳市住房公积金管理中心河南油田分中心隶属河南石油勘探局有限公司，永城市住房公积金管理中心永煤分中心隶属永城煤电控股集团有限公司）。从业人员2260人，其中，在编1308人，非在编952人。

（二）**住房公积金监管机构**：河南省住房和城乡建设厅、河南省财政厅和中国人民银行河南省分行负责对本省住房公积金管理运行情况进行监督。河南省住房和城乡建设厅设立住房公积金监管处，负责全省住房公积金日常监管工作。

二、业务运行情况

（一）**缴存**：2023年，全省新开户单位16352家，净增单位9011家；新开户职工76.31万人，净增职工15.73万人。实缴单位116519家，实缴职工731.91万人，缴存额1115.29亿元，分别比上年增长8.38%、2.19%、7.39%。截至2023年末，全省住房公积金累计缴存总额9379.36亿元，比上年末增长13.50%；缴存余额3951.97亿元，比上年末增长7.47%（表1）。

2023年分城市住房公积金缴存情况　　　　　　　　　　　表1

地区	实缴单位（万个）	实缴职工（万人）	缴存额（亿元）	累计缴存总额（亿元）	缴存余额（亿元）
河南省	11.65	731.91	1115.29	9379.36	3951.97
郑州市	3.68	192.77	405.13	3368.98	1234.08
开封市	0.29	23.47	28.73	215.45	107.86
洛阳市	0.94	56.85	96.96	838.21	303.49
平顶山市	0.50	46.56	49.52	520.76	227.72
安阳市	0.44	28.82	43.16	396.61	154.39
鹤壁市	0.26	14.96	18.12	157.78	62.96
新乡市	0.54	35.45	49.06	372.67	168.43

续表

地区	实缴单位（万个）	实缴职工（万人）	缴存额（亿元）	累计缴存总额（亿元）	缴存余额（亿元）
焦作市	0.56	34.73	35.46	334.65	151.02
濮阳市	0.27	26.23	46.82	455.30	159.00
许昌市	0.35	23.61	35.24	307.34	120.36
漯河市	0.34	19.77	25.78	192.61	97.76
三门峡市	0.29	18.68	27.89	256.59	102.08
南阳市	0.81	54.11	68.70	533.67	295.18
商丘市	0.54	41.16	49.83	370.57	208.32
信阳市	0.68	32.48	44.37	360.76	178.36
周口市	0.51	40.19	38.19	268.33	169.44
驻马店市	0.48	30.82	42.40	343.92	167.92
济源市	0.19	11.25	9.90	85.17	43.60

（二）提取：2023年，全省251.77万名缴存职工提取住房公积金；提取额840.64亿元，比上年增长40.30%；提取率75.37%，比上年增加17.68个百分点。截至2023年末，全省住房公积金累计提取总额5427.39亿元，比上年末增长18.33%（表2）。

2023年分城市住房公积金提取情况　　表2

地区	提取额（亿元）	提取率（%）	住房消费类提取额（亿元）	非住房消费类提取额（亿元）	累计提取总额（亿元）
河南省	**840.64**	**75.37**	**536.15**	**304.49**	**5427.39**
郑州市	341.38	84.26	227.65	113.73	2134.90
开封市	20.50	71.35	11.59	8.91	107.59
洛阳市	71.27	73.50	47.85	23.42	534.72
平顶山市	37.60	75.93	20.83	16.77	293.04
安阳市	32.49	75.27	21.91	10.58	242.22
鹤壁市	13.34	73.60	8.51	4.83	94.82
新乡市	33.06	67.38	20.33	12.73	204.25
焦作市	28.43	80.17	16.88	11.55	183.63
濮阳市	32.83	70.11	22.05	10.78	296.30
许昌市	27.63	78.41	18.99	8.64	186.98
漯河市	16.28	63.16	10.00	6.28	94.85
三门峡市	20.64	74.00	12.96	7.68	154.51
南阳市	46.51	67.71	25.72	20.80	238.49
商丘市	34.22	68.67	21.18	13.04	162.24
信阳市	30.92	69.68	18.41	12.51	182.40
周口市	18.80	49.23	9.51	9.29	98.89
驻马店市	28.09	66.25	17.50	10.59	176.00
济源市	6.65	67.15	4.29	2.36	41.56

(三）贷款

1. 个人住房贷款：2023 年，全省发放个人住房贷款 11.57 万笔、508.93 亿元，分别比上年增长 26.31％、34.62％。回收个人住房贷款 360.54 亿元。

2023 年末，累计发放个人住房贷款 179.83 万笔、5122.95 亿元，贷款余额 2831.63 亿元，分别比上年末增长 6.88％、11.03％、5.53％。个人住房贷款率 71.65％，比上年末减少 1.32 个百分点（表3）。

2023 年分城市住房公积金个人住房贷款情况　　　　　　　　　　　　　　表 3

地区	放贷笔数（万笔）	贷款发放额（亿元）	累计放贷笔数（万笔）	累计贷款总额（亿元）	贷款余额（亿元）	个人住房贷款率（％）
河南省	**11.57**	**508.93**	**179.83**	**5122.95**	**2831.63**	**71.65**
郑州市	2.64	160.07	46.18	1640.52	985.06	79.82
开封市	0.37	16.09	4.35	112.58	67.18	62.28
洛阳市	1.57	67.71	18.57	525.13	265.77	87.57
平顶山市	0.55	19.37	12.18	311.28	173.05	75.99
安阳市	0.53	22.32	8.47	219.26	98.37	63.72
鹤壁市	0.46	16.30	5.32	114.67	55.79	88.62
新乡市	0.58	22.05	7.37	211.97	123.08	73.07
焦作市	0.30	10.49	9.13	205.06	96.50	63.90
濮阳市	0.44	17.51	9.42	230.18	108.58	68.29
许昌市	0.29	10.83	6.31	181.93	88.18	73.26
漯河市	0.47	14.74	6.07	138.37	68.44	70.01
三门峡市	0.23	7.95	4.00	108.63	64.04	62.74
南阳市	0.95	40.39	11.34	288.97	156.29	52.95
商丘市	0.79	31.29	7.81	217.55	129.59	62.20
信阳市	0.55	22.15	6.81	195.80	120.23	67.41
周口市	0.41	14.45	5.18	151.58	99.20	58.55
驻马店市	0.26	8.38	8.40	205.09	100.18	59.66
济源市	0.19	6.85	2.93	64.40	32.10	73.63

2023 年，支持职工购建房 1438.95 万平方米。年末个人住房贷款市场占有率（含公转商贴息贷款）为 15.44％，比上年末增加 0.76 个百分点。通过申请住房公积金个人住房贷款，职工可节约购房利息支出 78.05 亿元。

2. 异地贷款：2023 年，全省发放异地贷款 2.00 万笔、75.58 亿元。2023 年末，发放异地贷款总额 428.43 亿元，异地贷款余额 272.44 亿元。

3. 公转商贴息贷款：2023 年，全省发放公转商贴息贷款 0.10 万笔、4.50 亿元，支持职工购建房面积 12.76 万平方米。当年贴息额 1461.25 万元。2023 年末，累计发放公转商贴息贷款 2.75 万笔 81.93 亿元，累计贴息 2.12 亿元。

（四）购买国债：2023 年，未购买国债。2023 年末，无国债余额。

（五）资金存储：2023 年末，全省住房公积金存款 1135.62 亿元。其中，活期 15.33 亿元，1 年（含）以下定期 332.30 亿元，1 年以上定期 611.23 亿元，其他（协定、通知存款等）176.76 亿元。

（六）资金运用率：2023 年末，全省住房公积金个人住房贷款余额、项目贷款余额和购买国债余额的总和占缴存余额的 71.65％，比上年末减少 1.32 个百分点。

三、主要财务数据

（一）业务收入：2023年，全省住房公积金业务收入114.44亿元，比上年增长4.33%。其中，存款利息27.26亿元，委托贷款利息87.15亿元，其他0.03亿元。

（二）业务支出：2023年，全省住房公积金业务支出61.95亿元，比上年增长11.90%。其中，支付职工住房公积金利息57.76亿元，归集手续费1.08亿元，委托贷款手续费2.59亿元，其他0.52亿元。

（三）增值收益：2023年，全省住房公积金增值收益52.49亿元，同比下降3.39%；增值收益率1.38%，比上年减少0.19个百分点。

（四）增值收益分配：2023年，提取贷款风险准备金1.34亿元，提取管理费用4.66亿元，提取城市廉租住房（公共租赁住房）建设补充资金46.49亿元（表4）。

2023年分城市住房公积金增值收益及分配情况　　　　　表4

地区	业务收入（亿元）	业务支出（亿元）	增值收益（亿元）	增值收益率（%）	提取贷款风险准备金（亿元）	提取管理费用（亿元）	提取公租房（廉租房）建设补充资金（亿元）
河南省	**114.44**	**61.95**	**52.49**	**1.38**	**1.34**	**4.66**	**46.49**
郑州市	36.49	20.04	16.44	1.37	0.33	0.90	15.21
开封市	3.03	1.69	1.34	1.28	0.01	0.22	1.10
洛阳市	8.77	4.99	3.79	1.30	0.29	0.20	3.29
平顶山市	6.43	3.68	2.75	1.24	0.00	0.25	2.51
安阳市	4.53	2.39	2.14	1.43	0.08	0.19	1.88
鹤壁市	1.84	0.98	0.86	1.42	0.09	0.17	0.60
新乡市	5.13	2.61	2.51	1.56	0.05	0.17	2.29
焦作市	4.45	2.29	2.16	1.46	0.01	0.25	1.89
濮阳市	4.24	2.46	1.77	1.16	0.04	0.39	1.35
许昌市	3.48	1.86	1.62	1.39	−0.03	0.09	1.56
漯河市	2.64	1.51	1.13	1.22	0.05	0.23	0.86
三门峡市	2.89	1.54	1.35	1.37	0.00	0.16	1.20
南阳市	8.78	4.44	4.34	1.53	0.16	0.38	3.80
商丘市	5.87	3.11	2.76	1.36	0.11	0.17	2.48
信阳市	5.26	2.71	2.55	1.48	0.09	0.31	2.15
周口市	4.35	2.44	1.91	1.19	0.04	0.36	1.52
驻马店市	5.05	2.54	2.51	1.56	0.00	0.20	2.31
济源市	1.22	0.67	0.55	1.30	0.02	0.03	0.50

2023年，上交财政管理费用4.53亿元，上缴财政城市廉租住房（公共租赁住房）建设补充资金50.52亿元。

2023年末，贷款风险准备金余额（含项目贷款风险准备金余额）43.05亿元，累计提取城市廉租住房（公共租赁住房）建设补充资金333.31亿元。

（五）管理费用支出：2023年，管理费用支出4.21亿元，比上年增长7.40%。其中，人员经费2.30亿元，公用经费0.40亿元，专项经费1.51亿元。

四、资产风险状况

2023年末，全省住房公积金个人住房贷款逾期额0.85亿元，逾期率0.30‰，个人贷款风险准备金余额 43.00 亿元。2023 年，使用个人贷款风险准备金核销呆坏账 0 万元。

五、社会经济效益

（一）缴存业务

全省住房公积金缴存职工中，国家机关和事业单位占 43.88%，国有企业占 22.57%，城镇集体企业占 1.27%，外商投资企业占 1.46%，城镇私营企业及其他城镇企业占 21.69%，民办非企业单位和社会团体占 1.77%，灵活就业人员占 2.84%，其他占 4.52%；中、低收入占 97.12%，高收入占 2.88%。

新开户职工中，国家机关和事业单位占 24.24%，国有企业占 13.35%，城镇集体企业占 0.83%，外商投资企业占 5.62%，城镇私营企业及其他城镇企业占 41.31%，民办非企业单位和社会团体占 2.83%，灵活就业人员占 7.08%，其他占 4.74%；中、低收入占 98.99%，高收入占 1.01%。

（二）提取业务

提取金额中，购买、建造、翻建、大修自住住房占 17.65%，偿还购房贷款本息占 41.31%，租赁住房占 4.63%，支持老旧小区改造提取占 0.01%；离休和退休提取占 24.42%，完全丧失劳动能力并与单位终止劳动关系提取占 2.10%，出境定居占 0.07%，其他占 9.81%。提取职工中，中、低收入占 97.04%，高收入占 2.96%。

（三）贷款业务

职工贷款笔数中，购房建筑面积 90（含）平方米以下占 11.27%，90～144（含）平方米占 79.02%，144 平方米以上占 9.71%。购买新房占 65.02%（其中购买保障性住房占 0.05%），购买二手房占 27.71%，建造、翻建、大修自住住房占 0.01%，其他占 7.26%。

职工贷款笔数中，单缴存职工申请贷款占 39.68%，双缴存职工申请贷款占 60.32%，三人及以上缴存职工共同申请贷款占 0.00%。

贷款职工中，30 岁（含）以下占 25.58%，30 岁～40 岁（含）占 52.66%，40 岁～50 岁（含）占 17.74%，50 岁以上占 4.02%；购买首套住房申请贷款占 87.48%，购买二套及以上申请贷款占 12.52%；中、低收入占 96.69%，高收入占 3.31%。

（四）住房贡献率：2023 年，全省住房公积金个人住房贷款发放额、公转商贴息贷款发放额、项目贷款发放额、住房消费提取额的总和与当年缴存额的比率为 94.11%，比上年增加 17.45 个百分点。

六、其他重要事项

（一）当年住房公积金政策调整情况：省住房城乡建设厅印发《关于进一步加强住房公积金管理工作的通知》（豫建金〔2023〕41 号），对加快全省住房公积金事业的改革发展提出 8 项措施；印发《关于加快住房公积金个人住房贷款业务办理的通知》（豫建金〔2023〕42 号），明确"贷款申请资料齐全，审核时限、不动产登记抵押、发放贷款时限由 25 个工作日压缩至 20 个工作日内完成"。全省各地积极优化住房公积金缴存、使用、管理和运行制度，扩大受益范围，结合实际出台支持青年人和新市民提取住房公积金用于租赁住房、提高住房公积金贷款最高额度、放宽住房公积金贷款使用条件、支持人才引进和保障多子女家庭等相关政策，探索存量房"带押过户"贷款、提取公积金支付购房首付款等惠民便民举措，有力保障了缴存人刚性和改善性住房需求，促进了住房消费和房地产市场发展。

（二）当年开展监督检查情况：积极推动全省各中心积极开展电子稽查工作，全面覆盖住房公积金归集、提取、贷款、转移、核算等各项业务，重点稽查政策合规性、业务规范性、资金安全性，对风险隐患逐条核对、归类处置，防范和化解风险。对在农村、村镇银行及非银行类机构资金存储账户情况进行排查，切实防控资金存储风险。加大对个人住房公积金贷款逾期率的风险提示、跟踪督导、专题会商，着力强化了工作机制。进一步强化对住房公积金行业分支机构调整工作和"四统一"管理的督促检查，有力推动了行业分中心与所在地城市中心的实质性整合。

（三）当年服务改进情况：省住房城乡建设厅印发《关于进一步推进住房公积金服务标准化规范化便利化的通知》（豫建金〔2023〕285号），指导各地突出"惠民公积金、服务暖人心"主题，开展"服务标准落实年"活动，推动住房公积金服务提升三年行动走深走实。推动抓好住房公积金服务事项"跨省通办""亮码可办""一件事一次办"改革。省辖市中心租房提取、提前退休提取住房公积金2个事项的"跨省通办"提前实现。"一件事一次办"中，个人住房公积金贷款牵头任务及企业开办、员工录用、企业职工退休、公民身后4项配合任务全面落实。住房公积金个人证明事项"亮码可办"普遍展开，以统一"电子码"代替原有三项纸质证明，有效提升了异地贷款、异地查询的办理效率。

（四）当年信息化建设情况：贯彻《住房和城乡建设部关于加快住房公积金数字化发展的指导意见》，突出征信接入、数据治理等重点，抓点、连线、促面，全方位推动全省住房公积金数字化发展。省住房城乡建设厅组织召开全省住房公积金数字化发展推进会、全省征信信息共享工作研讨会，举办全省住房公积金数字化发展培训班，推动各地加快补短板强弱项，促进工作出彩进位。全省各中心继续丰富住房公积金网上办理业务种类，提升网上业务办结率。2023年，全省全年网上办结量7719.17万人次，同比增长6.22%，网上办结率95.59%，同比提高1.25个百分点。截至2023年底，全省各住房公积金管理中心均达到征信信息共享接入验收条件并向人民银行提交验收申请。

（五）当年住房公积金机构及从业人员所获荣誉情况：2023年，全系统获得地市级以上文明单位18个，青年文明号12个，五一劳动奖章（奖状）2个，三八红旗手（集体）4个。新乡中心服务大厅被评为全国住房公积金系统2022年度表现突出星级服务岗、第21届全国青年文明号、河南省三八红旗集体，郑州中心行政审批办事大厅被评为第21届全国青年文明号。省委、省政府命名的新一届省级文明单位中，南阳中心荣获文明单位标兵称号，郑州、开封、洛阳、平顶山、安阳、鹤壁、新乡、焦作、濮阳、许昌、漯河、三门峡、商丘、信阳、驻马店、汝州等16家中心荣获文明单位称号。漯河中心荣获河南省五一劳动奖状。商丘中心梁园区管理部户外劳动者驿站被全国总工会评为2023年"最美工会户外劳动者服务站点"。平顶山、安阳、鹤壁、新乡、濮阳、许昌、漯河、商丘、周口等中心的10个服务大厅或管理部荣获河南省青年文明号。

（六）当年对住房公积金管理人员违规行为的纠正和处理情况等：无。

（七）其他需要披露的情况：无。

河南省及省内各城市住房公积金 2023 年年度报告二维码

名称	二维码
河南省住房公积金 2023 年年度报告	
郑州住房公积金 2023 年年度报告	
开封市住房公积金 2023 年年度报告	
洛阳市住房公积金 2023 年年度报告	
平顶山市住房公积金 2023 年年度报告	
安阳市住房公积金 2023 年年度报告	
鹤壁市住房公积金 2023 年年度报告	

续表

名称	二维码
新乡市住房公积金 2023 年年度报告	
焦作市住房公积金 2023 年年度报告	
濮阳市住房公积金 2023 年年度报告	
许昌市住房公积金 2023 年年度报告	
漯河市住房公积金 2023 年年度报告	
三门峡市住房公积金 2023 年年度报告	
南阳市住房公积金 2023 年年度报告	
商丘市住房公积金 2023 年年度报告	
信阳市住房公积金 2023 年年度报告	

续表

名称	二维码
周口市住房公积金 2023 年年度报告	
驻马店市住房公积金 2023 年年度报告	
济源市住房公积金 2023 年年度报告	

湖北省

湖北省住房公积金2023年年度报告

根据国务院《住房公积金管理条例》和住房和城乡建设部、财政部、中国人民银行《关于健全住房公积金信息披露制度的通知》（建金〔2015〕26号）规定，现将湖北省住房公积金2023年年度报告汇总公布如下：

一、机构概况

（一）**住房公积金管理机构**。全省共设17个市、州、直管市、神农架林区住房公积金中心，其中仙桃市、天门市与该市住房保障服务中心合署办公。从业人员2240人，其中在编1454人、非在编786人。

（二）**住房公积金监管机构**。湖北省住房和城乡建设厅、湖北省财政厅和中国人民银行湖北省分行负责对本省住房公积金管理运行情况进行监督。省住房城乡建设厅设立住房公积金监管处，负责辖区住房公积金日常监管工作。

二、业务运行情况

（一）**缴存**。2023年，新开户单位26389家，净增单位18273家；新开户职工66.06万人，净增职工21.99万人；实缴单位130661家，实缴职工588.90万人，缴存额1239.87亿元，分别同比增长16.26%、3.88%、8.50%。2023年末，缴存总额10000.17亿元，比上年末增加14.15%；缴存余额4119.72亿元，同比增长7.79%（表1）。

2023年分城市住房公积金缴存情况　　　　表1

地区	实缴单位（万个）	实缴职工（万人）	缴存额（亿元）	累计缴存总额（亿元）	缴存余额（亿元）
湖北省	**13.07**	**588.90**	**1239.87**	**10000.17**	**4119.72**
武汉市	6.94	286.77	641.45	5150.02	2033.35
襄阳市	0.68	37.55	71.52	559.28	244.65
宜昌市	1.10	49.90	104.27	766.61	297.94
黄石市	0.45	23.56	42.28	348.90	147.41
十堰市	0.50	25.52	55.20	523.54	236.51
荆州市	0.53	27.05	51.31	421.07	171.50
荆门市	0.42	21.28	36.24	312.31	144.37
鄂州市	0.21	9.89	15.12	137.09	54.73
孝感市	0.43	22.09	39.69	333.20	148.77
黄冈市	0.57	25.35	54.56	443.46	204.34
咸宁市	0.31	16.45	31.07	233.13	107.64
随州市	0.24	9.76	18.73	130.14	61.52
恩施州	0.38	16.06	42.08	332.27	138.99

续表

地区	实缴单位（万个）	实缴职工（万人）	缴存额（亿元）	累计缴存总额（亿元）	缴存余额（亿元）
仙桃市	0.10	5.52	9.43	72.45	30.76
天门市	0.08	3.79	7.61	59.58	27.15
潜江市	0.10	7.49	16.90	159.07	61.59
神农架	0.03	0.87	2.42	18.06	8.50

(二) 提取。2023年，213.95万名缴存职工提取住房公积金；提取额941.97亿元，同比增长29.65%；提取额占当年缴存额的75.97%，比上年增加12.39个百分点。2023年末，提取总额5880.45亿元，比上年末增加19.07%（表2）。

2023年分城市住房公积金提取情况　　表2

地区	提取额（亿元）	提取率（%）	住房消费类提取额（亿元）	非住房消费类提取额（亿元）	累计提取总额（亿元）
湖北省	**941.97**	**75.97**	**618.39**	**323.57**	**5880.45**
武汉市	487.89	76.06	347.45	140.44	3116.67
襄阳市	50.50	70.62	30.74	19.76	314.63
宜昌市	74.76	71.70	43.81	30.94	468.67
黄石市	36.00	85.14	22.13	13.87	201.49
十堰市	43.41	78.64	23.75	19.66	287.03
荆州市	39.78	77.52	24.07	15.71	249.58
荆门市	28.98	79.95	17.21	11.76	167.94
鄂州市	11.16	73.83	6.18	4.98	82.36
孝感市	31.38	79.07	18.64	12.74	184.43
黄冈市	42.12	77.20	25.55	16.57	239.12
咸宁市	21.98	70.75	12.72	9.26	125.49
随州市	13.04	69.63	8.03	5.01	68.62
恩施州	32.63	77.55	21.29	11.34	193.27
仙桃市	7.12	75.49	4.55	2.56	41.69
天门市	6.19	81.31	3.64	2.54	32.43
潜江市	13.39	79.24	7.58	5.82	97.48
神农架	1.63	67.38	1.02	0.61	9.56

(三) 贷款。

1. 个人住房贷款。

2023年，发放个人住房贷款14.80万笔、820.53亿元，同比分别增长18.68%、33.75%。回收个人住房贷款530.07亿元。

2023年末，累计发放个人住房贷款191.50万笔、6248.23亿元，贷款余额3378.48亿元，分别比上年末增加8.38%、15.12%、9.41%。个人住房贷款余额占缴存余额的82.01%，比上年末增加1.21个百分点（表3）。

2023年分城市住房公积金个人住房贷款情况

表3

地区	放贷笔数（万笔）	贷款发放额（亿元）	累计放贷笔数（万笔）	累计贷款总额（亿元）	贷款余额（亿元）	个人住房贷款率（％）
湖北省	14.80	820.53	191.50	6248.23	3378.48	82.01
武汉市	7.81	532.34	89.51	3606.08	1967.81	96.78
襄阳市	1.02	49.94	9.86	327.01	199.50	81.55
宜昌市	1.53	69.59	13.99	404.39	235.41	79.01
黄石市	0.46	19.23	8.46	244.26	124.68	84.58
十堰市	0.39	15.49	7.90	220.03	118.03	49.91
荆州市	0.52	21.33	8.76	220.05	116.87	68.15
荆门市	0.44	14.13	8.44	178.82	90.31	62.55
鄂州市	0.22	8.59	3.86	94.54	42.95	78.49
孝感市	0.40	15.40	6.36	156.99	78.09	52.49
黄冈市	0.74	26.78	9.73	243.27	123.30	60.34
咸宁市	0.34	11.32	6.89	137.58	67.13	62.37
随州市	0.31	10.29	2.93	81.10	43.04	69.96
恩施州	0.36	15.08	9.66	209.89	105.28	75.75
仙桃市	0.07	2.82	1.36	31.32	17.91	58.21
天门市	0.08	2.88	1.23	31.07	16.72	61.6
潜江市	0.10	4.56	2.21	53.41	28.24	45.86
神农架	0.02	0.77	0.35	8.43	3.20	37.69

2023年，支持职工购建房1680.00万平方米。年末个人住房贷款市场占有率（含公转商贴息贷款）为22.00％，比上年末增加2.76个百分点。通过申请住房公积金个人住房贷款，可节约职工购房利息支出130.88亿元。

2. 异地贷款。

2023年，发放异地贷款9560笔、40.09亿元。2023年末，发放异地贷款总额233.81亿元，异地贷款余额167.99亿元。

3. 公转商贴息贷款。

2023年，发放公转商贴息贷款2.49万笔、120.01亿元，支持职工购建房面积269.91万平方米，当年贴息额2570.79万元。2023年末，累计发放公转商贴息贷款2.59万笔、123.02亿元，累计贴息3894.65万元。

（四）**购买国债**。2023年，购买（记账式、凭证式）国债0元，（兑付、转让、收回）国债0元。2023年末，国债余额0元。

（五）**融资**。2023年，融资4.00亿元，归还4.00亿元。2023年末，融资总额175.24亿元，融资余额0元。

（六）**资金存储**。2023年末，住房公积金存款804.69亿元。其中，活期12.79亿元，1年（含）以下定期126.83亿元，1年以上定期550.93亿元，其他（协定、通知存款等）114.14亿元。

（七）**资金运用率**。2023年末，住房公积金个人住房贷款余额、项目贷款余额和购买国债余额的总和占缴存余额的82.01％，比上年末增加1.21个百分点。

三、主要财务数据

（一）**业务收入**。2023年，业务收入127.67亿元，同比增长5.55％。其中，存款利息24.15亿元，委托贷款利息103.15亿元,国债利息0元,其他0.37亿元。

(二)**业务支出**。2023年,业务支出63.93亿元,同比增长5.03%。其中,支付职工住房公积金利息59.71亿元,归集手续费1.13亿元,委托贷款手续费2.74亿元,其他0.35亿元。

(三)**增值收益**。2023年,增值收益63.74亿元,同比增长6.09%;增值收益率1.60%,比上年减少0.06个百分点。

(四)**增值收益分配**。2023年,提取贷款风险准备金10.65亿元,提取管理费用7.67亿元,提取城市廉租住房(公共租赁住房)建设补充资金45.42亿元(表4)。

2023年分城市住房公积金增值收益及分配情况　　　　表4

地区	业务收入(亿元)	业务支出(亿元)	增值收益(亿元)	增值收益率(%)	提取贷款风险准备金(亿元)	提取管理费用(亿元)	提取公租房(廉租房)建设补充资金(亿元)
湖北省	**127.67**	**63.93**	**63.74**	**1.60**	**10.65**	**7.67**	**45.42**
武汉市	62.94	32.22	30.72	1.57	7.99	1.07	21.68
襄阳市	7.48	3.67	3.81	1.62	0.69	0.47	2.65
宜昌市	9.20	4.66	4.53	1.60	0.43	0.89	3.21
黄石市	4.52	2.06	2.46	1.70	0.01	0.23	2.22
十堰市	8.13	3.65	4.48	1.94	0.00	0.26	4.21
荆州市	5.16	2.61	2.55	1.54	0.06	0.35	2.14
荆门市	4.60	2.22	2.38	1.69	0.00	0.57	1.81
鄂州市	1.58	0.72	0.86	1.62	0.51	0.14	0.20
孝感市	4.72	2.11	2.61	1.81	0.06	0.37	2.19
黄冈市	6.11	3.30	2.81	1.42	0.65	1.76	0.40
咸宁市	3.33	1.72	1.61	1.57	0.00	0.60	1.01
随州市	1.77	0.90	0.87	1.49	0.04	0.16	0.67
恩施州	4.08	2.04	2.04	1.51	0.004	0.26	1.78
仙桃市	0.99	0.45	0.55	1.85	0.18	0.12	0.25
天门市	0.81	0.41	0.40	1.52	0.003	0.11	0.29
潜江市	1.92	0.94	0.98	1.63	0.02	0.26	0.70
神农架	0.31	0.24	0.08	0.94	0.02	0.05	0.01

2023年,上交财政管理费用7.90亿元,上缴财政城市廉租住房(公共租赁住房)建设补充资金46.21亿元。

2023年末,贷款风险准备金余额86.75亿元,累计提取城市廉租住房(公共租赁住房)建设补充资金327.15亿元。

(五)**管理费用支出**。2023年,管理费用支出5.99亿元,同比下降4.00%。其中,人员经费3.58亿元,公用经费0.44亿元,专项经费1.97亿元。

四、资产风险状况

(一)**个人住房贷款**。2023年末,个人住房贷款逾期额0.71亿元,逾期率0.21‰,个人贷款风险准备金余额86.67亿元。2023年,使用个人贷款风险准备金核销呆坏账0元。

（二）住房公积金支持保障性住房建设项目贷款。 2023年末，无逾期项目贷款，项目贷款风险准备金余额820万元。2023年，使用项目贷款风险准备金核销呆坏账0元。

五、社会经济效益

（一）缴存业务。 缴存职工中，国家机关和事业单位占30.93%，国有企业占23.65%，城镇集体企业占1.06%，外商投资企业占6.36%，城镇私营企业及其他城镇企业占32.19%，民办非企业单位和社会团体占2.04%，灵活就业人员占0.73%，其他占3.04%；中、低收入占97.32%，高收入占2.68%。

新开户职工中，国家机关和事业单位占14.85%，国有企业占13.32%，城镇集体企业占0.79%，外商投资企业占6.01%，城镇私营企业及其他城镇企业占55.22%，民办非企业单位和社会团体占3.40%，灵活就业人员占3.15%，其他占3.26%；中、低收入占99.51%，高收入占0.49%。

（二）提取业务。 提取金额中，购买、建造、翻建、大修自住住房占13.06%，偿还购房贷款本息占47.80%，租赁住房占4.61%，支持老旧小区改造提取占0.05%；离休和退休提取占28.09%，完全丧失劳动能力并与单位终止劳动关系提取占2.89%，出境定居占0.17%，其他占3.33%。提取职工中，中、低收入占96.81%，高收入占3.19%。

（三）贷款业务。 个人住房贷款职工贷款笔数中，购房建筑面积90（含）平方米以下占14.10%，90~144（含）平方米占80.03%，144平方米以上占5.87%。购买新房占67.76%（其中购买保障性住房占0.02%），购买二手房占29.03%，建造、翻建、大修自住住房占0.04%，其他占3.17%。

职工贷款笔数中，单缴存职工申请贷款占48.54%，双缴存职工申请贷款占50.95%，三人及以上缴存职工共同申请贷款占0.51%。

贷款职工中，30岁（含）以下占33.89%，30岁~40岁（含）占50.78%，40岁~50岁（含）占12.05%，50岁以上占3.28%；购买首套住房申请贷款占85.60%，购买二套及以上申请贷款占14.40%；中、低收入占97.64%，高收入占2.36%。

（四）住房贡献率。 2023年，个人住房贷款发放额、公转商贴息贷款发放额、项目贷款发放额、住房消费提取额的总和与当年缴存额的比率为125.73%，比上年增加27个百分点。

六、其他重要事项

（一）住房公积金政策调整情况

印发《住房公积金支持以县城为重要载体的就地城镇化若干政策》《关于加强住房公积金资金存放管理的指导意见》《关于防范化解住房公积金流动性风险的通知》等。

（二）开展监督检查情况

充分发挥住房公积金监管服务平台作用，提高风险预警处置能力。严格加强贷款管理，强化逾期贷款催收，切实压降逾期率，截至2023年末，全省住房公积金个人住房贷款逾期率由年初的0.51‰降至0.21‰，降幅为58.8%；逾期额由1.45亿元减至0.71亿元，降幅为51%。强化受委托银行考核，严格村镇银行存款账户管理。加强信息系统安保等级建设，确保制度安全运行。积极引导受委托银行做好"保交楼"配套融资工作。

（三）服务改进情况

印发《关于结合第二批主题教育持续深入开展"惠民公积金、服务暖人心"住房公积金系统服务提升三年行动的通知》，推动落实"惠民公积金、服务暖人心"三年行动实施方案。指导各地优化租房提取政策，提高租房提取额度、频次，减少提取要件。

（四）信息化建设情况

积极推进征信信息共享接入，全省17个中心全部接入人行征信信息系统，实现信息查询和贷款数据报送，完成系统对接任务。认真落实住房和城乡建设部《关于加快住房公积金数字化发展的指导意见》要求，依托"武汉都市圈住房公积金同城化业务服务平台"，全省17个中心全部接入住房公积金数据互联共享平台。推动更多高频服务事项"跨省通办""一网通办",推进"网上办、掌上办、指尖办"。

(五)住房公积金机构及从业人员所获荣誉情况

1. 获得集体荣誉

2023年全省共计获得13个青年文明号,其中省部级5个、地市级8个;获得4个地市级文明单位(行业、窗口)。

2. 获得个人荣誉

获得先进集体和个人共计68个,其中国家级3个、省部级14个、地市级51个;获得其他荣誉45个,其中国家级2个、省部级8个、地市级35个;获得2个地市级三八红旗手。

湖北省及省内各城市住房公积金 2023 年年度报告二维码

名称	二维码
湖北省住房公积金 2023 年年度报告	
武汉住房公积金 2023 年年度报告	
黄石市住房公积金 2023 年年度报告	
十堰市住房公积金 2023 年年度报告	
宜昌市住房公积金 2023 年年度报告	
襄阳市住房公积金 2023 年年度报告	
荆门市住房公积金 2023 年年度报告	

续表

名称	二维码
鄂州市住房公积金 2023 年年度报告	
孝感市住房公积金 2023 年年度报告	
荆州市住房公积金 2023 年年度报告	
黄冈市住房公积金 2023 年年度报告	
咸宁市住房公积金 2023 年年度报告	
随州市住房公积金 2023 年年度报告	
恩施土家族苗族自治州住房公积金 2023 年年度报告	
潜江市住房公积金 2023 年年度报告	
仙桃市住房公积金 2023 年年度报告	

续表

名称	二维码
天门市住房公积金 2023 年年度报告	
神农架林区住房公积金 2023 年年度报告	

湖南省

湖南省住房公积金 2023 年年度报告

根据国务院《住房公积金管理条例》和住房和城乡建设部、财政部、人民银行《关于健全住房公积金信息披露制度的通知》（建金〔2015〕26号）规定，现将湖南省住房公积金 2023 年年度报告汇总公布如下：

一、机构概况

（一）**住房公积金管理机构**：全省共设 14 个设区城市住房公积金管理中心，2 个独立设置的分中心（其中，湖南省直住房公积金管理中心隶属湖南省机关事务管理局，长沙住房公积金管理中心铁路分中心，隶属长沙住房公积金管理中心）。从业人员 1906 人，其中，在编 1234 人，非在编 672 人。

（二）**住房公积金监管机构**：湖南省住房和城乡建设厅、湖南省财政厅和中国人民银行湖南省分行负责对本省住房公积金管理运行情况进行监督。湖南省住房和城乡建设厅设立住房公积金监管处，负责辖区住房公积金日常监管工作。

二、业务运行情况

（一）**缴存**：2023 年，新开户单位 13622 家，净增单位 8944 家；新开户职工 60.29 万人，净增职工 10.68 万人；实缴单位 97656 家，实缴职工 547.28 万人，缴存额 966.12 亿元，分别同比增长 10.08%、1.99%、7.7%。2023 年末，缴存总额 7915.41 亿元，比上年末增加 13.9%；缴存余额 3405.32 亿元，同比增长 8.31%（表1）。

2023 年分城市住房公积金缴存情况　　　　表1

地区	实缴单位（万个）	实缴职工（万人）	缴存额（亿元）	累计缴存总额（亿元）	缴存余额（亿元）
湖南省	**9.77**	**547.28**	**966.12**	**7915.41**	**3405.32**
长沙市	4.49	229.23	389.32	2850.85	1263.06
株洲市	0.44	31.35	63.20	577.83	247.70
湘潭市	0.30	20.58	39.35	377.20	119.68
衡阳市	0.44	33.78	59.81	514.49	231.62
邵阳市	0.43	26.51	50.54	410.57	187.14
岳阳市	0.52	29.35	54.62	488.60	234.62
常德市	0.59	35.20	57.02	512.13	197.07
张家界市	0.18	7.72	17.76	151.73	58.22
益阳市	0.32	24.13	38.39	347.16	126.14
郴州市	0.44	23.92	48.39	424.18	183.70
永州市	0.54	28.38	40.11	357.74	152.88
怀化市	0.44	22.82	41.56	351.06	152.93
娄底市	0.28	19.89	37.10	316.51	142.78
湘西州	0.36	14.42	28.95	235.36	107.78

(二)提取：2023年,197.56万名缴存职工提取住房公积金;提取额704.96亿元,同比增长30.7%;提取额占当年缴存额的72.97%,比上年增加12.84个百分点。2023年末,提取总额4510.09亿元,比上年末增加18.53%(表2)。

2023年分城市住房公积金提取情况　　　　　表2

地区	提取额（亿元）	提取率（%）	住房消费类提取额（亿元）	非住房消费类提取额（亿元）	累计提取总额（亿元）
湖南省	**704.96**	**72.97**	**434.33**	**270.63**	**4510.09**
长沙市	273.49	70.25	179.59	93.90	1587.79
株洲市	45.04	71.28	25.93	19.12	330.13
湘潭市	31.11	79.06	20.12	10.99	257.51
衡阳市	40.93	68.44	22.69	18.24	282.87
邵阳市	40.90	80.94	25.28	15.63	223.43
岳阳市	40.83	74.75	21.01	19.82	253.98
常德市	43.64	76.53	25.43	18.20	315.06
张家界市	13.77	77.49	9.34	4.43	93.51
益阳市	30.54	79.54	19.20	11.34	221.02
郴州市	34.13	70.54	19.61	14.52	240.49
永州市	33.55	83.63	19.35	14.20	204.85
怀化市	31.74	76.36	19.63	12.11	198.13
娄底市	24.97	67.32	14.05	10.92	173.73
湘西州	20.32	70.20	13.10	7.21	127.59

(三)贷款。

1. 个人住房贷款：2023年,发放个人住房贷款10.71万笔、507.01亿元,同比上升18.74%、30.92%。回收个人住房贷款320.8亿元。

2023年末,累计发放个人住房贷款178.28万笔、4774.65亿元,贷款余额2631.61亿元,分别比上年末增加6.39%、11.88%、7.61%。个人住房贷款余额占缴存余额的77.28%,比上年末减少0.5个百分点(表3)。

2023年分城市住房公积金个人住房贷款情况　　　　　表3

地区	放贷笔数（万笔）	贷款发放额（亿元）	累计放贷笔数（万笔）	累计贷款总额（亿元）	贷款余额（亿元）	个人住房贷款率（%）
湖南省	**10.71**	**507.01**	**178.28**	**4774.65**	**2631.61**	**77.28**
长沙市	5.32	298.80	47.23	1729.75	1072.90	84.94
株洲市	0.54	24.64	12.24	336.09	172.79	69.76
湘潭市	0.47	16.87	9.29	191.65	87.11	72.79
衡阳市	0.43	17.24	10.82	264.87	130.24	56.23
邵阳市	0.49	19.67	11.33	284.91	148.71	79.46
岳阳市	0.40	18.45	10.17	267.63	138.94	59.22
常德市	0.54	21.34	11.30	293.02	154.64	78.47
张家界市	0.17	7.23	2.94	71.86	39.37	67.62
益阳市	0.43	11.72	12.45	238.21	113.43	89.92

续表

地区	放贷笔数（万笔）	贷款发放额（亿元）	累计放贷笔数（万笔）	累计贷款总额（亿元）	贷款余额（亿元）	个人住房贷款率（％）
郴州市	0.49	18.31	11.15	261.37	144.06	78.42
永州市	0.47	15.99	11.46	251.46	132.97	86.98
怀化市	0.38	15.03	10.29	233.36	122.61	80.17
娄底市	0.29	11.51	9.87	192.27	91.63	64.18
湘西州	0.29	10.22	7.73	158.20	82.21	76.28

2023年，支持职工购建房1354.76万平方米。年末个人住房贷款市场占有率（含公转商贴息贷款）为13.65％，比上年末增加1.1个百分点。通过申请住房公积金个人住房贷款，可节约职工购房利息支出963877.8万元。

2. 异地贷款：2023年，发放异地贷款8556笔、349147.7万元。2023年末，发放异地贷款总额2393449.67万元，异地贷款余额1566457.52万元。

3. 公转商贴息贷款：2023年，发放公转商贴息贷款10866笔、259607.54万元，支持职工购建房面积122.96万平方米。当年贴息额4150.84万元。2023年末，累计发放公转商贴息贷款27265笔、694937.35万元，累计贴息19899.3万元。

（四）购买国债：2023年，购买（记账式、凭证式）国债0亿元，兑付、转让、收回国债0亿元。2023年末，国债余额0亿元，与上年末一致。

（五）融资：2023年，融资2亿元，归还8.17亿元。2023年末，融资总额180.8亿元，融资余额0亿元。

（六）资金存储：2023年末，住房公积金存款824.65亿元。其中，活期4.98亿元，1年（含）以下定期28.04亿元，1年以上定期694.67亿元，其他（协定、通知存款等）96.96亿元。

（七）资金运用率：2023年末，住房公积金个人住房贷款余额、项目贷款余额和购买国债余额的总和占缴存余额的77.28％，比上年末减少0.5个百分点。

三、主要财务数据

（一）业务收入：2023年，业务收入1049294.7万元，同比增长7.37％。其中，存款利息243818.32万元，委托贷款利息805009.41万元，国债利息0万元，其他466.97万元。

（二）业务支出：2023年，业务支出514990.81万元，同比增长10.47％。其中，支付职工住房公积金利息493342.48万元，归集手续费2782.13万元，委托贷款手续费12400.87万元，其他6465.33万元。

（三）增值收益：2023年，增值收益534303.89万元，同比增长4.54％；增值收益率1.62％，比上年减少0.09个百分点。

（四）增值收益分配：2023年，提取贷款风险准备金37273.85万元，提取管理费用65670.82万元，提取城市廉租住房（公共租赁住房）建设补充资金431359.22万元（表4）。

2023年分城市住房公积金增值收益及分配情况　　　表4

地区	业务收入（亿元）	业务支出（亿元）	增值收益（亿元）	增值收益率（％）	提取贷款风险准备金（亿元）	提取管理费用（亿元）	提取公租房(廉租房)建设补充资金（亿元）
湖南省	**104.93**	**51.50**	**53.43**	**1.62**	**3.7273**	**6.57**	**43.13**
长沙市	38.88	19.69	19.20	1.58	3.3116	1.64	14.24
株洲市	7.83	3.62	4.21	1.75	0.1199	0.44	3.64

续表

地区	业务收入（亿元）	业务支出（亿元）	增值收益（亿元）	增值收益率（％）	提取贷款风险准备金(亿元)	提取管理费用（亿元）	提取公租房(廉租房)建设补充资金(亿元)
湘潭市	3.66	2.11	1.55	1.34	0.0888	0.21	1.25
衡阳市	7.02	3.47	3.55	1.60	0.0004	0.49	3.07
邵阳市	5.92	2.77	3.15	1.73	−0.0096	0.47	2.69
岳阳市	7.69	3.46	4.23	1.86	−0.0028	0.55	3.69
常德市	5.74	3.04	2.70	1.40	0.0678	0.41	2.22
张家界市	1.80	0.85	0.95	1.68	0.0416	0.21	0.70
益阳市	3.85	1.97	1.88	1.53	0.0042	0.60	1.27
郴州市	5.51	2.70	2.80	1.57	0.0579	0.52	2.23
永州市	4.58	2.09	2.50	1.64	0.0045	0.29	2.21
怀化市	4.81	2.25	2.56	1.73	0.0273	0.14	2.40
娄底市	4.41	2.10	2.32	1.69	0.0094	0.39	1.91
湘西州	3.22	1.39	1.83	1.77	0.0063	0.21	1.61

2023年，上交财政管理费用52626.02万元，上缴财政城市廉租住房（公共租赁住房）建设补充资金468002.98万元。

2023年末，贷款风险准备金余额535483.72万元，累计提取城市廉租住房（公共租赁住房）建设补充资金2928814.27万元。

（五）管理费用支出：2023年，管理费用支出65294.84万元，同比增长5.24％。其中，人员经费32711.73万元，公用经费8773.64万元，专项经费23809.47万元。

四、资产风险状况

个人住房贷款：2023年末，个人住房贷款逾期额2808.02万元，逾期率0.10‰，个人贷款风险准备金余额535483.72万元。2023年，使用个人贷款风险准备金核销呆坏账0万元。

五、社会经济效益

（一）缴存业务。

缴存职工中，国家机关和事业单位占38.81％，国有企业占18.49％，城镇集体企业占0.56％，外商投资企业占2.89％，城镇私营企业及其他城镇企业占32.62％，民办非企业单位和社会团体占2.47％，灵活就业人员占1.24％，其他占2.92％；中、低收入占98.71％，高收入占1.29％。

新开户职工中，国家机关和事业单位占15.77％，国有企业占10.39％，城镇集体企业占0.72％，外商投资企业占3.95％，城镇私营企业及其他城镇企业占59.42％，民办非企业单位和社会团体占3.49％，灵活就业人员占1.3％，其他占4.96％；中、低收入占99.46％，高收入占0.54％。

（二）提取业务。

提取金额中，购买、建造、翻建、大修自住住房占11.2％，偿还购房贷款本息占47.33％，租赁住房占2.92％，支持老旧小区改造提取占0.08％；离休和退休提取占29.08％，完全丧失劳动能力并与单位终止劳动关系提取占5.49％，出境定居占0.13％，其他占3.77％。提取职工中，中、低收入占98.1％，高收入占1.9％。

（三）贷款业务。

个人住房贷款。职工贷款笔数中，购房建筑面积90（含）平方米以下占8.39％，90~144（含）平方米占76.3％，144平方米以上占15.31％。购买新房占70.58％（其中购买保障性住房占0％），购买二手房占22%，建造、翻建、大修自住住房占0.19%（其中支持老旧小区改造占0%），其他占7.23%。

职工贷款笔数中，单缴存职工申请贷款占40.45%，双缴存职工申请贷款占59.45%，三人及以上缴存职工共同申请贷款占0.1%。

贷款职工中，30岁（含）以下占36.87%，30岁～40岁（含）占47.05%，40岁～50岁（含）占13.82%，50岁以上占2.26%；购买首套住房申请贷款占80.73%，购买二套及以上申请贷款占19.27%；中、低收入占98.1%，高收入占1.9%。

（四）住房贡献率：2023年，个人住房贷款发放额、公转商贴息贷款发放额、项目贷款发放额、住房消费提取额的总和与当年缴存额的比率为100.12%，比上年增长15.5个百分点。

六、其他重要事项

（一）当年住房公积金政策调整情况

一是推动利用住房公积金增值收益支持保障性住房工作。坚持以人民为中心，积极探索利用住房公积金增值收益支持保障性住房建设，组织部分公积金中心赴外省学习相关工作经验，2023年，长沙公积金中心利用住房公积金增值收益自持产权筹集公租房1123套，配套商业用房21套，车位225个。二是发挥公积金制度作用，提升行业社会贡献力度。专题会议研究住房公积金支持保交楼激励机制，并配合出台激励政策。三是指导各公积金管理中心进一步放宽提取条件、简化租房提取程序，重点支持新市民、青年人租房提取。鼓励有条件的市州加大对"二孩""三孩"家庭购房政策支持，提高贷款最高额度；探索"带押转贷""顺位抵押"方式，减轻缴存职工转贷资金压力。

（二）当年开展监督检查情况

一是加强住房公积金资金运营风险防控，组织行业内专家现场开展住房公积金存款存放专项稽查，下发稽查情况通报，建立问题清单和整改销号制度。二是扎实开展住房公积金管理中心体检评估工作，组建体检评估专家指导组，深入剖析业务发展存在的薄弱环节，形成"体检评估－科学诊断－提出措施－改进工作"的完整闭环。

（三）当年服务改进情况

一是持续优化营商环境，认真落实《国务院办公厅关于扩大政务服务"跨省通办"范围进一步提升服务效能的意见》（国办发〔2022〕34号）精神，实现全省15家公积金中心租房提取住房公积金和退休提取住房公积金两项业务"跨省通办"。二是扎实开展"惠民公积金、服务暖人心"服务提升活动。着力解决群众关心的"关键小事"，注重创建标准"星级服务岗"，深入基层寻找"最美公积金人"，充分发挥典型示范引领作用，不断强化全省公积金系统为民服务意识和服务能力。

（四）当年信息化建设情况

一是落实《住房和城乡建设部关于加快住房公积金数字化发展的指导意见》（建金〔2022〕82号）要求，推动全省住房公积金数字化发展和服务能力建设，开展数据治理，开发建设省级数据共享平台，实现了与省公安厅、省民政厅、人民银行等部门数据互联互通。二是指导长沙住房公积金管理中心开发建设长株潭一体化协同发展平台，实现了长株潭跨中心按月提取偿还异地贷款业务。三是完成了全国住房公积金小程序个人年度账单上线工作任务，推动各市州中心实现住房公积金个人证明事项"亮码可办"。

（五）当年住房公积金机构及从业人员所获荣誉情况

文明单位5个，其中国家级2个，省部级2个，地市级1个；青年文明号7个，其中省部级1个，地市级6个；地市级五一劳动奖章（劳动模范）1个；先进集体和个人79个，其中国家级4个，省部级14个，地市级61个；其他荣誉称号29个，其中国家级2个，省部级6个，地市级21个。

（六）当年对住房公积金管理人员违规行为的纠正和处理情况等

2023年，全省运用"第一种形态"处理14人次，运用"第二种形态"处理2人次。

（七）其他需要披露的情况

无。

湖南省及省内各城市住房公积金2023年年度报告二维码

名称	二维码
湖南省住房公积金2023年年度报告	
长沙市住房公积金2023年年度报告	
湘潭市住房公积金2023年年度报告	
株洲市住房公积金2023年年度报告	
岳阳市住房公积金2023年年度报告	
常德市住房公积金2023年年度报告	
衡阳市住房公积金2023年年度报告	

续表

名称	二维码
益阳市住房公积金 2023 年年度报告	
娄底市住房公积金 2023 年年度报告	
邵阳市住房公积金 2023 年年度报告	
张家界市住房公积金 2023 年年度报告	
郴州市住房公积金 2023 年年度报告	
永州市住房公积金 2023 年年度报告	
怀化市住房公积金 2023 年年度报告	
湘西土家族苗族自治州住房公积金 2023 年年度报告	

广东省

广东省住房公积金 2023 年年度报告

根据国务院《住房公积金管理条例》和住房和城乡建设部、财政部、人民银行《关于健全住房公积金信息披露制度的通知》（建金〔2015〕26号）规定，现将广东省住房公积金 2023 年年度报告公布如下：

一、机构概况

（一）**住房公积金管理机构**：全省共设 21 个地级以上市住房公积金管理中心，从业人员 2352 人，其中在编 1170 人，非在编 1182 人。

（二）**住房公积金监管机构**：广东省住房和城乡建设厅、财政厅和中国人民银行广东省分行负责对本省住房公积金管理运行情况进行监督。广东省住房和城乡建设厅设立住房公积金监管处，负责辖区住房公积金日常监管工作。

二、业务运行情况

（一）**缴存**：2023 年，新开户单位 9.95 万家，净增单位 4.95 万家，新开户职工 311.87 万人，净增职工 39.30 万人；实缴单位 64.07 万家，实缴职工 2258.04 万人，缴存额 3894.19 亿元，分别同比增加 8.37%、1.77% 和 8.01%。2023 年末，累计缴存总额 31532.94 亿元，比上年末增加 14.09%；缴存余额 9648.24 亿元，同比增加 10.31%（表1）。

2023 年分城市住房公积金缴存情况 表1

地区	实缴单位数（万个）	实缴职工数（万人）	缴存额（亿元）	累计缴存总额（亿元）	缴存余额（亿元）
广东省	**64.07**	**2258.04**	**3894.19**	**31532.94**	**9648.24**
广州市	16.56	534.89	1251.44	11202.14	2879.11
深圳市	27.14	726.55	1148.88	7800.96	3080.62
珠海市	1.91	85.89	127.51	1100.09	190.86
汕头市	0.57	29.34	59.94	571.43	180.06
佛山市	2.89	147.75	220.30	1865.35	502.27
韶关市	0.64	27.44	52.22	511.09	132.74
河源市	0.40	20.99	33.07	280.69	84.18
梅州市	0.51	27.77	50.50	411.38	130.13
惠州市	1.54	106.57	143.06	1054.90	312.87
汕尾市	0.24	12.89	24.27	173.27	62.80
东莞市	5.92	218.29	222.74	1786.84	656.37
中山市	1.27	63.35	90.09	700.43	221.02
江门市	0.81	52.31	75.76	735.65	169.49
阳江市	0.30	16.33	35.50	267.43	90.02

续表

地区	实缴单位数（万个）	实缴职工数（万人）	缴存额（亿元）	累计缴存总额（亿元）	缴存余额（亿元）
湛江市	0.93	42.56	87.60	791.66	240.76
茂名市	0.62	29.89	66.68	551.08	180.77
肇庆市	0.55	36.95	53.55	449.91	107.91
清远市	0.50	32.65	60.91	524.07	138.92
潮州市	0.21	11.48	22.43	197.96	68.71
揭阳市	0.23	17.94	36.11	295.51	133.77
云浮市	0.34	16.20	31.64	261.12	84.85

（二）提取：2023年，1117.08万名缴存职工提取住房公积金；提取额2992.17亿元，同比增加18.08%；提取额占当年缴存额的76.84%，比上年增加6.56个百分点。2023年末，提取总额21884.70亿元，比上年末增加15.84%（表2）。

2023年分城市住房公积金提取情况　　　表2

地区	提取额（亿元）	提取率（%）	住房消费类提取额（亿元）	非住房消费类提取额（亿元）	累计提取总额（亿元）
广东省	**2992.17**	**76.84**	**2475.30**	**516.87**	**21884.70**
广州市	1024.60	81.87	864.38	160.22	8323.03
深圳市	827.45	72.02	702.16	125.29	4720.34
珠海市	104.55	82.00	91.97	12.58	909.22
汕头市	47.31	78.93	33.18	14.13	391.37
佛山市	175.06	79.47	146.61	28.46	1363.08
韶关市	42.21	80.82	30.92	11.29	378.35
河源市	25.04	75.70	19.26	5.78	196.51
梅州市	39.70	78.62	27.18	12.52	281.24
惠州市	104.62	73.13	81.08	23.54	742.03
汕尾市	17.60	72.53	13.99	3.62	110.47
东莞市	148.32	66.59	124.28	24.04	1130.48
中山市	72.01	79.93	61.23	10.78	479.41
江门市	62.07	81.93	48.85	13.22	566.16
阳江市	26.07	73.44	19.97	6.10	177.41
湛江市	68.51	78.21	50.56	17.95	550.89
茂名市	50.50	75.74	38.25	12.25	370.32
肇庆市	44.74	83.55	36.94	7.80	341.99
清远市	50.44	82.81	39.74	10.70	385.15
潮州市	15.75	70.24	11.11	4.64	129.24
揭阳市	21.71	60.13	15.03	6.68	161.74
云浮市	23.90	75.54	18.62	5.28	176.27

（三）贷款：

1. 个人住房贷款：2023年，发放个人住房贷款20.20万笔、1191.30亿元，同比增长0.45%、

11.78%。回收个人住房贷款690.80亿元。

2023年末，累计发放个人住房贷款290.68万笔、12077.26亿元，贷款余额7172.49亿元，分别比上年末增加7.47%、10.94%、7.50%。个人住房贷款余额占缴存余额的74.34%，比上年末减少1.94个百分点（表3）。

2023年分城市住房公积金个人住房贷款情况 表3

地区	放贷笔数（万笔）	贷款发放额（亿元）	累计放贷笔数（万笔）	累计贷款总额（亿元）	贷款余额（亿元）	个人住房贷款率（%）
广东省	20.20	1191.30	290.68	12077.25	7172.49	74.34
广州市	5.18	349.28	79.15	4008.41	2160.77	75.05
深圳市	5.64	458.35	46.12	3054.89	2209.74	71.73
珠海市	0.97	27.84	12.68	289.48	155.70	81.58
汕头市	0.41	18.11	6.08	243.52	134.54	74.72
佛山市	0.94	30.39	21.27	712.42	398.26	79.29
韶关市	0.42	14.47	8.88	188.17	100.45	75.68
河源市	0.36	11.11	5.39	122.48	65.52	77.84
梅州市	0.50	14.62	9.17	194.84	97.08	74.60
惠州市	0.98	42.09	14.54	421.81	248.33	79.37
汕尾市	0.19	5.98	2.23	66.53	51.66	82.26
东莞市	1.07	84.31	14.55	796.27	491.86	74.94
中山市	0.44	22.97	8.19	308.51	180.32	81.59
江门市	0.66	23.67	11.77	302.89	155.35	91.66
阳江市	0.31	9.67	4.36	111.09	63.87	70.95
湛江市	0.59	26.17	12.00	333.07	158.66	65.90
茂名市	0.40	12.71	8.94	237.56	114.79	63.50
肇庆市	0.19	4.24	7.43	161.85	84.57	78.37
清远市	0.35	13.23	7.31	209.03	113.26	81.53
潮州市	0.13	5.71	2.04	84.16	54.24	78.94
揭阳市	0.31	12.66	4.04	128.51	83.13	62.15
云浮市	0.17	3.74	4.54	101.75	50.38	59.38

2023年，支持职工购建房2037.57万平方米。年末个人住房贷款市场占有率（含公转商贴息贷款）为11.84%，比上年末增加0.93个百分点。通过申请住房公积金个人住房贷款，可节约职工购房利息支出约211.37亿元。

2. 异地贷款：2023年，发放异地贷款13301笔、58.78亿元。2023年末，发放异地贷款总额451.54亿元，异地贷款余额312.26亿元。

3. 公转商贴息贷款：2023年，发放公转商贴息贷款0.05万笔、1.94亿元，支持职工购建房面积5.74万平方米。当年贴息额0.96亿元。2023年末，累计发放公转商贴息贷款4.09万笔、171.05亿元，累计贴息8.73亿元。

（四）购买国债：2023年，购买（记账式、凭证式）国债0.00亿元，兑付、转让、收回国债0.00亿元。2023年末，国债余额0.00亿元。

（五）融资：2023年，融资0.00亿元，归还0.00亿元。2023年末，融资余额0.00亿元。

（六）资金存储：2023年末，住房公积金存款2539.15亿元。其中，活期0.48亿元，1年（含）以下定期 203.59 亿元，1 年以上定期 1966.23 亿元，其他（协定、通知存款等）368.85 亿元。

（七）**资金运用率**：2023 年末，住房公积金个人住房贷款余额、项目贷款余额和购买国债余额的总和占缴存余额的 74.34%，比上年末减少 1.94 个百分点。

三、主要财务数据

（一）**业务收入**：2023 年，业务收入 298.39 亿元，同比增长 6.99%。其中，存款利息 78.94 亿元，委托贷款利息 219.42 亿元，国债利息 0.00 亿元，其他 0.03 亿元。

（二）**业务支出**：2023 年，业务支出 154.11 亿元，同比增长 11.09%。其中，支付职工住房公积金利息 138.98 亿元，归集手续费 5.46 亿元，委托贷款手续费 8.60 亿元，其他 1.07 亿元。

（三）**增值收益**：2023 年，增值收益 144.28 亿元，同比增长 2.93%。增值收益率 1.56%，同比减少 0.14%。

（四）**增值收益分配**：2023 年，提取贷款风险准备金 6.48 亿元，提取管理费用 8.08 亿元，提取城市廉租住房（公共租赁住房）建设补充资金 129.72 亿元（表 4）。

2023 年分城市住房公积金增值收益及分配情况　　　　　　　表 4

地区	业务收入（亿元）	业务支出（亿元）	增值收益（亿元）	增值收益率（%）	提取贷款风险准备金（亿元）	提取管理费用（亿元）	提取廉租房(公租房)建设补充资金（亿元）
广东省	**298.38**	**154.11**	**144.28**	**1.56**	**6.48**	**8.08**	**129.72**
广州市	90.63	45.06	45.58	1.64	5.56	1.66	38.35
深圳市	98.40	49.13	49.26	1.67	0.00	1.93	47.33
珠海市	5.56	3.03	2.53	1.42	0.00	0.46	2.07
汕头市	5.16	3.25	1.91	1.10	0.01	0.02	1.88
佛山市	14.60	7.74	6.86	1.43	0.00	0.50	6.36
韶关市	4.18	2.09	2.08	1.62	0.02	0.19	1.88
河源市	2.58	1.39	1.19	1.47	0.00	0.20	0.99
梅州市	3.76	2.09	1.67	1.34	0.02	0.16	1.49
惠州市	9.36	4.71	4.65	1.58	0.00	0.36	4.29
汕尾市	1.73	1.00	0.73	1.22	0.00	0.20	0.53
东莞市	19.93	10.59	9.35	1.50	0.37	0.43	8.54
中山市	6.87	3.64	3.22	1.51	0.04	0.22	2.96
江门市	5.13	3.03	2.10	1.29	0.07	0.24	1.80
阳江市	2.57	1.47	1.10	1.29	0.03	0.13	0.94
湛江市	7.09	4.07	3.02	1.31	0.05	0.26	2.71
茂名市	5.13	2.92	2.21	1.28	0.20	0.19	1.82
肇庆市	3.20	1.94	1.26	1.22	0.00	0.25	1.01
清远市	4.35	2.37	1.98	1.48	0.00	0.25	1.72
潮州市	1.99	1.15	0.84	1.28	0.06	0.09	0.70
揭阳市	3.99	2.03	1.96	1.54	0.05	0.12	1.79
云浮市	2.17	1.40	0.78	0.96	0.00	0.23	0.55

2023 年，上交财政管理费用 7.58 亿元，上缴财政城市廉租住房（公共租赁住房）建设补充资金 141.18 亿元（根据各地级以上市住房公积金管理中心上报数据汇总）。

2023年末，贷款风险准备金余额296.29亿元，累计提取城市廉租住房（公共租赁住房）建设补充资金731.31亿元。

（五）**管理费用支出**：2023年，管理费用支出7.46亿元，同比减少10.88%。其中，人员经费4.04亿元，公用经费0.37亿元，专项经费3.05亿元。

四、资产风险状况

2023年末，个人住房贷款逾期额1.90亿元，逾期率0.26‰，个人贷款风险准备金余额296.30亿元。2023年，使用个人贷款风险准备金核销呆坏账0.00万元。

五、社会经济效益

（一）**缴存业务**

缴存职工中，国家机关和事业单位占16.87%，国有企业占9.32%，城镇集体企业占0.98%，外商投资企业占15.78%，城镇私营企业及其他城镇企业占48.82%，民办非企业单位和社会团体占2.70%，灵活就业人员占0.56%，其他占4.97%；中、低收入占97.23%，高收入占2.77%。

新开户职工中，国家机关和事业单位占6.76%，国有企业占5.19%，城镇集体企业占0.56%，外商投资企业占14.99%，城镇私营企业及其他城镇企业占62.73%，民办非企业单位和社会团体占3.08%，灵活就业人员占1.08%，其他占5.61%；中、低收入占99.47%，高收入占0.53%。

（二）**提取业务**

提取金额中，购买、建造、翻建、大修自住住房占9.84%，偿还购房贷款本息占50.76%，租赁住房占19.22%，支持老旧小区改造占0.08%，离休和退休提取占12.36%，完全丧失劳动能力并与单位终止劳动关系提取占0.23%，出境定居占0.08%，其他占7.43%。提取职工中，中、低收入占95.96%，高收入占4.04%。

（三）**贷款业务**

职工贷款笔数中，购房建筑面积90（含）平方米以下占38.38%，90～144（含）平方米占55.87%，144平方米以上占5.75%。购买新房占64.96%（其中购买保障性住房占11.67%），购买二手房占28.77%，建造、翻建、大修自住住房占0.01%（其中支持老旧小区改造占0.00%），其他占6.26%。

职工贷款笔数中，单缴存职工申请贷款占51.42%，双缴存职工申请贷款占48.41%，三人及以上缴存职工共同申请贷款占0.17%。

贷款职工中，30岁（含）以下占29.67%，30岁～40岁（含）占50.58%，40岁～50岁（含）占17.05%，50岁以上占2.70%；购买首套住房申请贷款占87.47%，购买二套及以上申请贷款占12.53%；中、低收入占96.22%，高收入占3.78%。

（四）**住房贡献率**

2023年，个人住房贷款发放额、公转商贴息贷款发放额、项目贷款发放额、住房消费提取额的总和与当年缴存额的比率为94.21%，比上年增加4.41个百分点。

六、其他重要事项

（一）**扎实抓好政策执行和资金运行安全监管**。省级监管部门坚决贯彻落实国家和省的决策部署，毫不动摇坚持"房子是用来住的，不是用来炒"的定位，履行监管主责，切实做到保稳定、保安全。广东省住房和城乡建设厅制定加强住房公积金监管工作有关文件，重点对政策执行、资金安全、服务提升等方面工作进行监督。年内，组织到部分地市开展日常督促和现场调研。全年全省住房公积金资金运行平稳，服务效能提升，保障了缴存职工的基本住房需求。

（二）**加大力度支持新市民、青年人租房提取**。省级层面及各地市出台政策措施，大力支持新市民、青年人解决租住住房问题。各地市均大幅提高了租房提取额，提高租房提取频次，简化租房提取手续，丰富办理渠道，推行全程网办，让更多的新市民、青年人享受住房公积金租房支持政策。全省全年提取租赁住房金额575.09亿元，同比增长26.28%。

（三）统筹推动全省住房公积金数字化发展。 广东省住房和城乡建设厅制定加快住房公积金数字化发展的有关文件，各地市出台具体落实措施或方案，省市联动，积极推进住房公积金数字化发展。组成全省住房公积金数字化发展服务团队，并全覆盖开展对各地市的现场服务指导。各地市采取有效措施进一步加强和整改，促进住房公积金数字化水平再上新台阶。

（四）持续深化文明行业创建提升政务服务效能。 深入开展"惠民公积金、服务暖人心"全国住房公积金系统服务提升三年行动，积极开展寻找"最美公积金人"宣传活动，讲好住房公积金故事，选树和推荐"星级服务岗""最美公积金人"，充分发挥先进典型引领作用，扎实推进文明行业创建。各地市大力推动住房公积金政务服务提质增效，各项举措成效显著，获得广泛好评。2023年，广州、中山市住房公积金管理中心所属管理部获评全国住房和城乡建设系统第21届"全国青年文明号"，广州、深圳、珠海、云浮市住房公积金管理中心所属部门获评"广东省巾帼文明岗"，深圳市住房公积金管理中心所属管理部获评"第21届广东省青年文明号"，清远市住房公积金管理中心所属窗口获评"广东省工人先锋号"。

（五）全面落实"住房公积金信息接入人民银行征信系统""跨省通办""亮码可办"等工作。 全省住房公积金系统统筹联动、扎实推进便民利民各项信息化工作。各地市实现住房公积金缴存、贷款信息接入人民银行征信系统，进一步便捷业务办理、提升服务效能，有效防范信贷风险、保障资金安全；积极优化网上服务渠道，累计实现13项住房公积金服务高频事项"跨省通办""省内通办"，推动涉粤港澳大湾区高频服务事项实现"湾区通办"；推进以统一"电子码"代替原纸质证明，实现住房公积金个人证明事项"亮码可办"，简化了申请手续，提升职工办理业务的体验感；全面开展个人年度账单功能测试相关工作，在"全国住房公积金公共服务平台"上线个人年度账单功能，方便缴存人查询个人住房公积金年度使用情况。

广东省及省内各城市住房公积金 2023 年年度报告二维码

名称	二维码
广东省住房公积金 2023 年年度报告	
广州住房公积金 2023 年年度报告	
深圳市住房公积金 2023 年年度报告	
珠海市住房公积金 2023 年年度报告	
汕头市住房公积金 2023 年年度报告	
佛山市住房公积金 2023 年年度报告	
韶关市住房公积金 2023 年年度报告	

续表

名称	二维码
河源市住房公积金 2023 年年度报告	
梅州市住房公积金 2023 年年度报告	
惠州市住房公积金 2023 年年度报告	
汕尾市住房公积金 2023 年年度报告	
东莞市住房公积金 2023 年年度报告	
中山市住房公积金 2023 年年度报告	
江门市住房公积金 2023 年年度报告	
阳江市住房公积金 2023 年年度报告	
湛江市住房公积金 2023 年年度报告	

续表

名称	二维码
茂名市住房公积金 2023 年年度报告	
肇庆市住房公积金 2023 年年度报告	
清远市住房公积金 2023 年年度报告	
潮州市住房公积金 2023 年年度报告	
揭阳市住房公积金 2023 年年度报告	
云浮市住房公积金 2023 年年度报告	

广西壮族自治区

广西壮族自治区住房公积金 2023 年年度报告

根据国务院《住房公积金管理条例》和住房和城乡建设部、财政部、中国人民银行《关于健全住房公积金信息披露制度的通知》（建金〔2015〕26号）规定，现将广西壮族自治区住房公积金 2023 年年度报告汇总公布如下：

一、机构概况

（一）**住房公积金管理机构**：全自治区共设 14 个设区城市住房公积金管理中心，1 个独立设置的分中心（南宁住房公积金管理中心区直分中心，隶属广西壮族自治区机关事务管理局）。从业人员 1431 人，其中，在编 647 人，非在编 784 人。

（二）**住房公积金监管机构**：广西壮族自治区住房和城乡建设厅、财政厅和中国人民银行广西壮族自治区分行负责对本自治区住房公积金管理运行情况进行监督。广西壮族自治区住房和城乡建设厅设立住房公积金监管处，负责辖区住房公积金日常监管工作。

二、业务运行情况

（一）**缴存**：2023 年，新开户单位 8032 家，净增单位 6061 家；新开户职工 37.84 万人，净增职工 14.39 万人；实缴单位 79746 家，实缴职工 369.1 万人，缴存额 692.78 亿元，分别同比增长 8.23%、4.06%、10.16%。2023 年末，缴存总额 5851.09 亿元，比上年末增加 13.43%；缴存余额 1904.9 亿元，同比增长 9.48%（表1）。

2023 年分城市住房公积金缴存情况　　表1

地区	实缴单位（个）	实缴职工（万人）	缴存额（亿元）	累计缴存总额（亿元）	缴存余额（亿元）
广西壮族自治区	**79746**	**369.10**	**692.78**	**5851.09**	**1904.90**
南宁市	26472	113.03	236.46	1930.65	614.91
柳州市	6661	37.32	69.77	715.12	200.27
桂林市	6673	35.92	65.51	603.68	193.66
梧州市	4101	17.37	26.90	236.06	77.11
北海市	3321	15.17	24.00	193.64	71.49
防城港市	3209	10.87	17.13	134.25	45.61
钦州市	3478	18.15	30.67	226.27	82.44
贵港市	3686	17.84	28.97	230.56	74.63
玉林市	4190	25.74	45.97	370.55	139.15
百色市	4576	21.74	46.41	378.60	128.60
贺州市	3802	11.76	19.45	162.29	60.36
河池市	3614	19.10	35.68	299.29	99.10
来宾市	2644	11.91	24.01	197.04	59.06
崇左市	3319	13.17	21.84	173.08	58.52

（二）提取：2023年，170.76万名缴存职工提取住房公积金；提取额527.84亿元，同比增长21.44%；提取额占当年缴存额的76.19%，比上年增加7.08个百分点。2023年末，提取总额3946.19亿元，比上年末增加15.44%（表2）。

2023年分城市住房公积金提取情况　　　　　　　　　　　　　　　表2

地区	提取额（亿元）	提取率（%）	住房消费类提取额（亿元）	非住房消费类提取额（亿元）	累计提取总额（亿元）
广西壮族自治区	527.84	76.19	394.24	133.60	3946.19
南宁市	181.33	76.68	139.11	42.22	1315.74
柳州市	59.45	85.20	44.31	15.14	514.85
桂林市	52.36	79.93	36.29	16.07	410.02
梧州市	20.18	75.01	14.52	5.66	158.94
北海市	18.08	75.32	12.76	5.32	122.14
防城港市	12.18	71.12	9.35	2.83	88.64
钦州市	21.49	70.07	16.62	4.87	143.84
贵港市	22.17	76.52	16.75	5.42	155.94
玉林市	33.26	72.36	24.44	8.83	231.40
百色市	33.28	71.71	25.17	8.11	250.01
贺州市	14.27	73.35	10.28	3.98	101.94
河池市	26.60	74.54	19.99	6.61	200.20
来宾市	17.83	74.26	13.39	4.44	137.97
崇左市	15.37	70.38	11.27	4.10	114.56

（三）贷款。

1.个人住房贷款：2023年，发放个人住房贷款6.44万笔、280.38亿元，分别同比下降7.72%、增长0.4%。回收个人住房贷款160.1亿元。

2023年末，累计发放个人住房贷款100.33万笔、2742.39亿元，贷款余额1648.43亿元，分别比上年末增加6.86%、11.39%、7.87%。个人住房贷款余额占缴存余额的86.54%，比上年末减少1.29个百分点（表3）。

2023年分城市住房公积金个人住房贷款情况　　　　　　　　　　　表3

地区	放贷笔数（笔）	贷款发放额（亿元）	累计放贷笔数（万笔）	累计贷款总额（亿元）	贷款余额（亿元）	个人住房贷款率（%）
广西壮族自治区	64444	280.38	100.33	2742.39	1648.43	86.54
南宁市	23283	135.54	25.87	878.83	554.84	90.23
柳州市	4170	15.82	11.44	296.92	171.33	85.55
桂林市	6009	21.59	13.92	323.30	158.85	82.02
梧州市	2168	6.73	5.89	121.42	64.44	83.56
北海市	2375	8.77	3.61	98.31	59.83	83.69
防城港市	2234	7.71	2.26	60.72	40.62	89.07
钦州市	2841	8.80	4.57	106.84	67.82	82.27
贵港市	2586	8.49	3.93	98.53	61.09	81.86
玉林市	2583	9.09	6.24	177.64	111.37	80.03

续表

地区	放贷笔数（笔）	贷款发放额（亿元）	累计放贷笔数（万笔）	累计贷款总额（亿元）	贷款余额（亿元）	个人住房贷款率（%）
百色市	4455	17.29	5.97	174.38	115.90	90.13
贺州市	2780	9.01	4.11	98.40	57.81	95.78
河池市	3789	14.09	5.34	142.92	85.92	86.71
来宾市	3044	10.01	3.76	79.74	45.24	76.59
崇左市	2127	7.44	3.43	84.45	53.37	91.19

2023年，支持职工购建房766.56万平方米。2023年末个人住房贷款市场占有率（含公转商贴息贷款）为14.9%，比上年末增加1.1个百分点。通过申请住房公积金个人住房贷款，可节约职工购房利息支出30.13亿元。

2. 异地贷款：2023年，发放异地贷款1667笔、7.67亿元。2023年末，发放异地贷款总额67.96亿元，异地贷款余额47.34亿元。

3. 公转商贴息贷款：2023年，发放公转商贴息贷款13笔、495.3万元，支持职工购建房面积0.16万平方米。当年贴息额2161.18万元。2023年末，累计发放公转商贴息贷款1.25万笔、26.05亿元，累计贴息1.42亿元。

（四）购买国债：无。

（五）融资：2023年，融资0.9亿元，归还4.1亿元。2023年末，融资总额57.68亿元，融资余额0.7亿元。

（六）资金存储：2023年末，住房公积金存款299.09亿元。其中，活期21.3亿元，1年（含）以下定期62.33亿元，1年以上定期88.32亿元，其他（协定、通知存款等）127.15亿元。

（七）资金运用率：2023年末，住房公积金个人住房贷款余额、项目贷款余额和购买国债余额的总和占缴存余额的86.54%，比上年末减少1.29个百分点。

三、主要财务数据

（一）业务收入：2023年，业务收入56.33亿元，同比增长3.67%。其中，存款利息5.89亿元，委托贷款利息50.41亿元，国债利息0万元，其他0.03亿元。

（二）业务支出：2023年，业务支出28.83亿元，同比增长5.56%。其中，支付职工住房公积金利息26.46亿元，归集手续费0.19亿元，委托贷款手续费1.7亿元，其他0.48亿元。

（三）增值收益：2023年，增值收益27.5亿元，同比增长1.75%；增值收益率1.51%，比上年增加0.13个百分点。

（四）增值收益分配：2023年，提取贷款风险准备金1.7亿元，提取管理费用2.79亿元，提取城市廉租住房（公共租赁住房）建设补充资金23.04亿元（表4）。

2023年分城市住房公积金增值收益及分配情况　　　　　　表4

地区	业务收入（亿元）	业务支出（亿元）	增值收益（亿元）	增值收益率（%）	提取贷款风险准备金（亿元）	提取管理费用（亿元）	提取公租房（廉租房）建设补充资金（亿元）
广西壮族自治区	**56.33**	**28.83**	**27.50**	**1.51**	**1.70**	**2.79**	**23.04**
南宁市	17.22	8.89	8.34	1.42	0.48	0.67	7.23
柳州市	5.99	3.09	2.91	1.51	0.00	0.29	2.61
桂林市	5.67	3.07	2.60	1.39	0.02	0.22	2.36

续表

地区	业务收入（亿元）	业务支出（亿元）	增值收益（亿元）	增值收益率（%）	提取贷款风险准备金（亿元）	提取管理费用（亿元）	提取公租房（廉租房）建设补充资金（亿元）
梧州市	2.25	1.15	1.09	1.5	0.00	0.17	0.92
北海市	2.29	1.10	1.19	1.73	0.00	0.11	1.08
防城港市	1.34	0.70	0.64	1.48	0.08	0.08	0.48
钦州市	2.39	1.31	1.08	1.35	0.00	0.11	0.96
贵港市	2.30	1.32	0.98	1.37	0.08	−0.04	0.94
玉林市	4.23	2.20	2.03	1.52	0.00	0.35	1.60
百色市	3.79	1.93	1.86	1.51	0.07	0.10	1.69
贺州市	1.95	0.93	1.02	1.75	0.03	0.11	0.89
河池市	3.35	1.48	1.87	1.96	0.86	0.30	0.71
来宾市	1.79	0.89	0.90	1.6	0.00	0.16	0.74
崇左市	1.78	0.78	1.00	1.8	0.00	0.16	0.84

2023年，上交财政管理费用4.03亿元，上缴财政城市廉租住房（公共租赁住房）建设补充资金22.99亿元。

2023年末，贷款风险准备金余额47.91亿元，累计提取城市廉租住房（公共租赁住房）建设补充资金153.37亿元。

（五）管理费用支出：2023年，管理费用支出2.85亿元，同比增长4.55%。其中，人员经费1.47亿元，公用经费0.24亿元，专项经费1.14亿元。

四、资产风险状况

（一）个人住房贷款：2023年末，个人住房贷款逾期额6187.23万元，逾期率0.4‰，个人贷款风险准备金余额47.87亿元。2023年，使用个人贷款风险准备金核销呆坏账0万元。

（二）住房公积金支持保障性住房建设项目贷款：无。

五、社会经济效益

（一）缴存业务。

缴存职工中，国家机关和事业单位占48.76%，国有企业占20.6%，城镇集体企业占0.91%，外商投资企业占2.52%，城镇私营企业及其他城镇企业占22.95%，民办非企业单位和社会团体占1.2%，灵活就业人员占1.66%，其他占1.41%；中、低收入占98.59%，高收入占1.41%。

新开户职工中，国家机关和事业单位占31.89%，国有企业占11.72%，城镇集体企业占0.74%，外商投资企业占2.31%，城镇私营企业及其他城镇企业占45.41%，民办非企业单位和社会团体占2.34%，灵活就业人员占3.86%，其他占1.73%；中、低收入占99.72%，高收入占0.28%。

（二）提取业务。

提取金额中，购买、建造、翻建、大修自住住房占18.07%，偿还购房贷款本息占47.98%，租赁住房占8.34%，支持城镇老旧小区改造提取占0.07%，其他非住房消费提取占0.23%；离休和退休提取占19.72%，完全丧失劳动能力并与单位终止劳动关系提取占3.37%，出境定居占0%，其他占2.22%。提取职工中，中、低收入占98.4%，高收入占1.6%。

（三）贷款业务。

1. 个人住房贷款。

职工贷款笔数中，购房建筑面积 90（含）平方米以下占 14.27%，90～144（含）平方米占 77.21%，144 平方米以上占 8.53%。购买新房占 78.42%（其中购买保障性住房占 1.72%），购买二手房占 19.62%，建造、翻建、大修自住住房占 1.8%，其他占 0.16%。

职工贷款笔数中，单缴存职工申请贷款占 53.34%，双缴存职工申请贷款占 46.19%，三人及以上缴存职工共同申请贷款占 0.47%。

贷款职工中，30 岁（含）以下占 37.58%，30 岁～40 岁（含）占 43.15%，40 岁～50 岁（含）占 15.9%，50 岁以上占 3.37%；购买首套住房申请贷款占 81.82%，购买二套及以上申请贷款占 18.18%；中、低收入占 97.77%，高收入占 2.23%。

2. 住房公积金支持保障性住房建设项目贷款：2023 年，全区未发放住房公积金支持保障性住房建设项目贷款。截至 2023 年末，全自治区有 3 个住房公积金试点城市共 4 个试点项目，累计发放住房公积金贷款额度 2.26 亿元，建筑面积 21.3 万平方米，可解决 1993 户中低收入职工家庭的住房问题。4 个试点项目已于 2017 年还清全部贷款本息。

（四）**住房贡献率**：2023 年，个人住房贷款发放额、公转商贴息贷款发放额、项目贷款发放额、住房消费提取额的总和与当年缴存额的比率为 97.39%，比上年减少 5.13 个百分点。

六、其他重要事项

（一）**当年住房公积金政策调整情况。**

坚决贯彻党中央、国务院决策部署，认真落实住房和城乡建设部住房公积金年度工作要点任务，坚持"房子是用来住的、不是用来炒的"定位，按照"提取优先于贷款、租房优先于购房、保障房优先于商品房、首套房优先于二套房"的原则，指导全区 14 个住房公积金管理中心和南宁住房公积金管理中心区直分中心（以下简称公积金中心）通过进一步调整租房提取额度、提取频次、支付方式等措施，加大对新市民、青年人提取住房公积金解决住房问题的支持力度；指导各地结合当地实际情况，通过提高住房公积金个人住房贷款额度、降低贷款首付比例、实施差别化住房公积金贷款政策等，合理优化住房公积金购房使用政策，大力支持缴存人的住房刚性需求和改善性住房需求，支持住房公积金政策进一步向多孩家庭倾斜，切实满足各类缴存群体的合理住房需求。

（二）**当年开展监督检查情况。**

1. 开展年度考核。2023 年 2—6 月，自治区住房城乡建设厅会同自治区财政厅对各公积金中心 2022 年度业务管理情况进行考核并印发考核通报，全面、客观地评价各公积金中心业务发展和管理情况。同时，自治区住房城乡建设厅以住房和城乡建设部年度重点工作和全区年度工作目标为导向，将解决新市民和青年人住房问题、跨省通办、数字化发展、数据治理、亮码可办等重点工作纳入 2023 年全区住房公积金业务管理工作考核指标，合理确定考核评分档次，引导和督促各地认真贯彻落实国家、自治区的重要政策和重点工作，持续优化住房公积金业务管理考核机制。

2. 开展年度监督。2023 年 7—10 月，自治区住房城乡建设厅根据住房和城乡建设部重点工作及全区年度工作计划，进一步优化和调整年度监督工作内容，采取向社会购买服务的形式，委托会计师事务所对全区各公积金中心 2022 年度住房公积金内部控制情况开展审计监督，深入查找制度建设、政策执行、业务管理、资金运作等方面存在的问题，针对审计监督检查发现的问题分别向各公积金中心印发监督检查意见书，提出整改意见和整改完成时限，持续跟踪和督促各地完成整改。

3. 开展逾期专项治理。根据住房和城乡建设部住房公积金监管司关于加强逾期住房公积金个人住房贷款监管的工作要求，2023 年，自治区住房城乡建设厅进一步健全全区逾期住房公积金个人住房贷款（以下简称逾期贷款）风险防控机制，通过定期监测、分析全区各地逾期贷款数据，对全区住房公积金逾期贷款形势和风险进行科学研判。根据各地实际逾期贷款风险情况进行分类指导，对高于全国平均逾期率的城市进行持续跟踪监测和督促指导，采取定期调度、实地调研、约谈督办等措施形成逾期风险防控的高压态势。2023 年共召开 1 次逾期贷款风险防控调度会、开展 3 次逾期贷款风险防控专项督导、对 6 个公积金中心开展实地调研并发送逾期贷款管控函、约谈8个公积金中心主要负责人和业务科长共10人次。

（三）当年服务改进情况。

1. 出台广西住房公积金服务"高效办成一件事"实施方案。为深化"放管服"改革，助推住房公积金行业数字化转型发展，自治区住房城乡建设厅、自治区数据局于2023年11月印发《广西住房公积金服务"高效办成一件事"实施方案》，明确建立广西住房公积金服务"高效办成一件事"任务清单、推进全区住房公积金业务标准化、建设广西住房公积金服务一体化信息平台、开展住房公积金贷款业务"全链通办"试点等工作任务，建立全区住房公积金数字化发展新模式，构建住房公积金服务"高效办成一件事"体系。2023年，从53项住房公积金服务事项中梳理出24项高频服务事项，形成"一件事一次办"事项办理清单，推动住房公积金"全链通办"服务事项进驻"桂通办""智桂通"等政务服务平台，首批17项住房公积金"全链通办"事项率先通过自治区数据局上线验收；指导桂林、玉林公积金中心以及区直分中心开展住房公积金贷款业务"不见面"审批试点，积极协调银行、不动产中心等相关部门，采用数字化技术破解全线上电子数据交互难题，实现住房公积金贷款业务"不见面"审批，成功为试点地区缴存人发放住房公积金个人住房贷款。

2. 及时响应住房公积金"亮码可办"工作部署。指导各地按照住房城乡建设部住房公积金"亮码可办"工作部署，通过精简整合证明材料、调整证明开具方式、畅通窗口查验、优化业务办理流程等措施，在工作部署提出一个月内，推动全区15个公积金中心（分中心）在全国住房公积金小程序和全国住房公积金监管服务平台实现住房公积金个人证明事项"亮码可办"，进一步提升群众办理住房公积金异地业务效率。

3. 推动更多住房公积金业务"跨省通办"。按照国务院提出的2023年住房公积金服务事项"跨省通办"工作要求，指导全区各地在2023年6月底提前完成租赁住房提取住房公积金和提前退休提取住房公积金两项服务事项的"跨省通办"，据统计，2023年两项"跨省通办"业务分别为80.79万、1.04万人次提供服务。同时结合广西住房公积金系统服务提升三年行动实施方案，通过推进数据共享、优化业务流程，实现灵活就业人员缴存、偿还商业贷款提取、离职提取等业务"跨省通办"，推动更多住房公积金业务"跨省通办"，更好地满足缴存人异地办事需求。

（四）当年信息化建设情况。

1. 完成征信信息共享接入工作。督促指导广西首批参加住房城乡建设部与中国人民银行"总对总"征信信息共享的9个公积金中心于2023年10月底完成接入验收工作，实现征信信息查询、新增贷款信息纳入征信系统和缴存信息共享，同时指导其余6个公积金中心完成一二代征信信息数据报送的切换工作，全区住房公积金数据质量进一步提升。

2. 认真做好数据质量提升工作。严格执行部、省（自治区）、市住房公积金管理机构数据质量提升的协调联动机制，根据全国住房公积金监管服务平台提供的问题数据线索，督促各地公积金中心做好数据质量问题和疑点整改、数据质量提升工作，截至2023年12月底，通过全国住房公积金监管服务平台风险防控功能完成全区数据问题整改1.04万个，整改完成率100%，全区电子稽查疑点总数同比下降47.50%，全国住房公积金监管服务平台和电子稽查平台的风险疑点大幅下降。

3. 建成广西住房公积金数据共享和监管服务一体化平台。为贯彻住房和城乡建设部《关于加快住房公积金数字化发展的指导意见》工作要求，推动广西住房公积金事业高质量发展，组织建成全国首个集数据共享、业务监管、数据稽查、业务协同等9个模块于一体的省级监管平台，于2023年11月底通过初步验收并上线运行。广西住房公积金数据共享和监管服务一体化平台通过建立数据汇聚共享机制、接入住房和城乡建设部住房公积金行业区块链，对全区15个公积金中心的归集、提取、贷款、资金管理等业务进行实时监管，开通全区统一的住房公积金服务渠道，实现全区公积金、婚姻、不动产登记、养老、医保等数据交互共享，有效推进住房公积金行业政务数据跨层级、跨部门、跨地域安全共享使用。平台建设案例获得2023年广西数字政府应用场景建设竞赛一等奖，在110个信息化参赛项目中总分排在第三名。

（五）当年住房公积金机构及从业人员所获荣誉情况。

2023年，南宁住房公积金管理中心区直分中心、贵港市住房公积金管理中心保留国家级"全国文明单位"荣誉称号；南宁住房公积金管理中心区直分中心、桂林市住房公积金管理中心、贵港市住房公积金管理中心、玉林市住房公积金管理中心获"惠民公积金　服务暖人心　全国住房公积金系统服务提升三年行动2022年度表现突出星级服务岗"；南宁住房公积金管理中心区直分中心1名同志获"广西三八红旗手"；北海市住房公积金管理中心服务窗口被继续认定为广西壮族自治区级青年文明号；河池住房公积金管理中心被住房和城乡建设部评为全国住房城乡建设系统先进集体；崇左市住房公积金管理中心获得崇左市2023年青年文明号。此外，全区还有12个集体和个人获得省部级先进集体和个人称号，5个集体和个人获得地市级先进集体和个人称号，5个集体和个人获得其他类的省部级荣誉表彰、14个集体和个人获得其他类的地市级荣誉表彰。

广西壮族自治区及自治区内各城市住房公积金 2023 年年度报告二维码

名称	二维码
广西壮族自治区住房公积金 2023 年年度报告	
南宁住房公积金 2023 年年度报告（含区直分中心）	
桂林市住房公积金 2023 年年度报告	
柳州市住房公积金 2023 年年度报告	
梧州市住房公积金 2023 年年度报告	
北海市住房公积金 2023 年年度报告	
防城港市住房公积金 2023 年年度报告	

续表

名称	二维码
钦州市住房公积金 2023 年年度报告	
贵港市住房公积金 2023 年年度报告	
玉林市住房公积金 2023 年年度报告	
百色市住房公积金 2023 年年度报告	
贺州市住房公积金 2023 年年度报告	
河池市住房公积金 2023 年年度报告	
崇左市住房公积金 2023 年年度报告	
来宾市住房公积金 2023 年年度报告	

海南省

海南省住房公积金 2023 年年度报告

根据国务院《住房公积金管理条例》和住房和城乡建设部、财政部、人民银行《关于健全住房公积金信息披露制度的通知》（建金〔2015〕26 号）规定，现将海南省住房公积金 2023 年年度报告汇总公布如下：

一、机构概况

（一）**住房公积金管理机构**：全省共设 1 个住房公积金管理局，无独立设置的分支机构。从业人员 295 人，其中，在编人员 249 人，非在编人员 46 人。

（二）**住房公积金监管机构**：海南省住房和城乡建设厅、财政厅、人民银行海南省分行和国家金融监督管理总局海南监管局负责对本省住房公积金管理运行情况进行监督。海南省住房和城乡建设厅设立住房公积金监管处，负责辖区住房公积金日常监管工作。

二、业务运行情况

（一）**缴存**：2023 年，新开户单位 11306 家，净增单位 8701 家；新开户职工 17.66 万人，净增职工 8.78 万人；实缴单位 57184 家，实缴职工 135.57 万人，缴存额 211.72 亿元，分别同比增长 17.95％、6.93％、12.76％。2023 年末，缴存总额 1663.74 亿元，比上年末增加 14.58％；缴存余额 683.40 亿元，同比增长 9.79％（表 1）。

2023 年分城市住房公积金缴存情况　　　　　　　　　　表 1

地区	实缴单位（万个）	实缴职工（万人）	缴存额（亿元）	累计缴存总额（亿元）	缴存余额（亿元）
海南省	**5.72**	**135.57**	**211.72**	**1663.74**	**683.40**
海口市	3.09	70.04	106.59	858.26	329.82
三亚市	0.90	21.69	27.56	194.73	94.59
儋州市	0.29	8.30	13.11	96.91	37.76
琼海市	0.16	4.57	6.43	50.71	21.59
文昌市	0.18	3.98	5.65	48.06	18.21
万宁市	0.12	3.52	5.27	43.11	18.56
东方市	0.09	3.12	5.17	45.26	19.86
五指山市	0.06	1.34	2.37	20.22	8.35
澄迈县	0.23	4.96	7.73	50.06	21.38
陵水县	0.11	3.37	4.77	35.06	16.61
乐东县	0.07	2.43	4.82	37.76	18.75
昌江县	0.06	2.59	5.26	44.17	16.07
临高县	0.06	2.15	3.72	29.46	12.53
定安县	0.07	1.92	2.93	23.72	9.95

续表

地区	实缴单位（万个）	实缴职工（万人）	缴存额（亿元）	累计缴存总额（亿元）	缴存余额（亿元）
屯昌县	0.05	1.55	2.68	22.67	9.13
琼中县	0.07	1.65	2.83	24.58	10.93
白沙县	0.05	1.48	2.33	18.95	8.50
保亭县	0.07	1.61	2.48	20.04	10.81

（二）提取：2023年，41.04万名职工提取住房公积金；提取额150.76亿元，同比增长35.07%；提取额占当年缴存额的71.21%，比上年增长11.77个百分点。2023年末，提取总额980.34亿元，比上年末增加18.17%（表2）。

2023年分城市住房公积金提取情况 表2

地区	提取额（亿元）	提取率（%）	住房消费类提取额（亿元）	非住房消费类提取额（亿元）	累计提取总额（亿元）
海南省	**150.76**	**71.21**	**108.14**	**42.62**	**980.34**
海口市	73.63	69.08	54.05	19.57	529.72
三亚市	20.11	72.95	14.65	5.46	99.96
儋州市	8.77	66.87	6.41	2.36	59.51
琼海市	4.33	67.33	2.96	1.36	29.10
文昌市	4.77	84.33	3.51	1.25	29.60
万宁市	3.64	69.05	2.33	1.31	24.48
东方市	3.09	59.76	1.84	1.24	25.37
五指山市	1.70	71.58	1.13	0.57	11.68
澄迈县	5.71	73.82	4.35	1.36	28.63
陵水县	4.11	86.04	3.11	0.99	18.39
乐东县	3.90	80.91	2.68	1.21	18.88
昌江县	4.37	83.15	3.04	1.33	27.99
临高县	3.24	86.94	2.25	0.99	16.93
定安县	2.33	79.40	1.57	0.76	13.75
屯昌县	1.79	67.00	1.17	0.62	13.51
琼中县	1.85	65.42	1.05	0.81	13.38
白沙县	2.02	86.85	1.30	0.73	10.33
保亭县	1.41	56.68	0.72	0.69	9.14

（三）贷款。

1. 个人住房贷款：2023年，发放个人住房贷款2.48万笔、145.59亿元，同比增长47.94%、44.56%。回收个人住房贷款52.82亿元。

2023年末，累计发放个人住房贷款25.69万笔、989.28亿元，贷款余额648.38亿元，分别比上年末增长10.71%、17.26%、16.70%。个人住房贷款余额占缴存余额的94.88%，比上年末增加5.62个百分点（表3）。2023年12月启动贴息贷款业务，共发放贴息贷款1153笔、金额72131.10万元。

2023年，支持职工购建房286.70万平方米。年末个人住房公积金贷款市场占有率（含公转商贴息贷款）为32.75%，比上年末增加3.52个百分点。通过申请住房公积金个人住房贷款，可节约职工购房利息支出303823.56万元。

2023年分城市住房公积金个人住房贷款情况　　　　　　表3

地区	放贷笔数（万笔）	贷款发放额（亿元）	累计贷款总额（亿元）	贷款余额（亿元）	个人住房贷款率（％）
海南省	**2.4849**	**145.59**	**989.28**	**648.38**	**94.88**
海口市	1.0293	61.94	612.39	400.95	121.57
三亚市	0.4535	31.15	107.60	78.69	83.20
儋州市	0.2414	13.17	68.03	46.05	121.95
琼海市	0.0760	3.98	35.49	25.45	117.92
文昌市	0.0790	4.93	28.16	17.96	98.65
万宁市	0.0435	2.42	14.32	9.39	50.58
东方市	0.0456	1.49	12.24	5.81	29.25
五指山市	0.0351	1.75	5.76	3.13	37.49
澄迈县	0.1342	7.29	28.33	19.44	90.93
陵水县	0.1239	6.66	10.64	7.94	47.82
乐东县	0.0318	1.89	5.24	2.63	14.00
昌江县	0.0554	3.02	17.63	9.97	62.06
临高县	0.0500	1.74	9.33	5.41	43.19
定安县	0.0297	1.48	9.73	5.20	52.24
屯昌县	0.0197	0.99	10.07	4.34	47.47
琼中县	0.0073	0.34	7.16	2.92	26.75
白沙县	0.0273	1.22	4.26	2.18	25.63
保亭县	0.0022	0.11	2.91	0.91	8.42

2. 异地贷款：2023年，发放异地贷款43笔、961.00万元。2023年末，发放异地贷款总额100116.00万元，异地贷款余额83616.89万元。

3. 公转商贴息贷款：2023年，发放公转商贴息贷款1153笔、72131.10万元，支持职工购建房面积12.60万平方米。当年尚未贴息。2023年末，累计发放公转商贴息贷款1153笔、72131.10万元，无累计贴息。

（四）购买国债：2023年，未购买国债。2023年末，无国债余额。

（五）融资：2023年，未融资，无当年归还。2023年末，无融资总额，无融资余额。

（六）资金存储：2023年末，住房公积金存款37.94亿元。其中，活期0.05亿元，1年（含）以下定期20.12亿元，无1年以上定期，其他（协定、通知存款等）17.77亿元。

（七）资金运用率：2023年末，住房公积金个人住房贷款余额、项目贷款余额和购买国债余额的总和占缴存余额的94.88%，比上年末增加5.62个百分点。

三、主要财务数据

（一）业务收入：2023年，业务收入213110.20万元，同比下降6.39%。其中，存款利息23523.58万元，委托贷款利息189586.62万元，无国债利息，无其他业务收入。

（二）业务支出：2023年，业务支出108929.78万元，同比增长11.25%。其中，支付职工住房公积金利息99267.78万元，归集手续费1371.59万元，委托贷款手续费8290.25万元，其他0.16万元。

（三）增值收益：2023年，增值收益104180.42万元，同比下降19.70%；增值收益率1.58%，比上年减少0.63个百分点。

（四）增值收益分配：2023 年，提取贷款风险准备金 62508.25 万元，提取管理费用 9862.63 万元，提取城市廉租住房（公共租赁住房）建设补充资金 31809.54 万元（表4）。

2023年分城市住房公积金增值收益及分配情况　　　　　表 4

地区	业务收入（亿元）	业务支出（亿元）	增值收益（亿元）	增值收益率（%）	提取贷款风险准备金(亿元)	提取管理费用(亿元)	提取公租房(廉租房)建设补充资金(亿元)
海南省	**21.31**	**10.89**	**10.42**	**1.58**	**6.25**	**0.99**	**3.18**
海口市	10.53	5.44	5.09	1.61	3.06	0.53	1.50
三亚市	2.68	1.47	1.21	1.32	0.73	0.05	0.43
儋州市	1.10	0.57	0.53	1.47	0.32	0.06	0.15
琼海市	0.69	0.35	0.34	1.64	0.20	0.03	0.11
文昌市	0.54	0.30	0.24	1.33	0.14	0.02	0.07
万宁市	0.61	0.28	0.32	1.82	0.19	0.02	0.11
东方市	0.67	0.30	0.37	1.96	0.22	0.02	0.12
五指山市	0.27	0.13	0.15	1.81	0.09	0.03	0.04
澄迈县	0.61	0.34	0.28	1.35	0.17	0.03	0.08
陵水县	0.50	0.25	0.25	1.55	0.15	0.02	0.07
乐东县	0.59	0.28	0.31	1.67	0.19	0.02	0.11
昌江县	0.51	0.25	0.26	1.62	0.15	0.02	0.08
临高县	0.40	0.19	0.20	1.65	0.12	0.02	0.06
定安县	0.31	0.16	0.16	1.62	0.10	0.02	0.04
屯昌县	0.30	0.14	0.16	1.81	0.10	0.02	0.04
琼中县	0.37	0.16	0.21	1.99	0.13	0.02	0.06
白沙县	0.27	0.13	0.14	1.60	0.08	0.02	0.03
保亭县	0.37	0.16	0.21	2.01	0.13	0.02	0.06

备注：因海南省住房公积金实行全省统一会计核算，各城市相关数据为人工推算。

2023 年，上交财政管理费用 8981.86 万元，上缴财政城市廉租住房（公共租赁住房）建设补充资金 42910.54 万元。

2023 年末，贷款风险准备金余额 431732.06 万元，累计提取城市廉租住房（公共租赁住房）建设补充资金 264536.21 万元。

（五）管理费用支出：2023 年，管理费用支出 9341.80 万元，同比增加 1892.39 万元，同比增长 25.40%。其中，人员经费 5944.16 万元，公用经费 804.77 万元，专项经费 2592.87 万元。

四、资产风险状况

（一）个人住房贷款：2023 年末，个人住房贷款逾期额 1713.86 万元，逾期率 0.264‰，个人贷款风险准备金余额 430936.06 万元。2023 年，未使用个人贷款风险准备金核销呆坏账。

（二）住房公积金支持保障性住房建设项目贷款：2023 年末，无逾期项目贷款。项目贷款风险准备金余额 796 万元。2023 年，未使用项目贷款风险准备金核销呆坏账。

五、社会经济效益

（一）缴存业务。

缴存职工中，国家机关和事业单位占 27.92%，国有企业占 14.76%，城镇集体企业占 1.32%，外商投资企业占 1.76%，城镇私营企业及其他城镇企业占 49.45%，民办非企业单位和社会团体占

3.54%，灵活就业人员占 0.31%，其他占 0.94%；中、低收入占 99.39%，高收入占 0.61%。

新开户职工中，国家机关和事业单位占 9.61%，国有企业占 8.41%，城镇集体企业占 1.51%，外商投资企业占 2.03%，城镇私营企业及其他城镇企业占 71.51%，民办非企业单位和社会团体占 5.42%，灵活就业人员占 0.03%，其他占 1.48%；中、低收入占 99.31%，高收入占 0.69%。

（二）提取业务。

提取金额中，购买、建造、翻建、大修自住住房占 27.82%，偿还购房贷款本息占 42.73%，租赁住房占 1.16%，支持老旧小区改造加装电梯提取占 0.01%；离休和退休提取占 22.53%，完全丧失劳动能力并与单位终止劳动关系提取占 0.01%，出境定居占 0.02%，其他占 5.72%。提取职工中，中、低收入占 99.03%，高收入占 0.97%。

（三）贷款业务。

职工贷款笔数中，购房建筑面积 90（含）平方米以下占 15.88%，90～144（含）平方米占 81.75%，144 平方米以上占 2.37%。购买新房占 86.98%（其中购买保障性住房占 43.60%），购买二手房占 12.91%，建造、翻建、大修自住住房占 0.11%（无支持老旧小区改造）。

职工贷款笔数中，单缴存职工申请贷款占 38.24%，双缴存职工申请贷款占 61.55%，三人及以上缴存职工共同申请贷款占 0.21%。

贷款职工中，30 岁（含）以下占 29.53%，30 岁～40 岁（含）占 47.52%，40 岁～50 岁（含）占 17.26%，50 岁以上占 5.69%；购买首套住房申请贷款占 82.17%，购买二套及以上申请贷款占 17.83%；中、低收入占 98.66%，高收入占 1.34%。

（四）住房贡献率： 2023 年，个人住房贷款发放额、公转商贴息贷款发放额、项目贷款发放额、住房消费提取额的总和与当年缴存额的比率为 123.25%，比上年增加 26.33 个百分点。

六、其他重要事项

（一）当年住房公积金政策调整情况

1. 助企纾困减轻企业负担。一是印发《关于住房公积金缓缴、调低缴存比例的通知》（琼公积金归〔2023〕3 号），切实降低企业成本，助力企业复工复产。全年申请降低住房公积金缴存比例的有 433 家单位，其中降幅超过 3 个百分点的有 192 家，占比 44.34%。二是印发《关于现房销售房地产项目住房公积金个人住房贷款免存保证金的通知》（琼公积金贷〔2023〕20 号），在前期出台降比减存住房公积金贷款保证金政策的基础上，再实施现房销售房地产项目免存保证金政策，累计释放房地产企业资金 7.12 亿元，有效缓解房地产开发企业资金流动性压力。

2. 出台提取业务惠民政策。一是印发《关于优化住房公积金死亡提取政策的通知》（琼公积金归〔2023〕4 号），进一步简化死亡提取办理流程。全年 1080 人免公证办理死亡提取、金额 9717.76 万元，节约公证费约 194 万元。二是印发《关于落实进一步优化租房提取住房公积金政策的实施细则》（琼公积金归〔2023〕5 号），提高租房提取额度，进一步放宽租房提取条件。全年办理租房提取业务 3.06 万人、金额 1.75 亿元，同比分别增长 4.56 倍、2.17 倍。三是联合省住建厅印发《关于提取住房公积金支付购买新建商品住房和保障性住房首付款的通知》（琼公积金归〔2023〕8 号），政策实施后办理提取公积金支付首付款业务 4520 笔、金额 5.67 亿元，有效减轻职工支付购房首付款资金压力。四是印发《关于优化本省城镇老旧小区既有住宅加装电梯提取住房公积金的通知》（琼公积金归〔2023〕9 号），优化加装电梯提取办理流程，全年共 64 名职工办理加装电梯提取住房公积金 166.8 万元。

3. 优化贷款业务办理流程。一是联合海南省自然资源和规划厅印发《关于进一步加强不动产抵押登记与住房公积金贷款审批业务联办有关事项的通知》（琼公积金贷〔2023〕8 号），全面推广贷款"不见面审批"服务，全年以不见面审批模式受理贷款业务 1.66 万笔、发放金额 96.48 亿元。二是印发《关于开展二手房"带押过户"住房公积金贷款业务的通知》（琼公积金贷〔2023〕10 号），有效降低买卖双方交易成本和风险，全年办理带押过户公积金贷款业务 47 笔，金额 2247 万元，节省过桥资金约

2045.86万元。三是印发《海南省住房公积金个人住房贷款轮候制暂行规定》（琼公积金贷〔2023〕19号），有力保障住房公积金贴息贷款业务开展。

4.释放贷款利好政策红利。一是印发《关于调整二手房房价认定标准的通知》（琼公积金贷〔2023〕3号），充分发挥住房公积金住房保障功能。二是印发《关于调整首套住房公积金个人住房贷款最低首付比例的通知》（琼公积金贷〔2023〕13号），下调首套住房公积金贷款中购新建自住住房最低首付比例5个百分点。三是印发《关于优化住房公积金个人住房贷款中住房套数认定标准的通知》（琼公积金贷〔2023〕14号），更好满足居民刚性和改善性住房需求。

（二）当年开展监督检查情况

组织开展2022年直属局考核工作。围绕党建、业务指标完成情况、服务质量、工作纪律及干部管理、内部运行管理、业务管理等方面对全省直属管理局进行检查和评价，综合评选出6个优秀直属管理局，提升住房公积金服务水平，强化风险防控能力，提高住房公积金运营管理水平。组织开展4个直属管理局离任审计，发现归集、提取、贷款等方面问题21个，进一步规范住房公积金业务管理，有效防范资金安全风险。

（三）当年服务改进情况

1.认真落实"租购并举"政策，全力支持职工住有所居。一是优化租房提取政策。通过简化提取材料、提取资金直转职工账户、"零材料"在海易办App"自主办、指尖办、承诺办"等措施，支持引进人才、青年人、本地居民租房安居。二是开展提取公积金支付购房首付款业务。优化商品房备案规则，按备案合同中购房职工约定的提取金额直接划转至开发商账户或预售资金监管账户，减轻职工支付购房首付款资金压力。三是开展二手房"带押过户"贷款业务。创新二手房交易"线上办、一次办和统一结算平台"机制，达到极简、极便、极速和安全的效果，全面提升二手房交易办理效率。

2.为民服务彰显温度，更高标准打造好办事机制。一是全面推行贷款"不见面审批"。通过打通跨部门抵押联办渠道，实现贷款全流程"不见面审批"联办，放款时限由原来线下20天缩短到5天以内，加速了房地产开发资金回流和业务办理效率。二是深入开展"我陪群众走流程"活动。深入一线开展调研为群众排忧解难。发现并破解死亡提取公证手续繁琐问题，取得良好社会反响。三是打造智能高效的"好办事"机制。完善12345工单处理机制，用心用情响应职工诉求，全年热线工单服务满意率达99.10%，在省直单位考核中每季度稳居第一。

3.住房保障能力明显增强，更高水平服务自贸港建设。一是积极推进贴息贷款保障应贷尽贷。全面开展贴息贷款业务，充分保障购房群体贷款需求，确保本地居民和引进人才应贷尽贷。二是优化贷款保证金管理制度。实行现房销售房地产项目免存保证金，极大缓解房地产开发企业资金流动性压力，为我省经济企稳回升注入活力。

（四）当年信息化建设情况

我局紧紧围绕以数字化发展推动我省住房公积金高质量发展的目标，持续加强信息化建设工作力度。一是强化信息系统建设支撑业务革新。推进租房约提新政优化、提取公积金支付购房首付款等功能上线，充分满足青年人、新市民等群体的刚性住房需求；二是积极参与智慧海南建设。严格遵循"无差别受理、同标准办理"的服务理念，开展24个事项精细化梳理，推动10个"一件事一次办"服务场景和8个智能审批事项上线，以数字化手段打造一流营商环境，推动政务事项由"一网通办"向"一网好办"转变；三是实现电子档案标准化管理。推动上线电子档案标准化管理系统，在电子档案全流程管理中实现数字化赋能，提升住房公积金数字化档案管理水平。

（五）当年住房公积金机构及从业人员所获荣誉情况

我局持续打造住房公积金优质服务品牌，强化党建引领凝聚发展合力，积极推进"青年文明号"、文明单位的创建。我局被评为"2023年省直机关党建信息报送先进单位"；我局信息管理处荣获"全国住房和城乡建设系统先进集体"称号、海南省"立足岗位、解放思想、担当作为、开拓创新"先进集体；儋州管理局洋浦办事处被住房和城乡建设部办公厅评为"惠民公积金、服务暖人心"全国住房公积金系统服务提升三年行动2022年度表现突出星级服务岗称号；海口管理局、屯昌管理局分别荣获当地2022—2023年度"青年文明号"、2021—2022年度"青年文明号"单位；五指山管理局、定安管理局、澄迈管理局荣获当地"文明单位"称号；海口管理局荣获"标准化党支部示范点"；儋州管理局多次荣获当地"政务服务示范窗口"；万宁管理局多次荣获当地"政务服务优秀窗口"；屯昌管理局多次荣获当地"政务大厅文明窗口"；乐东管理局荣获当地第一季度"政务服务优质窗口"；琼中管理局荣获当地"红榜"窗口单位。

（六）当年对住房公积金管理人员违规行为的纠正和处理情况等

我局始终保持惩治腐败的高压态势，对违规审批提取业务的3名工作人员给予党纪政务处分，对违反廉洁纪律的1名党员干部给予诫勉处理。

（七）其他需要披露的情况

无其他需要披露的情况。

海南省住房公积金
2023 年年度报告二维码

名称	二维码
海南省住房公积金 2023 年年度报告	

重庆市

重庆市住房公积金 2023 年年度报告

根据《住房公积金管理条例》(国务院令第 350 号)和住房城乡建设部、财政部、人民银行《关于健全住房公积金信息披露制度的通知》(建金〔2015〕26 号)的规定,经住房公积金管理委员会审议通过,现将重庆市住房公积金 2023 年年度报告公布如下。

一、机构概况

(一) 重庆市住房公积金管理委员会

重庆市住房公积金管理委员会有 30 名委员,2023 年审议通过的事项主要包括:《关于调整重庆市住房公积金管理委员会委员的通知》《2022 年重庆市住房公积金管理工作情况报告》《2022 年度住房公积金缴存使用计划执行情况及 2023 年度缴存使用计划》《重庆市住房公积金 2022 年年度报告》《关于进一步优化住房公积金提取政策加大租购住房支持力度的通知》。

(二) 重庆市住房公积金管理中心

重庆市住房公积金管理中心为重庆市住房和城乡建设委员会管理的副厅局级事业单位,设 10 个处室,7 个办事处,31 个分中心。从业人员 607 人,其中,在编 331 人,非在编 276 人。

二、业务运行情况

(一) 缴存

2023 年,新开户实缴单位 1.13 万家,净增单位 0.81 万家;新开户实缴职工 38.82 万人,净增职工 13.04 万人;实缴单位 6.34 万家,实缴职工 323.32 万人,缴存额 575.74 亿元,同比分别增长 14.60%、4.20%、4.89%。2023 年末,缴存总额 5039.63 亿元,比上年末增加 12.90%;缴存余额 1708.33 亿元,同比增长 7.10%。

受委托办理在职职工住房公积金缴存业务的银行 5 家。

受委托办理灵活就业人员参加住房公积金制度试点缴存业务的银行 10 家。

(二) 提取

2023 年,128.62 万名缴存职工提取住房公积金,提取额 462.51 亿元,同比增长 31.90%;提取额占当年缴存额的 80.33%,比上年增加 16.45 个百分点。2023 年末,提取总额 3331.30 亿元,比上年末增加 16.12%。

(三) 贷款

1. 个人住房贷款

缴存职工个人住房贷款最高额度 50 万元,缴存职工夫妻双方住房贷款最高额度 100 万元,多子女家庭缴存职工夫妻双方住房贷款最高额度 120 万元。

2023 年,发放个人住房贷款 8.60 万笔、439.68 亿元,同比分别增长 60.27%、95.04%。其中,自有资金发放个人住房贷款 6.78 万笔、343.60 亿元,利用银行资金发放住房公积金公转商贴息贷款 1.82 万笔、96.08 亿元。回收个人住房贷款 160.33 亿元。

2023 年末,累计发放个人住房贷款 94.29 万笔、3090.70 亿元,贷款余额 1878.41 亿元,分别比上年末增加 10.03%、16.59%、16.07%。其中,自有资金累计发放个人住房贷款 85.16 万笔、2732.72 亿元,贷款余额1634.74亿元；利用银行资金累计发放住房公积金公转商贴息贷款9.13万笔、357.98亿元，贷款余额243.67亿元。自有资金个人住房贷款余额占缴存余额的95.69%，比上年末增加4.69个百分点。

受委托办理住房公积金个人住房贷款业务的银行16家。

2. 异地贷款

2023年，发放异地贷款0.54万笔、26.45亿元。2023年末，发放异地贷款总额117.71亿元，异地贷款余额93.67亿元。

3. 公转商贴息贷款

2023年，发放公转商贴息贷款1.82万笔、96.08亿元，当年贴息额2.06亿元。2023年末，累计发放公转商贴息贷款9.13万笔、357.98亿元，累计贴息18.46亿元。

（四）购买国债

2023年，未购买国债。2023年末，无国债余额。

（五）资金存储

2023年末，住房公积金存款73.59亿元。其中，活期存款0.01亿元，1年（含）以下定期存款30.00亿元，协定存款43.58亿元。

（六）资金运用率

2023年末，住房公积金自有资金个人住房贷款余额、项目贷款余额和购买国债余额的总和占缴存余额的95.69%，比上年末增加4.69个百分点。

三、主要财务数据

（一）业务收入

2023年，业务收入51.87亿元，同比增长8.07%。其中，存款利息3.16亿元，委托贷款利息48.71亿元，其他22.87万元。

（二）业务支出

2023年，业务支出29.30亿元，同比增长8.12%。其中，支付职工住房公积金利息27.08亿元，归集手续费0.34亿元，委托贷款手续费1.68亿元，其他0.20亿元。

（三）增值收益

2023年，增值收益22.57亿元，同比增长8.01%；增值收益率1.36%，比上年减少0.03个百分点。

（四）增值收益分配

2023年，提取贷款风险准备金1.83亿元，提取管理费用2.44亿元，提取城市廉租住房建设补充资金18.30亿元。

2023年，上交财政管理费用3.07亿元。上缴财政城市廉租住房建设补充资金16.84亿元。

2023年末，贷款风险准备金余额37.37亿元。累计提取城市廉租住房建设补充资金122.20亿元。

（五）管理费用支出

2023年，管理费用支出2.28亿元，同比下降2.10%。其中，人员经费0.78亿元，公用经费0.17亿元，专项经费1.33亿元。

四、资产风险状况

2023年末，个人住房贷款逾期额0.22亿元，逾期率0.13‰。个人贷款风险准备金余额37.37亿元，当年未使用个人贷款风险准备金核销呆坏账。

五、社会经济效益

（一）缴存业务

缴存职工中，国家机关和事业单位占26.22%，国有企业占11.40%，城镇集体企业占0.26%，外商投资企业占 6.44%，城镇私营企业及其他城镇企业占 48.05%，民办非企业单位和社会团体占 1.25%，灵活就业人员占 2.90%，其他占 3.48%；中、低收入占 98.01%，高收入占 1.99%。

新开户职工中，国家机关和事业单位占 7.92%，国有企业占 4.80%，城镇集体企业占 0.13%，外商投资企业占 5.66%，城镇私营企业及其他城镇企业占 56.50%，民办非企业单位和社会团体占 1.65%，灵活就业人员占 19.44%，其他占 3.90%；中、低收入占 99.23%，高收入占 0.77%。

（二）提取业务

提取金额中，购买、建造、翻建、大修自住住房占 2.99%，偿还购房贷款本息占 64.57%，租赁住房占 5.54%，支持老旧小区改造占 0.02%，离休和退休提取占 22.81%，完全丧失劳动能力并与单位终止劳动关系提取占 2.26%，出境定居占 0.002%，其他占 1.81%。提取职工中，中、低收入占 92.85%，高收入占 7.15%。

（三）贷款业务

2023 年，支持职工购建房 882.19 万平方米，年末个人住房贷款市场占有率（含公转商贴息贷款）为 14.53%，比上年末增加 2.48 个百分点。2023 年发放的住房公积金个人住房贷款，偿还期内可为贷款职工节约利息支出 81.95 亿元。

职工贷款笔数中，购房建筑面积 90（含）平方米以下占 30.37%，90～144（含）平方米占 64.92%，144 平方米以上占 4.71%。购买新房占 53.71%（其中购买保障性住房占 0.01%），购买二手房占 46.29%。

职工贷款笔数中，缴存职工个人申请贷款占 80.71%，缴存职工夫妻双方申请贷款占 19.29%。

贷款职工中，30 岁（含）以下占 54.36%，30～40 岁（含）占 36.58%，40～50 岁（含）占 7.66%，50 岁以上占 1.40%；购买首套住房申请贷款占 80.89%，购买二套住房申请贷款占 19.11%；中、低收入占 98.60%，高收入占 1.40%。

（四）住房贡献率

2023 年，自有资金个人住房贷款发放额、公转商贴息贷款发放额、项目贷款发放额、住房消费提取额的总和与当年缴存额的比率为 135.11%，比上年增加 40.87 个百分点。

六、其他重要事项

（一）成渝地区双城经济圈住房公积金一体化发展情况

一是持续拓展"川渝通办"事项。新增"提前部分偿还住房公积金贷款""提前退休提取""住房公积金补缴、汇缴"事项，支持全量业务"川渝通办"。二是探索协同服务新模式。与广安中心在川渝高竹新区设立全国首个跨省域住房公积金服务专区，实现 36 个服务事项无差别受理、同标准办理。三是强化成渝双核联动联建。联合成都中心共同打造跨区域高质量发展示范，协同开展灵活就业人员参加住房公积金制度试点，相关做法获评"2022 年十大成渝地区协同发展创新案例"。

（二）开展灵活就业人员参加住房公积金制度试点情况

一是缴存规模稳步扩大。全年灵活就业人员新开户实缴 7.71 万人、缴存金额 2.73 亿元，2023 年末，累计实缴 16.65 万人、缴存金额 7.07 亿元。二是租购并举支持缴存人安居稳业。支持灵活就业人员提取 3.98 万人次、1.06 亿元，8 月以来部分灵活就业缴存人陆续达到贷款条件，至 12 月末发放灵活就业缴存人住房公积金贷款 143 笔、0.64 亿元。三是持续提升试点水平。推动试点工作纳入市委深改委重大改革项目、《重庆市邮政条例》《2023 年重庆市新型城镇化和城乡融合发展重点任务》《2023 年全市就业工作要点》。我市试点经验做法被纳入全国试点工具箱，并多次在全国住房公积金系统会议上作交流。

（三）政策调整情况

1. 调整当年缴存基数上下限

出台《关于确定 2023 年度住房公积金缴存基数上、下限的通知》（渝公积金发〔2023〕70 号），规定2023年度月缴存基数上限为27856元，月缴存基数下限不得低于重庆市人力资源和社会保障局公布的我市现行最低工资标准。

2. 优化住房公积金提取政策

一是提高租房提取额度。中心城区缴存人提取额度提高至每人1800元/月，夫妻双方为3600元/月；中心城区以外区县缴存人提取额度提高至每人1500元/月，夫妻双方为3000元/月。多子女家庭在上述标准基础上，增加至1.5倍。二是支持缴存人家庭提取住房公积金直接支付贷款购房首付款。缴存人及其配偶使用商业性个人住房贷款购买我市新建商品住房的，可按规定申请提取住房公积金直接支付购房首付款。

3. 优化住房公积金贷款政策

一是支持新市民、青年人申请住房公积金个人住房贷款。异地缴存住房公积金且在我市工作、创业、生活的新市民、青年人，在渝购房可申请住房公积金个人住房贷款。二是优化住房公积金置换贷款住房套数认定标准。无住房公积金个人住房贷款记录的缴存人家庭，仅有1笔未结清的商业性个人住房贷款且在我市仅有1套住房，可申请将该套住房未结清的商业性个人住房贷款置换为住房公积金个人住房贷款。三是统一新购住房套数认定标准。缴存人家庭在我市使用住房公积金个人住房贷款新购住房的，须核查住房公积金个人住房贷款记录和拟购住房所在区县（自治县）住房套数。

（四）服务提升情况

一是拓展线上服务。优化营商环境，线上渠道累计开通85项服务事项，缴存、提取等业务实现"零要件、零跑腿、零审批"在线自助办结。在"渝快办"上线36项服务事项，成为上线项目最多的市级公共服务部门。二是优化服务流程。按照数字政务、数字社会要求，牵头完成住房公积金提取、贷款2项"一件事一次办"，配合完成企业开办、员工录用等7项"一件事一次办"。三是协同跨区域服务。以全程网办形式完成租房提取、提前退休提取服务事项"跨省通办"，累计实现13个住房公积金高频服务事项"跨省通办"，3项高频服务证明事项实现"亮码可办"。四是提升窗口服务。因地制宜、积极稳妥推进服务窗口快速入驻区县政务服务中心；扎实开展"惠民公积金、服务暖人心"服务提升三年行动，5个基层网点被住房城乡建设部授予全国住房公积金系统"星级服务岗"。

（五）数字化建设情况

一是系统推进数字化发展。贯彻落实住房和城乡建设部《关于加快住房公积金数字化发展的指导意见》，科学制定我市住房公积金数字化发展战略规划，在住房公积金监管司组织的数字化发展现场服务指导工作中，获"优秀"评价。二是积极融入数字重庆建设。积极谋划"社会·渝悦·公积金"重点应用，已纳入数字重庆建设"一本账"。落实数字资源"一本账"管理要求，基于IRS平台完成住房公积金云网、应用资源编目以及数据资源编目归集、数据服务接口和能力组件上架。三是做好信息化基础支撑。全年系统可用性达到99.99%，5G专网技术运用获第六届"绽放杯"5G应用征集大赛重庆区域赛二等奖，常态化开展等保测评、安全漏洞扫描等工作。四是深化产学研用。圆满完成"浙江大学—重庆市住房公积金管理中心创新应用联合实验室"课题研究，科研成果落地应用到风险防控、智能服务等场景；区块链创新应用得到中央网信办现场评估高度肯定，入选"2023年全国区块链创新应用典型案例"；完成全国灵活就业人员缴存住房公积金业务系统建设方案研究并推进应用；完成住房公积金服务智能监测评估技术研究及应用。

（六）住房公积金管理中心及职工所获荣誉情况

重庆市住房公积金管理中心及下属办事处、分中心获"重庆市青年文明号"2个，集体、个人获其他市级荣誉21个；获区县级"文明单位"1个，"三八红旗手"2个，集体、个人获其他区县级荣誉17个。

（七）对违反《住房公积金管理条例》和相关法规行为进行行政处罚和申请人民法院强制执行情况

受理违反《住房公积金管理条例》和相关法规行为的案件1796件。其中，立案前处理整改1524件，立案查处272件。依法申请人民法院强制执行22件。

重庆市住房公积金
2023 年年度报告二维码

名称	二维码
重庆市住房公积金 2023 年年度报告	

四川省

四川省住房公积金 2023 年年度报告

根据国务院《住房公积金管理条例》和住房和城乡建设部、财政部、中国人民银行《关于健全住房公积金信息披露制度的通知》（建金〔2015〕26 号）规定，现将四川省住房公积金 2023 年年度报告汇总公布如下：

一、机构概况

（一）**住房公积金管理机构**：全省共设 21 个设区城市住房公积金管理中心，3 个独立设置的分中心（其中，四川省省级住房公积金管理中心隶属四川省机关事务管理局，四川石油管理局住房公积金管理中心隶属四川石油管理局有限公司，中国工程物理研究院住房公积金管理中心隶属中国工程物理研究院）。从业人员 2391 人，其中，在编 1323 人，非在编 1068 人。

（二）**住房公积金监管机构**：省住房城乡建设厅、财政厅和中国人民银行四川省分行负责对本省住房公积金管理运行情况进行监督。省住房城乡建设厅设立住房公积金监管处，负责辖区住房公积金日常监管工作。

二、业务运行情况

（一）**缴存**。2023 年，新开户单位 30479 家，净增单位 18079 家；新开户职工 99.14 万人，净增职工 24.58 万人；实缴单位 190465 家，实缴职工 845.57 万人，缴存额 1594.73 亿元，分别同比增长 10.54%、3.07%、8.62%。2023 年末，缴存总额 13107.45 亿元，比上年末增加 13.85%；缴存余额 4774.48 亿元，同比增长 7.21%（表1）。

2023 年分城市住房公积金缴存情况 表1

地区	实缴单位（万个）	实缴职工（万人）	缴存额（亿元）	累计缴存总额（亿元）	缴存余额（亿元）
四川省	19.05	845.58	1594.73	13107.46	4774.48
成都市	11.79	460.45	801.96	6238.29	2118.96
自贡市	0.28	14.30	28.62	269.63	105.75
攀枝花市	0.20	14.39	30.62	338.48	119.11
泸州市	0.46	29.04	51.01	434.22	156.26
德阳市	0.45	27.37	50.29	509.52	169.46
绵阳市	0.70	38.46	77.12	659.90	243.06
广元市	0.30	15.10	32.73	261.28	127.11
遂宁市	0.29	15.60	28.41	215.02	97.11
内江市	0.24	14.98	27.71	256.26	105.44
乐山市	0.48	23.10	42.56	430.73	144.92
南充市	0.51	24.97	53.86	444.97	160.89
眉山市	0.36	20.46	36.16	296.14	100.24

续表

地区	实缴单位（万个）	实缴职工（万人）	缴存额（亿元）	累计缴存总额（亿元）	缴存余额（亿元）
宜宾市	0.63	35.71	69.53	578.73	201.54
广安市	0.35	15.85	35.77	241.47	102.97
达州市	0.34	20.93	44.61	376.81	174.91
雅安市	0.26	10.47	21.56	204.39	64.87
巴中市	0.27	12.49	27.30	197.08	114.85
资阳市	0.19	10.52	21.35	183.47	75.33
阿坝州	0.20	9.13	25.73	219.16	82.21
甘孜州	0.23	8.57	30.68	253.00	108.03
凉山州	0.50	23.70	57.15	498.91	201.46

（二）提取。 2023年，359.70万名缴存职工提取住房公积金；提取额1273.78亿元，同比增长22.91%；提取额占当年缴存额的79.87%，比上年增加9.28个百分点。2023年末，提取总额8332.96亿元，比上年末增加18.04%（表2）。

2023年分城市住房公积金提取情况 表2

地区	提取额（亿元）	提取率（%）	住房消费类提取额（亿元）	非住房消费类提取额（亿元）	累计提取总额（亿元）
四川省	1273.78	79.87	923.02	350.76	8332.96
成都市	651.46	81.23	511.84	139.62	4119.32
自贡市	22.62	79.03	13.81	8.81	163.88
攀枝花市	23.70	77.42	14.36	9.34	219.38
泸州市	39.42	77.28	26.92	12.51	277.95
德阳市	44.35	88.18	28.08	16.27	340.06
绵阳市	71.27	92.42	50.46	20.81	416.84
广元市	24.93	76.17	14.86	10.07	134.16
遂宁市	20.92	73.64	13.55	7.37	117.91
内江市	24.11	87.01	14.54	9.57	150.82
乐山市	35.62	83.69	22.71	12.90	285.81
南充市	41.02	76.16	27.00	14.01	284.08
眉山市	28.70	79.36	20.13	8.57	195.90
宜宾市	54.32	78.12	39.58	14.73	377.19
广安市	23.34	65.25	15.49	7.85	138.50
达州市	30.07	67.41	17.09	12.98	201.90
雅安市	18.94	87.84	12.68	6.26	139.51
巴中市	15.03	55.05	8.29	6.75	82.23
资阳市	17.38	81.40	10.80	6.57	108.14
阿坝州	20.17	78.39	14.83	5.34	136.95
甘孜州	22.31	72.72	16.57	5.74	144.98
凉山州	44.10	77.17	29.40	14.70	297.45

(三) 贷款

1. 个人住房贷款：2023年，发放个人住房贷款14.57万笔、644.10亿元，同比增长0.81%、5.88%。回收个人住房贷款452.41亿元。

2023年末，累计发放个人住房贷款226.92万笔、6782.12亿元，贷款余额3713.72亿元，分别比上年末增加6.86%、10.49%、5.44%。个人住房贷款余额占缴存余额的77.78%，比上年末减少1.30个百分点（表3）。

2023年分城市住房公积金个人住房贷款情况　　　表3

地区	放贷笔数（万笔）	贷款发放额（亿元）	累计放贷笔数（万笔）	累计贷款总额（亿元）	贷款余额（亿元）	个人住房贷款率（%）
四川省	**14.57**	**644.10**	**226.92**	**6782.12**	**3713.72**	**77.78**
成都市	7.49	353.29	85.60	3082.99	1837.90	86.74
自贡市	0.35	12.32	7.14	173.11	84.51	79.92
攀枝花市	0.17	6.77	7.16	166.49	72.12	60.55
泸州市	0.48	19.09	6.80	194.56	116.30	74.42
德阳市	0.41	15.64	9.70	255.32	125.20	73.88
绵阳市	0.94	45.04	13.00	362.87	178.48	73.43
广元市	0.23	9.97	4.79	141.35	75.05	59.04
遂宁市	0.33	13.56	4.97	131.31	62.04	63.88
内江市	0.27	9.31	5.19	156.29	90.51	85.84
乐山市	0.45	17.64	9.78	248.54	115.25	79.52
南充市	0.52	18.68	8.98	221.61	119.67	74.38
眉山市	0.33	12.21	6.79	173.95	90.25	90.04
宜宾市	0.88	39.38	14.96	356.04	166.08	82.41
广安市	0.25	8.44	3.67	110.33	67.89	65.93
达州市	0.26	9.62	5.86	169.70	100.55	57.49
雅安市	0.18	7.45	3.01	95.14	54.33	83.74
巴中市	0.18	5.91	4.93	123.52	69.24	60.29
资阳市	0.17	6.01	5.54	106.41	52.16	69.24
阿坝州	0.09	4.16	2.10	68.97	32.39	39.40
甘孜州	0.16	8.84	6.28	170.56	59.46	55.04
凉山州	0.43	20.77	10.66	273.06	144.36	71.66

2023年，支持职工购建房1597.25万平方米。年末个人住房贷款市场占有率（含公转商贴息贷款）为17.24%，比上年末减少0.12个百分点。通过申请住房公积金个人住房贷款，可节约职工购房利息支出1140705.36万元。

2. 异地贷款：2023年，发放异地贷款23802笔、1134836.93万元。2023年末，发放异地贷款总额7103137.10万元，异地贷款余额4163544.46万元。

3. 公转商贴息贷款：2023年，发放公转商贴息贷款29笔、1643.30万元。当年贴息额778.53万元。2023年末，累计发放公转商贴息贷款5994笔、187292.79万元，累计贴息13146.22万元。

(四) 购买国债：无。

(五) 融资：2023年，归还2.25亿元。年末，融资总额173.12亿元，融资余额0亿元。

（六）资金存储：2023年末，住房公积金存款1129.85亿元。其中，活期4.71亿元，1年（含）以下定期97.06亿元，1年以上定期817.42亿元，其他（协定、通知存款等）210.66亿元。

（七）资金运用率：2023年末，住房公积金个人住房贷款余额、项目贷款余额和购买国债余额的总和占缴存余额的77.78%，比上年末减少1.30个百分点。

三、主要财务数据

（一）业务收入：2023年，业务收入1484544.45万元，同比增长3.58%。其中，存款利息330506.00万元，委托贷款利息1153464.95万元，其他573.50万元。

（二）业务支出：2023年，业务支出736381.89万元，同比增长6.26%。其中，支付职工住房公积金利息689013.13万元，归集手续费175.10万元，委托贷款手续费40987.62万元，其他6206.04万元。

（三）增值收益：2023年，增值收益748162.57万元，同比增长1.07%；增值收益率1.62%，比上年减少0.13个百分点。

（四）增值收益分配：2023年，提取贷款风险准备金83140.30万元，提取管理费用75964.33万元，提取城市廉租住房（公共租赁住房）建设补充资金588918.67万元（表4）。

2023年分城市住房公积金增值收益及分配情况 表4

地区	业务收入（亿元）	业务支出（亿元）	增值收益（亿元）	增值收益率（%）	提取贷款风险准备金(亿元)	提取管理费用(亿元)	提取公租房(廉租房)建设补充资金(亿元)
四川省	148.45	73.64	74.82	1.62	8.31	7.60	58.89
成都市	65.35	32.46	32.90	1.61	1.65	2.13	29.11
自贡市	3.35	1.59	1.76	1.72	0.02	0.22	1.52
攀枝花市	4.06	1.81	2.25	1.94	1.35	0.13	0.77
泸州市	4.74	2.40	2.34	1.56	0.19	0.25	1.90
德阳市	5.78	2.72	3.06	1.85	0.47	0.48	2.11
绵阳市	7.59	3.39	4.20	1.75	0.12	0.35	3.73
广元市	4.10	1.95	2.15	1.74	0.75	0.17	1.23
遂宁市	3.15	1.50	1.65	1.76	0.62	0.03	1.00
内江市	3.20	1.68	1.51	1.46	0.00	1.08	0.43
乐山市	4.25	2.25	2.00	1.41	0.05	0.19	1.75
南充市	4.63	2.49	2.14	1.39	0.03	0.24	1.87
眉山市	3.03	1.58	1.45	1.50	0.01	0.23	1.21
宜宾市	6.55	3.13	3.42	1.75	1.34	0.30	1.78
广安市	3.00	1.57	1.43	1.47	0.00	0.19	1.24
达州市	5.20	2.68	2.53	1.51	0.10	0.18	2.25
雅安市	2.17	1.01	1.15	1.80	0.00	0.15	1.00
巴中市	3.39	1.86	1.53	1.40	0.63	0.03	0.87
资阳市	2.40	1.19	1.22	1.70	0.52	0.07	0.63
阿坝州	2.63	1.70	0.93	1.17	0.32	0.10	0.51
甘孜州	3.45	1.67	1.78	1.70	0.09	0.33	1.37
凉山州	6.44	3.01	3.43	1.75	0.07	0.76	2.60

2023年，上交财政管理费用75065.57万元，上缴财政城市廉租住房（公共租赁住房）建设补充资

金 562094.97 万元。

2023 年末，贷款风险准备金余额 1386069.81 万元，累计提取城市廉租住房（公共租赁住房）建设补充资金 3849625.67 万元。

（五）管理费用支出：2023 年，管理费用支出 62629.83 万元，同比增长 5.67％。其中，人员经费 37738.26 万元，公用经费 3903.61 万元，专项经费 20987.96 万元。

四、资产风险状况

个人住房贷款：2023 年末，个人住房贷款逾期额 3923.79 万元，逾期率 0.11‰，个人贷款风险准备金余额 1381175.41 万元。

五、社会经济效益

（一）缴存业务。

缴存职工中，国家机关和事业单位占 32.54％，国有企业占 14.72％，城镇集体企业占 1.06％，外商投资企业占 4.19％，城镇私营企业及其他城镇企业占 42.79％，民办非企业单位和社会团体占 1.99％，灵活就业人员占 0.60％，其他占 2.11％；中、低收入占 96.35％，高收入占 3.65％。

新开户职工中，国家机关和事业单位占 20.24％，国有企业占 9.98％，城镇集体企业占 1.21％，外商投资企业占 5.77％，城镇私营企业及其他城镇企业占 54.11％，民办非企业单位和社会团体占 2.89％，灵活就业人员占 2.74％，其他占 3.06％；中、低收入占 99.21％，高收入占 0.79％。

（二）提取业务。

提取金额中，购买、建造、翻建、大修自住住房占 18.00％，偿还购房贷款本息占 49.64％，租赁住房占 4.78％，支持老旧小区改造提取占 0.03％；离休和退休提取占 22.26％，完全丧失劳动能力并与单位终止劳动关系提取占 1.68％，出境定居占 0.30％，其他占 3.29％。提取职工中，中、低收入占 95.00％，高收入占 5.00％。

（三）贷款业务。

个人住房贷款：职工贷款笔数中，购房建筑面积 90（含）平方米以下占 26.23％，90～144（含）平方米占 67.03％，144 平方米以上占 6.74％。购买新房占 62.28％，购买二手房占 35.42％，其他占 2.30％。

职工贷款笔数中，单缴存职工申请贷款占 63.00％，双缴存职工申请贷款占 36.97％，三人及以上缴存职工共同申请贷款占 0.03％。

贷款职工中，30 岁（含）以下占 42.49％，30 岁～40 岁（含）占 41.38％，40 岁～50 岁（含）占 12.97％，50 岁以上占 3.16％；购买首套住房申请贷款占 81.00％，购买二套及以上申请贷款占 19.00％；中、低收入占 94.05％，高收入占 5.95％。

（四）住房贡献率：2023 年，个人住房贷款发放额、公转商贴息贷款发放额、项目贷款发放额、住房消费提取额的总和与当年缴存额的比率为 98.28％，比上年增长 0.36 个百分点。

六、其他重要事项

（一）因城施策优化政策，加大住房保障支持力度

1. 租购并举解决缴存人基本住房问题。用好政策工具箱，及时出台优化政策满足居民刚性和改善性住房需求，加大租房提取力度，调整提取额度，精简提取要件，优化提取频次，助推"租购并举"住房制度发展。

2. 持续优化住房公积金贷款政策。认真贯彻落实"认房不认贷""首套房利率下调"等国家省市有关要求；加大住房公积金贷款支持力度，提高二孩、三孩家庭贷款额度；推行开展二手房"带押过户"贷款；出台"商转公"政策；引导住房公积金受托银行聚焦"保交楼"专项借款项目，做好配套融资工作；在保障性租赁住房领域开展按月直付房租试点，切实推动房地产市场平稳健康发展。

（二）开展灵活就业人员参加住房公积金制度试点情况

灵活就业人员参加住房公积金制度试点继续纳入四川省委社会体制改革台账；新增南充、遂宁2个城市开展试点；成都、德阳、眉山、资阳、绵阳、宜宾、南充、遂宁8个城市公积金中心按要求完成了年度试点评估工作。

（三）推进住房公积金区域协同发展

1. 川渝住房公积金一体化发展持续深入。实现当年新增4个服务事项"川渝通办"、4项"川渝免证办"，累计完成15个服务事项"川渝通办"；全国首个跨省域服务实体专区川渝高竹新区住房公积金专窗正式运行。

2. 成德眉资住房公积金同城化发展坚持重点突破。按照"1+2"示范支撑带动，共同构建体系化租房政策支持、探索灵缴试点贷款保险可行路径，同城贷示范持续完善，依法治理能力建设示范有序推进；创新推出"单位缴存账户注销""出具企业上市用合规缴存证明"2个自选跨域通办事项，形成政策同城、试点共进、数据互联、服务共享的新局面。

（四）扎实开展结对子帮扶，助力西藏规范管理运行

进一步落实川藏两地关于深入开展住房公积金"结对子"帮扶工作要求，通过实地调研、专题培训、驻点帮扶等形式深入推进"结对子"工作，帮助结对公积金中心持续推进建章立制、减少逾期、防范风险、提升能力、培养人才等工作常态化，结对帮扶成效明显。

（五）重点关注政务服务能力和服务水平提升

1. 不断加大"一网通办"工作力度，深化"放管服"、优化营商环境工作要求。全年完成2项天府通办App事项、2项"跨省通办"等政务服务事项；积极配合省人社、公安、市场监管局完成"企业职工退休""身故""企业开办""员工录用"4个"一件事一次办"事项流程优化；创新完成住房公积金"亮码可办"工作。

2. 多措并举加快推进住房公积金数字化发展。全省积极推进数据治理、数据共享、电子化档案系统升级开发、数字人民币在住房公积金业务场景应用；印发《贯彻落实〈住房和城乡建设部关于加快住房公积金数字化发展的指导意见〉工作方案》。

3. 组织开展住房公积金数字化发展现场服务指导。积极开展相关培训，提高思想认识、提升专业素养；开展全覆盖现场服务指导，督促各城市公积金中心落实工作要求。

4. 深入推进服务提升三年行动"服务标准落实"年。加强党建引领，推进行业文化建设，向住房和城乡建设部择优推选全国"最美公积金人""星级服务岗"候选名单；在2023年杭州召开的全国住建系统精神文明建设工作会上，四川省住房和城乡建设厅代表全国公积金行业做交流发言。

5. 积极开展年度住房公积金体检评估。我省作为全国仅有两个辖区内各城市公积金中心全部参加的省之一，紧扣住房公积金高质量发展内涵，围绕推动中心内部管理科学化、规范化的目标任务，围绕发展绩效、管理规范化、数字化发展、风险防控、服务能力、年度工作6个方面扎实开展体检评估自评工作。

（六）荣誉获得情况

2023年全省住房公积金行业扎实开展文明创建活动，省内各地住房公积金机构及从业人员所获荣誉情况，包括：文明单位、行业、窗口（省部级1个、地市级8个），青年文明号（国家级1个），工人先锋号（地市级1个），三八红旗手（省部级1个、地市级3个），先进集体和个人（省部级41个、地市级122个）。

四川省及省内各城市住房公积金 2023 年年度报告二维码

名称	二维码
四川省住房公积金 2023 年年度报告	
成都住房公积金 2023 年年度报告	
自贡市住房公积金 2023 年年度报告	
攀枝花市住房公积金 2023 年年度报告	
泸州市住房公积金 2023 年年度报告	
德阳市住房公积金 2023 年年度报告	
绵阳市住房公积金 2023 年年度报告	

续表

名称	二维码
广元市住房公积金 2023 年年度报告	
遂宁市住房公积金 2023 年年度报告	
内江市住房公积金 2023 年年度报告	
乐山市住房公积金 2023 年年度报告	
南充市住房公积金 2023 年年度报告	
眉山市住房公积金 2023 年年度报告	
宜宾市住房公积金 2023 年年度报告	
广安市住房公积金 2023 年年度报告	
达州市住房公积金 2023 年年度报告	

续表

名称	二维码
雅安市住房公积金 2023 年年度报告	
巴中市住房公积金 2023 年年度报告	
资阳市住房公积金 2023 年年度报告	
阿坝藏族羌族自治州住房公积金 2023 年年度报告	
甘孜藏族自治州住房公积金 2023 年年度报告	
凉山彝族自治州住房公积金 2023 年年度报告	

贵州省

贵州省住房公积金 2023 年年度报告

根据国务院《住房公积金管理条例》和住房和城乡建设部、财政部、人民银行《关于健全住房公积金信息披露制度的通知》(建金〔2015〕26 号)规定,现将贵州省住房公积金 2023 年年度报告汇总公布如下:

一、机构概况

(一)**住房公积金管理机构**:全省共设 9 个市(州)住房公积金管理中心,1 个独立设置的省直分中心。从业人员 863 人,其中,在编 638 人,非在编 225 人。

(二)**住房公积金监管机构**:贵州省住房和城乡建设厅、财政厅和中国人民银行贵州省分行负责对本省住房公积金管理运行情况进行监督。省住房城乡建设厅设立住房公积金监管处,负责住房公积金日常监管工作。

二、业务运行情况

(一)**缴存**:2023 年,新开户单位 12498 家,净增单位 6218 家;新开户 33.01 万人,净增 11.17 万人;实缴单位 71856 家,实缴 307.45 万人,缴存额 569.29 亿元,分别同比增长 9.47%、3.77%、6.51%。2023 年末,缴存总额 4531.98 亿元,比上年末增加 14.37%;缴存余额 1680.55 亿元,同比增长 6.65%(表1)。

2023 年分城市住房公积金缴存情况　　表1

地区	实缴单位（万个）	实缴人数（万人）	缴存额（亿元）	累计缴存总额（亿元）	缴存余额（亿元）
贵州省	**7.19**	**307.45**	**569.29**	**4531.98**	**1680.55**
贵阳市	3.35	115.78	184.66	1475.97	485.45
遵义市	0.80	47.40	104.38	773.44	282.46
六盘水市	0.30	20.77	37.51	307.22	114.91
安顺市	0.34	13.64	28.23	240.09	82.53
毕节市	0.52	27.45	49.32	378.90	148.33
铜仁市	0.35	19.40	38.86	307.93	128.45
黔东南州	0.50	21.92	46.75	401.32	179.53
黔南州	0.59	24.83	42.79	361.83	143.03
黔西南州	0.44	16.26	36.77	285.28	115.86

(二)**提取**:2023 年,146.25 万名缴存人提取住房公积金 464.49 亿元,同比增长 16.37%;提取额占当年缴存额的 81.59%,比上年增加 6.91 个百分点。2023 年末,提取总额 2851.43 亿元(表2)。

2023 年分城市住房公积金提取情况 表2

地区	提取额（亿元）	提取率（％）	住房消费类提取额（亿元）	非住房消费类提取额（亿元）	累计提取总额（亿元）
贵州省	**464.49**	**81.59**	**355.07**	**109.42**	**2851.43**
贵阳市	155.91	84.43	118.08	37.82	990.52
遵义市	89.17	85.43	72.32	16.85	490.98
六盘水市	26.44	70.49	19.63	6.81	192.30
安顺市	24.81	87.89	19.12	5.69	157.56
毕节市	39.22	79.52	30.16	9.07	230.57
铜仁市	30.85	79.39	22.15	8.71	179.48
黔东南州	36.87	78.87	26.32	10.56	221.79
黔南州	32.05	74.90	23.79	8.26	218.79
黔西南州	29.17	79.33	23.52	5.65	169.43

（三）贷款。

1. 个人住房贷款：2023 年，发放个人住房贷款 6.53 万笔、274.29 亿元，同比增长 6.48％、10.12％。回收个人住房贷款 186.19 亿元。

2023 年末，累计发放个人住房贷款 101.95 万笔、2859.68 亿元，贷款余额 1576.76 亿元。个人住房贷款余额占缴存余额的比率为 93.82％，比上年末减少 0.65 个百分点（表3）。

2023 年分城市住房公积金个人住房贷款情况 表3

地区	放贷笔数（万笔）	贷款发放额（亿元）	累计放贷笔数（万笔）	累计贷款总额（亿元）	贷款余额（亿元）	个人住房贷款率（％）
贵州省	**6.53**	**274.29**	**101.95**	**2585.38**	**1488.66**	**93.82**
贵阳市	1.64	81.50	24.43	815.77	480.74	99.03
遵义市	1.39	56.31	18.76	56.31	255.33	90.39
六盘水市	0.44	17.02	6.58	17.02	103.44	90.01
安顺市	0.47	17.14	6.38	17.14	77.03	93.35
毕节市	0.77	31.50	10.80	31.50	149.30	100.65
铜仁市	0.42	16.26	8.45	16.26	114.81	89.38
黔东南州	0.51	22.26	10.01	22.26	172.21	95.92
黔南州	0.43	14.10	9.40	14.10	118.04	82.52
黔西南州	0.46	18.21	7.13	18.21	105.88	91.39

2023 年，通过个人住房贷款支持职工购建房 832.45 万平方米。年末个人住房贷款市场占有率（含公转商贴息贷款）为 21.45％。

2. 异地贷款：2023 年，发放异地贷款 4531 笔、17.82 亿元。2023 年末，异地贷款总额 78.61 亿元，异地贷款余额 62.76 亿元。

3. 公转商贴息贷款：2023 年，发放公转商贴息贷款 473 笔、2.15 亿元，支持职工购建房面积 4.43 万平方米。当年贴息额 3439.24 万元。2023 年末，累计发放公转商贴息贷款 18235 笔、54.34 亿元，累计贴息 3.92 亿元。

4. 住房公积金支持保障性住房建设项目贷款：2023 年，未发放支持保障性住房建设项目贷款，回收项目贷款 1058 万元。2023 年末，累计发放项目贷款 14.32 亿元，项目贷款余额 1006 万元。

（四）购买国债：2023年，未购买国债。

（五）融资：2023年末，融资总额77.50亿元。

（六）资金存储：2023年末，住房公积金存款131.97亿元。其中，活期0.85亿元，1年（含）以下定期32.95亿元，1年以上定期18.38亿元，其他（协定、通知存款等）79.79亿元。

（七）资金运用率：2023年末，住房公积金个人住房贷款余额、项目贷款余额和购买国债余额的总和占缴存余额的93.83%。

三、主要财务数据

（一）业务收入：2023年，业务收入50.60亿元，同比增长4.05%。其中，存款利息2.52亿元，委托贷款利息47.88亿元，其他0.20亿元。

（二）业务支出：2023年，业务支出27.89亿元，同比增长4.57%。其中，支付职工住房公积金利息24.48亿元，归集手续费1.27亿元，委托贷款手续费1.72亿元，其他0.41亿元。

（三）增值收益：2023年，增值收益22.71亿元，同比增长3.45%；增值收益率1.39%，比上年减少0.05个百分点。

（四）增值收益分配：2023年，提取贷款风险准备金8926.36万元，提取管理费用2.45亿元，提取城市廉租住房（公共租赁住房）建设补充资金19.37亿元（表4）。

2023年分城市住房公积金增值收益及分配情况 表4

地区	业务收入（亿元）	业务支出（亿元）	增值收益（亿元）	增值收益率（%）	提取贷款风险准备金（亿元）	提取管理费用（亿元）	提取公租房（廉租房）建设补充资金（亿元）
贵州省	**50.60**	**27.89**	**22.71**	**1.39**	**0.89**	**2.45**	**19.37**
贵阳市	14.74	8.39	6.35	1.35	0.35	0.24	5.76
遵义市	8.62	4.67	3.95	1.44	0.19	0.29	3.47
六盘水市	3.58	1.99	1.59	1.43	0.06	0.16	1.37
安顺市	2.45	1.33	1.12	1.38	0.07	0.15	0.90
毕节市	4.53	2.28	2.25	1.57	0.12	0.20	1.93
铜仁市	3.68	2.00	1.68	1.35	0.03	0.39	1.26
黔东南州	5.54	2.84	2.70	1.68	0.05	0.65	1.99
黔南州	4.02	2.38	1.64	1.19	0.00	0.23	1.41
黔西南州	3.44	2.01	1.43	1.29	0.02	0.14	1.27

2023年，上交财政管理费用2.49亿元，上缴财政城市廉租住房（公共租赁住房）建设补充资金18.41亿元。

2023年末，贷款风险准备金余额16.98亿元，累计提取城市廉租住房（公共租赁住房）建设补充资金126.86亿元。

（五）管理费用支出：2023年，管理费用支出19454.42万元，同比增长4.45%。其中，人员经费12558.82万元，公用经费1448.71万元，专项经费5446.89万元。

四、资产风险状况

（一）个人住房贷款：2023年末，个人住房贷款逾期额1.33亿元，逾期率0.845‰，个人贷款风险准备金余额16.98亿元。2023年，未使用个人贷款风险准备金核销呆坏账。

（二）住房公积金支持保障性住房建设项目贷款：2023年末，未发生逾期项目贷款，逾期率为0‰，项目贷款风险准备金余额40.24万元。2023年，未使用项目贷款风险准备金核销呆坏账。

五、社会经济效益

(一) 缴存业务。

缴存职工中，国家机关和事业单位占 45.27%，国有企业占 22.09%，城镇集体企业占 1.45%，外商投资企业占 1.02%，城镇私营企业及其他城镇企业占 25.10%，民办非企业单位和社会团体占 1.82%，灵活就业人员占 0.15%，其他占 3.12%；中、低收入占 97.19%，高收入占 2.81%。

新开户职工中，国家机关和事业单位占 28.80%，国有企业占 17.92%，城镇集体企业占 1.00%，外商投资企业占 1.11%，城镇私营企业及其他城镇企业占 40.99%，民办非企业单位和社会团体占 4.66%，灵活就业人员占 0.26%，其他占 5.26%；中、低收入占 99.05%，高收入占 0.95%。

(二) 提取业务。

提取金额中，购买、建造、翻建、大修自住住房占 11.88%，偿还购房贷款本息占 59.22%，租赁住房占 4.36%，支持老旧小区改造提取占 0.03%；离休和退休提取占 18.23%，完全丧失劳动能力并与单位终止劳动关系提取占 3.31%，出境定居占 0.28%，其他占 2.69%。提取职工中，中、低收入占 91.82%，高收入占 8.18%。

(三) 贷款业务。

1. 个人住房贷款。

职工贷款笔数中，购房建筑面积 90（含）平方米以下占 5.02%，90～144（含）平方米占 80.57%，144 平方米以上占 14.42%。购买新房占 79.54%（其中购买保障性住房占 0.02%），购买二手房占 18.86%，建造、翻建、大修自住住房占 0.06%，其他占 1.54%。

职工贷款笔数中，单缴存职工申请贷款占 59.90%，双缴存职工申请贷款占 40.04%，三人及以上缴存职工共同申请贷款占 0.06%。

贷款职工中，30 岁（含）以下占 42.81%，30 岁～40 岁（含）占 37.46%，40 岁～50 岁（含）占 16.00%，50 岁以上占 3.73%；购买首套住房申请贷款占 79.90%，购买二套及以上申请贷款占 20.10%；中、低收入占 93.36%，高收入占 6.64%。

2. 住房公积金支持保障性住房建设项目贷款：全省有住房公积金试点城市 2 个，试点项目 14 个，贷款额度 14.32 亿元，建筑面积 107.12 万平方米。2023 年末，12 个试点项目贷款资金已发放并还清贷款本息，剩余 2 个项目，贷款余额 1006 万元。

(四) 住房贡献率：2023 年，个人住房贷款发放额、公转商贴息贷款发放额、项目贷款发放额、住房消费提取额的总和与当年缴存额的比率为 110.93%，比上年减少 11.22 个百分点。

六、其他事项

(一) 强化工作部署。先后召开了全省住房公积金管理工作会、全省住房公积金数字化建设暨半年工作推进会、全省住房公积金管理工作会、全省住房公积金重点工作推进会暨经验交流会等，积极安排部署年度重点工作、落实阶段性政策优化出台、推进数字化建设工作；开展"发挥住房公积金政策作用，促进房地产业平稳健康发展"宣讲；开展工作调研和督查，切实加强住房公积监督管理，更好地服务缴存人。

(二) 发挥政策作用。服务"住有所居"，不断优化政策措施为缴存人的住房需求提供有力保障。一是印发了《关于进一步促进全省房地产业良性循环的健康发展的意见》（黔建房通〔2023〕76 号）。继续支持公积金缴存职工合理购房需求，原有公积金支持政策到期的及时予以延续；公积金结余资金不足的市（州），住房公积金管理中心要加大公积金贴息力度，保障职工享受住房公积金低息贷款；对以旧换新、以小换大、多子女家庭购买改善性自住住房的，可适当提高住房公积金贷款额度等。二是指导各地持续支持新市民、青年人租房提取住房公积金。出台细化政策提高租房提取额度、放宽提取频次，实现按月足额提取。

（三）筑牢安全底线。一是指导各地加强住房公积金资金风险管控，通过贴息贷款等措施，解决资金流动性不足问题，满足缴存人合理需求；二是积极开展贷款逾期管理专项督查。下发《关于开展个人住房公积金贷款逾期管理专项督查工作的通知》，督促各中心开展自查，梳理逾期贷款情况，分析典型案例，分类制定催收措施。2023年末，全省住房公积金逾期贷款1.33亿元，逾期率0.845‰。逾期1～2期的个人住房公积金贷款共计2834笔，逾期额344.49万元；逾期3～5期的个人住房公积金贷款共计602笔，逾期额268万元；逾期6期及以上的个人住房公积金贷款共计584笔，逾期额1.31亿元，占逾期贷款总额的98.50%。

（四）推进数字化建设。一是实现包括个人住房公积金缴存贷款等信息查询、出具贷款职工住房公积金缴存使用证明、住房公积金补缴、租房提取住房公积金、提前偿还住房公积金贷款等13项业务"跨省通办"；二是全省各市（州）住房公积金管理中心和省直分中心，均已完成征信信息查询、新增贷款信息和已取得借款人授权的存量贷款信息纳入"征信系统"工作；三是积极推进省级住房公积金基础数据专题库建设。

（五）当年住房公积金机构及从业人员所获荣誉情况。

1. 贵阳中心政务服务处、遵义中心新蒲管理部、六盘水中心、安顺中心城区管理部、毕节中心织金县管理部、铜仁中心、黔东南中心凯里市管理部、黔东南中心归集管理科、黔南中心、黔西南中心被贵州省住房和城乡建设厅、贵州省人力资源和社会保障厅表彰为贵州省住房城乡建设工作先进单位。

2. 贵阳中心刘祖丽、梁江同志，遵义中心骆尧、王小驹、卢勇兵同志，六盘水中心陈绪昌同志，安顺中心吴燮春、刘彬同志，毕节中心代官平同志，铜仁中心向万富同志，黔东南中心王伶俐、潘晓琳、胡琴艳、孙广慧、吴方禹同志，黔南中心袁飞、蔡晓庆、徐德勇、胡兴鑫同志被表彰为贵州省住房和城乡建设工作先进个人。

3. 安顺中心"数字化"推动安顺住房公积金服务"现代化"，被中共贵州省委网络安全和信息化委员会评为"2023年贵州省走好网上群众路线工作优秀案例"。

4. 黔南中心荔波管理部被评为"2022年贵州省巾帼建功先进集体"，蔡晓庆同志被评为"全省乡村振兴优秀驻村工作队员"，杨梦琪同志被评为"贵州省优秀共青团干部"及当选贵州省出席共青团第十九次全国代表大会代表，王克艳同志被评为"贵州省2023年度'好妈妈'"。

5. 黔西南中心被贵州省总工会表彰为"贵州省职工生活幸福单位"；中心主任贺志强同志12月被中国致公党贵州省委员会评为"2023年度宣传思想工作先进个人"。

贵州省及省内各城市住房公积金 2023 年年度报告二维码

名称	二维码
贵州省住房公积金 2023 年年度报告	
贵阳住房公积金 2023 年年度报告	
遵义市住房公积金 2023 年年度报告	
六盘水市住房公积金 2023 年年度报告	
安顺市住房公积金 2023 年年度报告	
毕节市住房公积金 2023 年年度报告	
铜仁市住房公积金 2023 年年度报告	

续表

名称	二维码
黔东南苗族侗族自治州住房公积金 2023 年年度报告	
黔南布依族苗族自治州住房公积金 2023 年年度报告	
黔西南布依族苗族自治州住房公积金 2023 年年度报告	

云南省

云南省住房公积金 2023 年年度报告

2023年,云南省住房公积金系统坚持以习近平新时代中国特色社会主义思想为指引,深入践行以人民为中心的发展思想,全面贯彻执行省委、省政府和住房城乡建设部工作要求,围绕"房住不炒"定位和构建房地产健康平稳发展长效机制,推动制度惠及更多群体,租购并举支持缴存人刚性和改善性住房需求,推动数字化发展,着力加强风险防控,提升管理服务质效,住房公积金制度运行安全平稳。根据国务院《住房公积金管理条例》、住房和城乡建设部、财政部、人民银行《关于健全住房公积金信息披露制度的通知》(建金〔2015〕26号)的有关规定,现将云南省住房公积金2023年年度报告公布如下。

一、机构概况

(一)住房公积金管理机构

全省共设16个设区城市住房公积金管理中心,1个省级职工住房资金管理中心。全省住房公积金从业人员1496人,其中在编人员1016人、非在编人员480人。

(二)住房公积金监管机构

云南省住房和城乡建设厅、云南省财政厅和中国人民银行云南省分行负责对本省住房公积金管理运行情况进行监督。省住房城乡建设厅设立住房改革和公积金监管处,负责本省住房公积金日常监管工作。

二、业务运行情况

(一)缴存

2023年,住房公积金实缴单位70642个,实缴职工312.85万人,分别比上年增长7.60%、1.67%。新开户单位8519个,新开户职工27.49万人。

2023年,住房公积金缴存额711.29亿元,比上年增长5.67%。

截至2023年末,住房公积金累计缴存总额6595.74亿元,缴存余额2066.43亿元,分别比上年末增长12.09%、5.80%(表1、表2、图1)。

2023年分地区住房公积金缴存情况　　表1

地区	实缴单位 (万个)	实缴职工 (万人)	缴存额 (亿元)	累计缴存总额 (亿元)	缴存余额 (亿元)
云南省	**7.06**	**312.85**	**711.29**	**6595.74**	**2066.43**
昆明市	2.48	115.68	270.98	2519.40	602.99
昭通市	0.35	19.31	43.68	379.27	143.57
曲靖市	0.37	27.47	62.99	587.53	192.85
玉溪市	0.41	14.91	35.27	388.66	113.47
保山市	0.28	13.01	27.43	228.85	96.13
楚雄州	0.30	13.25	27.80	281.08	80.68

续表

地区	实缴单位（万个）	实缴职工（万人）	缴存额（亿元）	累计缴存总额（亿元）	缴存余额（亿元）
红河州	0.56	22.81	51.04	497.64	159.73
文山州	0.33	16.42	34.67	287.00	97.18
普洱市	0.36	12.76	26.68	249.89	106.49
西双版纳州	0.20	6.81	15.53	145.07	65.22
大理州	0.37	15.70	35.89	349.00	122.11
德宏州	0.18	7.13	14.49	136.10	60.45
丽江市	0.18	7.75	18.24	156.50	47.03
怒江州	0.08	3.66	10.90	88.91	28.08
迪庆州	0.09	3.56	11.62	94.35	42.29
临沧市	0.52	12.61	24.06	206.48	108.15

2023年分类型单位住房公积金缴存情况　　表2

单位性质	实缴单位（万个）	占比（％）	实缴职工（万人）	占比（％）	新开户职工（万人）	占比（％）
国家机关和事业单位	2.57	36.43	149.26	47.71	7.15	25.99
国有企业	0.77	10.89	69.38	22.18	3.97	14.45
城镇集体企业	0.09	1.26	3.89	1.24	0.32	1.15
外商投资企业	0.06	0.79	4.20	1.34	0.61	2.24
城镇私营企业及其他城镇企业	3.06	43.29	69.34	22.16	12.72	46.28
民办非企业单位和社会团体	0.18	2.55	5.37	1.72	0.72	2.61
其他类型单位	0.34	4.79	10.21	3.26	1.53	5.56
灵活就业人员缴存	—	—	1.22	0.39	0.47	1.72
合计	7.06	100.00	312.85	100.00	27.49	100.00

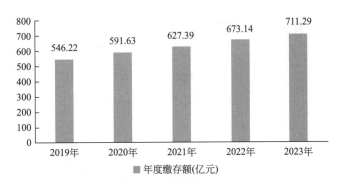

图1　2019—2023年住房公积金缴存额

(二) 提取

2023年，住房公积金提取人数150.89万人，占实缴职工人数的48.23％；提取额597.92亿元，比上年增长16.40％；提取额占当年缴存额的84.06％，比上年增长7.75个百分点。

截至2023年末，住房公积金累计提取总额4529.30亿元，占累计缴存总额的68.67%（表3、图2）。

2023年分地区住房公积金提取情况　　　　表3

地区	提取额（亿元）	提取率（%）	住房消费类提取额（亿元）	非住房消费类提取额（亿元）	累计提取总额（亿元）
云南省	**597.92**	**84.06**	**443.72**	**154.19**	**4529.30**
昆明市	236.45	87.23	184.04	52.41	1916.41
昭通市	37.32	85.44	27.78	9.54	235.70
曲靖市	53.65	85.17	39.51	14.15	394.68
玉溪市	27.62	78.31	18.74	8.88	275.19
保山市	21.92	79.91	15.49	6.43	132.72
楚雄州	19.45	69.96	13.62	5.82	200.40
红河州	47.86	93.77	35.85	12.01	337.92
文山州	28.26	81.51	21.99	6.27	189.82
普洱市	21.37	80.10	14.61	6.76	143.40
西双版纳州	13.92	89.63	8.37	5.54	79.85
大理州	28.05	78.16	19.24	8.81	226.89
德宏州	11.68	80.61	7.62	4.06	75.65
丽江市	15.13	82.95	11.87	3.26	109.47
怒江州	7.93	72.75	6.23	1.70	60.83
迪庆州	11.10	95.49	8.67	2.43	52.06
临沧市	16.21	67.37	10.10	6.11	98.33

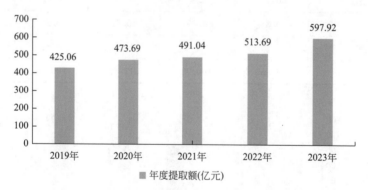

图2　2019—2023年住房公积金提取额

1. 提取用于租赁住房。

2023年，支持15.12万人提取住房公积金21.78亿元用于租赁住房（图3）。

2. 提取用于购买、建造、翻建、大修自住住房和偿还购房贷款本息。

2023年，支持115.51万人提取住房公积金用于购买、建造、翻建、大修自住住房和偿还购房贷款本息，共计417.60亿元（图4）。

3. 离退休提取。

2023年，支持7.35万人因离退休提取住房公积金，共计120.36亿元。

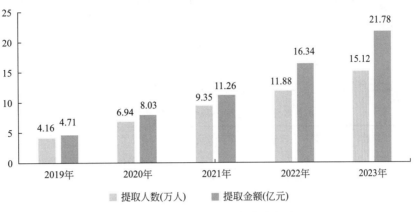

图 3　2019—2023 年租赁住房提取

图 4　购买、建造、翻建、大修自住住房和偿还购房贷款本息提取

4. 丧失劳动能力，与单位终止劳动关系提取。

2023 年，支持 9.66 万人因丧失劳动能力，与单位终止劳动关系提取住房公积金 22.54 亿元（表 4）。

2023 年分类型住房公积金提取情况　　　　表 4

提取原因		提取人数（万人）	占比（%）	提取金额（亿元）	占比（%）
住房消费类	购买、建造、翻建、大修自住住房	36.83	24.41	195.63	32.72
	偿还购房贷款本息	78.68	52.14	221.97	37.12
	租赁住房	15.12	10.02	21.78	3.64
	老旧小区改造	0.00	0.00	0.00	0.00
	其他	1.19	0.79	4.34	0.73
非住房消费类	离退休	7.35	4.88	120.36	20.13
	丧失劳动能力，与单位终止劳动关系	9.66	6.40	22.54	3.77
	出境定居或户口迁移	1.02	0.67	1.39	0.23
	死亡或宣告死亡	0.29	0.19	3.16	0.53
	其他	0.75	0.50	6.74	1.13
合计		150.89	100.00	597.92	100.00

（三）贷款

1. 个人住房贷款。

2023年，发放住房公积金个人住房贷款7.16万笔，比上年增长6.55%；发放金额353.66亿元，比上年增长13.74%。

截至2023年末，累计发放住房公积金个人住房贷款151.95万笔、3722.52亿元，分别比上年末增长4.95%和10.50%；个人住房贷款余额1608.73亿元，比上年末增长8.54%；个人住房贷款余额占缴存余额的77.85%，比上年末增长1.96个百分点（表5、表6、图5）。

2023年分城市住房公积金个人住房贷款情况　　　　　　　　　　　　　　　　　　表5

地区	放贷笔数（万笔）	贷款发放额（亿元）	累计放贷笔数（万笔）	累计贷款总额（亿元）	贷款余额（亿元）	个人住房贷款率（%）
云南省	7.16	353.66	151.95	3722.52	1608.73	77.85
昆明市	2.23	120.30	31.58	954.60	480.84	79.73
昭通市	0.54	22.55	10.98	267.47	126.04	87.79
曲靖市	0.61	26.81	19.60	336.60	124.02	64.31
玉溪市	0.36	14.87	9.12	219.85	97.81	86.20
保山市	0.30	13.48	5.63	141.98	67.61	70.33
楚雄州	0.42	21.87	6.20	133.07	61.31	75.99
红河州	0.57	28.45	16.75	411.14	122.09	76.44
文山州	0.47	20.25	9.79	248.61	87.36	89.90
普洱市	0.38	18.90	9.57	208.28	95.36	89.55
西双版纳州	0.12	4.98	4.52	102.90	38.94	59.71
大理州	0.25	14.19	6.87	185.08	87.20	71.41
德宏州	0.17	7.81	4.55	108.30	54.37	89.93
丽江市	0.22	12.67	6.41	116.90	42.00	89.30
怒江州	0.13	6.48	2.97	64.91	21.26	75.71
迪庆州	0.14	8.40	2.32	69.91	23.84	56.38
临沧市	0.24	11.65	5.06	152.91	78.67	72.75

2023年分类型住房公积金个人住房贷款情况　　　　　　　　　　　　　　　　　　表6

类别		发放笔数（万笔）	占比（%）	金额（亿元）	占比（%）
房屋类型	新房	3.71	51.79	178.42	50.45
	存量商品住房	1.89	26.46	92.73	26.22
	建造、翻建、大修自住住房	0.05	0.73	3.60	1.02
	其他	1.50	21.02	78.91	22.31
房屋建筑面积	90平方米（含）以下	0.72	10.01	33.83	9.57
	90至144平方米（含）	4.46	62.37	208.15	58.86
	144平方米以上	1.98	27.62	111.68	31.57
支持购房套数	首套	6.08	84.97	296.71	83.90
	二套	1.08	15.03	56.94	16.10
贷款职工	单缴存职工缴存人	3.24	45.32	139.34	39.40
	双缴存职工缴存人	3.84	53.64	212.30	60.03
	三人及以上缴存职工缴存人	0.07	1.04	2.02	0.57

续表

类别		发放笔数（万笔）	占比（％）	金额（亿元）	占比（％）
贷款职工年龄	30岁(含)以下	2.56	35.76	122.65	34.68
	30岁~40岁(含)	3.05	42.56	154.96	43.82
	40岁~50岁(含)	1.25	17.46	62.80	17.76
	50岁以上	0.30	4.22	13.25	3.74
贷款职工收入水平	低于上年当地社会平均工资3倍	7.10	99.23	350.45	99.09
	高于上年当地社会平均工资3倍(含)	0.06	0.77	3.21	0.91

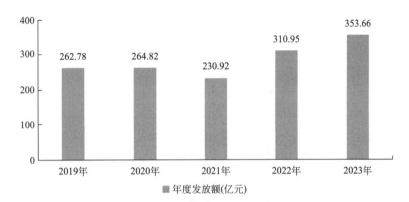

图5　2019—2023年个人住房贷款发放情况

2.支持保障性住房建设试点项目贷款。

2023年，未发放试点项目贷款。

截至2023年末，累计向3个试点项目（昆明2个、玉溪1个）发放贷款7.46亿元，累计回收试点项目贷款3.00亿元，试点项目贷款余额0亿元。

（四）国债

2023年，未购买国债，未兑付、转让、收回国债；截至2023年末，国债余额0亿元。

三、业务收支及增值收益情况

（一）业务收入

2023年，住房公积金业务收入62.24亿元，比上年增长5.27％。其中，存款利息13.11亿元，委托贷款利息49.13亿元。

（二）业务支出

2023年，住房公积金业务支出32.88亿元，比上年增长8.16％。其中，支付缴存人利息31.06亿元，支付受委托银行归集手续费0.46亿元、委托贷款手续费1.33亿元，其他0.03亿元。

（三）增值收益

2023年，住房公积金增值收益29.35亿元，比上年增长2.21％；增值收益率1.46％。

（四）增值收益分配

2023年，提取住房公积金贷款风险准备金1.30亿元，提取管理费用5.65亿元，提取公租房（廉租房）建设补充资金22.40亿元（表7）。

截至2023年末，累计提取住房公积金贷款风险准备金21.05亿元，累计提取公租房（廉租房）建设补充资金19.36亿元。

2023年分城市住房公积金增值收益及分配情况   表7

地区	业务收入（亿元）	业务支出（亿元）	增值收益（亿元）	增值收益率（％）	提取贷款风险准备金（亿元）	提取管理费用（亿元）	提取公租房（廉租房）建设补充资金（亿元）
云南省	**62.24**	**32.88**	**29.35**	**1.46**	**1.30**	**5.65**	**22.40**
昆明市	18.01	9.67	8.34	1.42	0.71	0.94	6.69
昭通市	4.63	2.21	2.42	1.72	0.06	0.33	2.02
曲靖市	5.75	3.26	2.49	1.31	0.05	0.26	2.19
玉溪市	3.37	1.81	1.56	1.43	0.02	0.08	1.46
保山市	2.96	1.47	1.48	1.59	0.05	0.45	0.99
楚雄州	2.57	1.51	1.05	1.38	0.14	0.16	0.76
红河州	4.60	2.60	1.99	1.26	0.00	0.30	1.69
文山州	3.37	1.46	1.90	2.01	0.06	0.57	1.27
普洱市	3.19	1.64	1.55	1.51	0.07	0.25	1.24
西双版纳州	1.69	1.01	0.67	1.04	0.00	0.20	0.47
大理州	3.44	1.77	1.68	1.42	0.03	0.50	1.15
德宏州	1.79	1.01	0.78	1.25	0.02	0.53	0.23
丽江市	1.38	0.70	0.68	1.49	0.05	0.56	0.07
怒江州	0.75	0.43	0.33	1.23	0.00	0.10	0.23
迪庆州	1.45	0.64	0.81	1.92	0.03	0.24	0.53
临沧市	3.29	1.68	1.61	1.54	0.01	0.18	1.42

（五）管理费用支出

2023年，实际支出管理费用3.24亿元，比上年减少4.39％。其中，人员经费2.09亿元，公用经费0.27亿元，专项经费0.88亿元。

四、资产风险情况

（一）个人住房贷款

截至2023年末，住房公积金个人住房贷款逾期额0.43亿元，逾期率0.27‰。

2023年，收回已核销呆坏账4200元。

（二）支持保障性住房试点项目贷款

截至2023年末，试点项目已全部结清贷款本息，无试点项目贷款逾期。

五、社会经济效益

（一）缴存群体进一步扩大

2023年，全省净增住房公积金实缴单位4991个，净增住房公积金实缴职工5.13万人，住房公积金缴存规模持续增长（图6）。

缴存人中，城镇私营企业及其他城镇企业、外商投资企业、民办非企业单位、社会团体和其他类型单位，以及灵活就业人员占28.87％，比上年增加0.98个百分点，非公有制缴存单位职工占比进一步增加（图7）。

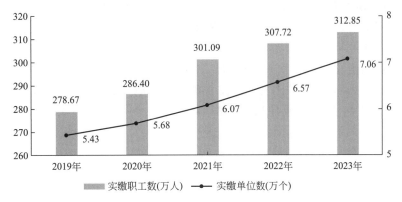

图 6　2019—2023 年实缴单位数和实缴职工人数

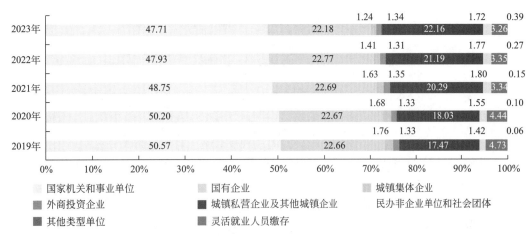

图 7　2019—2023 年按单位性质分缴存职工人数占比变化

新开户职工中，城镇私营企业及其他城镇企业、外商投资企业、民办非企业单位、社会团体和其他类型单位，以及灵活就业人员占 58.41%；非本市职工 12.89 万人，占全部新开户职工的 46.89%（图 8）。

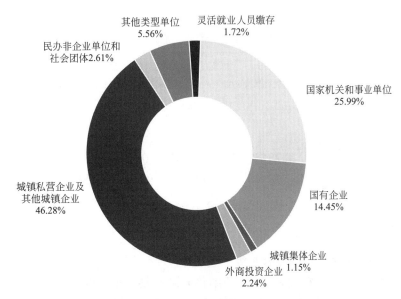

图 8　2023 年按单位性质分新开户职工人数占比

（二）支持缴存人住房消费

有效支持租赁住房消费。2023年，租赁住房提取金额21.78亿元，比上年增长33.29%；租赁住房提取人数15.12万人，比上年增长27.27%。

大力支持购建住房和偿还住房贷款本息提取。2023年，购买、建造、翻建、大修自住住房和偿还购房贷款本息提取金额417.60亿元，比上年增长9.86%；提取人数115.51万人，比上年增长7.07%。

个人住房贷款重点支持首套普通住房。2023年发放的个人住房贷款笔数中，首套住房贷款占84.97%，144平方米（含）以下住房贷款占72.38%，40岁（含）以下职工贷款占78.32%（图9）。2023年，住房公积金个人住房贷款市场占有率18.70%，比上年增长1.21个百分点。

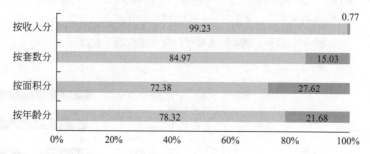

图9 2023年按收入、套数、面积、年龄分贷款笔数占比

2023年，发放异地贷款4307笔、20.75亿元；截至2023年末，累计发放异地贷款14720笔、62.68亿元，余额43.74亿元。

（三）支持保障性住房建设

2023年，提取公租房（廉租房）建设补充资金占当年分配增值收益的76.32%（图10）。

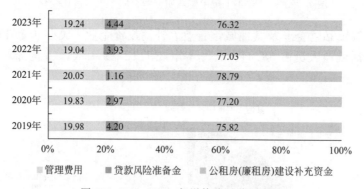

图10 2019—2023年增值收益分配占比

（四）节约职工住房贷款利息支出

住房公积金个人住房贷款利率比同期贷款市场报价利率（LPR）低0.85～1.20个百分点，2023年发放的住房公积金个人住房贷款，偿还期内可为贷款职工节约利息支出约52.88亿元，平均每笔贷款可节约利息支出约7.39万元。

六、其他重要事项

（一）守正创新，稳步推进住房公积金归集扩面工作

积极推行网格化精准扩面措施，将扩面任务细化分解到县（市、区）管理部或分中心，与乡镇政府、街道办事处签订合作协议，借助网格化管理服务力量，以非公经济、民营企业和乡村（社区）工作者等为重点，主动上门服务，通过"院坝会""宣讲会""解答会"等面对面开展政策宣传，推动用人单

位依法为其在职职工缴存住房公积金，持续推进缴存扩面工作。采取发函催缴、行政执法催缴、发函督办、组织约谈等方式，持续加大住房公积金欠缴追缴力度，督促单位及时补缴，切实保障缴存人依法依规提取住房公积金和申请使用住房公积金贷款的权利。2023年，全省新增缴存单位8519个、缴存人27.49万人，同比分别增加5.63％、1.59％，其中灵活就业人员0.39万人，同比增加20.52％。昆明市作为全国灵活就业人员参加住房公积金制度试点城市，高度重视、精心组织，将试点工作列为昆明市2023年全面深化改革任务，制定出台《昆明市灵活就业人员参加住房公积金制度试点方案》《昆明市灵活就业人员参加住房公积金制度试点管理办法》《昆明市灵活就业人员参加住房公积金制度试点实施细则》等政策文件，试点工作初见成效。2023年12月13日正式启动，截至12月31日，新增灵活就业缴存人员3279人，实缴2428人，增加缴存金额861.38万元。全省另有11个中心启动灵活就业人员参加住房公积金制度。

（二）租购并举，解决缴存人基本住房问题

围绕"稳市场、防风险、促转型"，以服务住房工作大局为出发点，支持缴存人刚性和改善性住房需求，坚持"租房优先于购房，提取优先于贷款，保障房优先于商品房，首套房贷款优先于二套房贷款"的原则，因城施策，采取放宽条件、提高额度、增加频次等措施，以新市民、青年人等为重点，全力支持缴存人租房和购房提取住房公积金。持续推进组合贷、商转公、商转组、带抵押过户等贷款业务，落实异地贷款政策，满足贷款需求，多措并举助力缴存人解决基本住房问题。2023年共办理租房提取15.12万人、21.78亿元，同比分别增加27.27％、33.29％，办理购建房提取36.83万人195.63亿元，同比分别增加1.72％、4.89％，发放贷款7.16万笔353.66亿元，同比分别增长6.55％、13.74％，其中支持40岁（含）以下职工购房贷款占比为78.32％。

（三）数字赋能，助力住房公积金业务高质量发展

认真贯彻落实住房和城乡建设部《关于加快住房公积金数字化发展的指导意见》，深入推进数字化发展。扎实做好数据治理，依托全国住房公积金电子稽查工具开展数据质量抽查、评估等常态化数据检核，做好问题数据整改，数据质量明显提升。加强数据安全管理，积极推进网络安全等保建设和备案测评，做好数据异地备份，确保数据安全。按照"总对总"要求，充分利用现有信息共享机制，积极推进征信信息共享接入，全省16个中心全部完成系统接入和贷款数据报送验收。加快推进业务系统升级改造，怒江、迪庆、保山等中心完成业务系统改造，昆明中心制定了更新升级方案正有序推进。

（四）深化改革，不断提升服务质效

认真贯彻住房和城乡建设部"惠民公积金 服务暖人心"住房公积金系统服务提升三年行动方案，对照服务事项基本目录和服务标准，提升协同办理效率，推动全省住房公积金高频事项无差别办理。在"云南省政务服务网"及住房公积金管理中心网上业务大厅上线住房公积金全部34项政务服务事项，实现了政务服务事项100％"网上可办"。围绕"窗口标准化、流程标准化、服务标准化"目标，全面提升精细化管理能力和精准服务水平，推动服务工作"可感知、可量化、可评价"。充分依托"互联网＋公积金"，积极推动常用业务"掌上可办"，高频事项"跨省通办"，证明事项"亮码可办"，实现13项服务事项"跨省通办"，其中新增"租房提取住房公积金""提前退休提取住房公积金"2项服务事项"跨省通办"，促进了信息化与业务深度整合，提升了公积金服务标准化、规范化、便利化，更好地满足了群众办事需求。向住房和城乡建设部住房公积金监管司推荐报送"最美公积金人"6名，"星级服务岗"7个。

（五）加强风险防控，资金安全运行

全面执行《住房公积金廉政风险防控指引》，围绕业务运行、资金收付和信贷风险等方面，健全完善管理制度，严格内控机制，加强大额资金管理，强化内审稽核，实现资金运行安全无事故。建立流动性预警防控机制，加强资金使用率监控，确保职工使用需求，全省个贷率保持77.85％的合理水平，资金流动性充足。建立贷前贷中贷后风险管理制度体系，全流程加强贷款风险管理，着力抓好逾期管理，全省贷款逾期率为0.27‰。临沧中心夯实内部管理，强化内外联动，建立防范化解贷款逾期风险长效

机制，贷款优良度持续保持稳定，连续10年逾期贷款率为"0"。

（六）适时调整住房公积金政策，促进房地产市场健康平稳发展

坚持"房子是用来住的、不是用来炒的"定位，全面落实因城施策促进房地产市场良性循环和健康发展的要求，建立多主体供给、多渠道保障、租购并举的住房制度。优化住房套数认定标准，取消异地贷款户籍和工作地限制，在放宽租购房提取条件、提高租购房提取额度、放宽贷款准入条件、提高贷款最高额度、商转组贷款业务等方面不断调整优化政策，有效减轻缴存人资金压力，提高住房公积金使用效率，用活用好住房公积金，促进房地产市场良性循环和健康平稳发展。2023年，住房公积金个人住房贷款市场占有率18.70%，比上年增长1.21个百分点，支持贷款购买新房178.42亿元，存量商品住房92.73亿元，支持职工购建房面积979.83万平方米。

（七）积极开展创先争优活动，精神文明创建成效显著

党建引领助推住房公积金业务高质量发展，创建文明行业文明单位遍地开花，获得多项荣誉称号。省直中心保留"国家级文明单位"，昭通、大理、楚雄、临沧、保山、曲靖、迪庆7个中心保留"省级文明单位"，昆明、德宏、文山、红河4个中心保留"市级文明单位"。昆明中心主城区管理部、省直中心服务大厅、昭通中心市直分中心、临沧中心临翔区管理部、保山中心隆阳管理部5个单位荣获"惠民公积金、服务暖人心"全国住房公积金系统提升三年行动2022年度表现突出"星级服务岗"。省直中心被评为"全国住房城乡建设系统先进集体"、被省直机关表彰为"规范化建设示范党支部"、服务大厅被评为"云南省巾帼文明岗"；红河中心获"云南省民族团结示范单位"称号；昆明中心被评为"昆明市平安单位""昆明市民族团结进步示范单位"；昭通中心被表彰为"昭通市优化营商环境促进市场主体倍增先进集体"；保山中心被命名为市级"规范化建设党支部"；楚雄中心管理部被州政务服务中心评为"党员先锋窗口"称号；丽江中心荣获丽江市政务服务中心"红旗窗口"称号；怒江中心荣获"第四批怒江州团结进步示范单位"、政务服务窗口被授予怒江州"巾帼文明示范岗"。

云南省及省内各城市住房公积金 2023 年年度报告二维码

名称	二维码
云南省住房公积金 2023 年年度报告	
昆明市住房公积金 2023 年年度报告	
西双版纳傣族自治州住房公积金 2023 年年度报告	
文山壮族苗族自治州住房公积金 2023 年年度报告	
保山市住房公积金 2023 年年度报告	
迪庆藏族自治州住房公积金 2023 年年度报告	
曲靖市住房公积金 2023 年年度报告	

续表

名称	二维码
德宏傣族景颇族自治州住房公积金 2023 年年度报告	
红河哈尼族彝族自治州住房公积金 2023 年年度报告	
临沧市住房公积金 2023 年年度报告	
玉溪市住房公积金 2023 年年度报告	
普洱市住房公积金 2023 年年度报告	
楚雄彝族自治州住房公积金 2023 年年度报告	
大理白族自治州住房公积金 2023 年年度报告	
怒江傈僳族自治州住房公积金 2023 年年度报告	

续表

名称	二维码
昭通市住房公积金 2023 年年度报告	
丽江市住房公积金 2023 年年度报告	

西藏自治区

西藏自治区住房公积金2023年年度报告

根据国务院《住房公积金管理条例》和住房和城乡建设部、财政部、人民银行《关于健全住房公积金信息披露制度的通知》（建金〔2015〕26号）规定，现将西藏自治区住房公积金2023年年度报告汇总公布如下：

一、机构概况

（一）**住房公积金管理机构**：全区共设6个设区城市住房资金管理中心，2个独立设置的住房公积金管理中心（自治区住房资金管理中心、阿里地区住房资金管理中心）。从业人员78人，其中，在编40人，非在编38人。

（二）**住房公积金监管机构**：西藏自治区住房和城乡建设厅、西藏自治区财政厅和人民银行拉萨中心支行负责对全区住房公积金管理运行情况进行监督。西藏自治区住房和城乡建设厅设立规划财务处（住房公积金监管处），负责全区住房公积金日常监管工作。

二、业务运行情况

（一）**缴存**：2023年，新开户单位1264家，净增单位948家；新开户职工6.2万人，净增职工4.24万人；实缴单位7210家，实缴职工46.61万人，缴存额160.98亿元，分别同比增长15.14%、10.01%、5.23%。2023年末，缴存总额1149.75亿元，比上年末增长16.28%；缴存余额540.45亿元，同比增长10.54%（表1）。

2023年分城市住房公积金缴存情况 表1

地区	实缴单位（万个）	实缴职工（万人）	缴存额（亿元）	累计缴存总额（亿元）	缴存余额（亿元）
西藏自治区	**0.72**	**46.62**	**160.98**	**1149.77**	**540.45**
区直中心	0.07	8.86	34.42	272.64	118.67
拉萨中心	0.21	9.25	26.22	169.33	84.05
日喀则中心	0.07	6.26	23.85	176.97	92.01
山南中心	0.11	4.87	15.04	112.16	50.10
林芝中心	0.08	3.90	11.97	89.08	38.69
昌都中心	0.08	5.88	20.76	138.57	67.65
那曲中心	0.03	4.87	19.49	130.87	63.05
阿里中心	0.06	2.73	9.23	60.15	26.23

（二）**提取**：2023年，13.2万名缴存职工提取住房公积金；提取额109.46亿元，同比增长89.23%；提取额占当年缴存额的67.99%，比上年增加30.18个百分点。2023年末，提取总额609.29亿元，比上年末增长21.9%（表2）。

2023年分城市住房公积金提取情况

表2

地区	提取额（亿元）	提取率（%）	住房消费类提取额（亿元）	非住房消费类提取额（亿元）	累计提取总额（亿元）
西藏自治区	**109.46**	**67.99**	**85.56**	**23.9**	**609.29**
区直中心	24.93	72.43	16.3	8.63	153.96
拉萨中心	17.61	67.16	13.87	3.74	85.28
日喀则中心	17.36	72.79	14.66	2.7	84.95
山南中心	9.92	65.96	8.33	1.59	62.05
林芝中心	8.35	69.76	6.5	1.85	50.39
昌都中心	12.07	58.14	9.32	2.75	70.92
那曲中心	13.1	67.21	11.57	1.53	67.82
阿里中心	6.12	66.31	5.01	1.11	33.92

（三）贷款。

1.个人住房贷款：2023年，发放个人住房贷款0.63万笔、43.45亿元，同比增长26%、27.79%。回收个人住房贷款44.45亿元。

2023年末，累计发放个人住房贷款12.44万笔、566.56亿元，贷款余额277.54亿元，分别比上年末增加5.85%、8.31%、减少0.36%（表3）。个人住房贷款余额占缴存余额的51.35%，比上年末减少5.62个百分点。

2023年分城市住房公积金个人住房贷款情况

表3

地区	放贷笔数（万笔）	贷款发放额（亿元）	累计放贷笔数（万笔）	累计贷款总额（亿元）	贷款余额（亿元）	个人住房贷款率（%）
西藏自治区	**0.63**	**43.45**	**12.44**	**566.56**	**277.54**	**51**
区直中心	0.13	9.55	2.77	128.54	65.86	55
拉萨中心	0.08	5.30	2	86.81	37.97	45
日喀则中心	0.11	7.70	2.68	117.79	55.15	60
山南中心	0.07	4.24	1.32	62.26	30.34	61
林芝中心	0.05	3.26	0.85	39.34	21.04	54
昌都中心	0.09	5.72	1.11	51.41	26.64	39
那曲中心	0.06	4.12	1.02	48.40	22.46	36
阿里中心	0.05	3.56	0.69	32.01	18.08	69

2023年，支持职工购建房80.27万平方米，可节约职工购房利息支出8177.42万元。

2.异地贷款：2023年，发放异地贷款124笔、9013万元。2023年末，发放异地贷款总额38674万元，异地贷款余额25231.45万元。

（四）购买国债：我区未使用住房公积金购买国债。

（五）资金存储：2023年末，住房公积金存款264.42元。其中，活期40.06亿元，1年（含）以下定期68.7亿元，1年以上定期155.61亿元，其他（协定、通知存款等）0.05亿元。

（六）资金运用率：2023年末，住房公积金个人住房贷款余额、项目贷款余额和购买国债余额的总和占缴存余额的51.35%，比上年末减少5.62个百分点。

三、主要财务数据

（一）业务收入：2023年，业务收入104706.82万元，同比增长13.75%。其中，存款利息49645.25

万元，委托贷款利息 55024.61 万元，其他 36.96 万元。

（二）**业务支出**：2023 年，业务支出 69694.37 万元，同比增长 2.99%。其中，支付职工住房公积金利息 67413.5 万元，委托贷款手续费 2279.81 万元，其他 1.06 万元。

（三）**增值收益**：2023 年，增值收益 35012.45 万元，同比增长 43.62%；增值收益率 0.69%，比上年增加 0.13 个百分点。

（四）**增值收益分配**：2023 年，提取贷款风险准备金 21915.16 万元，提取管理费用 1546.6 万元，提取城市廉租住房（公共租赁住房）建设补充资金 13814.03 万元（表 4）。

2023 年分城市住房公积金增值收益及分配情况　　　　表 4

地区	业务收入（亿元）	业务支出（亿元）	增值收益（亿元）	增值收益率（%）	提取贷款风险准备金（亿元）	提取管理费用（亿元）	提取公租房（廉租房）建设补充资金（亿元）
西藏自治区	**10.471**	**6.969**	**3.501**	**0.690**	**2.192**	**0.155**	**1.381**
区直中心	2.846	1.775	1.071	0.940	0.642	0.008	0.420
拉萨中心	1.4804	1.100	0.384	0.480	0.230	0.015	0.139
日喀则中心	1.334	0.639	0.695	0.790	0.417	0.010	0.268
山南中心	0.981	0.752	0.230	0.480	0.138	0.012	0.080
林芝中心	1.124	0.447	0.677	1.990	0.406	0.010	0.261
昌都中心	0.731	0.958	−0.226	−0.360	0.000	0.000	0.000
那曲中心	1.451	0.908	0.542	0.990	0.325	0.003	0.214
阿里中心	0.520	0.391	0.129	0.520	0.032	0.097	0.000

备注：由于昌都市公积金中心 2023 年增值收益为赤字，无法分配提取贷款风险准备金、管理费用及廉租住房建设补充资金。

2023 年，上交财政管理费用 1546.6 万元，上缴财政城市廉租住房（公共租赁住房）建设补充资金 13814.03 万元。

2023 年末，贷款风险准备金余额 21915.16 万元，累计提取城市廉租住房（公共租赁住房）建设补充资金 106763.34 万元。

（五）**管理费用支出**：2023 年，管理费用支出 944.38 万元，同比下降 24.68%。其中，人员经费 440.89 万元，公用经费 393.14 万元，专项经费 110.35 万元。

四、资产风险状况

2023 年末，个人住房贷款逾期额 1553.68 万元，逾期率 0.56‰，个人贷款风险准备金余额 21915.16 万元。2023 年未使用个人贷款风险准备金核销呆坏账。

五、社会经济效益

（一）**缴存业务**。

缴存职工中，国家机关和事业单位占 71.26%，国有企业占 20.34%，外商投资企业占 0.1%，城镇私营企业及其他城镇企业占 7.87%，其他占 0.43%；中、低收入占 99.95%，高收入占 0.05%。

新开户职工中，国家机关和事业单位占 58.49%，国有企业占 21.95%，外商投资企业占 0.15%，城镇私营企业及其他城镇企业占 18.75%，其他占 0.66%；中、低收入占 99.95%，高收入占 0.05%。

（二）**提取业务**。

提取金额中，购买、建造、翻建、大修自住住房占 41.75%，偿还购房贷款本息占 34.46%，租赁住房占 1.96%，离休和退休提取占 11.97%，完全丧失劳动能力并与单位终止劳动关系提取占 3.22%，其他占 6.64%。

（三）贷款业务。

职工贷款笔数中，购房建筑面积90（含）平方米以下占6.71%，90~144（含）平方米占64.02%，144平方米以上占29.27%。购买新房占57.76%，购买二手房占20.41%，建造、翻建、大修自住住房占1.02%，其他占20.81%。

职工贷款笔数中，单缴存职工申请贷款占36.17%，双缴存职工申请贷款占63.83%。

贷款职工中，30岁（含）以下占28.58%，30岁~40岁（含）占54.63%，40岁~50岁（含）占14.35%，50岁以上占2.44%；购买首套住房申请贷款占78.34%，购买二套及以上申请贷款占21.66%。

（四）住房贡献率： 2023年，个人住房贷款发放额、公转商贴息贷款发放额、项目贷款发放额、住房消费提取额的总和与当年缴存额的比率为80.14%，比上年增加28.23个百分点。

六、其他重要事项

为更好满足广大公积金缴存职工对公积金的使用需求，提高公积金使用效益和对社会经济的贡献率，规范各环节管理，以开展主题教育为契机，西藏自治区住房和城乡建设厅以打造"利民公积金"为工作主线，针对全区住房公积金服务与监管等方面存在的短板和问题，查漏补缺，积极推进公积金系统化改革，更服务广大公积金缴存职工。

（一）完善相关制度。 一是建立资金管理机制。研究公积金竞争性存款的方式，印发《西藏自治区住房公积金定期存款存放管理暂行办法》《西藏自治区住房公积金增值收益专用账户竞争性开设管理暂行办法》《西藏自治区受托银行承办住房公积金业务考核办法》等规范性文件，通过竞争性存款有效提高公积金增值收益及各银行对公积金服务能力的全方位提升。提高公积金资金使用效率，形成金融互惠的良性互动。二是扩大提取范围。印发《按月提取住房公积金偿还个人住房贷款本息业务管理办法》及《西藏自治区关于进一步优化住房公积金租房提取业务的通知》，支持新市民、青年人租房需求，并将城镇居民最低生活保障的职工（含配偶）纳入提取范围。三是延长提取时限。购买、新建、翻建、大修、城镇老旧小区或既有住宅加装电梯等提取公积金的，申请提取时限由3年期统一延长至5年期，有效扩大职工消费需求。四是提高贷款额度。印发《关于修订〈西藏自治区住房公积金归集管理暂行办法〉〈西藏自治区住房公积金提取管理暂行办法〉〈西藏自治区住房公积金贷款管理暂行办法〉有关条款的通知》，将绿建二星及以上和多子女家庭购房贷款，在现行贷款额度的基础上上浮10%，即购买区内新建住房最高132万元、购买区外新建住房最高100万元。五是延长贷款年限。贷款最长年限从20年延长到30年，有效缓解缴存职工贷款时限压力，促进房地产市场经济健康发展。

（二）规范监管模式。 一是完成自主核算。转变原有商业银行发放核算的方式，实行住房公积金系统自主核算，实现住房公积金贷款发放、扣款、计息及其核算等业务与受托银行脱离，在缩短公积金账务核对时限的同时，实时掌握全量贷款数据。二是强化贷后监管。印发《西藏自治区住房公积金逾期贷款管理暂行办法》，对逾期贷款分类、催收方式、催收与处置程序等方面进行了明确，加强住房公积金贷款风险管理，确保住房公积金贷款逾期率得到有效降低。三是推进司法联动机制。联合自治区高法印发《关于建立我区住房公积金执行联动机制的意见》，依法保障案件当事人及住房公积金缴存人合法权益，进一步规范涉公积金案件执行程序，确保住房公积金资金安全，加快公积金案件办理时限。

（三）建立结对帮扶机制。 在住房和城乡建设部的大力支持下，积极与四川省建立结对帮扶关系，全区8个中心已分别与四川省8个城市中心"一对一"结对子。通过开展"结对子"工作，有力促进川藏公积金行业在工作研究、规范业务管理的互学交流，省区公积金监管部门之间、中心与中心之间，建立起密切的工作联系，在互助互学的过程中，展示了"川藏一家亲"的良好风貌，提升了我区住房公积金管理水平。

（四）召开全区公积金工作会议。 为有效提升公积金服务能力，总结和部署全区住房公积金工作，培养打造新时代住房公积金人才队伍，促进我区住房公积金事业高质量发展，在拉萨市举办2023年全区住房公积金工作会议暨住房公积金行业服务能力提升培训班，全区共 95 人（含银行网点工作人员）参加培训，并结合 10 月底最新调整的内容，全面解读我区目前适用的住房公积金政策。

（五）加强信息化建设。 一是强化服务创新。持续推进"互联网＋公积金"服务，不断优化完善服务功能，推动跨省通办"规定项＋自选项"双轨并行，目前已实现"13＋7"项高频业务跨省通办，推动更多业务无差别受理、一网通办。同时通过实现亮码可办、信息共享等措施，实现了"让数据多跑路、群众少跑腿"。2023 年全区住房公积金综合服务平台网上办理业务量达 6.54 万笔，涉及资金 51.39 亿元，微信公众号关注人数达 32.16 万人。二是开展存量数据治理。落实数据管理职责，依靠电子稽查工具和监管服务平台，定期组织各地市公积金中心和软件运维公司，对相关问题数据、疑点数据进行核实更正或查档补录。截至目前，质检指标不合格 28 项，指标合格率 82.61％，共检查数据 0.30 亿条，发现 60426 个问题，数据合格率为 99.67％。三是持续推进数据共享。目前我区住房公积金综合服务平台已实现与人社厅退休职工信息、房地产网签备案合同信息、不动产登记信息、民政部门婚姻登记信息共享，无需缴存职工提供相关证明。同时企业开办公积金缴存登记业务实现"一网通办"，在企业完成开办手续的同时实现公积金单位缴存登记。

西藏自治区及自治区内各城市住房公积金 2023 年年度报告二维码

名称	二维码
西藏自治区住房公积金 2023 年年度报告	
拉萨市住房公积金 2023 年年度报告	
山南市住房公积金 2023 年年度报告	
日喀则市住房公积金 2023 年年度报告	
林芝市住房公积金 2023 年年度报告	
昌都市住房公积金 2023 年年度报告	
那曲市住房公积金 2023 年年度报告	

续表

名称	二维码
阿里地区住房公积金 2023 年年度报告	

陕西省

陕西省住房公积金 2023 年年度报告

根据国务院《住房公积金管理条例》和住房和城乡建设部、财政部、中国人民银行《关于健全住房公积金信息披露制度的通知》（建金〔2015〕26 号）有关规定，现将陕西省住房公积金 2023 年年度报告汇总公布如下：

一、机构概况

（一）**住房公积金管理机构**。全省共有 10 个设区市住房公积金管理中心，杨凌示范区和韩城市住房公积金管理中心，2 个独立设置的分中心（省直、长庆分中心隶属西安中心）。从业人员 1779 人，其中，在编 970 人，非在编 809 人。

（二）**住房公积金监管机构**。陕西省住房和城乡建设厅、陕西省财政厅和中国人民银行陕西省分行负责对本省住房公积金管理运行情况进行监督。陕西省住房和城乡建设厅设立住房公积金监管处，负责辖区住房公积金日常监管工作。

二、业务运行情况

（一）**缴存**。2023 年，新开户单位 20741 家，净增单位 10936 家；新开户职工 54.01 万人，净增职工 22.12 万人；实缴单位 101338 家、实缴职工 494.45 万人、缴存额 850.86 亿元，分别同比增长 12.10％、4.68％、13.97％。2023 年末，缴存总额 6644.52 亿元、缴存余额 2650.93 亿元，分别比上年末增长 14.68％、11.01％（表1）。

2023 年分城市住房公积金缴存情况 表1

地区	实缴单位（个）	实缴职工（万人）	缴存额（亿元）	累计缴存总额（亿元）	缴存余额（亿元）
陕西省	101338	494.45	850.86	6644.52	2650.93
西安市（含杨凌）	56452	279.87	508.33	3787.83	1519.59
宝鸡市	6378	31.28	43.29	414.52	150.61
咸阳市	7017	38.44	45.89	397.58	166.39
铜川市	2336	7.62	11.19	100.90	36.84
渭南市（含韩城）	4603	29.09	40.35	363.22	148.28
延安市	5913	22.15	36.86	391.34	125.59
榆林市	8631	43.76	101.97	601.25	249.59
汉中市	4104	18.61	28.59	276.02	114.78
安康市	3311	11.85	19.17	175.37	76.86
商洛市	2593	11.79	15.22	136.50	62.40

（二）**提取**。2023 年，253.92 万名缴存职工提取住房公积金；提取额 587.91 亿元，同比增长 29.51％；提取额占当年缴存额的 69.10％，比上年增加 8.29 个百分点。2023 年末，提取总额 3993.59 亿元，比上年末增长 17.26％（表2）。

2023年分城市住房公积金提取情况

表2

地区	提取额 (亿元)	提取率 (%)	住房消费类提取额(亿元)	非住房消费类提取额(亿元)	累计提取总额(亿元)
陕西省	587.91	69.10	432.12	155.80	3993.59
西安市(含杨凌)	356.91	70.21	272.68	84.23	2268.24
宝鸡市	30.94	71.47	20.20	10.74	263.91
咸阳市	29.67	64.66	17.72	11.95	231.19
铜川市	8.14	72.68	5.37	2.77	64.05
渭南市(含韩城)	22.64	56.10	12.57	10.06	214.94
延安市	29.47	79.96	22.82	6.65	265.75
榆林市	63.52	62.30	51.57	11.95	351.66
汉中市	20.99	73.41	12.01	8.97	161.24
安康市	14.88	77.63	9.75	5.13	98.50
商洛市	10.76	70.71	7.43	3.34	74.10

（三）贷款。

1. 个人住房贷款。

2023年，发放住房公积金个人住房贷款9.74万笔、548.57亿元，分别同比增长30.91%、42.37%。回收个人住房贷款242.90亿元。

2023年末，累计发放住房公积金个人住房贷款113.02万笔、3593.90亿元，贷款余额2208.09亿元，分别比上年末增长9.43%、18.01%、16.07%。个人住房贷款余额占缴存余额的83.30%，比上年末增加3.63个百分点（表3）。

2023年分城市住房公积金个人住房贷款情况

表3

地区	放贷笔数(笔)	贷款发放额(亿元)	累计放贷笔数(万笔)	累计贷款总额(亿元)	贷款余额(亿元)	个人住房贷款率(%)
陕西省	97390	548.57	113.02	3593.90	2208.09	83.30
西安市(含杨凌)	55908	359.35	53.22	2055.83	1343.90	88.44
宝鸡市	3880	13.11	7.73	189.78	115.94	76.98
咸阳市	6881	32.08	7.44	227.49	147.97	88.93
铜川市	1543	5.64	2.70	55.35	31.96	86.74
渭南市(含韩城)	4528	16.21	6.15	169.30	104.52	70.49
延安市	3545	16.67	7.95	168.57	79.95	63.66
榆林市	12148	67.41	8.80	330.51	192.96	77.31
汉中市	4080	15.64	6.68	164.93	82.60	71.97
安康市	2564	11.29	7.59	138.87	64.73	84.21
商洛市	2313	11.19	4.76	93.26	43.57	69.82

2023年，支持职工购建房1216.46万平方米。年末个人住房贷款市场占有率为19.17%，比上年末增加1.82个百分点。通过申请住房公积金个人住房贷款，可节约职工购房利息支出84.97亿元。

2. 异地贷款。2023年，发放住房公积金异地贷款17049笔、948871.50万元。2023年末，发放异地贷款总额5546819.96万元，异地贷款余额3758084.55万元。

3. 住房公积金支持保障性住房建设项目贷款。2023年，发放支持保障性住房建设项目贷款0亿元，回收项目贷款 0.64 亿元。2023 年末，累计发放项目贷款 83.1 亿元，项目贷款余额 0.66 亿元。

（四）**购买国债**。2023 年，购买国债 0 亿元，兑付国债 1.75 亿元。2023 年末，国债余额 0 亿元，比上年末减少 1.75 亿元。

（五）**资金存储**。2023 年末，住房公积金存款 496.23 亿元。其中，活期 3.67 亿元，1 年（含）以下定期 157.15 亿元，1 年以上定期 207.78 亿元，其他（协定、通知存款等）127.63 亿元。

（六）**资金运用率**。2023 年末，住房公积金个人住房贷款余额、项目贷款余额和购买国债余额的总和占缴存余额的 83.32%，比上年末增加 3.53 个百分点。

三、主要财务数据

（一）**业务收入**。2023 年，业务收入 773343.39 万元，同比增长 7.43%。其中，存款利息 130915.69 万元，委托贷款利息 642216.63 万元，国债利息 143.03 万元，其他 68.04 万元。

（二）**业务支出**。2023 年，业务支出 416600.86 万元，同比增长 9.46%。其中，支付职工住房公积金利息 371903.53 万元，归集手续费 17362.71 万元，委托贷款手续费 21529.93 万元，其他 5804.69 万元。

（三）**增值收益**。2023 年，增值收益 356742.54 万元，同比增长 5.16%；增值收益率 1.42%，比上年减少 0.09 个百分点。

（四）**增值收益分配**。

2023 年，提取贷款风险准备金 71118.40 万元，提取管理费用 50628.14 万元，提取城市廉租住房（公共租赁住房）建设补充资金 234523.38 万元（表 4）。

2023 年分城市住房公积金增值收益及分配情况　　　表 4

地区	业务收入（亿元）	业务支出（亿元）	增值收益（亿元）	增值收益率（%）	提取贷款风险准备金（亿元）	提取管理费用（亿元）	提取公租房（廉租房）建设补充资金（亿元）
陕西省	**77.33**	**41.66**	**35.67**	**1.42**	**7.11**	**5.06**	**23.45**
西安市（含杨凌）	45.21	25.41	19.81	1.37	2.22	1.49	16.10
宝鸡市	4.37	2.20	2.17	1.53	0.54	0.33	1.30
咸阳市	4.76	2.50	2.26	1.43	0.18	0.30	1.78
铜川市	1.12	0.49	0.63	1.75	0.04	0.49	0.06
渭南市（含韩城）	4.04	1.63	2.42	1.74	1.65	0.22	0.55
延安市	3.52	2.12	1.40	1.15	0.10	1.03	0.26
榆林市	6.69	3.54	3.15	1.38	1.91	0.60	0.63
汉中市	3.32	1.70	1.63	1.46	0.00	0.30	1.33
安康市	2.25	1.16	1.09	1.46	0.03	0.16	0.91
商洛市	2.05	0.92	1.12	1.85	0.44	0.15	0.54

2023 年，上交财政管理费用 42033.2 万元，上缴财政城市廉租住房（公共租赁住房）建设补充资金 210727.55 万元。

2023 年末，贷款风险准备金余额 484821.73 万元，累计提取城市廉租住房（公共租赁住房）建设补充资金 1691986.39 万元。

（五）**管理费用支出**。2023 年，管理费用支出 34788.72 万元，同比增长 5.73%。其中，人员经费 21113.81 万元，公用经费 1961.25 万元，专项经费 11713.66 万元。

四、资产风险状况

（一）**个人住房贷款**。2023年末，个人住房贷款逾期额1971.79万元，逾期率0.09‰，个人贷款风险准备金余额483533.73万元。2023年，使用个人贷款风险准备金核销呆坏账0万元。

（二）**住房公积金支持保障性住房建设项目贷款**。2023年末，逾期项目贷款0万元，逾期率为0‰，项目贷款风险准备金余额1288万元。2023年，使用项目贷款风险准备金核销呆坏账0万元。

五、社会经济效益

（一）**缴存业务**。

缴存职工中，国家机关和事业单位占32.54%，国有企业占29.97%，城镇集体企业占0.86%，外商投资企业占4.71%，城镇私营企业及其他城镇企业占24.05%，民办非企业单位和社会团体占1.85%，灵活就业人员占1.17%，其他占4.85%；中、低收入占97.27%，高收入占2.73%。

新开户职工中，国家机关和事业单位占15.74%，国有企业占18.66%，城镇集体企业占0.94%，外商投资企业占8.15%，城镇私营企业及其他城镇企业占45.33%，民办非企业单位和社会团体占3.16%，灵活就业人员占4.00%，其他占4.02%；中、低收入占99.53%，高收入占0.47%。

（二）**提取业务**。

提取金额中，购买、建造、翻建、大修自住住房占27.53%，偿还购房贷款本息占37.68%，租赁住房占6.63%，支持老旧小区改造提取占0.02%；离休和退休提取占20.55%，完全丧失劳动能力并与单位终止劳动关系提取占1.09%，出境定居占0.66%，其他占5.84%。提取职工中，中、低收入占91.22%，高收入占8.78%。

（三）**贷款业务**。

1. 个人住房贷款。

职工贷款笔数中，购房建筑面积90（含）平方米以下占11.83%，90~144（含）平方米占77.48%，144平方米以上占10.69%。购买新房占68.41%（其中购买保障性住房占1.07%），购买二手房占28.31%，建造、翻建、大修自住住房占0.38%，其他占2.90%。

职工贷款笔数中，单缴存职工申请贷款占50.19%，双缴存职工申请贷款占49.72%，三人及以上缴存职工共同申请贷款占0.09%。

贷款职工中，30岁（含）以下占36.91%，30岁~40岁（含）占45.22%，40岁~50岁（含）占14.73%，50岁以上占3.14%；购买首套住房申请贷款占89.99%，购买二套及以上申请贷款占10.01%；中、低收入占95.73%，高收入占4.27%。

2. 住房公积金支持保障性住房建设项目贷款。2023年末，全省（区）有住房公积金试点城市4个，试点项目27个，贷款额度83.10亿元，建筑面积629.83万平方米，可解决66542户中低收入职工家庭的住房问题。26个试点项目贷款资金已发放并还清贷款本息。

（四）**住房贡献率**。2023年，个人住房贷款发放额、公转商贴息贷款发放额、项目贷款发放额、住房消费提取额的总和与当年缴存额的比率为115.26%，比上年增长16.26个百分点。

六、其他重要事项

（一）**当年开展监督检查情况**

1. 创新实施监管机制。创新实施的"'12345+'工作法"在全国住房公积金工作会上交流推广，被中共陕西省委全面深化改革委员会办公室评选为"2023年全省改革创新示范案例"。实行重大事项备案、信息披露、年度考核、约谈、定期通报和审计六项工作制度，常态化开展监督检查工作，提高管理正规化、科学化、精细化水平。

2. 组织开展体检评估工作。全省14个管理中心（分中心）参加住房和城乡建设部开展的体检评估工作，围绕发展绩效、管理规范化、数字化发展、风险防控、服务能力、年度工作等工作情况，量化工作成效和管理服务水平，发现并改进有关问题。陕西省住房和城乡建设厅在管理中心完成自评的基础上，开展管理中心交叉评、审计机构重点评、行业专家综合评，形成一整套体检结果应用、共性问题研究、创新经验推广机制，推动全省整体服务效能提升。

3. 开展第三方审计工作。陕西省住房和城乡建设厅每年选择3~5个管理中心开展第三方审计工作，重点审查各中心执行国家住房公积金政策法规、资金存储及财务收支、增值收益及其分配情况，审查各级审计、巡视巡察和各类专项检查反馈问题的整改情况等。对已经完成审计工作的管理中心开展审计整改回头看，持续指导各管理中心全面纠正违规行为，彻底解决不合规现象，并举一反三健全长效机制。

（二）当年服务改进情况

全省住房公积金系统认真践行"我为群众办实事"，积极开展"惠民公积金 服务暖人心"活动，着力解决群众"急难愁盼"问题。重点支持新市民、青年人租房提取住房公积金解决住房问题，推行"缴多少、提多少"政策，共提取38.97亿元满足37.22万缴存人租房需求。全年累计为408位缴存人办理了提取住房公积金2892.84万元用于老旧小区加装电梯。推动13项高频服务事项实现"跨省通办"、4项事项实现"一件事一次办"、3项事项实现"亮码可办"。

（三）当年信息化建设情况

印发了《陕西省住房和城乡建设厅关于加快推进全省住房公积金数字化发展工作的通知》（陕建金发〔2023〕4号），明确了我省数字化发展三年行动方案，组建陕西省住房公积金系统数字化发展咨询服务团队，加快推进全省住房公积金数字化建设。邀请住房和城乡建设部数字化发展专家组赴各管理中心现场指导，加快数据治理，提升数据质量。14个管理中心（分中心）贷款数据全量接入人行征信系统，促进形成"诚信受益，失信惩戒"的良好环境，更好地建设社会信用体系。

（四）当年住房公积金机构及从业人员所获荣誉情况

2023年1个管理中心获得"全国青年文明号"；省部级文明单位（行业、窗口）2个，先进集体和个人1个，其他荣誉称号3个；地市级文明单位（行业、窗口）1个，青年文明号3个，五一劳动奖章（劳动模范）2个，先进集体和个人29个，其他荣誉称号40个。

（五）其他需要披露的情况

西安、汉中、安康、渭南、铜川、宝鸡、商洛7个城市将缴存公积金纳入《劳动合同示范文本》，其余管理中心正在加紧推进，此举将切实增强企业依法用工意识，依法保障劳动者合法权益。

陕西省及省内各城市住房公积金 2023 年年度报告二维码

名称	二维码
陕西省住房公积金 2023 年年度报告	
西安住房公积金 2023 年年度报告	
宝鸡市住房公积金 2023 年年度报告	
咸阳市住房公积金 2023 年年度报告	
铜川市住房公积金 2023 年年度报告	
渭南市住房公积金 2023 年年度报告	
延安市住房公积金 2023 年年度报告	

续表

名称	二维码
榆林市住房公积金 2023 年年度报告	
汉中市住房公积金 2023 年年度报告	
安康市住房公积金 2023 年年度报告	
商洛市住房公积金 2023 年年度报告	

甘肃省

甘肃省住房公积金 2023 年年度报告

根据国务院《住房公积金管理条例》和住房和城乡建设部、财政部、人民银行《关于健全住房公积金信息披露制度的通知》（建金〔2015〕26号）规定，现将甘肃省住房公积金2023年年度报告汇总公布如下：

一、机构概况

（一）住房公积金管理机构：全省共设14个设区城市住房公积金管理中心，2个独立设置的分中心（其中，甘肃省住房资金管理中心隶属甘肃省住房和城乡建设厅，甘肃矿区住房公积金管理中心隶属甘肃矿区）。从业人员1568人，其中，在编931人，非在编637人。

（二）住房公积金监管机构：省住房城乡建设厅、省财政厅和中国人民银行甘肃省分行负责对本省住房公积金管理运行情况进行监督。省住房城乡建设厅设立住房公积金监管处，负责辖区住房公积金日常监管工作。

二、业务运行情况

（一）缴存：2023年，新开户单位5283家，净增单位2970家；新开户职工17.58万人，净增职工4.04万人；实缴单位41199家，实缴职工210.9万人，缴存额424.17亿元，分别同比增长7.77%、1.95%、12.53%。2023年末，缴存总额3730.44亿元，比上年末增加12.83%；缴存余额1467.81亿元，同比增长4.92%（表1）。

2023年分城市住房公积金缴存情况　　　表1

地区	实缴单位（万个）	实缴职工（万人）	缴存额（亿元）	累计缴存总额（亿元）	缴存余额（亿元）
甘肃省	**4.12**	**210.90**	**424.17**	**3730.44**	**1467.81**
兰州市	1.45	74.83	157.57	1491.28	494.37
武威市	0.19	9.72	19.14	160.74	69.35
张掖市	0.23	8.03	15.57	139.53	62.65
庆阳市	0.28	13.07	22.36	181.79	88.40
定西市	0.21	12.37	22.11	181.80	81.91
陇南市	0.25	11.41	21.63	163.82	86.46
临夏州	0.19	10.09	19.48	138.89	63.13
甘南州	0.16	6.44	17.77	134.93	49.06
天水市	0.24	16.17	29.89	236.84	99.82
嘉峪关市	0.06	6.24	15.41	129.97	46.81
金昌市	0.10	7.00	15.23	154.60	62.86
白银市	0.17	12.85	20.57	195.96	83.18
平凉市	0.22	12.37	24.42	214.77	104.19
酒泉市	0.36	10.32	23.01	205.52	75.62

(二) 提取： 2023年，137.27万名缴存职工提取住房公积金；提取额355.38亿元，同比增长46.65%；提取额占当年缴存额的83.78%，比上年增加19.5个百分点。2023年末，提取总额2262.64亿元，比上年末增加18.63%（表2）。

2023年分城市住房公积金提取情况　　　　　　　　　　　　　表2

地区	提取额（亿元）	提取率（%）	住房消费类提取额（亿元）	非住房消费类提取额（亿元）	累计提取总额（亿元）
甘肃省	**355.38**	**83.78**	**247.42**	**107.95**	**2262.64**
兰州市	150.26	95.36	102.70	47.55	996.91
武威市	13.05	68.16	8.45	4.59	91.39
张掖市	11.24	72.21	7.51	3.73	76.88
庆阳市	17.17	76.79	12.01	5.16	93.38
定西市	19.64	88.82	14.91	4.73	99.89
陇南市	17.17	79.37	12.12	5.05	77.36
临夏州	16.28	83.57	12.82	3.46	75.75
甘南州	13.73	77.25	11.64	2.09	85.88
天水市	21.68	72.53	15.61	6.07	137.02
嘉峪关市	11.40	74.00	8.08	3.32	83.16
金昌市	11.71	76.89	6.84	4.87	91.75
白银市	15.44	75.08	9.15	6.29	112.78
平凉市	20.74	84.94	14.65	6.09	110.59
酒泉市	15.87	68.95	10.92	4.95	129.90

(三) 贷款。

1. 个人住房贷款：2023年，发放个人住房贷款5.19万笔、223.25亿元，同比增长52.74%、64.48%。回收个人住房贷款160.41亿元。

2023年末，累计发放个人住房贷款97.28万笔、2234.61亿元，贷款余额1004.04亿元，分别比上年末增加5.64%、11.10%、6.68%。个人住房贷款余额占缴存余额的68.40%，比上年末增加1.13个百分点（表3）。

2023年分城市住房公积金个人住房贷款情况　　　　　　　　　　　　　表3

地区	放贷笔数（万笔）	贷款发放额（亿元）	累计放贷笔数（万笔）	累计贷款总额（亿元）	贷款余额（亿元）	个人住房贷款率（%）
甘肃省	**5.19**	**223.25**	**97.28**	**2234.61**	**1004.04**	**68.40**
兰州市	1.71	81.47	25.76	784.30	380.08	76.88
武威市	0.21	8.34	4.25	107.20	43.33	62.48
张掖市	0.20	5.44	10.33	102.02	36.62	58.46
庆阳市	0.26	10.33	6.32	120.17	57.39	64.92
定西市	0.39	16.61	7.46	160.44	70.05	85.53
陇南市	0.28	12.10	4.41	120.75	57.81	66.86
临夏州	0.38	17.95	3.59	103.07	46.90	74.30
甘南州	0.15	6.56	4.62	102.94	23.41	47.72
天水市	0.32	12.19	4.30	135.30	78.29	78.44

续表

地区	放贷笔数（万笔）	贷款发放额（亿元）	累计放贷笔数（万笔）	累计贷款总额（亿元）	贷款余额（亿元）	个人住房贷款率（%）
嘉峪关市	0.20	7.50	2.79	53.89	30.15	64.40
金昌市	0.15	5.28	2.16	42.41	17.82	28.34
白银市	0.33	13.84	5.57	122.61	51.47	61.88
平凉市	0.34	14.56	10.41	171.52	70.94	68.09
酒泉市	0.29	11.09	5.32	107.99	39.76	52.57

2023年，支持职工购建房612.48万平方米。年末个人住房贷款市场占有率（含公转商贴息贷款）为24.56%，比上年末增加0.07个百分点。通过申请住房公积金个人住房贷款，可节约职工购房利息支出35.25亿元。

2. 异地贷款：2023年，发放异地贷款6713笔、29.17亿元。2023年末，发放异地贷款总额247.56亿元，异地贷款余额148.28亿元。

3. 公转商贴息贷款：当年贴息额302.1万元。2023年末，累计发放公转商贴息贷款800笔、35236.00万元，累计贴息2691.97万元。

（四）资金存储：2023年末，住房公积金存款481.14亿元。其中，活期20.35亿元，1年（含）以下定期132.66亿元，1年以上定期223.58亿元，其他（协定、通知存款等）104.55亿元。

（五）资金运用率：2023年末，住房公积金个人住房贷款余额、项目贷款余额和购买国债余额的总和占缴存余额的68.40%，比上年末增加1.13个百分点。

三、主要财务数据

（一）业务收入：2023年，业务收入426143.27万元，同比增长3.59%。其中，存款利息117645.29万元，委托贷款利息308435.56万元，其他62.42万元。

（二）业务支出：2023年，业务支出242563.13万元，同比增长9.04%。其中，支付职工住房公积金利息221056.71万元，归集手续费7988.08万元，委托贷款手续费13145.03万元，其他373.31万元。

（三）增值收益：2023年，增值收益183580.14万元，同比下降2.82%；增值收益率1.28%，比上年减少0.14个百分点。

（四）增值收益分配：2023年，提取贷款风险准备金14169.34万元，提取管理费用30950.74万元，提取城市廉租住房（公共租赁住房）建设补充资金138460.07万元（表4）。

2023年分城市住房公积金增值收益及分配情况 表4

地区	业务收入（亿元）	业务支出（亿元）	增值收益（亿元）	增值收益率（%）	提取贷款风险准备金（亿元）	提取管理费用（亿元）	提取公租房（廉租房）建设补充资金（亿元）
甘肃省	**42.61**	**24.26**	**18.36**	**1.28**	**1.42**	**3.10**	**13.85**
兰州市	14.79	8.65	6.13	1.26	0.25	0.70	5.18
武威市	2.09	1.07	1.02	1.53	0.01	0.17	0.84
张掖市	1.73	0.96	0.77	1.28	0.00	0.19	0.58
庆阳市	2.44	1.40	1.04	1.21	0.03	0.18	0.83
定西市	2.43	1.32	1.11	1.38	0.04	0.24	0.83
陇南市	2.60	1.32	1.28	1.53	0.04	0.28	0.96

续表

地区	业务收入（亿元）	业务支出（亿元）	增值收益（亿元）	增值收益率（%）	提取贷款风险准备金(亿元)	提取管理费用（亿元）	提取公租房（廉租房）建设补充资金(亿元)
临夏州	1.74	1.22	0.52	0.85	0.32	0.09	0.11
甘南州	1.38	0.73	0.65	1.37	0.00	0.35	0.30
天水市	2.72	1.63	1.09	1.14	0.02	0.18	0.89
嘉峪关市	1.39	0.67	0.72	1.61	0.04	0.15	0.53
金昌市	1.86	0.95	0.91	1.48	−0.05	0.09	0.88
白银市	2.47	1.31	1.15	1.43	0.14	0.12	0.89
平凉市	3.03	1.99	1.03	1.01	0.46	0.17	0.40
酒泉市	1.96	1.03	0.92	1.28	0.11	0.19	0.62

2023年，上交财政管理费用32715.37万元，上缴财政城市廉租住房（公共租赁住房）建设补充资金146612.04万元。

2023年末，贷款风险准备金余额145427.64万元，累计提取城市廉租住房（公共租赁住房）建设补充资金1119505.29万元。

（五）管理费用支出：2023年，管理费用支出29712.33万元，同比增长2.74%。其中，人员经费16460.59万元，公用经费1991.01万元，专项经费11260.73万元。

四、资产风险状况

个人住房贷款：2023年末，个人住房贷款逾期额2037.6万元，逾期率0.2‰，个人贷款风险准备金余额144947.64万元。

五、社会经济效益

（一）缴存业务

缴存职工中，国家机关和事业单位占54.67%，国有企业占28.57%，城镇集体企业占0.78%，外商投资企业占0.69%，城镇私营企业及其他城镇企业占12.05%，民办非企业单位和社会团体占0.46%，灵活就业人员占0.63%，其他占2.15%；中、低收入占98.42%，高收入占1.58%。

新开户职工中，国家机关和事业单位占36.52%，国有企业占20.53%，城镇集体企业占1.24%，外商投资企业占1.04%，城镇私营企业及其他城镇企业占30.06%，民办非企业单位和社会团体占1.19%，灵活就业人员占3.83%，其他占5.59%；中、低收入占99.4%，高收入占0.6%。

（二）提取业务

提取金额中，购买、建造、翻建、大修自住住房占23.58%，偿还购房贷款本息占42.65%，租赁住房占3.37%，支持老旧小区改造提取占0.02%；离休和退休提取占25.79%，完全丧失劳动能力并与单位终止劳动关系提取占1.14%，出境定居占0.14%，其他占3.31%。提取职工中，中、低收入占98.77%，高收入占1.23%。

（三）个人住房贷款

职工贷款笔数中，购房建筑面积90（含）平方米以下占10.34%，90~144（含）平方米占81.15%，144平方米以上占8.51%。购买新房占76.64%（其中购买保障性住房占1.03%），购买二手房占22.23%，建造、翻建、大修自住住房占0.03%，其他占1.10%。

职工贷款笔数中，单缴存职工申请贷款占38.95%，双缴存职工申请贷款占61.04%，三人及以上缴存职工共同申请贷款占0.01%。

贷款职工中，30岁（含）以下占35.15%，30岁~40岁（含）占46.54%，40岁~50岁（含）占13.94%，50岁以上占4.36%；购买首套住房申请贷款占74.83%，购买二套及以上申请贷款占25.17%；中、低收入占99.18%，高收入占0.82%。

（四）住房贡献率

2023年，个人住房贷款发放额、公转商贴息贷款发放额、项目贷款发放额、住房消费提取额的总和与当年缴存额的比率为110.96%，比上年增加26.34个百分点。

六、其他重要事项

（一）当年住房公积金政策调整情况

印发《甘肃省住房和城乡建设厅关于印发〈2023年全省住房公积金管理工作要点〉的通知》（甘建金〔2023〕24号），对调整优化提取使用政策进行全面安排部署。指导各地提高实际贷款额度和最高贷款额度，优化"商转公"贷款受理条件及业务流程，完善"组合贷"政策，出台支持多子女家庭租购住房优惠政策；加大对新市民、青年人租房提取支持力度；支持自住住房和城镇老旧小区改造加装电梯提取住房公积金。

（二）当年开展监督检查情况

印发《甘肃省住房和城乡建设厅关于开展全省住房公积金监督检查工作的通知》（甘建金〔2023〕56号），通过自查自纠、重点抽查、整改规范三个阶段，深入开展全年监督检查工作。抽调业务骨干组成服务指导组，通过座谈交流、查阅资料、现场查验等方式，全面梳理各地长效机制建设、政策执行、业务运行、财务管理、风险管控以及住房公积金管委会履行决策职责等情况，形成问题清单，通过现场和书面形式反馈。同时，指导各地制定整改计划，定期跟进整改情况、督促整改落实，对部分公积金中心问题整改情况进行实地督导和"回头看"，以问题整改有效促进管理服务效能提升。

（三）当年服务改进情况

一是推动"跨省通办""亮码可办"。新增"租房提取""提前退休提取"2项服务事项"跨省通办"，累计实现13项服务事项"跨省通办"。统一使用"电子码"代替原有3项纸质证明，实现缴存职工个人信息随身带、亮码随时办。二是完善协同服务新模式。完善跨地域协同模式，实现提取偿还异地贷款等11个高频服务事项省内通办，缴存人不受办事地点限制，在缴存地和借款地均可办理相关业务。三是推动区域协同发展。推动关中城市群、兰西城市群公积金合作提质增效。推动天水、平凉、庆阳与关中平原城市群建立互认互贷合作、提取业务协作、资金风险防范、理论研究共享等机制。四是加大培训力度提升服务能力。围绕深化服务提升三年行动、加快公积金数字化发展等，邀请行业内外专家进行专题授课和经验分享。组织各地扎实开展全员培训，推动省内公积金中心交流互学，取长补短、共同进步。

（四）当年信息化建设情况

一是推动征信信息共享。按照住房和城乡建设部关于开展征信信息共享工作的安排部署，建立了部、省、市三级纵向协同联动机制，通过视频调度会、现场推进会指导督促各地提升数据质量、健全内控制度、完善系统功能，按期完成征信信息共享工作。二是拓展甘肃省住房公积金区域一体化共享协同平台功能。积极推动数据汇聚流通，强化数据治理和风险防范力度，着力推动全省公积金服务体系优化、流程再造、能力重塑，初步形成了全省公积金系统数据共享、业务协同、线上监管的数字化管理运行新模式。三是积极建设"点对点"联动执行平台。依据省高法和省住房城乡建设厅《关于建立住房公积金执行联动机制的若干意见》，完成"点对点"联动执行平台建设，实现住房公积金和人民法院数据互联互通，支持信息共享、业务协同，共同规范查询、冻结、解冻和扣划等业务流程。

（五）当年住房公积金机构及从业人员所获荣誉情况

甘肃省住房资金管理中心获评"甘肃省工人先锋号"，1位职工被评为"全省会计工作先进个人"；天水市住房公积金管理中心秦州管理部获评"甘肃省巾帼文明岗"，1位职工被评为"甘肃省青年岗位能手"；张掖市、嘉峪关市住房公积金管理中心获评"节约型机关"。

甘肃省及省内各城市住房公积金 2023 年年度报告二维码

名称	二维码
甘肃省住房公积金 2023 年年度报告	
兰州市住房公积金 2023 年年度报告	
临夏回族自治州住房公积金 2023 年年度报告	
天水市住房公积金 2023 年年度报告	
甘南藏族自治州住房公积金 2023 年年度报告	
张掖市住房公积金 2023 年年度报告	
金昌市住房公积金 2023 年年度报告	

续表

名称	二维码
平凉市住房公积金 2023 年年度报告	
武威市住房公积金 2023 年年度报告	
嘉峪关市住房公积金 2023 年年度报告	
陇南市住房公积金 2023 年年度报告	
定西市住房公积金 2023 年年度报告	
酒泉市住房公积金 2023 年年度报告	
白银市住房公积金 2023 年年度报告	
庆阳市住房公积金 2023 年年度报告	

青海省

青海省住房公积金 2023 年年度报告

根据国务院《住房公积金管理条例》和住房和城乡建设部、财政部、人民银行《关于健全住房公积金信息披露制度的通知》（建金〔2015〕26 号）规定，现将青海省住房公积金 2023 年年度报告汇总公布如下：

一、机构概况

（一）住房公积金管理机构：全省共设 8 个设区城市住房公积金管理中心，1 个独立设置的分中心（其中，省直分中心隶属青海省住房和城乡建设厅）和 1 个行业中心。从业人员 382 人，其中，在编 224 人，非在编 158 人。

（二）住房公积金监管机构：省住房城乡建设厅、省财政厅和中国人民银行青海省分行负责对本省住房公积金管理运行情况进行监督。省住房城乡建设厅设立住房公积金监管处，负责辖区住房公积金日常监管工作。

二、业务运行情况

（一）缴存：2023 年，新开户单位 1763 家，净增单位 654 家；新开户职工 7.32 万人，净增职工 3.05 万人；实缴单位 13371 家，实缴职工 61.64 万人，缴存额 167.54 亿元，分别同比增长 5.14%、5.21%、7.87%。2023 年末，缴存总额 1468.88 亿元，比上年末增加 12.87%；缴存余额 477.53 亿元，同比增长 7.10%（表 1）。

2023 年分城市住房公积金缴存情况　　　　　表 1

地区	实缴单位（万个）	实缴职工（万人）	缴存额（亿元）	累计缴存总额（亿元）	缴存余额（亿元）
青海省	**1.34**	**61.64**	**167.54**	**1468.88**	**477.53**
西宁市	0.73	40.43	102.11	918.42	291.25
海东市	0.12	5.48	16.85	146.59	45.06
海北州	0.06	1.71	5.88	49.65	15.36
海南州	0.08	2.19	7.52	67.94	21.15
黄南州	0.11	2.02	5.45	44.73	16.97
果洛州	0.04	1.31	4.93	37.30	11.56
玉树州	0.07	1.90	7.44	62.29	23.96
海西州	0.13	6.60	17.36	141.96	52.22

（二）提取：2023 年，26.63 万名缴存职工提取住房公积金；提取额 135.90 亿元，同比增长 53.40%；提取额占当年缴存额的 81.11%，比上年增长 24.07 个百分点。2023 年末，提取总额 991.35 亿元，比上年末增加 15.89%（表 2）。

2023年分城市住房公积金提取情况

表2

地区	提取额（亿元）	提取率（％）	住房消费类提取额（亿元）	非住房消费类提取额（亿元）	累计提取总额（亿元）
青海省	**135.90**	**81.11**	**90.42**	**45.48**	**991.35**
西宁市	82.97	81.26	53.55	29.42	627.17
海东市	14.53	86.21	9.46	5.07	101.53
海北州	4.58	77.88	3.49	1.09	34.30
海南州	6.57	87.32	4.87	1.70	46.80
黄南州	4.41	80.94	3.31	1.09	27.75
果洛州	4.40	89.21	3.30	1.10	25.73
玉树州	5.51	74.03	4.39	1.12	38.33
海西州	12.93	74.50	8.05	4.89	89.74

（三）贷款。

1. 个人住房贷款：2023年，发放个人住房贷款1.40万笔、67.89亿元，同比增长41.41％、49.37％。回收个人住房贷款52.48亿元。

2023年末，累计发放个人住房贷款33.24万笔、808.11亿元，贷款余额345.72亿元，分别比上年末增加4.40％、9.17％、4.67％。个人住房贷款余额占缴存余额的72.40％，比上年末减少1.68个百分点（表3）。

2023年分城市住房公积金个人住房贷款情况

表3

地区	放贷笔数（万笔）	贷款发放额（亿元）	累计放贷笔数（万笔）	累计贷款总额（亿元）	贷款余额（亿元）	个人住房贷款率（％）
青海省	**1.40**	**67.89**	**33.24**	**808.11**	**345.72**	**72.40**
西宁市	0.87	42.66	17.85	469.93	220.38	75.67
海东市	0.12	5.17	4.83	90.71	27.81	61.72
海北州	0.04	2.13	1.48	32.23	10.39	67.65
海南州	0.08	4.81	1.95	46.35	17.04	80.56
黄南州	0.05	2.70	1.50	32.52	12.61	74.30
果洛州	0.05	2.45	0.41	14.33	9.21	79.61
玉树州	0.04	2.12	2.08	48.27	13.16	54.93
海西州	0.15	5.85	3.14	73.77	35.12	67.26

2023年，支持职工购建房160.53万平方米。年末个人住房贷款市场占有率（当年住房公积金住房贷款余额占全省商业性和住房公积金个人住房贷款余额总和的比率）为37.72％，比上年末减少0.23个百分点。通过申请住房公积金个人住房贷款，可节约职工购房利息支出77441.28万元。

2. 异地贷款：2023年，发放异地贷款3981笔、198427.19万元。2023年末，发放异地贷款总额1101968.01万元，异地贷款余额725033.42万元。

3. 公转商贴息贷款：2023年，发放公转商贴息贷款311笔、11437.01万元，支持职工购建房面积3.29万平方米。当年贴息额6.27万元。2023年末，累计发放公转商贴息贷款6240笔、197213.94万元，累计贴息4135.55万元。

4. 住房公积金支持保障性住房建设项目贷款：无。

（四）**购买国债**：无。

（五）**融资**：无。

（六）**资金存储**：2023年末，住房公积金存款136.9亿元。其中，活期2.22亿元，1年（含）以下定期52.09亿元，1年以上定期71.04亿元，其他（协定、通知存款等）11.55亿元。

（七）**资金运用率**：2023年末，住房公积金个人住房贷款余额、项目贷款余额和购买国债余额的总和占缴存余额的72.4%，比上年末减少1.68个百分点。

三、主要财务数据

（一）**业务收入**：2023年，业务收入141309.96万元，同比增长0.8%。其中，存款利息35164.93万元，委托贷款利息106126.36万元，国债利息0万元，其他18.67万元。

（二）**业务支出**：2023年，业务支出65654.02万元，同比增长9.21%。其中，支付职工住房公积金利息55265.9万元，归集手续费5933.29万元，委托贷款手续费4443.74万元，其他11.09万元。

（三）**增值收益**：2023年，增值收益75655.95万元，同比减少5.53%；增值收益率1.64%，比上年减少0.31个百分点。

（四）**增值收益分配**：2023年，提取贷款风险准备金36517.13万元，提取管理费用7573.2万元，提取城市廉租住房（公共租赁住房）建设补充资金31565.62万元（表4）。

2023年分城市住房公积金增值收益及分配情况 表4

地区	业务收入（亿元）	业务支出（亿元）	增值收益（亿元）	增值收益率（%）	提取贷款风险准备金（亿元）	提取管理费用（亿元）	提取公租房(廉租房)建设补充资金(亿元)
青海省	**14.13**	**6.57**	**7.56**	**1.64**	**3.65**	**0.76**	**3.16**
西宁市	8.86	3.22	5.64	2.01	2.50	0.40	2.74
海东市	1.22	0.74	0.48	1.09	0.29	0.10	0.09
海北州	0.42	0.22	0.20	1.38	0.10	0.00	0.10
海南州	0.58	0.36	0.23	1.10	0.17	0.05	0.01
黄南州	0.44	0.32	0.12	0.71	0.07	0.04	0.01
果洛州	0.41	0.23	0.17	1.53	0.08	0.07	0.02
玉树州	0.69	0.43	0.26	1.14	0.16	0.10	0.01
海西州	1.51	1.05	0.46	0.93	0.28	0.00	0.18

2023年，上交财政管理费用5316.35万元，上缴财政城市廉租住房（公共租赁住房）建设补充资金26926.67万元。

2023年末，贷款风险准备金余额302664.44万元，累计提取城市廉租住房（公共租赁住房）建设补充资金217560.36万元。

（五）**管理费用支出**：2023年，管理费用支出8666.62万元，同比增长10.57%。其中，人员经费6179.26万元，公用经费748.78万元，专项经费1738.58万元。

四、资产风险状况

（一）**个人住房贷款**：2023年末，个人住房贷款逾期额722.49万元，逾期率0.21‰，个人贷款风险准备金余额302664.44万元。2023年，使用个人贷款风险准备金核销呆坏账0万元。

（二）**住房公积金支持保障性住房建设项目贷款**：无。

五、社会经济效益

（一）缴存业务。

缴存职工中，国家机关和事业单位占45.1%，国有企业占30.91%，城镇集体企业占2.6%，外商投资企业占0.69%，城镇私营企业及其他城镇企业占13.4%，民办非企业单位和社会团体占0.7%，灵活就业人员占0.88%，其他占5.72%；中、低收入占99%，高收入占1%。

新开户职工中，国家机关和事业单位占30.16%，国有企业占17.96%，城镇集体企业占6.36%，外商投资企业占0.65%，城镇私营企业及其他城镇企业占38.28%，民办非企业单位和社会团体占1.57%，灵活就业人员占3.64%，其他占1.38%；中、低收入占88.46%，高收入占11.54%。

（二）提取业务。

提取金额中，购买、建造、翻建、大修自住住房占20.59%，偿还购房贷款本息占42.27%，租赁住房占3.66%，支持老旧小区改造提取占0.01%；离休和退休提取占27.83%，完全丧失劳动能力并与单位终止劳动关系提取占2.83%，出境定居占0%，其他占2.81%。提取职工中，中、低收入占97.75%，高收入占2.25%。

（三）贷款业务。

1. 个人住房贷款。

职工贷款笔数中，购房建筑面积90（含）平方米以下占13.09%，90～144（含）平方米占75.91%，144平方米以上占11%。购买新房占61.26%（其中购买保障性住房占0%），购买二手房占38.42%，建造、翻建、大修自住住房占0%（其中支持老旧小区改造占0%），其他占0.32%。

职工贷款笔数中，单缴存职工申请贷款占69.07%，双缴存职工申请贷款占30.93%，三人及以上缴存职工共同申请贷款占0%。

贷款职工中，30岁（含）以下占49.83%，30岁～40岁（含）占38.92%，40岁～50岁（含）占9.95%，50岁以上占1.3%；购买首套住房申请贷款占81.86%，购买二套及以上申请贷款占18.14%；中、低收入占99.59%，高收入占0.41%。

2. 住房公积金支持保障性住房建设项目贷款：无。

（四）住房贡献率：2023年，个人住房贷款发放额、公转商贴息贷款发放额、项目贷款发放额、住房消费提取额的总和与当年缴存额的比率为95.17%，比上年增长25.37个百分点。

六、其他重要事项

2023年，我省住房公积金系统持续加强政治能力建设，认真贯彻住房和城乡建设部以及省委省政府决策部署，加强行业规范管理，强化业务服务，住房公积金风险得到有效防控，全省住房公积金保持了平稳健康发展。

（一）聚焦住房公积金政策制度落实，强化风险防控、守牢红线底线。一是加强政策备案。印发《关于做好住房公积金决策和管理重要事项备案制度的通知》，进一步规范各管委会及中心政策出台备案程序，提升住房公积金行政监督水平，规范决策和管理行为，确保各地严格贯彻落实国家和我省关于住房公积金缴存和使用政策。二是强化风险管控。线上通过住房公积金电子稽查工具、监管服务平台提示风险点等，实时对各中心业务及财务管理情况进行核检。线下向有关地区管委会、中心下发《关于严格执行住房公积金个人住房贷款最低首付款比例政策的通知》《关于持续加强果洛州住房公积金管理工作提醒函》《关于严格执行住房公积金提取政策的提醒函》《关于进一步加快推进青海油田住房公积金管理中心机构调整工作的提醒函》等，对各地存在的风险隐患和违规情况，及时予以纠偏纠正，从源头严密防控各类风险。三是持续推进个贷逾期管理。印发《关于加强对逾期住房公积金个人住房贷款管理的通知》，对全省个贷逾期情况实时监测，加强对逾期贷款的监控和提醒力度。各中心按照"一户一策一方案"要求，制定详细催收方案，从加强贷前风险评估、实行分级分类催收、联合法院及银行共同催收等方式齐抓共管，有效杜绝恶意逾期现象发生，确保了住房公积金资金安全。四是开展年度专项检查。印发《关于开展住房公积金年度专项检查的通知》，重点围绕政策执行、风险防控、服务能力及监督检查整改落实等内容，通过采取中心自查、重点抽查等方式，对西宁、海东等7家中心开展年度专项检查工作，并及时向发现问题中心下发通报，要求各地限时整改。

（二）**聚焦住房公积金业务服务效能提升，做好"跨省通办"和"一件事一次办"等工作。**一是服务事项实现"跨省通办"。对照"跨省通办"服务事项目录，指导各中心提前完成2023年2项住房公积金"跨省通办"服务事项（租房提取、提前退休提取），全省目前已实现13项住房公积金服务事项"跨省通办"，解决了职工群众异地办事"多地跑""折返跑"难题。二是积极推进"一件事一次办"落实落地。配合省人力资源和社会保障厅、省医保局制定青海省推进"员工录用""企业职工退休"改革实施方案及其办事指南，将住房公积金职工缴存登记和退休提取业务纳入"一件事一次办"集成办理范围。三是推行个人证明事项"亮码可办"。进一步精简住房公积金个人证明事项，将职工缴存证明、异地贷款缴存使用证明、贷款结清证明优化整合为"住房公积金业务办理个人信息表"，依托全国住房公积金公共服务平台和全国住房公积金监管服务平台，实现"电子码"实时查询验证，提高业务办理效率。四是开展住房公积金结对帮扶工作。经住房和城乡建设部住房公积金监管司牵线搭桥，我省与江苏省住房公积金系统"结对子"，同江苏省厅确定了相关工作方案以及结对帮扶签约协议，协调江苏9个地区公积金中心对我省9个中心就数字化发展、系统提档升级、存量数据治理以及专业人才培训等方面进行点对点结对帮扶。

（三）**聚焦住房公积金满足群众租购住房基本需求，着力优化提取和贷款政策。**一是优化租房提取政策。印发《关于优化租房提取住房公积金业务的通知》，鼓励各地结合市场租金水平，进一步提高租房提取额度和频次、优化租房提取政策和服务来更好地满足缴存职工诉求。特别是西宁地区将租房提取额由以前每年租房提取额度9180元提高至14400元，多子女家庭每增加一名未成年子女在14400元基础上增加4800元，实行跨区租房居住提取住房公积金支付房租，当年多次申请租房提取的缴存职工无需重复提交无房证明等一系列安心、暖心、省心政策，有效缓解了新市民、青年人租房压力。二是持续调整住房公积金贷款额度。各地因地制宜，结合当地资金使用情况，提高住房公积金贷款额度，在促进房地产业良性循环和健康发展的同时，更好满足缴存职工基本购房需求。西宁、省直中心住房公积金首次贷款或首套房贷款最高额度调整为80万元，海东、海北、黄南、果洛、海西中心调整为70万元，海南中心调整为100万元。同时，西宁、海东、海南、黄南等中心开通组合贷款和商转公直转贷款业务，有效减轻贷款家庭还款压力。三是破解异地贷款堵点难点。各中心不断畅通服务群众的堵点难点问题，特别是在异地贷款方面下功夫。海西、海南中心通过与西宁市不动产局系统对接、信息共享、联动审批，实现职工在缴存地就能办理西宁市区不动产抵撤押业务。西宁、海东中心签订西宁海东都市圈住房公积金一体化建设协议，实现公积金个人开户、缴存、贷款互认互贷、信息协查机制、联动治理违规提取等方面的协同发展。西宁、海北、黄南、玉树中心与四川省绵阳、眉山市签订合作协议，更好满足两地群众跨城市、个性化购房需求，切实提升群众的获得感、幸福感和满意度。

（四）**聚焦住房公积金数字化发展，推进信息共享和数据质量提升工作。**一是研究出台《青海省加快住房公积金数字化发展的实施方案》，从构建互通共享的资源框架、提升整体协同的系统平台支撑、提高数据赋能的管理服务、协同联动做好数字化监管、夯实数字化安全根基5个方面明确了15项重点任务，指导推进全省住房公积金数字化发展。二是扎实推进跨地区、跨部门、跨层级数据共享和业务协同。实现与自然资源、民政、人社、税务、医保等部门的不动产交易、商品房网签备案、婚姻、离退休、契税、医保等数据共享，将信息查询嵌入业务系统中，有效提升了便民服务水平。持续推进我省住房公积金征信信息"总对总"共享接入工作，省直中心已完成接入工作。三是会同住房和城乡建设部住房公积金数字化发展咨询服务团队开展现场服务指导工作，深入西宁中心、省直分中心实地查看中心征信信息共享接入、数据治理、数字化发展等工作，帮助中心查找问题、现场教学，指导提高业务水平。

（五）**聚焦住房公积金文明行业创建，积极树立系统良好形象。**一是寻找"最美公积金人"。在全省系统内积极开展寻找"最美公积金人"活动，以"忠诚之美、亲和之美、奉献之美、担当之美"的"四美"标准，推选了一批一线工作人员作为"最美公积金人"候选对象，通过官网、公众号等渠道集中展示先进事迹、宣传工作经验、讲述感人故事，掀起学习身边典型、争当先进典型的学习宣传热潮。二是开展教育培训。围绕理想信念、职业道德、廉政纪律、法律法规等内容，强化对干部职工，特别关键岗位人员以及临聘人员的监督管理。加大人员培训工作力度，通过采取外出培训与自主培训，走出去学与请进来讲等方式，开展业务、财务、信息化等专题培训交流活动，不断提高干部队伍综合素质。三是积极争创荣誉。西宁中心《"五控"（岗位风险点把控、审核关键点卡控、资金防范点管控、人员交叉点防控以及业务全过程监控）并举、强化廉政风险防控》相关做法被住房和城乡建设部住房公积金监管司纳入住房公积金管理系统廉洁风险防控示范经验案例集，中心被评为西宁市2023年群众满意的十佳单位。省直中心荣获第21届"全国青年文明号"荣誉称号，连续15年获此殊荣，并被认定为全国首批"二星级全国青年文明号"。海南中心获得2023年"州级文明单位"。海西中心连续12次荣获州政务服务监督管理局"月度文明窗口"，16人次被评为"月度服务之星"，11人被评为优秀工作者。果洛中心荣获州行政服务和公共资源交易中心2023年"优秀窗口"，1人被评为"先进个人"。

青海省及省内各城市住房公积金 2023 年年度报告二维码

名称	二维码
青海省住房公积金 2023 年年度报告	
西宁住房公积金 2023 年年度报告	
海东市住房公积金 2023 年年度报告	
海西蒙古族藏族自治州住房公积金 2023 年年度报告	
海南藏族自治州住房公积金 2023 年年度报告	
海北藏族自治州住房公积金 2023 年年度报告	
玉树藏族自治州住房公积金 2023 年年度报告	

续表

名称	二维码
黄南藏族自治州住房公积金 2023 年年度报告	
果洛藏族自治州住房公积金 2023 年年度报告	

宁夏回族自治区

宁夏回族自治区住房公积金 2023 年年度报告

根据国务院《住房公积金管理条例》和住房和城乡建设部、财政部、人民银行《关于健全住房公积金信息披露制度的通知》（建金〔2015〕26 号）规定，现将宁夏回族自治区住房公积金 2023 年年度报告汇总公布如下：

一、机构概况

（一）**住房公积金管理机构**：全区共设 5 个设区城市住房公积金管理中心，1 个独立设置的分中心（其中，自治区住房资金管理中心隶属自治区住房城乡建设厅）。从业人员 292 人，其中，在编 195 人，非在编 97 人。

（二）**住房公积金监管机构**：自治区住房城乡建设厅、财政厅和中国人民银行宁夏回族自治区分行负责对本自治区住房公积金管理运行情况进行监督。自治区住房城乡建设厅设立住房公积金监管处，负责辖区住房公积金日常监管工作。

二、业务运行情况

（一）**缴存**：2023 年，新开户单位 2315 家，净增单位 1644 家；新开户职工 10.27 万人，净增职工 2.51 万人；实缴单位 14164 家，实缴职工 78.56 万人，缴存额 164.53 亿元，分别同比增长 12.91％、5.24％、1.66％。2023 年末，缴存总额 1461.88 亿元，比上年末增加 12.68％；缴存余额 475.04 亿元，同比增长 6.30％（表1）。

2023 年分城市住房公积金缴存情况　　　　表 1

地区	实缴单位（万个）	实缴职工（万人）	缴存额（亿元）	累计缴存总额（亿元）	缴存余额（亿元）
宁夏回族自治区	**1.42**	**78.56**	**164.53**	**1461.88**	**475.04**
银川市	0.86	49.98	104.07	940.93	290.20
石嘴山市	0.14	7.76	12.71	120.47	43.12
吴忠市	0.16	7.85	18.85	156.26	54.61
固原市	0.14	6.54	16.02	139.57	49.75
中卫市	0.12	6.43	12.88	104.65	37.36

（二）**提取**：2023 年，31.70 万名缴存职工提取住房公积金；提取额 136.36 亿元，同比增长 37.18％；提取额占当年缴存额的 82.88％，比上年增加 21.47 个百分点。2023 年末，提取总额 986.84 亿元，比上年末增加 16.03％（表2）。

（三）**贷款**。

1. 个人住房贷款：2023 年，发放个人住房贷款 1.50 万笔、76.03 亿元，同比增长 54.64％、68.58％。回收个人住房贷款 59.49 亿元。

2023年分城市住房公积金提取情况　　表2

地区	提取额（亿元）	提取率（%）	住房消费类提取额（亿元）	非住房消费类提取额（亿元）	累计提取总额（亿元）
宁夏回族自治区	**136.36**	**82.88**	**97.35**	**39.01**	**986.84**
银川市	85.55	82.20	62.67	22.88	650.73
石嘴山市	10.01	78.76	6.18	3.83	77.35
吴忠市	15.65	83.02	10.74	4.92	101.65
固原市	14.52	90.64	10.33	4.18	89.82
中卫市	10.63	82.53	7.43	3.20	67.29

2023年末，累计发放个人住房贷款33.80万笔、836.37亿元，贷款余额302.34亿元，分别比上年末增加4.65%、10%、5.79%。个人住房贷款余额占缴存余额的63.65%，比上年末减少0.3个百分点（表3）。

2023年分城市住房公积金个人住房贷款情况　　表3

地区	放贷笔数（万笔）	贷款发放额（亿元）	累计放贷笔数（万笔）	累计贷款总额（亿元）	贷款余额（亿元）	个人住房贷款率（%）
宁夏回族自治区	**1.50**	**76.03**	**33.80**	**836.37**	**302.34**	**63.65**
银川市	0.98	52.68	19.08	549.69	204.49	70.47
石嘴山市	0.09	3.42	3.59	53.65	17.78	41.23
吴忠市	0.18	7.77	5.32	93.85	26.64	48.79
固原市	0.15	7.84	3.44	80.65	33.39	67.12
中卫市	0.10	4.32	2.37	58.53	20.04	53.64

2023年，支持职工购建房193.59万平方米。年末个人住房贷款市场占有率（含公转商贴息贷款）为16.22%，比上年末减少1.04个百分点。通过申请住房公积金个人住房贷款，可节约职工购房利息支出79364.94万元。

2. 异地贷款：2023年，发放异地贷款2566笔、133067.40万元。2023年末，发放异地贷款总额784891.20万元，异地贷款余额371616.92万元。

3. 公转商贴息贷款：无。

4. 住房公积金支持保障性住房建设项目贷款：无。

（四）购买国债：无。

（五）融资：无。

（六）资金存储：2023年末，住房公积金存款181.59亿元。其中，活期1.18亿元，1年（含）以下定期88.70亿元，1年以上定期81.30亿元，其他（协定、通知存款等）10.41亿元。

（七）资金运用率：2023年末，住房公积金个人住房贷款余额、项目贷款余额和购买国债余额的总和占缴存余额的63.65%，比上年末减少0.3个百分点。

三、主要财务数据

（一）业务收入：2023年，业务收入130825.80万元，同比增长4.09%。其中，存款利息38512.67万元，委托贷款利息92302.07万元，国债利息0万元，其他11.06万元。

（二）业务支出：2023年，业务支出71761.94万元，同比增长6.58%。其中，支付职工住房公积金利息67655.43万元，归集手续费1332.54万元，委托贷款手续费2766.77万元，其他7.2万元。

（三）**增值收益**：2023年，增值收益59063.86万元，同比增长1.21%；增值收益率1.28%，比上年增加0.01个百分点。

（四）**增值收益分配**：2023年，提取贷款风险准备金1443.54万元，提取管理费用7594.30万元，提取城市廉租住房（公共租赁住房）建设补充资金50026.02万元（表4）。

2023年分城市住房公积金增值收益及分配情况 表4

地区	业务收入（亿元）	业务支出（亿元）	增值收益（亿元）	增值收益率（%）	提取贷款风险准备金（亿元）	提取管理费用（亿元）	提取公租房(廉租房)建设补充资金(亿元)
宁夏回族自治区	**13.08**	**7.17**	**5.91**	**1.28**	**0.14**	**0.76**	**5.01**
银川市	7.95	4.36	3.59	1.30	0.12	0.23	3.25
石嘴山市	1.18	0.65	0.53	1.27	0.003	0.12	0.40
吴忠市	1.55	0.83	0.73	1.36	0	0.15	0.58
固原市	1.37	0.76	0.61	1.25	0.02	0.17	0.42
中卫市	1.02	0.57	0.45	1.23	0	0.09	0.36

2023年，上交财政管理费用7360.65万元，上缴财政城市廉租住房（公共租赁住房）建设补充资金50094.48万元。

2023年末，贷款风险准备金余额34876.02万元，累计提取城市廉租住房（公共租赁住房）建设补充资金413138.93万元。

（五）**管理费用支出**：2023年，管理费用支出6863.37万元，同比减少3.36%。其中，人员经费4291.91万元，公用经费386.20万元，专项经费2185.26万元。

四、资产风险状况

（一）**个人住房贷款**：2023年末，个人住房贷款逾期额385.02万元，逾期率0.13‰，个人贷款风险准备金余额34876.02万元。2023年，使用个人贷款风险准备金核销呆坏账0万元。

（二）**住房公积金支持保障性住房建设项目贷款**：无。

五、社会经济效益

（一）缴存业务。

缴存职工中，国家机关和事业单位占35.74%，国有企业占27.26%，城镇集体企业占1.95%，外商投资企业占1.09%，城镇私营企业及其他城镇企业占31.50%，民办非企业单位和社会团体占1.97%，灵活就业人员占0.20%，其他占0.29%；中、低收入占99.17%，高收入占0.83%。

新开户职工中，国家机关和事业单位占20.70%，国有企业占12.85%，城镇集体企业占1.51%，外商投资企业占1.20%，城镇私营企业及其他城镇企业占58.15%，民办非企业单位和社会团体占4.82%，灵活就业人员占0.43%，其他占0.34%；中、低收入占99.77%，高收入占0.23%。

（二）提取业务。

提取金额中，购买、建造、翻建、大修自住住房占17.65%，偿还购房贷款本息占51.23%，租赁住房占2.52%，支持老旧小区改造提取占0%；离休和退休提取占22.31%，完全丧失劳动能力并与单位终止劳动关系提取占3.59%，出境定居占0.49%，其他占2.21%。提取职工中，中、低收入占99.13%，高收入占0.87%。

（三）贷款业务。

1. 个人住房贷款

职工贷款笔数中，购房建筑面积90（含）平方米以下占3.38%，90～144（含）平方米占82.45%，

144平方米以上占14.17%。购买新房占74.36%（其中购买保障性住房占0.13%），购买二手房占24.80%，建造、翻建、大修自住住房占0%（其中支持老旧小区改造占0%），其他占0.84%。

职工贷款笔数中，单缴存职工申请贷款占49.97%，双缴存职工申请贷款占49.75%，三人及以上缴存职工共同申请贷款占0.28%。

贷款职工中，30岁（含）以下占33.98%，30岁～40岁（含）占44.67%，40岁～50岁（含）占16.13%，50岁以上占5.22%；购买首套住房申请贷款占83.64%，购买二套及以上申请贷款占16.36%；中、低收入占96.44%，高收入占3.56%。

2.住房公积金支持保障性住房建设项目贷款：无。

（四）住房贡献率。 2023年，个人住房贷款发放额、公转商贴息贷款发放额、项目贷款发放额、住房消费提取额的总和与当年缴存额的比率为105.38%，比上年增加30.56个百分点。

六、其他重要事项

（一）当年住房公积金政策调整情况

2023年，宁夏住房公积金系统认真贯彻落实《住房公积金管理条例》及党中央、自治区关于加强住房公积金管理系列决策部署，坚持"房子是用来住的，不是用来炒的"定位，及时优化缴存使用政策，加大租购并举支持力度，积极发挥政策综合效应，以"六个一"工作模式助推宁夏住房公积金高质量发展。

一是坚持租购并举，打好住房公积金惠民政策"组合拳"。充分发挥住房公积金住房保障制度作用，围绕自治区"消费需求促进年"活动和住房改善专项行动，因时因势因城施策，在全区开展"住房公积金政策落实和服务提升月活动"。指导各地出台"组合贷""商转公""商转公"直转、二手房带押过户、"异地贷"、提高贷款额度、提取公积金支付购房首付款、提高租房提取的额度及频次、放宽多孩家庭使用公积金政策等多项政策，支持缴存人刚性和合理改善性住房需求。

二是支持新市民、青年人租房提取公积金解决住房问题。指导各地放宽租房提取条件，简化租房提取手续，提高租房提取频次和额度，支持按月提取公积金支付房租，着力解决青年人、新市民住房问题。截至12月底，全区租房提取4.36万笔、3.42亿元，同比增长64.03%。

三是加大灵活就业人员参加住房公积金推进力度。充分学习借鉴6个全国试点城市灵活就业人员政策工具箱，以银川市等城市为试点，加强调查研究，指导银川市出台了《灵活就业人员缴存公积金管理办法（试行）》，鼓励更多群体参与住房公积金制度，扩大住房公积金制度覆盖面和惠及面。

四是推进政务服务事项"四级四同"全要素统一。在宁夏住房公积金业务操作规范基础上，全面梳理比对3类41项住房公积金政务服务事项的办理形式、受理条件、办结时限、审批要件等要素，印发《自治区住房和城乡建设厅关于进一步规范住房公积金政务服务事项做好"四级四同"相关工作的通知》（宁建〔金管〕发〔2023〕5号），全面推进住房公积金政务服务事项"四级四同"全要素统一。

五是全面整合住房公积金个人证明事项推动"亮码可办"。印发《关于做好整合住房公积金个人证明事项推动"亮码可办"工作的通知》（宁建〈金管〉发〔2023〕4号），依托全国住房公积金公共服务平台和监管服务平台，整合《职工缴存证明》《异地贷款缴存使用证明》《贷款结清证明》，9月1日起3项住房公积金个人证明事项实现"亮码可办"。

（二）当年开展监督检查情况

一是加强履职尽责监管。全面开展服务监管标准化建设，制定自治区住房公积金监管事项清单，会同财政、人民银行等部门对5个地级市住房公积金管理委员会、6个管理中心履职履责情况进行督导，督促各地从严执行公积金法规政策规定。规范开展住房公积金年度报告信息披露，主动接受社会监督。

二是加强业务电子稽查。利用"风控系统"5大类77个分析指标，对住房公积金业务数据进行筛选、校核、甄别，对疑点数据进行查找分析、强化跟踪、督促整改，进一步规范业务管理，保障资金运行安全。

三是加强网络安全管理。建立全区网络安全联系指导组，制定网络安全应急预案，组织各地不定期开展网络安全隐患排查整治和网络攻防演练工作，着力防风险、除隐患，保障业务数据安全。

四是认真落实审计整改。完成国家专项审计整改，建立廉政风险防控机制。各中心成立考核组、内部审计组对全业务进行内审稽查，主动接受同级审计部门审计，推动睡眠账户清理，有效降低资金风险。

（三）当年服务改进情况

一是持续开展"惠民公积金、服务暖人心"服务提升三年行动。以"服务标准落实年"为主题，以先进典型培树为手段，依托政务服务"四级四同"，在全区住房公积金系统持续组织开展"惠民公积金、服务暖人心"服务提升三年行动。贺兰分中心、盐池分中心和西吉分中心荣获全国表现突出"星级服务岗"，先进经验在全区推广。开展寻找"最美积金人"宣传活动，展示新时代宁夏住房公积金人良好的精神面貌和行业形象。指导各中心设立延伸服务网点，打造"群众家门口的住房公积金""15分钟服务圈"。银川中心设置"事难办"反映窗口，在服务大厅设立24小时自助服务区、优秀企业、优秀企业家服务窗口、帮办代办绿色窗口，推行"怀远政务小厅"工作机制；石嘴山中心研究制定住房公积金管理中心专管员制度，分片包干，实现精准化服务；固原中心制定12345政务服务便民热线工单办理实施细则，建立"好差评"回访机制。

二是加快推进政务服务"一件事一次办"和"跨省通办"。完成员工录用中"住房公积金账户设立"事项、企业职工退休中"住房公积金提取（离休、退休）"事项、公民身后事中"住房公积金提取（死亡）"事项的"一件事一次办"业务受理工作。依托省级住房公积金综合服务平台，与自治区政务一体化平台对接，推进高频服务事项跨省通办。6个中心新增完成"租房提取和提前退休提取"2个服务事项的跨省通办。

三是全面推行公积金高频事项"网上办""掌上办"。14项公积金提取业务"全程网办""全程掌办"，14项公积金归集业务"全程网办"。深入落实政务服务"首问负责、一次性告知、限时办结、延时服务"四项制度和"好差评"评价率，实现公积金服务标准化、规范化、便利化，切实提升服务质量与服务效率。

（四）当年信息化建设情况

一是探索数字化服务新模式。贯彻落实住房和城乡建设部《关于加快住房公积金数字化发展的指导意见》，举办全区住房公积金系统干部能力提升暨数字化发展培训班，召开宁夏住房公积金数字化建设专家研讨会，结合主题教育实地走访调研，为宁夏数字公积金发展寻求最佳建设方案。

二是加强区内信息平台建设。依托省级统管的住房公积金综合服务平台，对内联通区内6家中心，建设统一的住房公积金网上服务大厅，34项83%的政务服务事项网上办理，累计受理缴存单位及职工业务申请255.96万笔。对外与民政、人社等8个厅局实现16项服务目录161余项数据共享，有效减免群众业务办理申请材料，累计提供后端核查应用435.31万次。协调统一身份认证、电子签章、政务数据交换平台、人脸识别、好差评、企业开办"一网通办"平台等各类公共服务资源接入，实现区内互联互通。

三是全力推进征信信息共享接入。加强与人民银行的紧密衔接，压茬推进各地征信信息共享接入，实现征信信息查询和数据共享，搭建征信"便民桥"。宁夏全区各中心整体完成征信信息共享接入验收工作，年底实现征信信息共享查询、接入全区100%全覆盖。

四是加强数据治理和电子档案管理。指导各地通过开展"数据治理年"等方式开展数据治理，全区6家中心数据质量合格率达到96%以上。认真落实《住房公积金业务档案管理标准》，2家中心建成电子档案管理信息系统，实现档案全生命周期全链条管理。

五是进一步丰富宁夏住房公积金"微信小程序"、手机App、网上业务大厅、"我的宁夏"业务办理功能。大力宣传和推广线上业务，实现个人信息线上多渠道查询、归集业务全程网办、提取业务线上高频办、贷款业务快速办的基础上，部分中心新增异地住房公积金还贷提取、异地住房公积金贷款提前还款、灵活就业人员业务、征信授权、跨省通办等线上业务事项，让缴存职工享受到更加高效、快捷的服务。

（五）当年住房公积金机构及从业人员所获荣誉情况

1. 银川住房公积金管理中心被评为"全市政务服务先进单位""全市政务服务改革示范单位""网络安全等级保护工作先进单位""最美服务窗口"。宁夏回族自治区住房资金管理中心被自治区政府办公厅表彰为"2022年度优秀分厅""自治区工人先锋号""自治区法治社会实践站""2022年度模范职工之家"。石嘴山市住房公积金管理中心被评为"石嘴山市网络安全保护先进单位"。吴忠市住房公积金管理中心党支部被评定为"五星级"基层党组织，盐池分中心被评为"全国星级服务岗"。固原市住房公积金管理中心继续确认"固原市文明单位"、"五型"模范机关，被市审批局评为"红旗示范窗口"。中卫市住房公积金管理中心继续确认"自治区文明单位"称号。

2. 宁夏回族自治区住房资金管理中心1名同志被自治区党委、人民政府授予"全区民族团结进步模范个人"称号、1名同志被自治区区直机关工委授予"区直机关'文明标兵'"称号、1名同志被自治区建设工会委员会表彰为"2022年度优秀工会工作者"、2名同志被自治区住房和城乡建设厅表彰为"2023年度优秀共产党员"、1名同志被自治区住房城乡建设厅机关党委表彰为住房城乡建设厅系统敬业奉献"十佳标兵"。固原市住房公积金管理中心多名同志获得"党员模范岗""团员模范岗""最美政务人"等称号。

（六）当年对住房公积金管理人员违规行为的纠正和处理情况等

当年未发现住房公积金管理人员违规行为。

（七）其他需要披露的情况

2023年联合中卫市、银川市、石嘴山市承办了3场行业交流会。9月16日，联合中卫市政府举办云天大会"安全筑基 数字赋能"住房公积金分论坛和行业座谈交流会，住房城乡建设部住房公积金监管司司长杨佳燕参加了中卫云天大会。支持银川市同太原市、郑州市等9个城市建立住房公积金数字黄河链，10月14日举办第二届黄河流域住房公积金高质量发展研讨交流会，进一步深化黄河流域城市战略合作机制。10月15日在石嘴山市举办宁夏住房公积金业务档案数字化发展现场交流会。3场行业大会邀请了全国住房公积金中心负责人、域内知名专家、学者、教授、研究院和合作银行280余人次到宁参会交流座谈，全方位展示了宁夏住房公积金的发展成果。

宁夏回族自治区及自治区内各城市住房公积金 2023 年年度报告二维码

名称	二维码
宁夏回族自治区住房公积金 2023 年年度报告	
银川住房公积金 2023 年年度报告	
石嘴山市住房公积金 2023 年年度报告	
吴忠市住房公积金 2023 年年度报告	
固原市住房公积金 2023 年年度报告	
中卫市住房公积金 2023 年年度报告	

新疆维吾尔自治区

新疆维吾尔自治区住房公积金 2023 年年度报告

根据国务院《住房公积金管理条例》和住房和城乡建设部、财政部、人民银行《关于健全住房公积金信息披露制度的通知》（建金〔2015〕26 号）规定，现将新疆维吾尔自治区住房公积金 2023 年年度报告汇总公布如下：

一、机构概况

（一）**住房公积金管理机构**：全区共设 14 个设区城市住房公积金管理中心。从业人员 1143 人，其中，在编 729 人，非在编 414 人。

（二）**住房公积金监管机构**：自治区住房城乡建设厅、自治区财政厅和中国人民银行新疆维吾尔自治区分行负责对全区住房公积金管理运行情况进行监督。自治区住房城乡建设厅设立住房公积金监管处，负责辖区住房公积金日常监管工作。

二、业务运行情况

（一）**缴存**：2023 年，新开户单位 6679 家，净增单位 4216 家；新开户职工 25.10 万人，净增职工 9.87 万人；实缴单位 45995 家，实缴职工 239.80 万人，缴存额 589.51 亿元，分别同比增长 10.09%、4.29%、10.34%。2023 年末，缴存总额 5233.35 亿元，比上年末增加 12.69%；缴存余额 1725.69 亿元，同比增长 4.38%（表1）。

2023 年分城市住房公积金缴存情况 表1

地区	实缴单位（万个）	实缴职工（万人）	缴存额（亿元）	累计缴存总额（亿元）	缴存余额（亿元）
新疆维吾尔自治区	**4.60**	**239.80**	**589.51**	**5233.35**	**1725.69**
乌鲁木齐市	1.52	72.32	183.58	1651.03	556.50
伊犁州	0.35	19.65	43.40	361.18	122.70
塔城地区	0.20	8.49	19.20	164.64	53.83
阿勒泰地区	0.26	7.79	17.57	150.90	46.37
克拉玛依市	0.21	14.41	49.75	585.29	141.36
博州	0.12	4.45	9.79	86.29	28.28
昌吉州	0.36	18.15	34.45	321.59	115.89
哈密市	0.15	9.78	24.83	247.22	90.63
吐鲁番市	0.11	6.99	14.87	112.21	39.95
巴州	0.31	17.30	40.29	372.62	125.89
阿克苏地区	0.31	17.61	41.69	317.99	102.99
克州	0.10	6.07	16.73	122.21	45.24
喀什地区	0.39	24.17	59.71	481.79	165.66
和田地区	0.21	12.62	33.65	258.39	90.40

(二) 提取：2023 年，108.14 万名缴存职工提取住房公积金；提取额 517.10 亿元，同比增长 47.57%；提取额占当年缴存额的 87.72%，比上年增加 22.13 个百分点。2023 年末，提取总额 3507.66 亿元，比上年末增加 17.29%（表 2）。

2023 年分城市住房公积金提取情况 表 2

地区	提取额（亿元）	提取率（%）	住房消费类提取额（亿元）	非住房消费类提取额（亿元）	累计提取总额（亿元）
新疆维吾尔自治区	**517.10**	**87.72**	**384.64**	**132.46**	**3507.66**
乌鲁木齐市	153.84	83.80	108.21	45.63	1094.53
伊犁州	38.54	88.80	30.23	8.32	238.49
塔城地区	15.97	83.19	12.53	3.44	110.80
阿勒泰地区	14.92	84.89	11.38	3.54	104.53
克拉玛依市	43.22	86.89	30.38	12.85	443.93
博州	7.81	79.75	5.65	2.16	58.01
昌吉州	30.15	87.51	18.71	11.43	205.71
哈密市	20.39	82.08	13.46	6.92	156.59
吐鲁番市	13.38	90.00	10.18	3.20	72.26
巴州	35.58	88.31	26.02	9.56	246.72
阿克苏地区	34.70	83.25	28.55	6.15	215.00
克州	18.83	112.60	15.76	3.07	76.97
喀什地区	57.70	96.64	47.17	10.53	316.13
和田地区	32.07	95.30	26.41	5.66	167.99

(三) 贷款。

1. 个人住房贷款：2023 年，发放个人住房贷款 8.79 万笔、381.33 亿元，同比增长 94.04%、108.93%。回收个人住房贷款 189.29 亿元。

2023 年末，累计发放个人住房贷款 123.56 万笔、2881.01 亿元，贷款余额 1445.86 亿元，分别比上年末增加 7.66%、15.26%、15.32%。个人住房贷款余额占缴存余额的 83.78%，比上年末增加 7.94 个百分点（表 3）。

2023 年分城市住房公积金个人住房贷款情况 表 3

地区	放贷笔数（万笔）	贷款发放额（亿元）	累计放贷笔数（万笔）	累计贷款总额（亿元）	贷款余额（亿元）	个人住房贷款率（%）
新疆维吾尔自治区	**8.79**	**381.33**	**123.56**	**2881.01**	**1445.86**	**83.78**
乌鲁木齐市	2.59	151.22	30.64	985.09	536.39	96.38
伊犁州	0.86	35.90	12.14	247.22	115.05	93.77
塔城地区	0.27	9.95	5.24	96.23	46.21	85.85
阿勒泰地区	0.28	10.11	5.21	99.64	45.25	97.58
克拉玛依市	0.30	12.34	9.60	204.11	70.94	50.19
博州	0.15	4.85	3.07	55.35	23.29	82.33
昌吉州	0.50	18.04	10.75	225.85	98.09	84.64

续表

地区	放贷笔数（万笔）	贷款发放额（亿元）	累计放贷笔数（万笔）	累计贷款总额（亿元）	贷款余额（亿元）	个人住房贷款率（％）
哈密市	0.25	9.26	4.69	100.27	48.96	54.03
吐鲁番市	0.25	6.89	3.25	55.97	24.40	61.07
巴州	0.59	20.45	7.02	153.41	76.55	60.81
阿克苏地区	0.81	29.56	8.52	172.17	98.00	95.15
克州	0.35	13.54	4.45	72.01	32.41	71.64
喀什地区	1.00	37.76	12.98	271.69	148.45	89.61
和田地区	0.59	21.46	6.00	142.00	81.87	90.56

2023年，支持职工购建房1093.45万平方米。年末个人住房贷款市场占有率（含公转商贴息贷款）为34.38％，比上年末增加1.22个百分点。通过申请住房公积金个人住房贷款，可节约职工购房利息支出707795.94万元。

2. 异地贷款：2023年，发放异地贷款9767笔、475200.89万元。2023年末，发放异地贷款总额1615772.06万元，异地贷款余额1061858.85万元。

3. 公转商贴息贷款：2023年，发放公转商贴息贷款2605笔、96523.90万元，支持职工购建房面积31.81万平方米。当年贴息额13923.69万元。2023年末，累计发放公转商贴息贷款32958笔、1406442.66万元，累计贴息45062.08万元。

（四）资金存储：2023年末，住房公积金存款299.89亿元。其中，活期8.13亿元，1年（含）以下定期74.26亿元，1年以上定期170.30亿元，其他（协定、通知存款等）47.20亿元。

（五）资金运用率：2023年末，住房公积金个人住房贷款余额、项目贷款余额和购买国债余额的总和占缴存余额的83.78％，比上年末增加7.94个百分点。

三、主要财务数据

（一）业务收入：2023年，业务收入523435.73万元，同比增长5.31％。其中，存款利息99720.45万元，委托贷款利息423617.72万元，国债利息0万元，其他97.56万元。

（二）业务支出：2023年，业务支出277750.56万元，同比增长8.57％。其中，支付职工住房公积金利息265284.39万元，归集手续费0万元，委托贷款手续费8099.11万元，其他4367.06万元。

（三）增值收益：2023年，增值收益245685.17万元，同比增长1.85％；增值收益率1.46％，比上年减少0.10个百分点。

（四）增值收益分配：2023年，提取贷款风险准备金14975.97万元，提取管理费用28892.15万元，提取城市廉租住房（公共租赁住房）建设补充资金201817.05万元（表4）。

2023年分城市住房公积金增值收益及分配情况 表4

地区	业务收入（亿元）	业务支出（亿元）	增值收益（亿元）	增值收益率（％）	提取贷款风险准备金（亿元）	提取管理费用（亿元）	提取公租房(廉租房)建设补充资金（亿元）
新疆维吾尔自治区	**52.34**	**27.78**	**24.57**	**1.46**	**1.50**	**2.89**	**20.18**
乌鲁木齐市	17.43	9.04	8.39	1.55	0.84	0.44	7.11
伊犁州	3.59	1.94	1.66	1.38	0.00	0.30	1.36
塔城地区	1.56	0.79	0.77	1.48	0.04	0.16	0.57

续表

地区	业务收入（亿元）	业务支出（亿元）	增值收益（亿元）	增值收益率（％）	提取贷款风险准备金（亿元）	提取管理费用（亿元）	提取公租房(廉租房)建设补充资金（亿元）
阿勒泰地区	1.43	0.86	0.57	1.26	0.11	0.14	0.32
克拉玛依市	4.45	2.20	2.24	1.63	0.00	0.13	2.11
博州	0.80	0.43	0.37	1.36	0.00	0.12	0.26
昌吉州	3.66	1.85	1.81	1.59	0.00	0.34	1.47
哈密市	2.73	1.38	1.35	1.54	0.00	0.17	1.18
吐鲁番市	1.19	0.60	0.60	1.52	0.00	0.11	0.48
巴州	3.71	1.90	1.81	1.47	0.00	0.25	1.55
阿克苏地区	3.05	1.69	1.36	1.36	0.19	0.22	0.95
克州	1.18	0.71	0.47	1.02	0.10	0.08	0.29
喀什地区	4.89	3.04	1.85	1.12	0.10	0.25	1.50
和田地区	2.67	1.35	1.32	1.48	0.12	0.18	1.03

2023年，上交财政管理费用24226.16万元，上缴财政城市廉租住房（公共租赁住房）建设补充资金238446.01万元。

2023年末，贷款风险准备金余额245508.15万元，累计提取城市廉租住房（公共租赁住房）建设补充资金1617885.24万元。

（五）管理费用支出： 2023年，管理费用支出25344.53万元，同比增长1.83％。其中，人员经费16673.66万元，公用经费1887.73万元，专项经费6783.14万元。

四、资产风险状况

个人住房贷款：2023年末，个人住房贷款逾期额3234.47万元，逾期率0.22‰，个人贷款风险准备金余额244489.12万元。2023年，使用个人贷款风险准备金核销呆坏账0万元。

五、社会经济效益

（一）缴存业务

缴存职工中，国家机关和事业单位占52.28％，国有企业占24.85％，城镇集体企业占1.39％，外商投资企业占0.63％，城镇私营企业及其他城镇企业占19.63％，民办非企业单位和社会团体占0.68％，灵活就业人员占0.06％，其他占0.48％；中、低收入占98.63％，高收入占1.37％。

新开户职工中，国家机关和事业单位占25.34％，国有企业占20.48％，城镇集体企业占1.40％，外商投资企业占1.02％，城镇私营企业及其他城镇企业占48.68％，民办非企业单位和社会团体占1.38％，灵活就业人员占0.34％，其他占1.36％；中、低收入占99.74％，高收入占0.26％。

（二）提取业务

提取金额中，购买、建造、翻建、大修自住住房占31.05％，偿还购房贷款本息占42.03％，租赁住房占1.31％，支持老旧小区改造提取占0％；离休和退休提取占18.73％，完全丧失劳动能力并与单位终止劳动关系提取占4.48％，出境定居占0％，其他占2.40％。提取职工中，中、低收入占98.64％，高收入占1.36％。

（三）贷款业务

个人住房贷款：职工贷款笔数中，购房建筑面积90（含）平方米以下占8.49％，90～144（含）平方米占82.89％，144平方米以上占8.62％。购买新房占80.07％（其中购买保障性住房占0.84％），购买二手房占 19.93%，建造、翻建、大修自住住房占 0%（其中支持老旧小区改造占 0%），其他占 0%。

职工贷款笔数中，单缴存职工申请贷款占 68.85%，双缴存职工申请贷款占 31.15%，三人及以上缴存职工共同申请贷款占 0%。

贷款职工中，30 岁（含）以下占 42.47%，30 岁~40 岁（含）占 37.67%，40 岁~50 岁（含）占 15.45%，50 岁以上占 4.41%；购买首套住房申请贷款占 79.19%，购买二套及以上申请贷款占 20.81%；中、低收入占 99.13%，高收入占 0.87%。

（四）住房贡献率

2023 年，个人住房贷款发放额、公转商贴息贷款发放额、项目贷款发放额、住房消费提取额的总和与当年缴存额的比率为 131.57%，比上年增加 22.69 个百分点。

六、其他重要事项

（一）当年住房公积金政策调整情况

一是修订印发《自治区住房公积金归集业务规范》《自治区住房公积金提取业务规范》《自治区住房公积金个人住房贷款业务规范》《自治区住房公积金资金管理业务规范》，进一步提高住房公积金管理服务法治化、规范化水平。二是印发《关于加大力度支持我区新市民、青年人等群体租房提取住房公积金工作的通知》，因地制宜、精准施策，促进解决新市民等群体住房问题。三是强化住房公积金服务民生保障，进一步做好全区住房公积金异地个人住房贷款，实现全区异地个人住房贷款"按月对冲"。

（二）当年开展监督检查情况

开展交叉互查工作，着力规范管理服务。组织 14 个中心开展交叉互查互学工作，对各中心内部管理、业务运行、财务核算等内容查缺补漏，防范管理风险，提升服务水平。加强工作调度、防范资金风险。充分运用各类电子稽查工具定期分析运行数据，保障资金安全。同时，积极配合"保交楼"配套融资工作，将落实"保交楼"情况纳入受委托银行考核、资金存放等重要参考指标。

（三）当年服务改进情况

全区稳步实施"住房公积金贷款一件事，公民退休一件事，企业开办一件事，企业招聘一件事"，不断探索更多住房公积金业务"一网通办，一窗通办"。一是便民服务不断深入。手机公积金 App 新增"提取凭证、电子签名"等功能；完成住房公积金"三证合一"，以统一"电子码"代替住房公积金个人证明事项实现"亮码可办"；"新智助"终端上线住房公积金缴存及贷款结清证明打印业务；和田地区上线贷款"不见面审批"业务；乌鲁木齐中心着力打造住房公积金"15 分钟服务圈"；阿克苏地区试点开通老旧小区自住住房改造"水电气暖、门窗"提取业务；伊犁州、博州、阿克苏地区、喀什地区开通"商转公"顺位抵押业务；博州、喀什地区实现兵地"商转公"顺位抵押，推动住房公积金兵地融合发展。二是缴存扩面稳步推进。克拉玛依、博州、巴州、阿克苏地区、克州出台灵活就业人员参加住房公积金制度的措施，扩大制度覆盖面；阿克苏地区将缴存住房公积金写入劳动合同示范文本。三是宣传方式不断创新。在新疆住房公积金微信公众号上推出了《金宝讲操作》系列栏目，以动画视频的形式介绍各项业务所需的条件、手续以及线上办理的操作流程，为职工提供更加优质、贴心的住房公积金服务。截至 2023 年底，微信公众号关注人数超过 143 万人。

（四）当年信息化建设情况

一是加强大数据平台建设，升级自治区住房公积金监管平台，加强监管数据分级分类监测。二是完成征信接入及验收工作，助力人民银行构建覆盖全行业的征信体系。三是加强系统安全防护能力，定期对系统进行等级保护测评和国产密码应用安全性评估。

（五）当年住房公积金机构及从业人员所获荣誉情况

2023 年全区住房公积金行业积极开展精神文明创建工作，共获得文明单位（行业、窗口）6 个、先进集体和个人 58 个、其他荣誉称号 14 个。

新疆维吾尔自治区及自治区内各城市住房公积金 2023 年年度报告二维码

名称	二维码
新疆维吾尔自治区住房公积金 2023 年年度报告	
乌鲁木齐住房公积金 2023 年年度报告	
伊犁哈萨克自治州住房公积金 2023 年年度报告	
塔城地区住房公积金 2023 年年度报告	
阿勒泰地区住房公积金 2023 年年度报告	
克拉玛依市住房公积金 2023 年年度报告	
博尔塔拉蒙古自治州住房公积金 2023 年年度报告	

续表

名称	二维码
昌吉回族自治州住房公积金 2023 年年度报告	
哈密市住房公积金管理中心 2023 年年度报告	
吐鲁番市住房公积金 2023 年年度报告	
巴音郭楞蒙古自治州住房公积金 2023 年年度报告	
阿克苏地区住房公积金 2023 年年度报告	
克孜勒苏柯尔克孜自治州住房公积金 2023 年年度报告	
喀什地区住房公积金 2023 年年度报告	
和田地区住房公积金 2023 年年度报告	

新疆生产建设兵团

新疆生产建设兵团住房公积金 2023年年度报告

根据国务院《住房公积金管理条例》和住房和城乡建设部、财政部、人民银行《关于健全住房公积金信息披露制度的通知》（建金〔2015〕26号）规定，现将新疆生产建设兵团住房公积金2023年年度报告汇总公布如下：

一、机构概况

（一）**住房公积金管理机构**：全兵团共设1个住房公积金管理中心，从业人员93人，其中，在编82人，非在编11人。

（二）**住房公积金监管机构**：兵团住房和城乡建设局、兵团财政局和人民银行乌鲁木齐中心支行负责对兵团住房公积金管理运行情况进行监督。兵团住房和城乡建设局设立住房公积金监管处，负责辖区住房公积金日常监管工作。

二、业务运行情况

（一）**缴存**：2023年，新开户单位627家，净增单位425家；新开户职工3.69万人，净增职工0.83万人；实缴单位6552家，实缴职工30.41万人，缴存额67.84亿元，分别同比增长7.99%、5.42%、12.38%。2023年末，缴存总额526.68亿元，比上年末增加14.79%；缴存余额209.91亿元，同比增长8.61%（表1）。

2023年分城市住房公积金缴存情况 表1

地区	实缴单位（万个）	实缴职工（万人）	缴存额（亿元）	累计缴存总额（亿元）	缴存余额（亿元）
新疆兵团	0.66	30.41	67.84	526.68	209.91

（二）**提取**：2023年，11.57万名缴存职工提取住房公积金；提取额51.21亿元，同比增长60.25%；提取额占当年缴存额的75.48%，比上年增加22.54个百分点。2023年末，提取总额316.77亿元，比上年末增加19.28%（表2）。

2023年分城市住房公积金提取情况 表2

地区	提取额（亿元）	提取率（%）	住房消费类提取额（亿元）	非住房消费类提取额（亿元）	累计提取总额（亿元）
新疆兵团	51.21	75.48	32.84	18.37	316.77

（三）**贷款**。

1. 个人住房贷款：2023年，发放个人住房贷款0.96万笔、38.53亿元，同比增长114.34%、125.85%。回收个人住房贷款18.84亿元。

2023年末，累计发放个人住房贷款9.91万笔、269.98亿元，贷款余额169.26亿元，分别比上年末增加10.68%、16.65%、13.17%。个人住房贷款余额占缴存余额的80.64%，比上年末增加3.25个百分点（表3）。

2023年分城市住房公积金个人住房贷款情况 表3

地区	放贷笔数（万笔）	贷款发放额（亿元）	累计放贷笔数（万笔）	累计贷款总额（亿元）	贷款余额（亿元）	个人住房贷款率（%）
新疆兵团	0.96	38.53	9.91	269.98	169.26	80.64

2023年，支持职工购建房116.43万平方米。通过申请住房公积金个人住房贷款，可节约职工购房利息支出44462.22万元。

2. 异地贷款：2023年，发放异地贷款138笔、5383.7万元。2023年末，发放异地贷款总额43666.83万元，异地贷款余额32407.35万元。

（四）**资金存储**：2023年末，住房公积金存款45.55亿元。其中，活期1.85亿元，1年（含）以下定期35亿元，1年以上定期0亿元，其他（协定、通知存款等）8.7亿元。

（五）**资金运用率**：2023年末，住房公积金个人住房贷款余额、项目贷款余额和购买国债余额的总和占缴存余额的80.64%，比上年末增加3.25个百分点。

三、主要财务数据

（一）**业务收入**：2023年，业务收入61135.2万元，同比增长5.49%。其中，存款利息10792.1万元，委托贷款利息50340.9万元，国债利息0万元，其他2.2万元。

（二）**业务支出**：2023年，业务支出32810.04万元，同比增长9.81%。其中，支付职工住房公积金利息31543.69万元，归集手续费0万元，委托贷款手续费1203.46万元，其他62.89万元。

（三）**增值收益**：2023年，增值收益28325.16万元，同比增长0.9%；增值收益率1.41%，比上年减少0.17个百分点。

（四）**增值收益分配**：2023年，提取贷款风险准备金5906.23万元，提取管理费用2796.37万元，提取城市廉租住房（公共租赁住房）建设补充资金19622.56万元（表4）。

2023年分城市住房公积金增值收益及分配情况 表4

地区	业务收入（亿元）	业务支出（亿元）	增值收益（亿元）	增值收益率（%）	提取贷款风险准备金（亿元）	提取管理费用（亿元）	提取公租房(廉租房)建设补充资金（亿元）
新疆兵团	6.11	3.28	2.83	1.41	0.59	0.28	1.96

2023年，上交财政管理费用3182.69万元，上缴财政城市廉租住房（公共租赁住房）建设补充资金24550.79万元。

2023年末，贷款风险准备金余额51692.49万元，累计提取城市廉租住房（公共租赁住房）建设补充资金171962.6万元。

（五）**管理费用支出**：2023年，管理费用支出2367.53万元，同比增长11.62%。其中，人员经费1553.29万元，公用经费279.36万元，专项经费534.88万元。

四、资产风险状况

个人住房贷款：2023年末，个人住房贷款逾期额665.72万元，逾期率0.39‰，个人贷款风险准备金余额50116.49万元。2023年，使用个人贷款风险准备金核销呆坏账0万元。

五、社会经济效益

(一) 缴存业务。

缴存职工中,国家机关和事业单位占53.02%,国有企业占24.34%,城镇集体企业占2%,外商投资企业占0.98%,城镇私营企业及其他城镇企业占7.07%,民办非企业单位和社会团体占4.36%,灵活就业人员占0%,其他占8.23%;中、低收入占100%,高收入占0%。

新开户职工中,国家机关和事业单位占34.77%,国有企业占26.41%,城镇集体企业占1.92%,外商投资企业占0.72%,城镇私营企业及其他城镇企业占22.63%,民办非企业单位和社会团体占5.16%,灵活就业人员占0%,其他占8.39%;中、低收入占100%,高收入占0%。

(二) 提取业务。

提取金额中,购买、建造、翻建、大修自住住房占23.82%,偿还购房贷款本息占39.22%,租赁住房占1.09%,支持老旧小区改造提取占0%;离休和退休提取占27.41%,完全丧失劳动能力并与单位终止劳动关系提取占5.01%,出境定居占0%,其他占3.45%。提取职工中,中、低收入占100%,高收入占0%。

(三) 贷款业务。

个人住房贷款。

职工贷款笔数中,购房建筑面积90(含)平方米以下占8.91%,90~144(含)平方米占83.18%,144平方米以上占7.91%。购买新房占75.99%(其中购买保障性住房占0%),购买二手房24.01%,建造、翻建、大修自住住房占0%(其中支持老旧小区改造占0%),其他占0%。

职工贷款笔数中,单缴存职工申请贷款占44.87%,双缴存职工申请贷款占55.13%,三人及以上缴存职工共同申请贷款占0%。

贷款职工中,30岁(含)以下占34.48%,30岁~40岁(含)占46.65%,40岁~50岁(含)占12.61%,50岁以上占6.26%;购买首套住房申请贷款占89.6%,购买二套及以上申请贷款占10.4%;中、低收入占100%,高收入占0%。

(四) 住房贡献率:

2023年,个人住房贷款发放额、公转商贴息贷款发放额、项目贷款发放额、住房消费提取额的总和与当年缴存额的比率为105.2%,比上年增加41.32个百分点。

六、其他重要事项

(一) 当年住房公积金政策调整情况

1. 当年缴存基数限额及确定方法、缴存比例调整情况

依据乌鲁木齐市统计局公布的上一年月社会平均工资的三倍确定2023年度住房公积金缴存基数上限为29343元/月,下限为1700元/月。

缴存比例:最高缴存比例12%,最低缴存比例5%。

兵团各师执行属地化管理原则,其缴存基数上下限执行驻地标准。

2. 继承人或受遗赠人提取住房公积金不需进行公证的数额由小于2000元提高至小于50000元(账户余额,不含利息)。其他提取条件和业务要件不变。

3. 离职提取业务按账户封存时间划分:账户封存时间满二年(含二年,对日对月对年计算)的,办理提取时提供身份证、银行卡、现场拍照即可办理,不再提供离职证明材料。

4. 2023年贷款最高额度调整情况、存贷款利率执行情况。

(1) 最高贷款额度:正常缴存职工最高贷款额度为70万元。

(2) 当年住房公积金存贷款利率调整及执行情况:

存款利率:一年期存款基准利率执行1.50%。

贷款利率:首套住房公积金个人住房贷款利率:5年以内(含)2.6%,5年以上3.1%。第二套住

房公积金个人住房贷款利率：5年以内（含）3.025%，5年以上3.575%。

（二）当年开展监督检查情况

2023年3月接受兵团财政局委托中介机构对2022年度住房公积金归集、使用、管理情况和管理费用预算执行情况进行审计。

（三）当年服务改进情况

持续推进住房公积金"跨省通办"，2023年全程网办"跨省通办"业务27421笔（不含汇缴补缴业务），两地联办"跨省通办"业务945笔。

（四）当年信息化建设情况

1. 完成微信公众号智能＋人工服务上线工作。
2. 完成兵团自然资源局不动产核验、人民银行二代征信的接入工作。
3. 完成2023年度住房公积金信息系统等级保护、商用密码测评工作。

（五）当年住房公积金机构及从业人员所获荣誉情况

第四师管理部被第四师可克达拉市政服务办公室授予"服务规范窗口"。第四师管理部工作人员党锋被评为"政务服务先进个人"。

新疆生产建设兵团住房公积金 2023 年年度报告二维码

名称	二维码
新疆生产建设兵团住房公积金 2023 年年度报告	

第三部分
住房公积金行业经验做法

一、全国会议篇

> 全国会议篇

全国住房公积金重点工作推进会暨经验交流会会议精神

(2023年11月30日)

在中国式现代化新征程中找准住房公积金制度定位。党的二十大报告指出，实现全体人民共同富裕是中国式现代化的本质要求之一。住房公积金制度要实现高质量发展，需要在推进中国式现代化、促进全体人民共同富裕中找准定位作用。要适应当前人口、就业等新的形势要求，把握好住房公积金作为普惠性公共服务的定位：在缴存端，要着力扩大制度覆盖范围，推动灵活就业人员等群体参加住房公积金制度；在使用端，要坚持以用为先，优化住房公积金使用政策，提高新市民、青年人等住房困难群体的住房支付能力，共享制度发展成果；在着力提高公共服务均衡性和可及性上，总结京津冀、长三角、成渝等地区推进住房公积金一体化的经验做法，加强住房公积金跨地域业务协同，有效服务生产要素自由流动和畅通国民经济循环，促进发展的平衡性、协调性和包容性。

在推动构建房地产发展新模式中更好发挥住房公积金作用。构建房地产发展新模式是推动房地产转型升级、实现高质量发展的新要求。要积极发挥住房公积金制度作用，围绕完善住房"保障＋市场"供应体系，从供给需求两端提供支持。住房公积金制度姓"公"，要与住房保障制度相协同，加大对保障性住房的支持力度。要坚持房子是用来住的，不是用来炒的定位，重点支持刚性住房需求。要坚持租购并举，重点支持新市民、青年人租房安居，让他们放开手脚为美好生活去奋斗；适应城市更新需求，积极发挥住房公积金对城镇老旧小区改造的作用，积极主动介入，探索为房屋全生命周期管理提供支持。

在推进国家治理体系和治理能力现代化中提升住房公积金管理服务水平。构建新发展格局、推动高质量发展，要求创新政府治理理念和方式，加快转变政府职能，以推进国家治理体系和治理能力现代化。住房公积金直接服务企业和群众，其管理机构效能水平，企业和百姓感受最直接、最真实。所以，要将提升住房公积金管理机构服务效能摆在重要位置，要聚焦人民群众急难愁盼问题，改变粗放式的管理思维，按照"可感知、可量化、可评价"要求，进一步提升精细化管理能力，让政策制定更加科学，数字赋能更加高效，服务群众更加精准，风险防范更加有力。要充分发挥住房公积金数据资源的优势，提升形势研判、政策协同、风险预警、智慧服务的能力。

全国会议篇

四川省成都市推进住房公积金高质量发展助力谱写中国式现代化成都新篇章

成都住房公积金管理中心（以下简称"成都中心"）贯彻落实住房和城乡建设部要求，落实成都市委、市政府部署，扎实推进住房公积金工作，深化助力房地产市场平稳健康发展和市民安居，服务建设践行新发展理念的公园城市示范区。

一、多方联动惠民生，助力推进共同富裕

（一）**坚持租购并举，助力安居稳业**。构建重民生、暖民心的安居支持体系。一是打造"蓉易租"。把握新市民青年人需求，提高提取额度（平均增幅近50%），优化提取频次（按月按季均可），联动租赁运营企业实现租金直付、押金减免等，支持55万人便利租房，月均租房提取金额增长29%。二是提升"安逸住"。实现购房全业务"按月提"、又提又贷，受益人群超百万，月均购房提取金额增长11%。落实部委要求，提高刚需和多孩家庭贷款额度，精准支持安居。三是保障"居有所"。支持工薪群体居者有其屋，开展住房公积金支持保障房建设研究，提前摸底画像，测算资金规模。与住房和城乡建设等部门共同开展"宜居成都·舒心租住"保租房推介活动。

（二）**加速试点探索，拓宽制度覆盖**。深化灵活就业人员参加住房公积金制度试点，增强制度普惠。一是便民为要健全体系。构建"一个理念、三项机制、九点要素"的"139"试点体系，实现惠民补贴缴、全时线上办、进出都灵活，参与人数近10万、缴存金额超3亿元。二是利民为本对接需求。顺应城市产业升级、人口流入趋势，策划云直播13场，深入行业协会等地宣介，当前缴存人群呈现"789"特征，即新就业形态人员、新市民、青年人占比分别超70%、80%、90%。三是安民为重高效使用。累计支持住房消费提取9720万笔、3335万元，为407个家庭发放住房贷款1.9亿元。

（三）**推进服务转型，增进群众满意**。以服务提升三年行动为抓手，助力营商环境建设，让服务更有温度。一是深化"服务找人"。建立常态化调研机制，进园区、社区、小区听取意见建议。创建"小金帮你办"移动客服，开展呼叫式、预约式、定制化服务，实现上门办、马上办。建立"流动式铁路服务窗口"，为8.5万名铁路沿线职工提供及时服务。二是推行"不见面办"。业务网办率已达94.7%以上，力争明年实现全业务线上服务。跨省通办"规定项＋自选项"双轨并行，目前已实现"13＋4"项高频业务跨省通办，推动更多业务无差别受理、异地通办、亮码可办。三是开展"全周期服务"。构建"缴存指导—专员服务—发展助力"的全周期服务机制，在企业初创时提供建制指导，发展过程推行"专员式服务"，随叫随到、应帮尽帮，后续通过增信等方式，支持企业IPO、贷款、争取优惠政策。目前50%以上的缴存企业纳入全周期服务台账。

二、多点发力抓机遇，推动发展提能增效

（一）**融入区域战略，深化协同发展**。以区域联动促进住房公积金共建共享，助力统一大市场建设。一是双核"建成圈"。成渝双核立足联动联建高质量发展示范，确立"531"发展体系，强化"五个聚焦"，推进"六个全面"总体任务，目前两地政策协同率达70%以上。二是同城"连成片"。以"1＋2"

示范建设为牵引，推动成德眉资四市全面融合，政策同城、试点共进、数据互联、服务共享局面基本形成。三是结对"抱成团"。与西藏"结对子"，请进来开展业务培训，走过去协助完善制度。与省内甘孜州"走亲戚"，推动业务互帮、生活互助；与绵阳、攀枝花等市"手牵手"，促进政策互通、业务互认。

（二）**注重数据赋能，推动数字发展。**将住房公积金数字化发展融入智慧蓉城建设，与数字政府、数字社会等联动。一是聚数增动能。依托全国住房公积金公共服务平台、监管服务平台，以征信报数和查询为切入点，推动与8个政务部门、40余家金融机构实时交互数据，日均访问量46万次。二是治数夯基础。开展4轮历史数据的迁移治理，全国住房公积金监管服务平台完成数据核验整改1.2亿条，整改率99.8%。依托区域发展和业务通办，推进业务、服务等数据标准化、规范化。三是用数促发展。以智慧蓉城建设为引领，推动云计算、大数据、人工智能与业务运行、服务提质、资金管理、风险控制结合，建成"智慧公积金管理驾驶舱"2.0版本，推动数字人民币全业务场景应用。

（三）**助建韧性城市，强化安全发展。**与成都韧性城市建设同频共振，织密风险防控网。一是资金安全"一条链"。打通资金归集、政策使用、计划管理等要素环节，构建"1+N"流动性管理体系，推行三级预警，健全资金备付、政策统筹等关联机制，建立公转商贴息贷款、资产证券化等融资工具储备。二是业务风控"一张网"。深化"三道防线"立体协同防御，梳理业务风险点291个，建立风险数据库，实行分层分级防控，突出抓好违规提取、贷款逾期等风险控制。全力做好房地产领域风险防范处置，发放保交楼贷款10亿元；健全与合作银行的"1+4+N"协调机制，完善定存考核办法，督促贷款落实到位。三是信息安全"一盘棋"。建立安全评估体系，统筹强化系统、网络和数据风险防控，制定9个管理办法，形成制度矩阵。

三、多措并举强支撑，淬炼思想锻造队伍

（一）**以主题教育为牵引，培塑忠诚担当能力。**一是学习思想筑牢忠诚。学思想、悟原理，衷心拥护"两个确立"，忠诚践行"两个维护"，坚决对标对表，做到"总书记有号令、上级有部署、公积金见行动"。二是聚焦问题深化调研。构建"领题调研+专项调研+典型调研"机制，深入50余个点位，深挖问题根源、深析破题之策，形成23个课题成果。三是融入大局推动发展。聚焦国之大者、省之大计、市之大事，实施《立足新形势新任务新要求深化成都公积金高质量发展工作方案》，推进7个方面、21项、66个任务举措。

（二）**以建强组织为重点，凝聚齐心发展合力。**一是育品牌。培育"聚金惠民·施策惠企"等24个党建品牌，践行"同心为公、奋斗厚积、为民是金"文化价值理念，深化"最美公积金人""星级服务岗"示范引领。二是办实事。持续开展"我为群众办实事"实践活动，实施惠民生项目107个，群众满意度达98%。三是创一流。创建"四强支部""模范机关"，连续两年荣获成都市服务技能大赛"团体一等奖"，先后获得"全国青年文明号""全国五四红旗团委"等荣誉。

（三）**以机制完善为依托，增强干事创业动力。**一是重塑体系强赋能。适应高质量发展要求，进一步梳理职责事项，清晰权责划分，科学设置岗位，优化目标和绩效考核，开展全员竞聘。二是梯次培养强队伍。坚持以"五个走在前列"为引领，打造崇尚实干实绩、梯次合理的干部队伍。实施"墩苗计划"，建立上挂下派、互派学习机制，让年轻干部在实践中历练成长，为队伍注入"源头活水"。三是从"心"开始强共识。延伸谈心谈话触角，连续三年全员覆盖，谈单位发展、成长定位、个人诉求，把职工冷暖记心上，回应办理职工建议1250余个，让单位与职工之间实打实、心贴心。

全国会议篇

陕西省实施"12345＋"工作法推动住房公积金管理服务迈上新台阶

近年来，陕西省住房和城乡建设厅（以下简称"陕西省厅"）在住房和城乡建设部的有力指导下，在陕西省委、省政府的坚强领导下，围绕住房工作，服务经济社会发展大局，创新实施"12345＋"工作法，助推住房公积金事业高质量发展。

一、建立"1"套工作推进机制

建立"月调度、季通报、半年交流、年终考核"工作机制。对每月推进工作进度较慢的住房公积金管理中心（以下简称中心）实施重点调度，每季度向上形成分析报告报住房公积金监管司和省政府，向下形成季度通报发至各市政府和中心，每半年召开一次推进会，现场观摩、交流经验、推动工作，实施年终考核和年度报告披露制度。

二、采取"2"项有效工作措施

一是设立住房公积金专栏。在陕西省厅门户网站设立住房公积金专栏，发布政策规定、行业动态及经验做法，畅通群众投诉和意见建议通道，发挥群众和社会监督作用。

二是开展第三方年度审计。聘请会计师事务所对14个中心以3年为一个周期实施审计全覆盖，发现问题、堵塞漏洞、消除隐患，确保资金运行安全。

三、建立"3"本监管工作台账

一是年度目标任务考核台账。重点考核"四高一低一满意"（四高：缴存完成率高、个贷率高、离柜率高、租房提取率高，一低：逾期率低，一满意：群众满意度），按月跟踪，适时预警，保障年度任务顺利完成。

二是审计反馈问题整改台账。指导中心对审计指出的问题建立工作台账，对于整改不到位的挂牌督导、限期整改，并举一反三，建立长效机制。

三是舆情反映问题整改台账。对于群众反映的热点、难点和堵点问题建立台账，通过下发督办单、开展约谈等方式，督导中心主动回复、及时解决。

四、建设完善"4"个服务管理平台

一是城市综合服务平台。指导中心完善服务功能、丰富办理种类、优化服务流程，提升服务能力。

二是省级监管平台。实现9个子模块互联互通、数据实时监管，以及业务数据电子化稽核，保障业务运行安全。

三是省级数据共享平台。纵向实现部省市三级平台联通共享，横向通过省大数据局与相关厅局业务数据联通共享，17项服务事项在全省无差别受理、同标准办理。

四是"12329"服务平台。通过加后缀的方式对涉及029区号的西安、咸阳、杨凌、省直、长庆5

个中心的12329服务热线加以规范，与"12345"热线双号并行、设专家座席。

五、抓好"5+"项重点工作

一是坚持制度建设，推进顶层设计。会同省财政厅、人民银行陕西分行建立省级监管联席会议制度，实行重大事项备案、信息披露、年度考核、约谈、定期通报和审计六项工作制度。落实数字化发展意见，制订省级数字化三年行动方案，参与服务标准编制，率先出台《陕西省住房公积金服务管理标准》，全省使用统一的全国住房公积金服务标识，推进服务管理标准规范、便捷高效。建立"住房公积金执行联动机制"和"四清一责任"降低贷款逾期率工作机制，全省个贷逾期率已由2020年的0.24‰降至2023年的0.1‰，降幅58.33%。

二是坚持缴存扩面，推进多层覆盖。从"等客上门"变为"主动服务"，开展"进园区、进厂矿、进企业"活动，增强应建未建、应缴未缴单位的积极性和主动性。在全省推进灵活就业人员参加住房公积金制度，紧抓"一件事一次办"中企业开办和新就业人员就业即可缴存住房公积金契机，实现"应缴尽缴，愿缴能缴"。7个城市将缴存住房公积金纳入《劳动合同示范文本》做法。近三年全省实缴单位、职工和缴存额年均增长分别为12.91%、15.3%和15.22%。

三是坚持优化政策，推进租购并举。严格按照"四个优先"政策导向，完善政策举措。全省租房提取金额比上年同期增长28%，开展组合贷款、异地贷款，近三年贷款金额、提取金额年均增长分别为16.72%、15.72%，累计为缴存人节约购房利息支出387.01亿元。

四是坚持数据赋能，推进便捷高效。推动全省14个中心贷款数据全部接入人民银行征信系统，13项高频服务事项实现"跨省通办"，4项事项"一件事一次办"，全省离柜率达90.90%，基本实现"网上办、掌上办、就近办、一次办"。

五是坚持党建统领，推进双融双促。坚持"每周一学""每月一会""每季一课""每年一项专题调研"，被遴选为陕西省直机关"五星级党支部"优秀案例。调研报告获得全省党政领导干部优秀调研成果一等奖1篇、二等奖3篇，获得"全国青年文明号""全国住房和城乡建设系统先进集体""全国住房和城乡建设系统先进工作者"各1个。开展"惠民公积金、服务暖人心"服务提升三年行动，累计报道618篇，阅读总量260多万人次，打造"惠民公积金、助圆住房梦"品牌形象。

全国会议篇

重庆市改革引领 数字驱动
创新推进灵活就业人员试点工作

近年来,重庆市住房公积金管理中心(以下简称"重庆中心")坚持以习近平新时代中国特色社会主义思想为指导,贯彻落实党的二十大关于"加强灵活就业和新就业形态劳动者权益保障"决策部署和市委市政府相关要求,在住房公积金监管司精心指导下,以数字化发展为引领,围绕体制机制优化、业务模式创新、服务能力提升,高效推进灵活就业人员参加住房公积金制度试点,自2021年8月以来,累计实缴16.0万人、6.9亿元,居全国首位,其中新市民、青年人占比79.5%。相关做法被评为重庆市委社会民生领域改革第一批典型案例、十大成渝地区双城经济圈协同发展创新案例,试点成效获评第一届重庆市改革创新奖。

一、坚持数字思维,高位推动改革试点工作

按照"整体协同、双轨并行、动态优化"的总体思路,健全体制机制,统筹推进试点工作。

一是数据融通,助力战略落地。积极落实成渝地区双城经济圈建设国家战略,发挥成渝"双核"引领,搭建信息共享通道,推动川渝住房公积金一体化发展,方便两地灵活就业人员缴存使用。市政府成立工作专班,将试点纳入市委重大改革事项,融入当地乡村振兴、新型城镇化建设等重点工作,打破部门间信息共享壁垒,推动政策支持和数据支撑。

二是数据辅助,做好顶层设计。重庆中心成立试点工作推进领导小组和工作组,深入开展调查研究,依托多源数据精准设计业务模式、研发信息系统,实现政策体系与群众需求有效衔接。不断总结试点创新做法,同步优化在职职工缴存使用机制,形成在职与灵活缴存双轨并行、相互促进的良好局面。

三是数字增智,强化研究牵引。按照"创新—应用—创新"思路,牵头开展制度建设、系统建设两个部级课题研究,积极借用"外脑",会同科研院所、高新企业、合作银行开展重点难点问题攻关,常态化推动政策举措迭代升级,持续提升管理服务水平。

二、强化数据运用,高标建立缴存使用机制

针对灵活就业人员收入不稳定、需求多样化等特点,加强数据分析应用,构建适应灵活就业人员需求的缴存使用新机制。

一是运用数据分析,创新缴存模式。结合调研数据开展精准研判,根据灵活就业人员年龄结构、收入水平、消费习惯等情况,提供按月、一次性、自由3种缴存方式,给予灵活提取、缴存补贴、个税抵扣、租房便利、定向授信等多种政策优惠,满足灵活就业人员多元化需求。

二是运用数据精算,促进权责匹配。充分借鉴银行、保险业的先进经验,以"日均余额""收益现值"衡量缴存资金贡献度,运用数字模型建立精算化权益挂钩机制,合理匹配贷款、补贴等权益,促进权利义务对等。

三是运用数据建模,确保资金安全。创新运用蒙特卡洛模拟等技术,搭建流动性监测模型,加强流动性风险识别和预警,保障资金供应。利用多部门数据共享以及数字认证、人脸识别、区块链存证等技

术,构建数字化风控模型,防范贷款资金风险。

四是运用数据交互,探索双向衔接。依托全国住房公积金转移接续平台,运用数字模型衡量异地缴存的贡献度,支持"账随人走、钱随账走",推动灵活就业人员在本地与异地之间权益有效接续,满足灵活就业人员跨区域自由流动需求。

三、聚焦数字赋能,高效推进服务迭代升级

结合灵活就业人员流动性强、地域分布广、就业形式多样等情况,构建泛在可及、智慧便捷、公平普惠的服务新模式,推动"人找服务"向"服务找人"转变。

一是深化精准画像,推动制度广泛覆盖。运用客户画像技术、大数据比对,筛查潜在缴存群体,通过短信等方式定向推送政策服务信息,综合运用新媒体、网络平台等渠道开展政策宣传,逐步将个体经营、三新领域、八大群体人员纳入制度覆盖范围。

二是加强数据共享,推动业务实现"三办"。对接全国住房公积金数据平台,共享利用社保、民政等部门以及合作银行的数据,加强电子签章、电子档案、数字人民币等应用,创新服务流程,推动实现缴存使用业务"线上办、集约办、更好办"。

三是提升数字运用,推动服务便利高效。利用人工智能、大数据等技术,构建"1+1+1+12"的新型公共服务体系,实现缴存使用提醒、政策主动推送、满意度调查分析等功能,探索推进智能化、个性化、精细化服务。

四是对接数字平台,助力业务"统一办理"。积极落实试点"政策数字化、服务标准化"工作,加快接入全国住房公积金公共服务平台,助力实现灵活就业人员缴存由多地分散受理变为集中统一受理,解决工作地、缴存地、购房地不一致的问题。

下一步,将深化数字化发展,持续推动机制优化、模式创新、能力提升,充分发挥试点政策效应,不断拓展制度受益群体,努力提升管理服务效能,积极服务经济社会发展大局,助力实现共同富裕。

> 全国会议篇

广东省广州市贯彻新发展理念　坚持租购并举助力新市民、青年人解决基本住房问题

广州住房公积金管理中心（以下简称"广州中心"）坚决贯彻落实党的二十大关于"坚持房子是用来住的、不是用来炒的定位，加快建立多主体供给、多渠道保障、租购并举的住房制度"的决策部署，在完善住房市场体系和住房保障体系中积极发挥住房公积金制度作用，为缴存人从"住有所居"到"住有宜居"提供保障。

一、以创设"按月付房租"模式为突破点，着力解决新市民、青年人租房需求

积极贯彻落实国务院《关于加快发展保障性租赁住房的意见》，按照"租房优先于购房、提取优先于贷款"的原则，创设"按月付房租"新模式，从供需两侧支持保障性租赁住房发展。

一是打通堵点，数据共享。与不动产管理、房屋租赁管理等部门建立大数据共享平台，核验租赁企业和项目资质、缴存人自有住房等关键信息，优化提取流程，由广州中心直接将承租人的住房公积金按月划转给租赁企业，全程实现无感操作。

二是政企合作，让利于民。按照"一企一策"原则，与多家租赁企业商谈合作意向，鼓励企业让利，共担社会责任，为缴存人争取免押金、房租折扣等优惠。

三是先行先试，逐步推广。通过调研多个租赁住房项目，了解缴存人和租赁企业需求，从与政策匹配度较高的保障性租赁住房入手，先在"工改租"、城中村、老旧小区改造等保障性住房项目试点，再逐步推广。目前已涵盖保障性租赁住房、人才公寓、青年公寓、市场化租赁公寓等13个项目。

"按月付房租"模式既解决新市民、青年人等群体住房困难问题，有利于拴心留人，又协同相关部门规范了长租公寓市场。该项工作被住房和城乡建设部作为经验向全国推广。"十四五"期间，广州将筹集60万套保障性租赁住房，预计可解决120万新市民、青年人最迫切的住房需求，住房公积金在支持租房方面将发挥更大作用。

二、以发放共有产权住房公积金贷款为切入点，助力解决"夹心层"购房难题

紧紧围绕住房公积金姓"公"的定位，坚持"保障性住房优先于商品住房"的原则，突出"保基本"的功能，积极推动共有产权住房公积金贷款政策落地。

一是牢牢把握定位要求。共有产权住房价格较低，购房者仅使用住房公积金即可覆盖全部贷款需求，并可享受低息优惠。广州中心积极出台共有产权住房公积金贷款政策，充分凸显住房公积金民生保障属性，增强政策示范性和吸引力。

二是明确风险防控措施。针对共有产权住房供应群体特定、房源管理相对封闭、司法处置存在一定难度等问题，主动协调，共同研究贷款违约后续处理的相关措施，并在共有产权住房配售细则中予以明确，防范资金风险。

三是聚焦购房群体需求。预先主动向申购家庭宣传政策，组织贷款承办机构在销售现场预审贷款资料，利用周末加开集中贷款合同面签专场，既方便群众，又支持企业资金快速回笼。

截至2023年10月，累计发放共有产权住房公积金贷款2100笔、11亿元，贷款笔数占已出售共有产权住房套数的83%，为购房者节省利息约2.3亿元，支持缴存人以较低的资金支出解决购房问题，圆了缴存人的住房梦。

三、以服务港澳青年为着力点，聚力粤港澳大湾区建设

广州中心主动融入市委市政府"打造立足湾区、协同港澳台、面向世界重大战略性平台"的工作部署，以促进港澳台同胞稳业安居为着力点，助力粤港澳大湾区建设。

一是打破政策壁垒。将港澳台人士纳入住房公积金制度范围，同享政策红利及均等的公共服务。截至2023年10月，8000多名港澳同胞缴存住房公积金，2000多人提取用于住房消费，120多人使用住房公积金贷款购房。

二是加强兜底保障。制定住房公积金支持湾区建设专项方案，启动港澳青年公寓住房公积金按月付房租项目，支持港澳同胞"从租到购"的多层次住房需求。

三是强化数字赋能。针对港澳人员身份认证难的问题，积极协调公安部门，开通港澳人员微信"刷脸办"，实现52项服务事项7×24小时线上办理，破解港澳人员"跨域通办"难题。

下一步，我们将加大住房公积金与住房保障、住房市场政策协同，聚焦新市民、青年人住房问题，坚持租购并举，更好发挥住房公积金作用，吸引更多人才来穗留穗就业创业，为粤港澳大湾区建设发展不断注入新活力。

全国会议篇

江苏省盐城市勇于担当　精准发力
全面提升住房公积金管理服务精细化水平

近年来，盐城市住房公积金管理中心（以下简称"盐城中心"）在住房和城乡建设部与江苏省住房和城乡建设厅指导下，守正创新，担当作为，坚持以"可感知、可量化、可评价"为导向，全面提升管理服务精细化水平，致力"制度覆盖更广、政策使用更准、服务品质更优"，努力推动高质量发展，托起住有所居"大民生"。

一、精耕扩面，持续扩大住房公积金制度覆盖范围

住房公积金制度根基在"积"。盐城中心积极作为，坚持用"可量化"的管理贯穿扩面归集全过程，为制度运行注入更多源头活水。

（一）全面摸清底数。依托数据共享，比对分析住房公积金缴存与社保缴纳数据，兜底摸排，编制存量未建制和未全员建制单位两项清册，瞄准重点园区、重点行业、重点群体，科学制定"扩面五年行动计划"，量化"十四五"期间新增住房公积金缴存人数40万人的目标任务。

（二）分类推进扩面。将"住房公积金制度覆盖率"纳入政府高质量发展综合考核指标，推动全市5.52万名机关事业单位编外人员、乡村医生、村居干部依法缴存。联合教育局对民办学校住房公积金建制进行规范，实现全市341家民办学校缴存全覆盖。落实"企业开办一件事""就业一件事"，推动新办企业和新入职职工同步建制开户。创新实施灵活就业人员缴存住房公积金享受财政资金补贴政策，累计吸引近5万名灵活就业人员参加住房公积金制度。截至2023年10月末，全市住房公积金实缴72.99万人，较2020年末增长33%。

（三）建立长效机制。制定涵盖政策宣传、催建催缴、执法督促等全过程的规范化扩面工作流程，积极推行"说理式执法""柔性执法""网格化建制"。量化考核指标，用好激励"指挥棒"，将扩面归集与受委托银行资金存放规模、业务手续费结算挂钩，与基层管理部绩效考核挂钩。2021—2022年，全市受委托银行协助扩面5.33万人，基层管理部扩面25.32万人。细化"一企一档"归集台账，促进按时汇缴，巩固扩面成果，月均按时汇缴率稳定在96%以上。

二、精准施策，充分发挥住房公积金政策支持作用

住房公积金制度目的为"房"。盐城中心立足本职，着力构建政策储备、实施、调整全过程"可评价"体系，提升施策精准度，助力住房公积金缴存人"稳业安居"。

（一）加强政策储备。坚持"租房优先于购房、提取优先于贷款、保障性住房优先于商品住房、首套房贷款优先于二套房贷款"的政策导向，以大数据分析为支撑，综合社会经济发展、住房供需关系、房价租金水平、缴存结构变化、资金流动性等因素，完善政策工具箱，合理设定启动条件阈值。

（二）因人因城施策。建立租房提取额度动态调整机制，全力保障新市民、青年人等群体租房提取需求，2023年1—10月，租房提取笔数和金额同比分别增长140%、95%。区分主城区和县（区），实施差别化贷款政策。通过支持购房全额提取，实行又提又贷，提高保底贷款额度，推行"商转公"业

务，上浮多孩家庭贷款限额等措施，满足各类缴存人合理住房需求。加强与住房保障、房地产、金融政策协同，合力促进房地产市场平稳健康发展。目前，住房公积金贷款支持新购房面积占全市总成交面积约25%，盐城中心已成为本市最大的住房按揭贷款提供机构。

（三）**做好跟踪评估**。建立住房公积金运行可视化监管平台，集中生成各项业务数据图表，研判业务发展趋势，定期编制"业务运营情况""资金使用情况""灵活就业人员试点情况"等分析报告，评估住房公积金政策实施成效。

三、精心服务，不断提升住房公积金服务便利化水平

住房公积金制度定位是"公"。盐城中心找准定位，精准对接群众"急难愁盼"，优化服务举措，让住房公积金服务便利化"可感知"。

（一）**推进"指尖办"**。以加快住房公积金数字化发展为契机，运用大数据、人工智能、区块链、数字签名等技术，上线79个"不见面"服务事项，实现服务事项全覆盖。借助全国住房公积金公共服务平台、全国住房公积金监管服务平台、长三角一体化平台，深化异地业务区域协同。全市单位和个人业务线上办理率均超过95%。线上服务荣获"我的盐城"App最受欢迎便民服务第一名。

（二）**实现"就近办"**。将住房公积金业务系统嵌入合作银行334个经办网点的综合柜员机，延伸服务触角至乡镇、街道。以文明行业创建为抓手，提供"前置服务""上门服务""代跑帮办"等定制套餐，有效解决缴存单位、缴存人异地办事"多地跑""折返跑"等堵点难点问题。

（三）**做到"即时办"**。针对"一件事一次办"需求，上线开发企业登录网厅代办住房公积金贷款功能，方便缴存人购房、贷款"一站式"同步办理。推进部门数据共享，实现高频提取业务不限次数、不设时限、"零要件"随申即办。试行租房提取"免申即享"，通过大数据筛选符合租房提取条件特定人群，在获得授权后按月自动划转，提升缴存人获得感、幸福感。

山东省枣庄市创新住房公积金信用评价体系建设赋能企业高质量发展

枣庄市住房公积金管理中心（以下简称"枣庄中心"）积极贯彻党中央、国务院关于推进社会信用体系建设的决策部署，落实住房和城乡建设部信用体系建设工作要点，坚持以人民为中心的发展思想，开展住房公积金信用评价制度建设和评价结果运用，赋能企业发展，擦亮"安居来枣公积金·枣办好"服务品牌，共建"信用枣庄"。

一、积极联动政务部门，探索建立信用评价制度。

一是建立完善信用评价机制。枣庄中心联合市发展改革委、市人民银行等17个部门，以守信激励为主基调，制定住房公积金信用评价政策文件。印发《信用评价管理办法》《信用评价管理办法守信激励工作实施细则》等文件，将住房公积金领域信用主体细分为从A+到D-的4级7档信用等级，并按年度对缴存企业及缴存人开展守信评价。

二是畅通信用评价共享渠道。枣庄中心积极推进信用管理标准化、数字化建设，建立信用主体评价信息数据库，开发嵌入住房公积金业务系统的信用评价应用系统，向相关政务部门和合作金融机构反馈信用A+企业评价结果，推动实现信用信息数据"可用不可见"，为信用评价工作提供数字化支撑。

三是强化信用宣传引领作用。充分利用住房公积金微信公众号、网站、服务大厅、合作银行网点等阵地与媒介，广泛宣传住房公积金信用政策，同时采取"四进"（进机关、进企业、进园区、进街道）的方式，引导住房公积金缴存主体守信践诺，以信用一根针、穿起服务千条线，营造人人既是住房公积金信用体系建设参与者，又是住房公积金守信激励受益者的良好氛围。

二、有效开展信用评价，给予双重守信激励。

一是开展信用评价。枣庄中心按照"以点带面、循序渐进、优先扶持"的原则，对缴存企业和缴存人开展了2022年度信用评价工作，共有384家企业和62285名缴存人获评A+级，占缴存单位和实缴人数的比例分别为5.91%和19.29%。对守信缴存企业和缴存人给予政策激励和金融支持，鼓励企业诚信经营、个人诚实守信。

二是实施政策激励。市住建局对4家A+房地产行业缴存企业给予列入重点骨干开发企业名单、扶持资质等级晋升等政策激励。市税务局将企业住房公积金信用纳入企业纳税信用考核标准，联合枣庄中心等4个部门对全市1346家纳税信用AAA级企业进行表彰，对其中的81家A+企业给予出口退税管理一类纳税人待遇、享受税收优惠等税务政策激励。

三是加大金融支持。市人民银行指导金融机构将企业住房公积金信用作为授信融资贷款的重要参考指标，推进缴存企业融资增信。7家金融机构对21家守信A+中小微企业发放"快易贷"等流动资金贷款47394万元，向20名A+缴存人发放个人贷款2740.60万元。

三、创新评价结果运用，助力社会信用体系建设。

一是以守信激励促归集。信用评价制度建立以来，缴存企业和缴存人逐渐认识到良好的信用可以从政府部门"增值",能够从金融机构"变现",增强了企业缴存住房公积金的主动性,提高了职工维护住房公积金合法权益的积极性。2023年1—10月,全市新增缴存企业898个,新增缴存人27508人。

二是以守信激励优服务。枣庄中心面向守信缴存人及社会信用"榴花分"AAA市民推出"公积金信易提"和"公积金信易贷"服务,提供容缺办理、住房公积金贷款上限提高10%、绿色通道等服务。通过枣庄中心网站、"信用中国(枣庄)"网站发布住房公积金领域守信A+企业名单,丰富社会信用信息内容,推动更多政务部门为守信企业和个人提供政策支持和优质服务,营造诚实守信良好氛围。

三是以守信激励强监管。枣庄中心积极探索"事前信用承诺、事中分类监管、事后联合奖惩"的信用监管机制,开拓风险防控新路径。在归集、提取、贷款业务中,全面推进三类信用承诺制度落地实施,引导缴存企业和职工诚信办理住房公积金业务,净化住房公积金使用环境。同时向社会公开守信激励和失信惩戒信息,持续强化信用约束和联合奖惩力度。2023年6—10月,送达违反信用承诺告知书13份、失信处理决定书13份,信用承诺和失信惩戒使得骗提套取者知难而退,下半年骗提套取住房公积金的情况明显减少。

山东省"四强化"促进"四提升"
住房公积金行业精神文明创建再上新台阶

近年来,山东省住房和城乡建设厅(以下简称"山东省厅")坚持把住房公积金行业精神文明创建工作作为深入贯彻党中央决策部署和践行以人民为中心发展思想的重要举措,聚焦住房和城乡建设部各项部署要求,不断提升管理服务水平,扎实为群众办实事、解难题,为民服务质效不断提升,行业文明程度进一步提高。2018年,全省住房公积金管理中心(以下简称"中心")全部被命名为省级文明单位,实现"省级文明单位"全覆盖,济南、青岛、泰安、威海、临沂等7家中心获得"全国青年文明号""全国巾帼文明岗"等荣誉称号,滨州中心获评"全国住房和城乡建设系统先进集体"。

一、强化组织领导,提升责任担当

一是加强组织保障。将住房公积金行业文明创建工作列入厅党组年度重点工作,厅党组书记专题听取汇报,研究部署创建工作,推动行业文明创建工作扎实有序开展。印发《关于统筹推进住房公积金系统服务提升和文明创建三年行动的通知》,将服务提升和文明创建行动有机衔接、统筹安排。

二是加强调度指导。建立月调度和信息报送制度,结合"3+N"包市帮扶、蹲点调研活动,每季度派出工作组赴全省16市开展实地调研指导,督促工作落实。

三是加强责任落实。分管厅领导定期调度工作进展,建立问题销号制度,责任到岗、落实到人,形成责任闭环。

二、强化教育培训,提升能力素养

聚焦干部职工能力提升,加大教育培训力度,切实提高专业能力和水平。

一是建立两级培训制度。省级层面,省厅制定住房公积金领域专题培训计划,会同省住房公积金协会组织实施。地市层面,各中心定期开展业务素养和精神文明培训,因地制宜采取多种形式,确保培训效果。

二是注重行业文化建设。深入学习贯彻习近平总书记在文化传承发展座谈会上的重要讲话精神,从山东省丰富的优秀传统文化中汲取智慧和力量,以文化建设赋能住房公积金事业持续健康发展。召开全省住房公积金行业文化建设现场会,推广济宁市深挖儒家文化资源、打造"积金惠民、安居儒乡"单位文化品牌的经验做法。开展深化住房公积金行业文明创建课题研究,为住房公积金行业文明创建工作贡献山东智慧。

三是打造星级服务岗。强化窗口服务人员的素质培养和考核评优选拔,通过开展岗位练兵、技能比武等活动锻造服务群众业务尖兵。其中,日照中心连续5年举办政务服务礼仪大比武,滨州中心连续3年开展"三金"员工(金牌柜员、金牌员工、金牌顾问)竞赛活动,着力建设高素质、专业化干部队伍。2023年2月份,全省5个管理部获评星级服务岗。

三、强化示范引领,提升行动自觉

充分发挥先进典型引领带动作用,通过政府网站、新闻媒体等宣传住房公积金服务先进经验,树立住房公积金行业良好形象。

一是狠抓品牌建设。注重品牌提升，开展专项行动，指导各中心培树富有鲜明文化特色和广泛影响力的住房公积金服务品牌，涌现出济南市"公积金泉城办"、淄博市"积金为民、安居圆梦"、潍坊市"鸢都公积金，安居惠民生"、德州市"立德为公，积金惠民"等一批特色品牌。

二是组织优秀案例评选。每年两次选树一批先进典型和优秀做法并发文推广，其中2022年推出100个"办实事、抓行风"优秀案例，赢得社会赞誉。召开新闻通气会，宣传住房公积金为民服务工作成效。会同省级宣传部门发现收集16个住房公积金"小故事"，并在学习强国、人民网、新华网等十余家媒体平台广泛宣传。德州中心组织拍摄住房公积金题材短片《万家灯火》，扩大了住房公积金制度的社会影响力。

三是开展先进事迹宣传。组织各中心承办"我为发展建新功"巡回宣讲活动，宣讲住房城乡建设系统特别是住房公积金行业模范人物的先进事迹、感人故事，推动形成学先进、赶先进、做先进的良好氛围。

四、强化标准建设，提升服务效能

一是着力提升服务标准化水平。严格贯彻落实国家标准规范，健全完善全省管理服务制度，不断提高住房公积金管理服务水平。按照《山东省政务服务事项标准化提升工作方案》要求，对所有政务服务事项进行数字化梳理，统一用户受理表单字段、办事材料、办事流程等内容，推进同一事项在全省范围内无差别受理、同标准办理。

二是着力优化窗口服务质量。研究制定全省住房公积金行业文明服务示范窗口、文明服务标兵评选细则，积极选树先进典型。实施综合柜员、首问负责、限时办结等制度，确保服务质量。

三是着力拓宽线上服务渠道。全省16家中心均建成涵盖网上服务大厅、手机App、12329热线、微信公众号等多种服务渠道的综合服务平台，全面对接山东省政务服务网、"爱山东"App等渠道，为群众提供多渠道、全方位服务，真正实现"掌上办"、7×24小时服务"不打烊"。其中，烟台、东营等中心上线住房公积金智能客服，实现全天候陪伴式服务，提高业务咨询效率和群众满意度。

全国会议篇

甘肃省数据赋能促转型 共建共享谋发展

甘肃省住房和城乡建设厅认真贯彻落实住房和城乡建设部加快住房公积金数字化发展部署，以数字政府建设为契机，建设省级智慧公积金平台，积极探索推动住房公积金服务体系优化、流程再造、能力重塑，着力打造全省数据共享、业务协同、线上监管的数字化管理运行新模式，促进全省住房公积金数字化管理能力和服务水平不断提升。

一、系统谋划、统筹推进，提升数字化发展支撑能力

（一）**加强组织保障**。建立住房公积金监管司全面指导、厅党组统一领导、厅住房公积金监管处组织实施、住房公积金管理中心（以下简称"公积金中心"）具体落实的智慧公积金平台建设工作机制。制定平台建设方案，定期听取平台建设、应用情况汇报，督导工作推进，协调解决重大问题。多次组织专题培训，住房公积金监管司相关处室负责同志现场服务指导，强化全系统干部职工数字思维、数字技能、数字素养。

（二）**编制技术标准**。以推动数据共享、数据治理、业务协同、风险防范等为目标导向，组织全省公积金中心共同谋划、共同参与、同步实施、省市联动，编制数据接口标准规范、对接技术方案、应用操作手册、业务办理指南等技术文档，构建了"1+4"（1个平台+4个技术标准）数字化发展框架。

（三）**稳步推动实施**。2021年6月启动智慧公积金平台建设，开通政务云网络，指导公积金中心按照标准规范及技术方案完成对接，2021年底开发完成数据共享、业务协同、风险协查等五大类30余项应用功能，2022年初实现全省数据汇聚，2022年9月与全省16家公积金中心签订合作协议，进一步固化合作协同机制，同步正式上线。2023年着力推动实施更多跨区域业务协同联办。

二、固本强基、攻坚克难，筑牢数字化发展基础

（一）**推动数据汇聚流通**。参照《住房公积金基础数据标准》等规范，编制智慧公积金平台数据采集标准，汇聚全省住房公积金基础数据和业务数据。截至10月底，共采集汇聚全省住房公积金基础数据2.81亿条、个人业务数据2.41亿条、统计报表3307张。运用汇聚数据，辅助公积金中心开展数据质量提升工作并建立风险隐患防范协查机制，切实提升数据质量和风险防控能力。

（二）**促进数据互联共享**。打造深度对接、双向共享的数据核心"综合枢纽"。纵向强化与部级平台和公积金中心的数据循环通道，依托现有专线网络，积极融入全国数据资源体系，推动实现数据流通、高效利用；横向加强和省级大数据平台、相关部门的联通，获取更多数据资源，依托省级一体化政务服务平台，实现与市场监管、法院、房地产交易、不动产登记、商业银行等部门和机构的省级"总对总"数据共享。

（三）**强化数据质量提升**。充分应用智慧公积金平台数据汇聚能力，稳步推进数据治理和统计工作双提升。一是规范标准、健全体系。参照全国住房公积金平台数据采集标准和统计报表填报规则，结合省级监管工作需求，智慧公积金平台建立了涵盖159项基础数据核验指标、107项数据逻辑核验指标的

数据核验指标体系，搭建数据校验比对框架。二是交叉校验、闭环管控。应用智慧公积金平台进行统计数据和业务数据交叉比对校验，对明显异常数据进行监测预警，反馈公积金中心进行核实整改，整改完成后再次进行校验核对，形成"采集—校验—反馈—治理—再采集—再校验"的数据管控闭环体系。三是跟踪核验、务求实效。通过归并相关数据项，智慧公积金平台可直接生成全省住房公积金统计报表，进行报表数据跟踪核验，检测数据疑点，减少报表数据差错。2022年全省住房公积金年度报告数据错误由2021年的34项下降至2项，统计数据质量得到全面提升。

三、数据赋能、创新驱动，构建数字化运行新模式

（一）**完善协同服务新模式。** 着力推动服务跨地域、跨部门协同联办，逐步完善业务协同模式，优化办理流程，压缩办理时限，持续提升住房公积金服务效能。一是制定跨地域协同模式。实现提取偿还异地贷款和按月冲还异地贷款等11个高频服务事项省内通办，并落实异地业务"同质化受理、同标准办理"要求，缴存人不受办事地点限制，在缴存地和借款地均可办理相关业务，实现了办事由"多地、多窗、多次"向"一地、一窗、一次"的转变。二是完善跨部门联办流程。积极对接省级一体化政务服务平台，将企业开办、员工录用、职工退休、公民身后4个缴存、提取关联事项纳入跨部门联办流程，实现"一次告知、一表申请、一套材料、一窗受理、一网通办"。

（二）**建立风险协查新机制。** 建立了全省范围内跨地区风险隐患防范协查新机制，公积金中心应用智慧公积金平台风险防范协查功能，在业务受理初始环节进行风险协查，有效减少了一人多户、一人多贷、骗提套取等风险隐患。平台上线以来，已进行风险隐患防范查验17.09万次，有效确保了住房公积金业务、资金运行安全。

（三）**创新线上监管新手段。** 构建了涵盖服务、管理、资金等多个维度的大数据监管分析模型，配置248项监测指标，全方位评估住房公积金管理运行情况。应用数据筛查功能，开展政策执行情况检查和风险隐患排查，辅助公积金中心及时发现问题，逐条核对、归类处置，督促完成整改。将政策调整、业务运行、住房公积金管委会决策等统一进行线上备案管理，进一步提高监管工作的针对性和有效性。

全国会议篇

北京市多策并用 持续发力
切实维护住房公积金缴存人权益

北京住房公积金管理中心（以下简称"北京中心"）坚持以习近平新时代中国特色社会主义思想为指导，以主题教育为契机，紧紧围绕"以缴存人为中心"的理念，多措并举，宣传引导企业规范缴存，切实维护缴存人权益，取得积极成效。

一、进企面对面宣传，规范缴存务实效

2023年6月起，北京中心组织干部职工从键盘背后走到企业面前，开展住房公积金政策宣讲，引导2.9万家企业为7.6万职工恢复缴存。

一是精准定位。与市人社局建立常态化沟通机制，协查1088万名职工、82万家企业养老保险缴费信息。向1.7万家缴存单位发送短信，督促及时办理住房公积金缴存基数核定。对734家人事代理、劳务派遣等机构开展培训。

二是加强宣传。以新设立企业、未正常缴存住房公积金企业为主要对象，编发"致企业的一封信"。通过北京住房公积金网、12329热线、微信、微博、抖音等宣传渠道普及政策。抓住服贸会新闻发布会、金融街论坛年会主题发言等机会，加大新闻宣传力度，扩大宣传效果。

三是协同发力。北京中心各管理部成立专班，任务到岗到人。联系区属部门，掌握区内企业情况，协同合作银行实时为企业答疑解惑。搭建内部交流平台，发布成效经验相互借鉴，形成良好工作氛围。

二、出台针对性政策，惠民便民出实招

北京中心聚焦缴存人所需所盼，认真落实国家重大决策部署，服务经济社会发展大局。

一是支持雄安新区建设。积极贯彻习近平总书记在深入推进京津冀协同发展座谈会上的重要讲话精神，对比京雄两地住房公积金政策异同，制定实施随单位从北京疏解到雄安新区人员住房公积金支持政策，已发放住房公积金和组合贷款80余笔、9000余万元，预计未来三年支持疏解职工购房1.8万套。

二是推进租购并举。完善租房提取住房公积金相关政策，无发票租房提取住房公积金从每月1500元提至2000元，多子女家庭租房、租住公租房或保租房可按实际房租提取住房公积金，预计全年租房提取约224亿元，较上年增长20%。

三是优化服务模式。持续优化营商环境，所属18家管理部、贷款中心及5家银行网点接入83台自助设备，人脸识别功能在业务窗口100%应用。以12345工单为指引，深入剖析办事流程，从缴存人办事角度查找服务的痛点堵点，优化业务模式。制定北京中心《优化服务环境措施》1.0至3.0版，缴存人办事便利性持续提升。

三、专班规范化执法，调解化解办实事

为有效解决缴存人诉求日益增多、执法案件居高不下的问题，北京中心大力开展诉源治理，成立调解专班，提升调解质效。2023年8月以来，通过调解已解决1125人、涉及901万元的住房公积金维权

诉求。

一是完善调解机制。组建调解执法专班，依法依规开展分层分级分类调解。基层管理部门调解简单纠纷；人民调解组织开展专业调解，解决疑难复杂纠纷；协调主管部门、行业协会，统筹调解整体性、行业性纠纷。

二是规范执法行为。系统研究制定《行政执法业务操作规范》，增强调解法律效力，明确调解方式方法，积极推进执法司法相贯通、调解执法相衔接、司法调解相配合的体制机制。完善执法检查与行政处罚等手段措施，通过制度设计和流程再造，将行政案件向多元化调解引流。

三是强化源头治理。联合法官共同走进企业，换位式研讨、说理式执法，充分发挥约谈、通报、限期整改的预防、教育和惩戒作用，力求彻底解决企业住房公积金相关问题。大力推动诉源减量，自2022年2月份以来，高效办理接诉即办工单1.4万件，通过建立"一周一快报、两周一碰头、一月一点评、一季一通报、一年一考核"和中心服务指导处全年365天值守等工作机制，工单响应率、问题解决率、群众满意率各月均为100%，综合得分连续21个月排名全市第一。

全国会议篇

天津市坚守安全底线　促进提质增效
强化个人贷款全流程风险防控

　　天津市住房公积金管理中心（以下简称"天津中心"）以住房公积金事业高质量发展为目标，严守资金安全底线，持续优化住房公积金个人住房贷款业务管理机制，建立覆盖贷前、贷中、贷后的全流程风险防控体系，个人住房贷款逾期率保持较低水平。天津中心自2020年起取消保证担保，新增贷款均采用抵押担保，截至2023年10月底，个人住房贷款余额1661.59亿元，其中抵押担保贷款占比过半，逾期率为0.1‰。

一、规范全流程管理，筑牢风险防控屏障

　　（一）**严防入口关，贷前规避潜在风险**。实施商品房项目动态管理，对风险项目列入预警名单，向贷款申请人予以风险提示。2019年10月起上线二手房在线评估系统，对多家大数据公司的评估数据通过建立模型嵌入业务系统，科学合理确定房屋价值，避免高评高贷。加强还贷能力综合评估，将征信报告记载的消费信贷、担保记录等全部纳入考察，审慎确定可贷额度。坚持按照缴存基数核定收入水平，严控还贷收入比不超过60%，防止利用虚假收入证明骗取高额贷款，同步促进单位依法规范缴存。

　　（二）**严把审核关，贷中防范操作风险**。承办银行工作人员在中心统一开发的贷款业务平台进行业务受理和审核审批，确保流程一致、标准统一。组建专职审批部门，设置专职审批人，贷款业务随机分配、集中审批，严格执行审贷分离、岗位不相容机制。按照贷款三级审批原则，全面复核把控重要风险点。身份信息、住房交易、婚姻状况、征信报告等均实现外部数据共享，关键信息自动核查，最大限度减少主观判断和人为干预。对接不动产登记系统，实时获取抵押登记信息并自动放款，既解决过去抵押登记环节人工申报、手动复核造成的人为干扰和误操作，又保证抵押登记的及时、准确。

　　（三）**严守回收关，贷后控制逾期风险**。科学设计按月冲还业务规则，将自主扣划借款人住房公积金账户余额偿还逾期贷款纳入借款合同条款。通过定制短信或微信，还款前三日、当日及逾期次日均进行提示，督促按时、足额还款。根据逾期期数不同，采取电话、上门、诉讼执行等差别化催收措施，对连续逾期满3期经催收无果的贷款立即诉讼。研发"住房公积金贷款押品管理及项目地图"系统，定期开展押品复估，动态监控抵押率、抵押物价值走向和流动性风险，设置动态抵押率安全阀门，对抵押物存在风险且发生逾期的贷款实施提级管理，防止损失形成或加剧。

二、完善工作机制，全面提升管理效能

　　（一）**搭建"三横三纵"贷款业务管理架构**。持续优化工作机制，形成天津特色的"三横三纵"贷款管理体系：贷前服务、贷时控制、贷后管理三个维度，承办银行、管理部及个贷业务部、贷款处三个管理层级，互相支撑、统筹联动。承办银行定位最前端负责咨询服务、发放受理、逾期催收以及风险信息收集。管理部开展贷款咨询、房地产项目管理以及承办银行监督，个贷业务部负责贷时风险控制，集中审核审批。贷款处牵头贷款管理工作，完善相关制度，加强队伍建设。

　　（二）**切实发挥受托机构积极作用**。按照"中心定标准—银行执行—管理部（个贷业务部）监督—

中心考核"的原则，规范开展贷款管理，配齐配强人员队伍，目前我市共有承办银行网点 330 余家、业务经办人员 500 余名及专兼职贷后管理人员 100 余名。天津中心将贷款资产质量作为重要内容纳入银行考核，对委托贷款手续费进行结构细分，动态调整"发放""回收"积分占比，"回收"部分专设个贷逾期率等 4 项量化考核指标，考核结果与手续费支付、资金存放规模直接挂钩，充分发挥承办银行在风险防控、逾期催收等方面的专业优势。

三、统筹安全发展，维护大局和谐稳定

（一）**积极化解商品房延期交付风险**。根据住房公积金监管司统一要求，第一时间组织贷款承办银行，督促提高对保交楼项目配套融资支持，并将承办银行对保交楼融资情况作为住房公积金结余资金存放的重要参考因素，发挥指标导向和激励作用。针对部分延期交付商品房项目创新提出"置换房产、平移贷款"方案并落地实施，提前化解贷款逾期风险。

（二）**妥善应对突发性风险事件**。对于因发生个别区域地质灾害使借款人房产受损的特殊情况，天津中心主动参与专项工作，将房屋安置与贷款处置相结合并协助有关部门顺利实施，为保稳定、保民生做出积极贡献。同时，不断提高风险意识和敏感性，紧盯日常，对小区天然气爆炸、失火等突发事件迅速反应，第一时间跟进抵押物状况，防止发生资金损失。

全国会议篇

上海市同心聚力　同向发力
推动长三角住房公积金一体化走深走实

上海市公积金管理中心（以下简称"上海中心"）认真贯彻落实党中央、国务院关于长三角一体化发展的决策部署，积极发挥长三角地区示范作用，由上海市住房和城乡建设管理委员会牵头，会同江苏、浙江、安徽三省（以下简称一市三省）住房和城乡建设厅以及城市住房公积金管理中心（以下简称"城市中心"），主动融入国家战略，探索住房公积金业务跨区域协同，推动长三角住房公积金一体化发展走深走实、行稳致远。

一、建立合作协同机制，多措并举推进长三角住房公积金一体化

（一）**顶层设计先行**。深入开展调研，凝聚区域协同发展顶层设计共识，一市三省签订《长三角住房公积金一体化战略合作框架协议》，明确一体化发展合作目标。积极申报推动合作项目纳入国务院办公厅、长三角区域合作办公室等印发的相关文件，开具住房公积金异地贷款缴存使用证明、购房提取住房公积金等服务事项均由国务院办公厅电子政务办印发文件予以明确，实现高起点谋划。

（二）**工作专班跟进**。牵头召集一市三省住房城乡建设部门、试点城市中心以及大数据等部门组建工作专班，共同商议业务合作方案、技术标准、推进计划。先后组建5批次工作专班集中攻坚，推动合作项目顺利完成。

（三）**工作机制保障**。一市三省建立联席会议制度和日常工作机制，每年轮值省市担任牵头方，共同商定具体合作内容，定期组织召开工作例会，通报工作进展，总结成效经验。继上海首届轮值后，江苏省、浙江省先后轮值推动离退休提取住房公积金、租赁提取住房公积金等一体化事项落地落实。

二、找准区域合作切口，同向发力推进长三角住房公积金一体化

（一）**找准区域合作平台**。紧紧依托长三角政务服务"一网通办"平台和长三角"一网通办"专窗系统开展区域合作。利用上海作为平台总部及其连通三省政务服务平台的优势，探索统一登录、统一界面、统一流程的"全程网办"服务模式及专窗系统信息协查管理模式。此外，开通"长三角住房公积金服务一体化专栏"，以清单方式汇总并链接各地住房公积金业务办理、政策法规、业务指南和服务渠道，实现"一栏汇聚，集合办理"。

（二）**找准区域合作项目**。聚焦区域缴存人异地、跨省办理住房公积金业务的高频应用场景和办理堵点痛点，用心遴选区域合作项目。迄今已推动8个"跨省通办"服务事项上线长三角"一网通办"平台，提高了业务办理便捷度，其中开具住房公积金异地贷款缴存使用证明、购房提取住房公积金、离退休提取住房公积金以及租赁提取住房公积金4个服务事项被列为长三角"一网通办"平台精品事项。截至2023年10月底，缴存人通过长三角"一网通办"平台办理业务近10万笔。

（三）**找准区域合作方式**。始终遵循"求同存异""先试点后推广"的原则，最大程度促成区域合作共识。同时，充分借助一体化示范区"先行先试"的优势，创新试点提取住房公积金偿还异地购房贷款等业务，建立长三角示范区一体化综合服务受理机制，推进"进一中心、办三地事"，为区域协同打造

样板、探索新路。

三、构筑安全发展屏障，联防共治推进长三角住房公积金一体化

（一）**开展信息协查核验**。建立一市三省信息协查机制，针对业务办理关键信息要素，持续拓展信息协查范围，内容包含不动产登记、房屋交易、职工房产和住房公积金等信息，现已实现长三角41个设区城市中心全覆盖。截至2023年10月底，平台累计核查各类信息近2万次。

（二）**打通分级分类渠道**。积极推进信息分级分类共享核查，协调对接多层级信息资源。分别由长三角"一网通办"平台进行实名认证及全国婚姻信息核验，由住房城乡建设部门协调当地政务服务平台调用房产、社保、税务等政务数据，由各城市中心运用自有住房公积金、银行卡等信息开展核验，结果实时反馈反显，有效打通不同地区信息壁垒，强化对接交互和信息匹配。

（三）**筑牢风险防控堤坝**。在加快推进"同城化"办理过程中，高度关注跨域线上业务资金安全。在上海牵头倡议下，一市三省共谋共建长三角数据共享交换平台"房屋提取记录数据池"，汇聚区域内各渠道近一年办理的购房提取数据，提示同一套房屋多次反复交易情况，规范住房公积金提取行为。对风险业务开展专项检查，持续优化系统控制规则，提高数据共享质量，为规范线上业务办理和区域风险联防联控提供数字化支持，扎牢"智防"藩篱。

> 全国会议篇

海南省突出创新引领　破解发展难题
以数字化驱动住房公积金"一体两翼"全面发展

海南省住房公积金管理局（以下简称"海南局"）按照海南省"省直管市县"的行政管理体制，坚持"全省一盘棋、全岛同城化"的发展理念，全省设立一个法人，市县19个直属管理局为派驻机构，采用制度、管理、核算、资金调剂、服务标准、信息系统的"六统一"模式，实现人员、财务、资产的"扁平化"管理。利用一体化的体制优势，以数字化发展提升管理精细化、运营科学化、服务便民化水平，实现住房公积金管理和服务"两翼"的全面发展。

一、依托管理体制创新，稳步实现一体发展

依托"六统一"管理模式，通过个人账户体系升级、资金运营体系优化和系统国产化适配等手段，一体提升管理和服务能力。

一是以"全岛同城化"模式升级个人账户体系。按照"一人一户"标准，在全省范围内以身份证号码为唯一标识统一管理个人账户，省内转移无感并户，实现全省缴存人同城管理。通过统一管理个人账户，准确掌握全省实缴人数、金额，联动比对社保缴存数据，助力精准扩面，促进更多自贸港引进人才参加住房公积金制度。

二是以"全省集中管"方式优化资金运营体系。按照"一行一户"标准，将原100多个银行专户归并为17个省级账户，结合业务开展情况动态管理各银行存款头寸，高效统筹资金调剂，化解各市县结余资金不平衡矛盾，实现资金存储规模效益最大化。2022年增值收益率2.21%，累计上缴城市廉租住房（公共租赁住房）建设补充资金23.3亿元，支持海南省住房保障体系建设。

三是以"一体化推进"手段完成核心业务系统国产化适配。以"一把手工程"系统推进，调集云服务、数据库、中间件、计算机终端、外接设备等厂商协同攻关，完成从计算机终端到核心业务系统的全链条国产化升级适配并实现系统性能优化，是全国住房公积金行业首家完成全链条国产化升级的管理机构。

二、发挥管理体制作用，统筹推动政策落实

采用统一制定业务政策、"全省一盘棋"推进实施的方式，推动政策有效落地。按照"租房优先于购房、提取优先于贷款、保障性住房优先于商品住房、首套房贷款优先于二套房贷款"的原则，高效落实住房保障政策。

一是落实"租购并举"要求。聚焦新市民、青年人、多子女家庭等群体的多样化基本住房需求，持续优化提取政策。提高租房提取限额，简化业务办理流程，2023年新增签订2.58万笔租房约定提取协议，约提金额8367.59亿元，同比增长2.5倍、4.4倍，有力支持租房职工提取需求。全省推行提取公积金支付购房首付款政策，切实减轻职工家庭购房首付压力，政策实施三个月以来，办理提取住房公积金支付购房首付款业务1860笔，提取金额2.57亿元。

二是支持安居房保障体系。对购买安居房的缴存人家庭应贷尽贷，发放住房公积金贷款12116笔、

77.54亿元，涉及全省227个安居房项目。利用贴息贷款等金融工具筹措资金，缓解资金紧张问题，支持海南省"十四五"期间安居房政策落地。

三是保障首套房贷款需求。统一调整房屋套数认定标准，通过认房不认商贷以及加大对首套房贷款支持力度等方式，拓宽住房公积金贷款政策惠及群体，降低缴存人购房成本和贷款门槛。

三、利用管理体制优势，高位推进服务创新

按照数字化发展理念，创新应用场景，持续提升服务水平。

一是高位推进数据共享。汇聚住房和城乡建设、民政、公安等部门30家单位的89类数据资源。以应用为牵引，推动省级各数源单位以数据集中、异议处理等方式提升共享数据质量。依托横纵贯通的共享数据资源体系，解决家庭成员关系、家庭购房情况、个人住房贷款情况等准确认定难点。

二是有效赋能场景应用。建立省级层面的协同联动机制，运用区块链、电子签章、视频面签等数字技术实现跨部门、跨系统的"贷款不见面审批"业务模式，大幅压缩贷款审批、面签、抵押、放款的整体时限，提高职工贷款办理和开发商资金回笼效率。该做法被列入海南省第四批优化营商环境示范案例并予以推广。

三是持续提升服务水平。将共享数据嵌入业务流程，打造以退休提取、商业性个人住房贷款约定提取为代表的免填、免证服务新模式，以"数据跑路"破解"群众跑腿"难题。服务事项集成汇入"海易办"统一办事平台，海南局53个服务事项中50个全程网办、31个零材料申办，线上服务率达97.58%，职工满意率达99.13%。2023年度海南省营商环境12345热线服务考核评价，海南局连续9个月位列省直单位第一名。

海南局将继续以数字化发展提升管理和服务效能，积极支持海南省整体推进保障房、安居房体系建设，主动服务自贸港人才引进战略，为推动海南自贸港建设贡献住房公积金力量。

全国会议篇

江苏省常州市推进数据资源体系建设 夯实数字化发展数据基础

常州市住房公积金管理中心（以下简称"常州中心"）坚持以习近平新时代中国特色社会主义思想为指导，深入贯彻住房和城乡建设部关于加强住房公积金数字化发展的规划部署，系统推进住房公积金数据资源体系建设，创新管理机制，持续提升聚数、治数、用数能力，为住房公积金高质量发展筑牢数字化基础。

一、系统思维，创新数据管理机制

一是制定战略规划。出台《数据管理体系建设的实施意见》，明确数据资源体系建设的指导思想、总体目标、主要任务和保障措施。

二是建立组织架构。实行党组领导下的首席数据官制度，聘任首席数据官，设立数据专员和信息专员，成立数据管理部门，在各处室（分中心）设置数据管理员岗位，构建数据管理网络。

三是健全基础制度。制定《数据标准管理办法》《元数据管理办法》《数据质量管理办法》《数据共享管理办法》《数据安全管理办法》5个管理办法和《数据仓库设计规范》《数据资源接入规范》《数据服务开发规范》等3个技术规范，建立数据全生命周期管理运行制度。

四是培育数据文化。推进"心中有数"住房公积金数据文化建设，注重全员参与，多措并举营造学数用数氛围，提升职工数字思维和数字素养，持续推动数字理念深入人心。

二、中台赋能，推动数据汇聚融合

一是汇聚多源数据。依托国产化数据中台，持续汇聚住房公积金、自然资源和规划、住房和城乡建设、社保、商业银行等内外部数据约6.7亿条。

二是构建数据仓库。建设以9大主题库和6大专题库为核心的5层数据仓库，实现业务数据全景整合。

三是挖掘数据价值。利用智能工具对大数据进行深层次分析和挖掘，构建客户数据标签和业务算法模型，提升对数据的智慧开发能力；以服务接口的方式实现对数仓数据的封装和共享，提供基础服务、敏捷服务和智慧服务，确保数据快速应用于业务场景。

四是建设数据门户。围绕"一数一源一标准"，通过动态数据目录和数据地图的可视化展示和清单化管理，实现元数据、基础数据、指标数据、标签数据等各类数据资源的高效配置、检索和供给。

三、标准先行，全面加强数据治理

一是制定数据标准。依据住房和城乡建设部印发的《住房公积金基础数据标准》，制定常州中心《基础数据标准》《基础数据元标准》和《指标数据标准》，分别定义51个数据模型、902个基础数据元和165个指标数据项。

二是规范元数据管理。采集信息系统元数据，实现元数据发布、检核、变更的集中管理，追踪和记录数据血缘关系，及时规范数据模型变更。

三是强化数据质量管理。围绕完整性、一致性、唯一性，实施数据采集、审核、维护的全过程质量核验，提高新增数据质量。运用技术手段规范数据语义、补全数据缺项、纠正错误数据，持续提升存量数据质量。

四是注重数据安全。充分利用市级政务云安全优势，保障数据存储和传输安全，着力通过分类分级、脱敏加密、权限管控、日志审计等措施确保数据的使用安全。

四、场景驱动，促进数据有序利用

一是业务服务便利化。按照"以数连接、由数驱动、用数重塑"的理念，打造指尖办服务体验和一站式服务流程，合并压缩112类业务至65类，优化260个子项流程，推动89项高频业务实现掌上办理，线上业务办理量已超过总业务量的90%。依托数字化远程服务，建成覆盖5个分中心、45个乡镇工作站和412个驿站的住房公积金网格化管理体系。

二是运营管理精细化。精心打造千人千面、一企一策的主动、精准服务，为灵活就业人员参加住房公积金制度试点提供大数据支撑，设计开发"青春留常""寓见公积金"等数字应用场景。

三是风险管控智能化。拓展风险信息获取维度，打造住房公积金"信贷工厂"，引入个人信用评分卡和决策引擎等量化风控模型，将模型嵌入业务流程中识别潜在风险点，提升业务办理合规性，实现征信报告解析自动化和贷款审批自动化。

四是决策分析数据化。形成120张智能报表，打造基于大屏、移动、PC端的3类管理驾驶舱73个主题的数据辅助决策支持应用，建成楼盘画像、缴存人画像等5类画像服务，研发资金计划预测、资金智能调度等4项辅助决策模型。

> 全国会议篇

江苏省苏州市增创试点新优势 从试验走向示范

作为全国首批灵活就业人员参加住房公积金制度试点城市，苏州市住房公积金管理中心（以下简称"苏州中心"）积极把握苏州市参与全国数字人民币（以下简称"数币"）试点契机，以丰富外延应用推动制度内生发展，为制度创新积极贡献苏州经验。

一、抢抓数字化发展机遇，"先广后专"深化数币应用

依托数币试点应用，通过基础场景抓扩面、创新场景抓突破、综合场景抓示范，优化住房公积金运行管理路径，深化灵活就业人员参加住房公积金制度试点。

一是应用场景创新突破。充分发挥数币支付即结算、无手续费等优势，探索住房公积金业务数币结算渠道，重塑业务流程。2021年7月，落地灵活就业人员缴存住房公积金数币应用场景，在此基础上进一步实现提取、贷款、账户转移等全场景应用。截至目前累计发放贷款3918笔、27.3亿元。

二是服务体系提档升级。持续完善数币应用的住房公积金服务体系，坚持线上线下融合发展，线上全覆盖住房公积金高频业务事项，线下设立数币住房公积金业务专区，推动实现企事业单位、个体工商户和自由职业者等各类群体使用数币，截至目前累计结算金额近130亿元。

三是苏州经验贡献样本。梳理细化数币在住房公积金缴存使用业务、账户结算核算、资金安全等全流程管理规范，编写《苏州住房公积金数字人民币场景应用标准（试行）》，全力打造省级数币应用的"一套教材、一套制度、一套标准"。

二、激发新就业形态活力，"既灵又活"释放新政利好

以灵活就业人员参加住房公积金制度试点为抓手，充分释放住房公积金的保障效应，让缴存人切实感受到住房公积金政策红利。

一是政策向"新"加速扩容。2023年7月，全新改版试点政策，紧扣新就业群体需求，实现全覆盖、无门槛、灵活缴、随时调、分类用、随意退、强补贴、方便办等"八大突破"，通过税收优惠、低息贷款、缴存补贴、租房支持、流动人口积分和支付利息"六大利好"提升政策吸引力，4个月后新增灵活就业人员缴存突破9万人，增长人数是上年同期的57倍。截至目前，全市灵活就业人员缴存人数累计突破11万人，归集金额超1亿元，是上年同期的278%。

二是管理重"质"提升成效。运用全国住房公积金监管服务平台，核实灵活就业人员异地缴存使用情况，确保人员准入的公平性和合规性。实行告知承诺制，创新"告知＋审核＋批量"办理模式，提高业务办理效率。截至目前，全市累计发放灵活就业人员贷款353笔、2.33亿元，贷款余额2.25亿元，累计提取28899笔、8629万元，资金保持高效运转。

三是服务创"优"精准施策。推出"筑梦苏城"工程，支持高校毕业生设立住房公积金个人账户，并享受开户补贴、缴存补贴、提高贷款额度等一揽子支持措施。面向律师、保险经纪、网约车、快递、烟草等重点行业提供政策上门服务。与人社、医保部门及高职院校等密切联动，形成引导灵活就业人员

参加住房公积金制度的部门合力。通过"苏州公积金"App开户的流程由11个环节减至5个,"苏周到"App同步上线开户功能,以"苏式"服务助力灵活就业人员安居。

三、发挥示范性带动作用,"由点及面"赋能民生保障

把稳试点探索的"小切口",做实民生保障的"大文章",致力为苏州经济社会高质量发展贡献更多住房公积金力量。

一是"组合式利好"双向赋能。以灵活就业人员应用数币场景为基点,探索数币加载智能合约;以数币安全快捷便利为基石,提高灵活就业人员缴存管理的效率和精准性。

二是"全业务网办"数智升级。利用数币实时到账、交易效率高等特点,有效提升支付效率。通过手机等终端提供更多支付和结算渠道,方便缴存人自主操作。探索依托数币渠道,赋能灵活就业人员相关业务掌上办、网上办,聚力打造数字住房公积金服务品牌,提升缴存人满意度。

三是"一体化发展"区域协同。立足长三角区域一体化发展,依托数币渠道做强"苏州节点",实现缴存人账户跨区域转移线上数币自动清算,更好融入全国灵活就业人员缴存住房公积金"一张网"布局。

浙江省杭州市积极探索住房公积金贷款资产证券化 加快解决新市民青年人住房问题

为进一步发挥住房公积金制度优势和作用，更好解决新市民、青年人住房问题，杭州住房公积金管理中心（以下简称"杭州中心"）在住房和城乡建设部指导下，积极探索住房公积金贷款资产证券化，证券化项目"杭公—2023年第1期资产支持专项计划"于2023年10月在上海证券交易所设立发行，发行规模20亿元，筹集资金重点支持新市民、青年人租房和购买首套住房、保障性住房等。

一、坚持问题导向，探索贷款资产证券化新模式

一是深入了解住房需求。与房产管理部门进行大数据比对，准确了解缴存人住房情况和潜在购房需求。目前，杭州市住房公积金缴存人中，无房的缴存人占比接近60%，其中40岁以下青年人占比约80%，新市民、青年人住房困难比较突出，需要进一步加大住房公积金支持力度。

二是积极探索解决路径。针对杭州市住房公积金个贷率常年维持在95%左右、资金流动性不足问题，杭州中心坚持住房公积金制度姓"公"的定位，突出保障基本，以解决新市民、青年人基本住房问题为出发点和落脚点，探索贷款资产证券化新模式，所募集资金重点支持新市民、青年人租房安居以及购买首套住房、保障性住房等基本住房需求。

三是切实提高发行效率。同步推进银行间公开市场和证券交易所两个市场，提高发行效率，充分利用两个市场优势，建立互为补充的证券化发行机制，筹集更多社会资金。

二、坚持目标导向，推动资产证券化规范管理

一是加强建章立制。研究制定住房公积金贷款资产证券化管理办法，明确发行模式、决策程序、存续期管理等规定，推进标准化发行和规范化管理。严格资产证券化风险管理，纳入中心风险管理体系。证券化贷款资产独立于中心其他资产进行单独管理，实现风险隔离。

二是优化产品设计。明确入池资产全部为首套个人住房公积金贷款。将住房公积金和商业银行组合贷款纳入基础资产池，与商业银行明确约定抵押权顺位和回收款分配规则。采取优先级和次级结构分层方式，优化资产证券化增信措施，缩小住房公积金贷款利率与证券票面利率之间可能存在的负利差。缩短证券发行期限，匹配交易所市场投资人的偏好，吸引更多投资人。

三是降低资金成本。根据缴存人租购住房需求，科学预测未来资金使用规模，合理匹配每期发行金额，实行分期、滚动发行，规避资金沉淀。选择市场利率水平波动较为稳定的时间窗口发行，选择承销经验丰富、客户资源充足的主承销商，引入商业银行自营资金，争取最优发行价格。两档优先级证券发行利率分别为2.7%（1年）和2.87%（3年），综合成本低于5年期以上首套个人住房公积金贷款利率。

三、坚持结果导向，持续加大新市民、青年人支持力度

一是形成资金循环机制。通过贷款资产证券化，盘活了存量贷款优质资产，有效解决住房公积金可

用资金不足问题,所融入资金再用于支持住房消费,加大对解决新市民、青年人住房问题的力度,促进形成有效、可持续的资金循环机制。

二是探索租房提取新模式。试点落地以来,杭州中心积极探索租房提取按月直付租金新模式。目前,已有两个保障性租赁住房项目落地实施,向缴存人提供租金9.7折、服务运营费5折等优惠,受到缴存人欢迎。试点一个月以来,保障性租赁住房项目承租人中,缴存人占比从23%快速增加到52%。

三是加大租房提取支持力度。支持无房的新市民、青年人全额提取每月缴存的住房公积金支付房租。根据市场化房租水平,将无房租赁提取额度标准从1500元/月提高至2000元/月,租住保障性租赁房的,可按实际房租支出提取住房公积金。

全国会议篇

浙江省温州市探索发挥住房公积金作用助力共同富裕

温州市是住房和城乡建设部与浙江省人民政府《推进共同富裕示范区建设合作框架协议》明确的部省合作联系点，是住房公积金制度改革的"试验田"。温州市住房公积金管理中心（以下简称"温州中心"）在部、省住房公积金监管部门的指导下，坚持以人民为中心的发展思想，探索更好发挥住房公积金的功能作用，彰显住房公积金制度的优越性，提升缴存人的获得感。

一、探索制度向更广泛群体覆盖，推动发展成果均等共享

坚持住房公积金制度姓"公"的定位，向更广泛群体释放制度发展红利，探索住房公积金助力"扩中提低"新路径。

一是率先为集体经济组织成员建缴住房公积金。在全国首个"镇改市"龙港，创新"1+5"制度框架体系，实现宅基地可抵押、可流转。龙港参照灵活就业人员参加住房公积金制度模式，探索将无房、低保等低收入住房困难的集体经济组织成员作为建缴对象，给予财政补贴，鼓励集体经济组织自行补贴，增加农民变市民进程中的购房资金积累，支持其使用住房公积金贷款改善居住条件，缩小城乡二元差距，助力新型城镇化发展。截至目前，共为5906名成员建缴住房公积金。

二是率先为退役军人家庭建缴住房公积金。在欠发达的泰顺县，认真践行习近平总书记关于下山脱贫要"下得来、稳得住、富得起"的重要指示精神，推动退役军人家庭走出深山、住有安居。积极协调退役军人协会、共富搬迁办，制定退役军人家庭建缴住房公积金享受10万元政府"生态大搬迁"优惠补贴，设立"泰顺县关爱退役军人协会住房公积金建缴专户"，实施财政贴补，提高退役军人家庭贷款额度，打造"阳光家园"等退役军人安居的实践案例。截至目前，共有2116名退役军人纳入制度保障，已向992户发放住房公积金贷款2.56亿元。

二、探索住房公积金支持住房租赁新模式，推动住房权利公平普惠

立足本地实际，聚焦新市民、青年人聚集的产业园区，积极探索住房公积金支持住房租赁新模式，率先在龙湾试点住房公积金"长租房"。

一是在改革方向上，打造住房公积金"长租房"试点，采取以租为先的方式，支持缴存住房公积金的新市民、青年人解决住房问题。

二是在探索路径上，协调龙湾区财政从住房公积金增值收益专项资金中划拨1000万元，分期定向支持民科公司建设改造安心公寓，纳入住房公积金"长租房"管理。

三是在创新举措上，"长租房"以低于市场租金向缴存住房公积金的新市民、青年人配租，推行"租房消费券"、免押金、住房公积金全额提随时提等优惠措施，构建"3公里"通勤居住舒适圈。目前，92家企业已签约龙湾安心公寓"长租房"项目，供应公寓879套，入住1832人，为产业振兴、稳岗就业、拴心留人等提供有力支撑。

三、探索拓展住房公积金外延功能，推动助企服务便利增值

立足于民营经济占比超90%的实际，挖掘自身潜力，帮助民营企业稳增长、促就业、惠民生。

一是主动"走出去"。出台《关于大兴调查研究进一步完善常态化调研工作机制的实施方案》，温州中心"走出去"7205人次，走访企业5283家，在帮助企业解难题的过程中，宣传推动3385家企业建缴82788人，其中986家规上企业建缴39618人。

二是帮企业"拉资源"。推动财政、住建、科技、税务等10余部门以及21家银行实现"政银企"协同，推行"企业一件事一次办"。与科技局、税务局、统计局联合发文，把企业为科研人员建缴住房公积金的费用列入科技研发经费投入强度指数，在税收中予以加计扣除，提高企业经营效益，助企发展。

三是为企业"搭场景"。主动融入温州金融综合平台，探索增值服务的应用场景，积极与各合作银行加强数据共享，以住房公积金建缴为信用基础，帮助企业、个人获得银行增信融资。截至目前，共68家企业获得增值授信贷款超1亿元，为住房公积金缴存人增值授信超100亿元，在解决民营企业、个体工商户短期资金周转困难等方面提供了有力支持。

全国会议篇

福建省厦门市探索实践"一件事"套餐模式推动住房公积金服务再升级

厦门市住房公积金中心（以下简称"厦门中心"）深入贯彻落实党中央、国务院关于优化营商环境相关决策部署，聚焦"高效办成一件事"，坚持系统集成理念，推动数字技术赋能政务服务，全力打造能办事、好办事、办成事的"便利公积金"。

一、强化协作，逐步推进，梳理事项"定菜单"

坚持以缴存人为中心的服务理念，着眼缴存人和缴存单位的实际需求，按照梳理事项、部门沟通、方案设计、试点运行、落地推广等步骤，不断推动服务升级。

一是换位思考定方案。从缴存人和缴存单位的视角出发，全面梳理涉及面广、办理量大、办理频率高、办理时间相对集中的住房公积金服务事项，结合不同应用场景、业务情形，逐项分析，按照表格集成归并、数据共享复用、一次提交申报的思路，将与其他部门相关联的"单项事"整合为"一件事"。

二是协作发力建机制。成立以业务、信息、审批等部门为一体的工作专班，中心主要领导带队至住房保障等部门沟通协调，分管领导带队深入一线实地调研。持续强化部门内及部门间合作，建立配合密切、协同高效、齐抓共管的工作机制。

三是精益求精优服务。针对复杂业务联办过程中的难点、堵点问题，召开专题会议，持续优化方案，力争办理效率高、办理流程优、服务效果好。在总结前期试点基础上，不断完善业务流程和系统功能，按照"成熟一批、公布一批、实施一批"的原则，会同相关部门相继推出"企业开办一件事""员工录用一件事""退休一件事"等13个"一件事一次办"服务事项。

二、紧盯目标，数字赋能，配套保障"精烹饪"

围绕"一次告知、一表申请、一窗（网）受理、一次办成"目标，优化业务流程、强化数据共享、开通服务渠道，实现"减时间、减材料、减环节、减跑动"。

一是业务流程能简就简。围绕"一次申请、一次办结"目标，理清联办事项前后置关系，通过并联、串联审批的方式，从申请方式、受理模式、审批流程、反馈结果等方面，科学设计"一件事"系统流程。当前置条件生效时，触发住房公积金业务办事流程，系统自动提示、引导缴存单位和缴存人办理相应住房公积金业务，实现无差别受理、同标准办理。

二是数据共享能用就用。积极拓展数据共享范围，在线调用17类政府部门的电子证照或业务信息，以及19家商业银行的银行卡及其商业贷款信息。通过消除数据壁垒，打通信息孤岛，推动审批工作从纸质书面形式审核过渡到数据共享实质审核，提升审批质量、压缩办事时限。单位账户设立、租房提取住房公积金、退休提取住房公积金等高频"一件事"服务事项均通过系统自动核验实现"秒批秒办"。

三是服务渠道能开就开。依靠数字驱动改革创新，坚持多维服务拓渠道，充分运用自建网厅、省网上办事大厅（闽政通）、"i厦门"、"e政务"、微信、支付宝6个线上服务主渠道，入驻市税务局"电子税务大厅"、市场监管局"一网通"平台、人社局"智慧人社"等多个线上服务微渠道，形成便捷、高效、安全的住房公积金"6+N"综合服务平台,为缴存单位和缴存人提供线上线下、多渠道、多场景的办事服务。

三、多措并举,创新模式,落地实施"出套餐"

围绕重点需求与高频事项,制定具体"一件事一次办"实施方案,线上线下齐发力,打造场景覆盖广、办理渠道多、服务模式新的套餐式服务。

一是建立"一窗合办"。将服务窗口向前延伸至购房、租房现场。推出住房公积金提取与二手房转移登记联办服务,购置二手房过户时,可同步办理住房公积金购房提取。在保障性住房购房合同签约现场,提供住房公积金提取、贷款、自动还贷办理服务,实现一次性申请、一站式办结。指派工作人员深入保障性租赁房合同签约一线,为缴存人提供住房公积金按月直付房租签约业务。截至 2023 年 10 月底,缴存人通过购房、租房"一件事一次办"的方式办理住房公积金业务共 1.2 万余件。

二是打造"一网通办"。围绕企业经营和个人职业周期的高频事项,提供智能化线上服务模式。对个人,将住房公积金开户和养老保险投保、住房公积金封存和社保减员、住房公积金提取和退休办理,打包成一件事;对企业,实现商事登记、单位住房公积金开户和社会养老保险开户"一键申报"。截至 2023 年 10 月底,全市 3 万余名缴存人通过"一件事一次办"的方式,办理住房公积金相关业务 3 万余件,5.6 万家单位通过"一件事一次办"的方式,办理业务 19.02 万件。

三是推行"一站联办"。与市场化租赁机构合作,改变缴存人自行交付房租后再提取住房公积金的方式,推出使用住房公积金直缴房租新模式。缴存人授权后,即可在相关租赁机构的 App 上直接使用住房公积金支付房租,简化租房提取步骤,给予缴存人"网购般"的体验。同时与租赁机构探索数字人民币红包、"押一付一"等优惠措施,为缴存人带来更多实惠。

全国会议篇

山东省滨州市高点定位 高标推进
扎实开展统筹住宅专项维修资金管理试点工作

2023年，按照住房城乡建设部工作部署，滨州开展住房公积金管理中心统筹住宅专项维修资金管理试点工作。滨州市住房公积金管理中心（以下简称"滨州中心"）坚持目标导向、问题导向，在住房和城乡建设部、山东省住房和城乡建设厅指导下，凝聚合力、高标推进，试点工作稳妥有序开展。

一、聚焦目标高位推进，突破瓶颈找出路

一是明确目标。根据试点工作要求，明确试点目标，将分散在县（市、区）管理的住宅专项维修资金统一由滨州中心管理，提高资金管理效能，推动建立管理有序、运作高效的住宅专项维修资金管理新模式，提高资金使用效率。

二是高位推进。滨州中心联合市委改革办积极向市委市政府汇报试点工作，得到市委市政府主要领导支持，市委全面深化改革工作会议审议通过了《滨州市住宅专项维修资金管理改革试点工作方案（征求意见稿）》，将该项工作纳入全市重点工作，并作为市委、市政府重点督查事项。

三是建立机制。建立改革工作领导机制，成立试点工作推进领导小组，由分管副市长任组长，涉改部门负责人和县（市、区）政府分管领导任成员，明确职责分工，共同推进试点方案落实。建立会商机制，研究解决工作推进过程中出现的问题。建立督导机制，市委改革办牵头负责督导工作，市政府督查室及涉改部门共同参与，建立"周调度、月通报"任务推进机制，采取调研约谈、挂牌督办等方式，督促推进缓慢的县（市、区）和部门按期完成。

二、聚焦问题攻坚克难，利用试点促改革

一是重点突破。针对县（市、区）资金划转难等问题，滨州中心坚持问题导向，成立工作专班，主要负责人任专班组长，带队深入各县（市、区）调研了解资金情况，与县区政府主要领导面对面座谈，针对存在问题，采取"一县一策"原则，形成个性化解决方案，保障资金顺利划转。

二是借力用力。充分发挥会商机制作用，市政府分管领导多次召集涉改部门讨论权责划分事宜，形成市政府会议纪要，督导各部门认真抓好落实。部、省调研组深入一线了解县区、镇街、小区情况，形成调研报告，提出具体建议。主动争取市委编办、市大数据等部门支持，开展各种形式对接活动21次。

三是标本兼治。提请市政府修订《滨州市住宅专项维修资金管理办法》，从制度层面进一步明确职责及相关工作流程。加强与不动产登记部门联动，共同推动"补建续筹"长效化常态化。探索拓宽维修资金来源渠道，提出利用物业共用部位、共用设施设备经营所得收益，可按照规定用于补充维修资金。

三、聚焦管理提质增效，激发活力促发展

一是打造一流干部队伍。开展干部能力提升专项行动，联合市总工会举办"金牌柜员、金牌员工、金牌顾问"业务技能比武活动。5年来，培训3200余人次，评选"三金"职工95名，5人被市总工会授予五一劳动奖章。加大年轻干部培养选拔力度，坚持把干部送到基层，全链条锻造"一专多能"干

部，为试点顺利推进储备复合型人才。

二是推进管理标准规范。开展"标准落实年""服务提升年""品牌创建年"专项提升行动，在基层管理部引入 ISO 9001 质量管理体系，制定日常服务规范等 6 部服务方面文件，创新智慧晨会等 11 项管理制度，形成客户评价、事后抽查、视频监控、明察暗访等多位一体综合监管体系，服务质效和整体形象显著提高。

三是增强资金管理能力。严格执行资金存放规定，规范资金存放行为。强化贷后资金管理，与法院、公安、仲裁等部门建立联动机制，高效破解涉诉涉案问题。在全省较早成立风险防控职能科室，统筹负责风控工作，组织开展逾期贷款催收攻坚行动。截至目前，连续 30 个月保持零逾期，为高质量完成试点工作提供了坚实保障。

全国会议篇

湖北省武汉市顺应经济规律
服务人才流动
住房公积金助力武汉都市圈共圆安居梦

住房公积金同城化是都市圈融合发展"民生温度"的有效体现。近年来，武汉住房公积金管理中心（以下简称"武汉中心"）按照省政府"将公积金同城化业务服务平台打造成武汉都市圈一张名片"的要求，秉承"九城即一城"理念，全力推动以武鄂黄黄为核心的武汉都市圈住房公积金同城化发展，九城齐心同织幸福网、共圆安居梦。

一、以民生同保为指南针，实施三项举措破题，提升群众幸福指数

一是合作机制"共建立"，服务同提升。聚焦需求点、破解问题点、寻找创新点、消除差异点，制定武汉都市圈住房公积金同城化发展规划，以实体化运行、以项目化推进，推动议定事项快速落实。组织召开联席会议、同城化培训班和专项业务培训班20余场次，促进业务互鉴、情感互融。

二是账户资金"自由转"，转移无限制。都市圈内职工发生工作变动时，已缴存的住房公积金可实时转入至新工作地，实现"账随人走，钱随账走，权益接续"。同时将限制条件后移，职工在新工作地缴存6个月后方能办理提取，切实堵塞套提骗取住房公积金的漏洞。2023年1—10月，九市间共办理转移接续业务1.4万笔、2.9亿元。

三是他城业务"就地办"，办事不跑路。以全程网办、代收代办、两地联办等方式实现互为业务办理窗口、互为业务审核部门、互为贷款发放机构，都市圈内缴存职工可在任一城市住房公积金服务窗口办理业务，打造"跨省通办"升级版。2023年1—10月，九市间共在柜面互办各项业务1748笔。

二、以业务平台为突破口，实现资金数据双通，筑牢深化合作基础

一是异地资金"打通用"，还贷自动扣划。为解决住房公积金属地化管理资金封闭运行的难题，九市住房公积金管理中心以同城化业务服务平台为载体，以建设银行湖北省分行的资金清算系统为依托，以"业务办理驱动资金结算"为原则，通过全国住房公积金结算应用系统实现资金实时结算，确保缴存职工跨城市扣划还贷资金实时到账，将之前先提取再还贷的流程直接简化为委托扣划，职工省心又省力。2023年1—10月，九市间共发生异地委托扣划还贷业务2.1万笔、0.94亿元。

二是全省信息"系统联"，打破数据壁垒。将拓展同城化业务服务平台功能作为落实住房和城乡建设部加快住房公积金数字化发展的重要抓手，武汉中心制定标准、明确规范，各地中心积极对接、组织开发，实现全省住房公积金数据互联共享。探索建立武汉都市圈城市间政务数据互联共享机制，将办理住房公积金业务所涉及的婚姻、不动产、个人征信等信息数据接入业务服务平台，切实以"数据跑路"代替"群众跑腿"，以数据核验防范骗提套贷风险。

三、以异地贷款为着力点，构建三项机制联动，加速异地贷款发展

一是贷款条件"相互认"，九城同待遇。通过同城化业务服务平台共享数据，可线上进行贷款试算、

自助查询贷款信息和贷款进度，贷款额度核定依据与本地缴存职工条件相同、待遇一致，实现业务办理"减环节、减要件、减流程、提效率"。2023年1—10月，九市间共发放异地贷款2720笔、11.80亿元。

二是贷款中心"自主选"，满足个性需求。都市圈内职工可在缴存地和购房地自主选择贷款办理中心，并享受实际办理中心的贷款政策，满足其多元化的购房贷款需求。异地贷款模式的创新，缓解了购房地中心资金流动性不足的压力，为破解资金使用不均衡的矛盾提供了新思路。

三是贷后管理"联手抓"，协同防范风险。制定异地贷款贷后管理操作规程，缴存地中心协同贷款发放中心开展逾期催收、资产保全和征信上报等工作。截至2023年10月底，九城住房公积金贷款逾期率平均为0.27‰，较年初下降0.2个千分点。

全国会议篇

宁夏回族自治区银川市以"五易""五办"为抓手全力打造住房公积金"易"服务品牌

近年来,银川住房公积金管理中心(以下简称"银川中心")深入贯彻落实"惠民公积金、服务暖人心"服务提升三年行动工作要求,以"强素质、强服务、强担当、强斗志"能力作风建设年活动为抓手,通过整合服务资源,下移服务重心,创新服务模式,优化服务流程,创建住房公积金"易"服务品牌,打造"地点易触达、需求易感知、政策易掌握、业务易办理、跨域易协同"的一站专区式住房公积金服务"易"站,切实打通服务群众"最后一公里"。全面开启"一个中心、多点延伸、高效服务、规范管理"的服务新格局,为群众提供更加智能、便捷的优质服务。

一、地点易触达,"就近办"服务零距离

银川住房公积金"易"服务品牌致力于推进"窗口"到"家门口"的住房公积金服务体系建设,按照开展政务服务线上线下融合和向基层延伸服务的工作要求,充分发挥受委托银行"网点多、分布广、服务优"的资源优势,积极推进人员力量下沉,政策咨询下沉,综合业务下沉。择优选精、倾力打造住房公积金服务"易"站,构建以银川中心为圆心,服务"易"站为半径,辐射全市的"同心圆",打造"家门口的住房公积金""15分钟服务圈",推动"就近办"服务再提级,实现便捷服务"零距离"。

二、需求易感知,"贴心办"纾困解难题

银川住房公积金"易"服务品牌致力于建立健全"收集—响应—反馈"全流程闭环处理机制。作为全区首个数字赋能的智慧服务"易"站,通过智能决策分析系统能够时刻感知办事群众在政策、流程、服务等方面的需求,动态跟踪监管住房公积金政策实施情况,结合"事难办"专窗反映的实际问题和困难,及时汇总分析反馈至相关业务处室,做到在服务过程中听建议、找堵点,优流程、简手续。切实将服务"易"站打造成为住房公积金的"需求接收中心""流转处理中心"和"问题解决中心",为住房公积金业务流程优化、政策调整、风险防控等方面提供参考依据,努力把政策"红包"变成缴存企业和职工群众看得见、用得上的惠民"红利"。

三、政策易掌握,"精准办"效能大提升

银川住房公积金"易"服务品牌致力于打造"零距离、心服务"面对面政策咨询推广和人机对话新模式,是由人工服务向智能人机交互服务的全面拓展,是开启住房公积金服务崭新局面的全新尝试。在"政策标准同步、知识更新同步、业务培训同步、服务执行同步"的"同步式"管理服务理念基础上,建立了住房公积金智能问答分析平台,通过智慧AI机器人、互动问答等方式,为办事群众提供"7×24小时"的住房公积金政策服务,量身打造专属政策"锦囊",更加科学高效办理住房公积金各项业务。

四、业务易办理,"指尖办"迭代再升级

银川住房公积金"易"服务品牌致力于全面打破住房公积金网点服务区域和业务类型壁垒,赋能住

房公积金"全市通办""全业务类型可办"的"两全两办"新载体，实现由以往单一柜面业务受理向自助终端业务办理的全新转变。通过进门智能导服、自助业务模块、全新智能终端，将自助引导、自助查询、自助办理、信息公开等功能融为一体。同时，不断拓宽线上服务渠道，开通了门户网站、宁夏住房公积金服务 App 和微信公众号、银川住房公积金服务微信公众号、"我的宁夏"、"i 银川"6 个线上住房公积金业务受理渠道，"全天候办""随时能办"日趋完善，构建了全业务线上服务、全链条智能办理的新格局。实现了所有业务"全能办"、简单业务"直接办"、高频业务"指导办"、复杂业务"协助办"、特殊业务"简化办"的大综合服务"易"站。

五、跨域易协同，"省心办"异地更便捷

银川住房公积金"易"服务品牌致力于推动"一件事一次办好"。在发挥"家门口的住房公积金"服务和"跨省通办"专窗作用的同时，依托全国住房公积金监管服务平台、宁夏住房公积金服务平台和银川政务服务协同平台等，建立"同步直连"服务新模式，推动跨部门、跨领域、跨层级管理和服务协同，打造群众、金融机构、住建、社保、房地产企业等多主体参与、多部门协同的一站式服务"易"站，助力"跨省通办""两地联办""跨部门协办"更加好办、易办。银川中心围绕打造住房公积金"易"服务品牌，通过数据赋能、信息共享，持续推进住房公积金数字化发展，激发住房公积金高效服务"蝴蝶效应"。2023 年 1—10 月，共发放贷款 6332 笔、33.38 亿元，办理提取业务 457258 笔、47.91 亿元，服务"易"站积极效应初步显现，便利快捷的服务受到办事群众好评。

二、管理运行篇

管理运行篇·（一）政策执行

浙江省湖州市创新增值举措推进住房公积金支持保障性住房发展

2023年，湖州市住房公积金管理中心坚持以人民为中心，认真贯彻落实党的二十大报告中关于"加快建立多主体供给、多渠道保障、租购并举的住房制度"决策部署，聚焦聚力住房公积金领域改革创新，闯新路、开新局、抢新机，做好住房公积金支持保障性住房发展省级"试验田"，在实践中探索出具有湖州特色、符合实际的路径，不断助力解决新市民、新青年等住房困难问题。截至2023年12月底，全市8个保障性租赁住房项目参与试点，缴存员工近10000人。

一、统筹推进、积极纳入制度保障

湖州中心坚持高起点谋划、高质量构建、高站位统筹，推进公积金支持保障性住房发展走深走实。

一是明确实施方案。积极对接住建部门，将"缴存公积金"写入《湖州市保障性租赁住房租赁管理实施细则》"入住条件"，实现制度政策统一、管理服务统一，抓牢试点"关键点、主导向"。同时配套出台《湖州市住房公积金管理中心关于住房公积金支持保障性住房发展试点实施方案》（湖公积金发〔2023〕11号），按照"成熟一个，发展一个，签约一个、保障一个"的原则，分层分类推进试点工作。

二是纳入班车运作。将该项工作融入市"湖有安居"共富班车，建立与市建设局协调发展工作机制，纳入市对县考核，通过"季度评选、中期评估、年度评优"等方式指导县区高质量推进班车运行。

三是发挥考核作用。纳入《湖州市住房公积金管理中心县分中心 南浔区管理部实干争先主题实践考核办法》，由吴兴区、南浔区、长兴县、德清县、安吉县各自建立工作专班先行先试。

二、优化保障、全力释放政策红利

湖州中心以优质高效服务助推该项工作顺利开展，切实提升群众对住房公积金制度的认同感。

一是建机制，优化政策供给。坚持"以用促缴，以缴促用"的互通互惠工作机制，积极优化公积金政策生态圈，充分发挥政策最大效应。南太湖新区积极对接"唯品会华东运营总部宿舍楼"保障房项目，以用促缴，扩大公积金覆盖面。该项目由2023年7月最初的80多人建缴，至2023年12月底已实现全员建缴1709人，全员缴存后已办理了租房提取389笔，提取金额31.9万元，很好地解决了职工租房资金问题；德清县积极对接地理信息小镇人才公寓项目，该项目已入住967人，大部分是生物企业高尖端人才、浙工大教职工、机关事业单位选调生等，61.8%的入住人员在德清缴存住房公积金。为更好地解决人才住房问题，德清县联合县财政局、人社局、人才办等部门出台了《关于住房公积金支持人才公寓试点实施细则》，以缴促用，创新"以锁替押"做法，承租方委托公积金中心从个人公积金账户锁定3000元作为人才公寓的保证押金，租赁期满或租赁合同解除后，承租人与出租人办理退房手续，经出租人验收合格后解除锁定，实现了"人才得到免押金优惠＋人才集团获得押金保障"双赢。12月13日，首笔业务已在德清正式落地。此外，安吉县与永艺家具保障房项目对接，长兴县对接"吉利人才公寓"保障房等项目，进一步拓展住房公积金优惠措施。

二是优服务，推进便利共享。坚持"做强线上平台、优化线下服务"的工作思路，保障性住房群体参加住房公积金制度主要采取"网上办、掌上办"业务运行模式，通过浙江政务服务网、浙里办 App 等渠道"一键办理"。截至 2023 年 12 月底，线上业务办理量占比达 80％以上。此外，持续构建"家门口的公积金"，全市 1 个直属业务部、5 个区县业务大厅、115 家延伸网点均可线下受理，构建"15 分钟便捷办事圈"。

三是提质效，强化保障能力。强化"无忧租赁"场景，通过融合无房租赁提取、租金提取、租金代付等租赁服务功能，探索实现公积金中心与租赁机构、商业银行、住房管理等部门的业务多跨协同，为缴存职工提供无房提取住房公积金；不断放宽租房提取条件，无房家庭实现线上"零材料"秒办秒提；同时充分利用传统媒介和新兴自媒体平台，开展"公积金开放日""818 共富节"等"线上千家万户 线下十进百场"一系列宣传推广活动，提升公积金制度社会知晓度。2023 年全年办理租房提取业务 30.68 万笔、金额 2.8 亿元，较上一年度均提高 27％和 47％。

三、聚焦创新，深入探索先行路径

湖州中心始终坚持创新的工作思路，不断探索新的制度机制，促进公积金工作进一步稳步发展。

一是支持多群体自愿缴存。借力灵活就业人员参加住房公积金制度试点，结合首批试点城市经验，创新推出灵活、规范、友好的政策体系，最大程度扩大保障性住房对象公积金受益面。灵活就业人员开户数量、缴存额增速保持全国领先。9 月份试点开展以来，新增 2.6 万名灵活就业人员建立公积金制度，缴存公积金 1.87 亿元。

二是支持购买共有产权房。拟出台公积金支持共有产权保障房政策，从公积金支持共有产权房贷款服务对象、贷款支持力度、贷款风险防控等方面，创新公积金支持购买共有产权房贷款新模式，同时引导合作银行共同支持共有产权房。

三是探索支持城市有机更新。支持缴存职工及其配偶使用其名下的住房公积金用于采用自主更新模式实施的危旧房整治及老旧小区改造，探索适用于城市有机更新的公积金支持新模式，助力缓解缴存职工住房资金压力。

管理运行篇·（一）政策执行

山东省济南市精准实施"五心"租房提取政策加大力度支持新市民、青年人租房安居

2023年中央经济工作会议、政府工作报告要求解决好新市民、青年人等住房问题。全国住房和城乡建设工作会议提出加大力度，重点支持新市民、青年人租房提取公积金解决住房问题。济南住房公积金中心落实上述要求，针对缴存人多样化租房需求和当前提取业务堵点，精准推出"五心"租房提取政策，助力新市民、青年人租房安居。2023年全年共办理租房提取业务18.4万笔、提取金额16.9亿元，分别比2022年同期增长32.7%和30.2%。

一、兼顾租房提取和购房贷款需求，让缴存人"安心租"

住房公积金贷款实行存贷挂钩，个人账户余额越多，可贷额度越高。济南住房公积金中心调研发现，很多租房的新市民、青年人有将来使用公积金贷款购房的计划，由于担心租房提取减少账户余额、影响后续贷款额度，不愿或不敢提取住房公积金支付房租。为打消新市民、青年人的后顾之忧，济南住房公积金中心对首次贷款购买自住住房的缴存人，已租房提取的金额仍可计入个人账户余额，合并计算可贷款额度。此举让新市民、青年人安心办理租房提取，满足其先租后购的全生命周期住房需求。

二、支持远通勤群体就近租房需求，让缴存人"暖心租"

按照当前政策，在全市范围内无房的缴存人，才能租房提取住房公积金。济南城市布局东西狭长，调研中部分有房缴存人反映，自有住房与单位距离较远，每日通勤耗费大量时间精力，有在单位就近租房的实际需求。为此，济南住房公积金中心与交通部门共同研究测算，支持自有住房与单位距离30公里以上、在单位就近租房的缴存人提取住房公积金支付租金，有效解决缴存人面临的实际困难，促进"职住平衡"，也缓解城市的交通压力。

三、缓解青年人一次性支付房租的压力，让缴存人"贴心租"

青年人特别是刚就业的高校毕业生，收入相对较低、积蓄不多。面对目前租房市场通行的"押一付三""押一付六"等租金支付方式，很多青年人反映一次性租金支出压力较大。针对这一急难愁盼问题，济南住房公积金中心优化租房提取政策，由以往的仅能按一个月的房租，调整为可以根据租房合同约定，一次性提取3个月或半年所需支付的房租和押金，有效缓解青年人租房一次性支出的资金压力。

四、实行一次签约、每月转账，让缴存人"省心租"

租房提取住房公积金是一项高频业务。以往，缴存人租房提取需逐月申请办理，存在操作不够便捷的问题。济南公积金中心切实转变管理服务理念，变"管理者方便"为"缴存人方便"，开通按月自动委托提取业务。缴存人与公积金中心签订租房委托提取协议后，公积金中心在协议约定的租赁期内，每月自动将所需提取的住房公积金，划转至缴存人个人银行账户用于支付租金，实现"一次签约、每月转账"。租房提取公积金的办事流程大幅精简，让缴存人办理业务更加方便，获得感进一步增强。

五、对接优质房源并提供优惠便利，让缴存人"放心租"

租房安居是新市民、青年人在城市站稳脚跟、奋斗圆梦的起点。当前，不少大城市新市民、青年人租房面临租金较高、租赁关系不稳定等问题。济南住房公积金中心积极发挥自身作为撮合、增信、支付平台的作用，与保障性租赁住房、长租房等租赁机构开展合作。一方面，整合租赁机构房源，为租房缴存人提供环境优、设施全、租约稳定、租金优惠的租赁住房，如建信公司向租房的住房公积金缴存人提供 9 折左右租金折扣优惠；另一方面，以信息共享核实租房行为，支持缴存人按照实际租金支出提取住房公积金。这一措施的推出，让租房缴存人也能享受缴存公积金的政策红利，帮助他们在大城市长租即长居，踏实安心为美好生活而奋斗。

管理运行篇·（一）政策执行

湖北省宜昌市着力推动制度普惠 助力职工梦圆安居

2023年，在湖北省住房和城乡建设厅的坚强领导下，宜昌住房公积金中心深刻把握全体人民共同富裕的中国式现代化本质特征，坚持"把归集作为公积金一切工作的基础"来抓，全力推动制度向非公企业普通职工覆盖，通过政策红利共享促进非公企业职工群体住房需求有效释放。全年新增归集人数7万人，实缴人数49.9万人，缴存率达74.47%。

一、坚持目标导向，健全归集扩面的工作机制

（一）**明确扩面目标**。着眼"非公企业职工缴存率低"实际，分阶段明确归集扩面奋斗目标，力争2024年底用人单位职工缴存率达75%，到"十四五"期末2025年底基本实现"应缴尽缴"。

（二）**重点攻坚突围**。全面比对城镇在职职工养老保险缴纳人数与公积金缴存人数，筛选人数差距30人以上的企业688家，将宣传建缴任务分解到中心每名干部职工，倒排工期、挂图作战，共新增开户411家，新增缴存人数15947人。

（三）**争取高位推进**。宜昌市委市政府连续2年将住房公积金归集扩面纳入年度目标考核内容。连续4年在政府工作报告中明确公积金归集扩面任务，并纳入市级重大民生项目月调度管理。成立以分管副市长为组长的住房公积金归集扩面工作领导小组，出台促归集规范性文件。

二、注重统筹协调，形成归集扩面的联动合力

（一）**指导县市政府明确属地责任**。县（市、区）政府切实加强对住房公积金归集工作的组织领导，落实"五个一"措施，即有一名县（市、区）政府领导分管、有一份政府规范性文件明责、每年写入一次政府工作报告推动、每年召开一次政府常务会议研究、每年召开一次工作推进会督办。

（二）**协调职能部门做好结合文章**。在纳入劳动合同示范文本基础上，市人社局将落实公积金制度列入"劳动关系十佳和谐企业"评选条件。市市场监管局将落实公积金制度列入守合同重信用企业公布活动申报标准。市审计局将住房公积金制度落实情况纳入单位预算执行情况审计监督内容。

（三）**推动行业主管部门落实"一个必须"**。经信、商务、国资等行业主管部门树立"管行业必须管给职工依法建缴住房公积金"工作理念。市国资委明确规定，市属国有企业应将建缴住房公积金作为劳务派遣项目采购投标必要条件。

三、秉承法治思维，营造归集扩面的法治氛围

（一）**抓住关键少数形成共识**。推动各县（市、区）党委将贯彻落实住房公积金制度纳入党委理论学习中心组学习内容。宜昌中心主要负责同志带头上台、自主备课，23次深入县（市、区）向"四大家"领导班子、职能部门和重点企业负责人"面对面"宣讲公积金制度强制、互助、保障属性和对地方发展的重大意义，以及建缴公积金是建设法治政府、构建和谐劳动关系、实现广大职工住有所居的必然要求。定期向全市企业法人代表精准推送政策宣传短信，增强企业决策层制度认同。

（二）**增强广大职工法治意识**。在交通枢纽、城市广场、楼宇电梯等人流密集区域开展公积金法治微视频宣传，依托民法典宣传日、住房博览会等活动载体进行专题宣传。在全市各类人才招聘会、推介会设置公积金宣传专区，推动"入职一个、建缴一个"。

（三）**形成执法兜底强力保障**。随机抽选120家经法治宣传后建缴质量仍较差的用人单位，集中开展"双随机一公开"执法检查，督促55家未开户企业开户建缴，新增缴存职工5026人。畅通群众投诉渠道，受理职工投诉举报69起，以点带面督导用人单位规范建缴。

四、强化督办考核，打造归集扩面的落实闭环

（一）**与绩效工资挂钩，落实中心全员主责**。将用人单位建缴任务分解至中心全体干部，实行销号管理，每月通报进度、纳入绩效考核。班子成员绩效考核与分管科室部任务完成情况挂钩。

（二）**与增值收益挂钩，促进县市政府履责**。聘任各县（市、区）常委副市（县、区）长为管委会委员，管委会议上就各县（市、区）归集扩面成效"亮相比拼"，并将廉租住房补充资金分配额度与县（市、区）归集扩面成效挂钩实行奖惩。

（三）**与资金定存和手续费挂钩，激励合作银行担责**。突出"归集优先、多干多得"，将合作银行归集扩面成效列为资金定期存放评比、归集业务手续费考核重要评分内容，激励合作银行动员贷款客户依规建缴。

管理运行篇·（一）政策执行

广东省广州市以行政调解为抓手引导推动纠纷化解见实效

广州住房公积金管理中心认真学习贯彻习近平法治思想，牢固树立以人民为中心的发展思想，坚持和发展新时代"枫桥经验"，围绕住房公积金领域矛盾纠纷化解，把非诉纠纷调解挺在前面，构建"源头预防、全链条化解、全方位联动"的多元纠纷化解体系，取得良好成效。2023年1—12月，住房公积金行政复议、诉讼案件分别同比下降70%、46%，立案后单位主动补缴案件同比增长177.63%，以单位分期补缴方式调解4800多宗，应诉实现"零撤销、零败诉"。

一、强化系统集成，加强源头预防

一是融入基层社会治理。针对住房公积金欠缴与劳资欠薪并存的特点，主动与辖区税务、社保、信访、法院等部门对接联动，推动协调相关部门把住房公积金欠缴与社保追缴、劳动欠薪等问题统筹考虑、一体化解。

二是参与和谐企业评审。积极协调人社部门，将依法缴存住房公积金纳入创建劳动关系和谐单位评审标准，将住房公积金缴存人数和占比纳入"企业经营健康指数"正向指标，引导单位依法缴存，2023年有4000多个单位申报和谐劳动企业，其中获得住房公积金积分的单位占比为76%。

三是用好释法案例库。建立以案释法案例库，发布典型案例，发挥其引导、规范和预防教育功能。2022年，以案释法案例被《广州日报》等媒体转载，展现住房公积金在依法行政和法治宣传等方面取得的积极成效，收到良好的社会反响和宣传效果。

二、强化府院对接，推进全链条化解

一是建立府院协作机制。积极发挥行政机关职能优势，建立广州铁路运输法院、广州住房公积金管理中心联动调解机制，成立广州市直机关首个行政争议调解中心住房公积金纠纷调解工作室，实现信息联通、矛盾联调和全链条化解。

二是推进全链条调解。诉前坚持调解优先，联合法院明确调解范围、调解方案及有可能出现的特殊情况的应急处理等。诉中联动法院开展庭前调解，引导单位选择非诉方式化解纠纷。诉后强化沟通和案件跟踪，将行政调解贯穿住房公积金行政执法案件诉前、诉中、诉后各环节。通过诉中调解，成功将广州某鞋业公司历时6年、涉及2742名职工、补缴金额达2千余万元的公积金纠纷案一揽子解决。

三是加强"执调"对接。与执行法院建立执行和解协调机制，充分发挥审判法官、执行法官在各环节的专业作用，对判决结果、拒不执行后果等开展释法工作，引导单位制定科学合理的补缴方案，避免一次性扣划给企业经营带来压力，兼顾职工权益与企业生存发展。2022年8月以来，住房公积金案件成功调解4000多宗。

三、强化数字支撑，实现全方位联动

一是打通部门信息共享，推行清单管理。建立企业电子台账，打通与工商、社保、税务等数据共享，综合研判企业经营状况，持续监测企业补缴进度，对调解结果进行风险预判和把控，实现对重点企业的重点普法跟踪。

二是运用数字赋能，开展线上联动调解。依托广州行政争议调解中心在线矛盾纠纷多元化解平台，建立调解工作站的线上联通机制，打造跨地域、低成本、高效率的线上调解模式，实现过程留痕、数据流转、线上确认。其中，公积金中心与某橡塑公司、广州铁路运输法院三方线上对接，"面对面"讲解政策，成功调解该公司391宗住房公积金纠纷案件。

三是明确破产受偿顺序，实现债权申报系统交互。与广州市中级人民法院建立破产涉住房公积金事务协作机制，联合印发《关于进一步优化破产企业涉住房公积金事务办理的实施意见（试行）》，明确破产企业欠缴住房公积金，按照拖欠的职工工资性质优先清偿，将债权申报系统与公积金归集、执法业务系统直连对接，住房公积金债权办理速度提高90%以上，推动企业破产信息核查一件事线上线下融合发展，有效发挥法治保障作用。

下一步，广州住房公积金管理中心将继续深化住房公积金矛盾纠纷多元化解机制，探索与行政复议机关、人民调解组织、劳动人事争议仲裁机构等建立联动调解机制，形成多方多途径调解合力，助力构建和谐劳动关系和良好营商环境，提高城市综合治理水平。

管理运行篇·（二）数字化发展

天津市持续深化数据治理推动管理服务转型升级

近年来，天津市住房公积金管理中心（以下简称"天津中心"）深化落实《住房和城乡建设部关于加快住房公积金数字化发展的指导意见》，充分认识发挥数据价值的重要意义，全面推进数据治理，在持续推动住房公积金服务智慧管理转型上不断走深走实。

一、完善机制建设，筑牢数据治理基础底座

坚持数据赋能目标，培植数据观念，筑牢数据底座。

（一）**自上而下，完善组织架构**。成立数据管理部门，统筹规划数据治理工作，形成数据管理部门牵头、业务和信息部门配合、管理部落实执行的多部门协同工作机制，推动数据治理工作赋能中心服务、管理能力提升。

（二）**标准先行，深化制度建设**。探索建立数据管理制度体系，依据法律法规和国家、行业标准，结合天津中心实际情况，先后出台了《政务信息共享管理实施细则》《数据标准管理规定》《数据质量管理规定》《客户数据安全管理规定》《数据服务管理规定》，对天津中心数据标准、质量管理、数据安全、数据应用服务等方面的工作进行规范。

（三）**内外合力，科学谋划方案**。天津中心引入数据治理管理咨询，采用规划先行、分步实施、定期评估整体建设思路，推进住房公积金数据治理体系化建设，从战略、机制、领域、技术四个层面，明确工作目标，持续推进各项具体工作落地实施。

二、规范治理举措，保障数据治理持续发力

规范治理流程，数据治理由"被动"向"主动"转变。

（一）**明确实施步骤**。制定学业务顺流程、理数据通流转的"业务数据融合"工作模式，按照筛选关键数据、进行主题分类、盘点数据资产、验证数据逻辑4个步骤梳理数据脉络、厘清数据资产、形成数据资产目录。同时，以上报数据为基础，以业务应用需要数据为核心，从必填项数据完整性、规范性、表间信息一致性多维度开展数据质量监测和整改工作。近几年，累计清理问题数据4.7万项，其中缴存人个人身份信息清理2.1万项，借款合同信息1.2万项，缴存单位基本信息清理1.4万项。

（二）**完善治理工作**。在借助全国住房公积金监管服务平台等质量检测工具的基础上，完善规范化采集、系统检验、数据联网核实等技术手段，实现存量与增量数据问题并行管控、常态化监测与专项治理同步开展。

（三）**加强闭环管理**。制定规则设计、问题溯源、分类治理、激励引导、经验推广等规范化闭环管理措施，将数据治理任务纳入各管理部绩效考核，定期总结操作经验，形成"可复制可推广"工作方法，提升各管理部业务办理效率，持续完善事前、事中、事后三道治理防线。

三、搭建管理平台，提升数据治理智能水平

完善平台体系，数据治理从"人工"向"自动"转化。

（一）**建立用户管理系统**。以缴存人为中心，实现用户创建、变更、注销全生命周期管理。用户管理系统集中整合缴存人基本信息，统一数据采集来源，统一信息变更发布，有效保证客户主数据在系统内的唯一性、准确性，彻底解决多源数据采集造成的信息不一致问题。

（二）**搭建数据治理平台**。以《住房公积金基础数据标准》和天津中心自建数据标准为基础，实现数据标准、数据质量系统化、常态化监测和管控，及时发现问题、解决问题，持续推动数据深度治理。

（三）**建立数据管理服务平台**。持续汇聚多源数据，运用数据建模、数据可视化等技术对数据资源进行价值挖掘，建立数据服务、分析报表、实时大屏、管理驾驶舱等功能，不断提升数据服务能力。

四、发挥治理成效，赋能服务管理高质量发展

开展全方位治理，打通业务堵点，初步显现成效。

（一）**推进数据共享，实现线上业务"应上尽上"**。聚焦住房公积金缴存单位和缴存人的堵点难点事项，全面梳理制约实现"全程网办"服务的数据壁垒，持续扩大数据共享范围。依托住房和城乡建设部数据平台，横向与政务部门以及商业银行间信息共享，服务便捷度进一步提升，政务服务事项中95%实现全程网办，88%"秒批秒办"。

（二）**加强数据赋能，拓展业务场景"服务找人"**。开展"客户画像"数字化场景建设，利用中心数据集中治理优势，为缴存人和单位精准"画像"，主动发现服务对象需求，推进网上服务从"人找服务"向"服务找人"转变。线上PAD移动办公系统，将服务主动送达缴存人身边。

（三）**促进数据利用，推动服务管理提质增效**。依托数据管理服务平台，建立标准化指标体系，丰富指标维度，通过透视分析、自定义报表等功能直观展现业务办理执行效果，为政策调整、资金调度提供有力支撑。强化内外数据联动，实现精准扩面，2023年通过扩面新开户职工7.5万人。

管理运行篇·（二）数字化发展

江苏省苏州市全场景应用、全维度覆盖、全链条贯通 打造住房公积金数字人民币应用"苏州样板"

数字化是打开住房公积金未来发展大门的"金钥匙"。苏州市住房公积金管理中心（以下简称"苏州中心"）积极抢抓全国首批数字人民币试点城市机遇，认真贯彻落实《关于加快住房公积金数字化发展的指导意见》，在住房公积金领域数字人民币应用上持续开展原创性、系统性、引领性、规范性创新探索。2023年末，累计应用规模突破203亿元，居全国业内首位，贡献了住房公积金数字人民币应用"苏州样板"。

一、抢抓"四个率先"，以"首创突破"引领"场景创新"

在探索数字人民币应用创新过程中，苏州中心持续拓展结算渠道、全面重塑业务流程、纵深推进全链贯通，实现了数字人民币在住房公积金领域多场景首创应用：率先落地全国首个灵活就业人员缴存住房公积金的数字人民币场景；率先成功办理全省首笔企业使用数字人民币缴存住房公积金业务；率先成功发放全国首批、全省首笔数字人民币住房公积金贷款；率先实现职工住房公积金账户在市区与工业园区双向跨区转移数字人民币结算，彻底解决与园区中心间转移资金无法实时到账并缴入职工个人账户的问题。

二、实现"三个全面"，以"共建共享"带动"可感可得"

在实现"从无到有"的突破后，苏州中心加快数字人民币应用的扩面增量，延伸数字人民币服务触角，实现"从有到全"的跨越发展，为越来越多缴存单位和缴存人提供更为便捷安全的支付结算方式。在缴存方面，数字人民币覆盖包括单位职工、个体工商户和自由职业者在内的全就业形态，机关事业单位、大型国有企业全面试点启用数字人民币缴存住房公积金，缴存额突破85亿元。在贷款方面，数字人民币贷款发放覆盖全板块、全范围。此外，新增住房公积金提取、贷款回收业务的数字人民币结算方式，实现全业务种类场景覆盖。

三、打造"三个一套"，以"苏州标准"推动"规范发展"

2023年2月13日，江苏省住房和城乡建设厅住房公积金监管处在听取"数字人民币在苏州公积金落地经验"汇报后，提出要将苏州试点工作成果放大到全省、长三角区域乃至全国。当天，苏州中心成立数字人民币工作专班，组织编写《苏州住房公积金数字人民币场景应用标准（试行）》，细化了数字人民币在资金业务、结算、账户、核算、安全等管理的规范化要求，全力打造数字人民币公积金领域应用的"一套教材、一套制度、一套标准"，在数字人民币应用新赛道上率先交出了"标准化"答卷，在全国行业具有一定借鉴意义。

四、搭建"两个平台"，以"融合赋能"加速"集成应用"

苏州中心积极完善数字人民币服务体系，形成线上线下融合发展、并行成势的推广格局。数字人民币专班成立一周内，在姑苏分中心设立全国首批数字人民币住房公积金专区，在吴江分中心设立全国首批数字人民币住房公积金专窗，加快数字人民币线下场景的集成落地应用。一个月内，推出数字人民币苏州应用推广视频宣传片，充分利用服务大厅、专区专窗等线下平台及新媒体等线上平台，进行全方位多角度宣传，推动数字人民币结算方式"飞入寻常百姓家"。

五、实现"三项第一"，以"全省推广"树立"示范标杆"

在"苏州标准"的基础上，江苏省住房和城乡建设厅、国家金融监管总局江苏监管局、中国人民银行南京分行组织编写了《江苏省住房公积金数字人民币场景应用导则（试行）》并推广至全省，为全省乃至全国公积金领域使用数字人民币达成共识，形成"数字底座"。该《导则》是全国第一个数字人民币场景应用导则、第一个住房公积金行业导则、第一个省级层面编制的导则，依托数字人民币安全可靠、支付即结算的特性，降低资金结算成本，提高资金支付效率，实现业务财务联动处理、数据同采共用齐溯，推动数字人民币住房公积金领域场景应用可行可控，培育住房公积金发展新动能。

六、聚焦"一个目标"，以"完善体系"塑造"发展优势"

下一步，苏州中心将按照"数字人民币＋数字公积金"一体化发展目标，持续探索数字人民币应用场景建设，进一步满足缴存人支取灵活、选择多样、方便快捷的实际需求。继续扩大数字人民币合作渠道，充分集成合作单位在数字人民币应用领域的优势，聚力打造数字公积金服务品牌。持续推动数字人民币技术深入融合业务系统流程，为数字人民币应用提供更为稳固的底层条件和运行保障。全面升级网厅、手机 App 等线上服务渠道，实现数字人民币在住房公积金全业务领域"指尖办""一站式"服务落地，努力建成涵盖住房公积金管理全业务、全环节、全周期相互配套协调的数字人民币应用标准体系。

管理运行篇·（二）数字化发展

江苏省淮安市推进住房公积金业务数字人民币全场景应用

近年来，江苏省淮安市住房公积金管理中心（以下简称"淮安中心"）围绕更好服务缴存人和缴存单位，积极推动理念变革、模式创新、实践推广，探索覆盖住房公积金全部业务的数字人民币应用经验。

一、抓住发展契机，快速落实数字人民币推广应用战略部署

今年，全国住房和城乡建设工作会议指出，要大力推进住建行业数字化建设，举全行业之力打造"数字住建"。住房公积金全系统深入推进各级平台建设，不断提高住房公积金平台支撑能力，3月住房公积金结算应用系统正式上线数字人民币"总对总"结算功能，为各地住房公积金管理中心提供了统一的数字人民币结算通道，丰富住房公积金资金结算方式，统一住房公积金行业数字人民币接口标准和应用规范。淮安中心精准把握数字人民币对满足数字时代个人和单位的资金结算需求、提升普惠金融发展水平、助力数字经济发展的重要作用，认准数字人民币支付即结算、成本低、便携性强、效率高等优势，抓住数字人民币"总对总"结算功能上线契机，快速实现覆盖住房公积金全部业务的数字人民币直联结算，为数字人民币在住房公积金全系统以及其他住建行业推广应用提供可参考范例，拓展数字人民币在"数字住建"应用的广度和深度。

二、推进重点工作，努力实现数字人民币全业务场景应用目标

（一）**统筹组织实施，有序推进功能上线**。今年4月，淮安中心联合有关商业银行，共同制定《淮安市住房公积金全场景数字人民币结算应用项目工作方案》，成立项目领导小组，淮安中心各相关部门协同推进。坚持需求导向，细分汇缴、提取、贷款发放、贷款还款、资金结算5大项125个线上、线下应用场景，分析全场景应用的重点和难点，明确工作措施。加强技术支持，将数字人民币结算与住房公积金业务处理流程深度融合，优化升级功能界面，在不改变原有业务处理流程和规则的前提下，快速实现住房公积金业务数字人民币全场景应用。今年7月，住房公积金数字人民币汇缴、提取、贷款发放、贷款还款、资金结算等业务正式上线运行。

（二）**优化内部机制，有效提升结算效率**。淮安中心根据数字人民币支付即结算等特点，优化数字人民币结算机制。一是科目设置规范化。根据《全国住房公积金数字人民币公积金中心接口标准》，在账户设立一行一户基础上，在每个受委托银行开设一个数字人民币对公钱包，设置数字人民币二级科目并开展多维辅助核算。二是资金管理精细化。淮安中心将数字人民币钱包与受托银行存款专户进行绑定，数字人民币钱包各类结算业务通过信息系统实时逐笔兑入兑出，实现数字人民币钱包日终零余额，提高资金结算效率和收益。三是账务处理自动化。按照业务驱动原则，根据数字人民币业务流水、账户变动通知、电子回单等信息自动完成业务、资金、财务的记账和对账，实现数字人民币业务办理、资金结算、账务核算全流程贯通，业务和资金闭环运行，确保资金准确、安全。

（三）**加强联动推广，有力深化场景应用**。淮安中心通过"三联动三办三专"服务模式，加大住房

公积金数字人民币业务应用推广。一是加强与政府、银行、企业联动。联合建行共同协助市数币办下发《关于推广各金融机构使用数字人民币缴存公积金的通知》，高位推动数字人民币在住房公积金业务的应用。邀请人民银行、商业银行数字人民币专家开展专题培训，提高工作人员数字人民币专业知识。联合受托银行共同走进街道、社区开展现场宣传，为企业及其员工普及数字人民币知识以及在住房公积金业务场景的应用。二是实现缴存"实时"办、提取"置顶"办、贷款"快速"办。中心与缴存单位、灵活就业人员签订数字人民币委托收款协议，缴存资金实时记入职工个人账户；置顶数字人民币钱包提取方式，方便有需求的职工快速查找；开辟数字人民币贷款发放业务绿色通道，提高办理效率。三是设立专窗、专人、专线。在服务网点开设专窗，配备专员，设置12345专席专线，专业化解答住房公积金数字人民币业务咨询。

三、推动成果应用，不断扩大数字人民币成功实践示范效果

（一）**保障资金管理安全**。淮安中心通过住房公积金数字人民币"总对总"结算平台，从科目设置、资金管理、账务处理等方面对数字人民币的结算应用机制进行了创新探索，利用数字人民币多重技术安全防护体系，加强资金流通监测，数字人民币钱包与银行专户一一对应，资金变动情况实时采集，数字人民币结算支持同行、跨行两种结算模式，结果实时返回，确保结算效率和风险可控，防范资金风险，提高资金精细化管理水平。

（二）**优化办事群众服务体验**。淮安中心发挥数字人民币资金到账快、成本低、安全性高的优势，为广大缴存人和缴存单位提供更多资金结算选择。缴存人和缴存单位提供任意银行的数字人民币钱包，即可实时收付款，也无需支付兑出、兑回服务费，切实提高资金到账效率，降低缴存人和缴存单位交易成本，让缴存人和缴存单位享受更多的数字金融红利。

（三）**发挥数字人民币应用示范效应**。淮安中心在全市公共服务领域首次实现数字人民币全场景应用，提升住房公积金服务便利化、智能化水平，形成可复制、可推广的经验，引领了数字人民币在公共服务领域的应用，促进公共服务与金融服务深度融合，提升社会公众对数字人民币的认知度和体验感，有力助推数字人民币在惠及民生、服务实体、扩大消费等方面发挥积极作用。

管理运行篇·（二）数字化发展

浙江省杭州市创新住房公积金数字化应用场景打造"购房贷款"全生命周期生态链

为发挥住房公积金制度优势和作用，杭州加快住房公积金数字化转型发展，创新"浙里安居·惠你购房"数字化应用场景，打造购房贷款"一件事一次办"升级版，为住房公积金缴存人提供从看房、购房、贷款申请到贷后的全链条服务，取得明显成效。自2022年9月上线以来，截至2023年12月底，已接入杭州全市1000多个楼盘信息，汇集19家贷款合作银行和1700名客户经理提供在线服务。通过资源整合、流程再造和数据赋能，充分发挥住房公积金政策性金融的引领和带动作用，推动杭州个人住房金融生态链的有效融合与高质量发展，助力扩大住房消费，实现"浙里安居"。

一、"面谈签"变"云上签"，创新贷款全程线上办模式

针对办理购房贷款必须面谈、合同必须面签、购房人必须到场等问题，升级"贷款不见面审批"改革成果，应用电子签章、人脸识别、云视频面签、区块链等新技术，探索"政务服务＋区块链"创新应用，搭建"云上签"平台，提供贷款全流程线上办服务，足不出户就可完成贷款合同面签，每项交易减少重复签名19次。合同及签名过程电子留痕上传区块链存证，并对接司法链，确保法律效力。通过"云上签"，实现购房贷款的全时空、全天候服务。

二、"窗口办"变"移动办"，创新购房现场一站式服务

针对购房时不了解贷款政策，造成后续贷款审核通不过、贷款办不下来等问题，推出移动端服务，将服务大厅"前置"到售楼现场。通过加强与房产交易、不动产登记、民政婚姻、商业贷款等信息实时共享，实现多跨联动，贷款合作银行服务人员在售楼现场通过移动端即时完成贷款资料电子扫描、预受理、预审核，现场一次性解决能否使用住房公积金贷款、贷款额度计算、商业贷款利率优惠等问题。通过"移动办"，让政务服务走出政务大厅，贴近群众最需要的服务场景。

三、"单点问"变"全程答"，创新管家式服务理念

针对购房贷款全过程节点多、流程复杂，购房人需要逐个环节单点咨询等问题，整合住房公积金贷款过程中涉及的贷款楼盘、贷款合作银行和客户经理等信息资源，推出住房公积金"E贷大厅"。住房公积金缴存人通过"E贷大厅"可全面了解楼盘情况，择优选择贷款服务银行。同时引入"职业经理人"理念，通过"一对一"交互式服务，为缴存人购房贷款全过程提供专业解答，并能够在长达30年贷款周期中提供管家式服务。通过将缴存人与政府、房地产合作方有效联结，探索挖掘缴存人个性化需求，智能推送和精准定制服务，为民生领域公共服务提供了新样本。

为提升"惠你购房"应用场景服务的标准化、规范化、便利化水平，进一步做好后半篇文章，实现"好用管用"和可持续发展。一是建章立制，制定标准。围绕应用场景需求，统一服务标准，制定住房公积金贷款业务规范、购房贷款管家式服务指南、贷款合作银行监管办法等制度，强化运行保障。二是搭建平台，夯实基础。建设杭州个人住房金融业务线下集中运行平台，加强住房公积金与商业性个人住

房贷款的业务协同和创新,提升住房贷款服务的生态链价值。三是一地创新,全省复用。围绕缴存人全生命周期住房需求,丰富"带押过户"、"自主交易"等子场景,依托"浙里办"政务服务平台,实现全省推广应用,持续增强人民群众的获得感和满意度。

安徽省马鞍山市加快数字化建设推进住房公积金事业高质量发展

近年来，安徽省马鞍山市住房公积金管理中心（以下简称"马鞍山中心"）深入贯彻《住房和城乡建设部关于加快住房公积金数字化发展的指导意见》部署要求，紧紧围绕更好地服务缴存人和缴存单位、服务住房工作大局职能定位，依托数字化发展推进模式创新、业务流程优化和履职能力提升，在贯彻"惠民公积金、服务暖人心"服务提升三年行动上持续用力，助力住房公积金事业高质量发展。

一、聚焦全方位数据赋能，创新服务模式推动"堵点难点"变为"特色亮点"

马鞍山中心坚持问题导向，用数字化发展"技术指数"换取办事群众的"幸福指数"，以每年办好几件群众急难愁盼的实事为小切口回应民生"大需求"，全力打通堵点、解决痛点、干出亮点。

一是全面开通商贷委托划转解放群众"钱袋子"。针对群众偿还商贷只能一年提取一次住房公积金，资金周转压力大的服务痛点，主动加强与各受托银行省行协调对接，破除数据壁垒。2021年7月，马鞍山中心率先在全省上线了2家银行的商贷委托划转业务。2022年，在前期试点成功的基础上，分批次与全市所有15家受托银行签订数据共享协议，搭建与商业银行之间双向互通的数据通道，全面上线了商贷委托划转业务。群众仅需一次委托即可每月使用个人住房公积金账户余额偿还商业住房贷款，既减少来回跑腿，又减轻还款压力。该项举措被马鞍山市政府作为改革创新举措向全省申报推广，截至2023年12月末，已办理商贷委托划转业务5179笔，资金11858.7万元。

二是全面上线7×24小时服务实时结算"不打烊"。立足精准满足缴存职工多样化业务办理需求，以驱动提高"掌上办结率"为切入点，梳理整合各服务平台渠道资源和涉及改造的业务功能事项。2022年7月，马鞍山中心在全省率先上线住房公积金"7×24小时"服务，实现26项单位业务、35项个人业务一周7天"不打烊"办理。同时进一步拓宽线上办事渠道，不仅解决了职工"上班没空办、下班没处办、办结效率低"的难点问题，还通过线上多点引流有效缓解窗口服务工作压力。自上线以来，截至2023年12月末，非工作时间内已累计办理缴存类业务8063笔，变更类业务19888笔，提取类业务3351笔，实时结算资金75507.08万元。

三是全面优化租房提取流程提升群众"体验感"。坚持推动解决无房职工、低收入家庭住房困难，以数据赋能推动"租购并举"制度实施。2023年9月将租房提取频次由原来的一年一次提高到一月一次。通过与不动产、公安、民政等部门加强数据汇聚、共享和利用，采用数据"可用不可见"方式及时获取并校验职工房产、婚姻等相关信息，同步自动接入住房公积金核心业务系统后完成"智能审批"，让办事群众在线上通过刷脸就能办结租房提取业务并且随时随地"收到钱"。截至2023年12月末，全市累计办理租房提取8578人次、资金9265.28万元，同比分别增长113.93%、175.27%，完成租房提取额度、租房提取频次、租房提取总量的"三提升"。

二、聚焦全业务线上服务，提升办事效能推动"能办可办"变为"好办易办"

马鞍山中心持续深化"互联网＋住房公积金"发展模式，建好功能齐全、信息共享、办事高效的"一张网"推动政务服务效能提升，实现服务事项"网上办、掌上办、就近办、一次办"更加好办易办。

一是查询更省心。根据住房和城乡建设部、中国人民银行关于住房公积金接入征信系统工作部署，建立《马鞍山市住房公积金个人征信管理制度》等4项征信管理制度和操作规程，覆盖到个人征信内部管理、例会制度、自查制度、重大事项报告制度以及风险应急预案等多个方面。与市人民银行征信中心加强协调对接，2022年，按照征信查询接口标准规范，完成征信查询对接和测试。2023年将征信报告查询应用于业务场景，通过个人授权后系统可自动抓取重要信息进行展示，并将PDF版的征信报告自动生成至电子档案中，结束长期以来人工查询打印及扫描征信报告的繁琐流程。马鞍山中心还同步开发征信查询前置系统，系统操作实行全过程动态留痕监管，有力有效防范缓存信息的非法外流以及违规的信息存储行为。

二是办事更便捷。一体发挥数据要素价值，以"无证明城市"建设为契机进一步丰富拓展住房公积金服务项目和数字化、智能化应用场景，"一张网"全渠道实现服务平台"智慧化"。2023年，开展网办服务能力提升行动，根据群众的办事需求和使用习惯，优化线上服务渠道页面设计，充分将H5界面"富"应用至中心的对外渠道。9月正式完成住房公积金移动端改造项目，有效解决群众在线上办理住房公积金服务事项提交材料多、填写信息多等突出问题，让群众线上办事"一看就能懂，一点就能办"。丰富电子证照、电子印章在住房公积金领域应用场景，实现企业线上住房公积金账户设立、缴存和汇缴自动实时分配入账。

三是审批更高效。将"智慧公积金"深度融合到便民服务升级之中，推进"智能审批"改革，打造零材料受理、一点即办结、资金秒到账的一键智能审批模式。以应用场景为牵引，持续拓展共享数据范围，先后打通与不动产、人社、民政、公安等多部门数据共享通道，实现了网签备案合同、不动产登记、婚姻、退休、户籍等多项数据的高效共享互用，为畅通服务"最后一公里"注入"数智"动力。目前马鞍山中心已开通购买商品房提取、购买二手房提取、租房提取、离退休提取、偿还商业贷款提取、提前偿还住房公积金贷款、灵活就业人员缴存协议签订等23项业务一键智能审批办结，真正实现高频服务事项秒批秒办和更加好办易办。

三、聚焦全链条稳定支撑，夯实基础底座推动"单向发力"变为"多维保障"

马鞍山中心持续从领导机制、资金保障、人才培育三个维度全面夯实住房公积金数字化发展基础底座，为保障住房公积金数字化持续健康发展提供稳定支撑。

一是构建数字化发展推进机制。把《住房和城乡建设部关于加快住房公积金数字化发展的指导意见》路线图细化为施工图责任表，从组织层面强化住房公积金数字化发展保障。成立了由主要负责同志为组长，各分管领导和科室部门负责人为成员的网络安全和信息化领导小组，聚合数字化发展力量，统筹推进各项工作任务。结合数字化发展实际需求制定出台了《马鞍山市住房公积金管理中心数字化发展规划》，确定了通过对核心业务系统改造、综合服务平台建设、网络安全建设推动住房公积金高质量发展的建设路径。

二是保障数字化发展资金来源。围绕构建规范独立、稳定可靠的住房公积金数字化发展资金来源机制，主动加强调查研究，找准法律法规依据。马鞍山中心参照江苏常州、淮安做法，积极争取市委市政府支持，合理安排增值收益分配和管理费用支出。2023年8月，通过住房公积金管委会审议通过将每年度的信息化建设经费、运维经费等列入住房公积金业务支出，作为住房公积金运行成本，为住房公积金数字化发展提供了稳定的"源头活水"。

三是提升数字化发展人才力量。树立高素质人才是数字化发展的核心驱动力和第一资源的发展理念，持续提升人才队伍力量和履职能力。借助中心核心业务系统软件服务商平台资源和项目经验，互相取长补短，打造内部数字化人才"孵化基地"和"培训学校"，达到"1＋1＞2"的效果。抢抓长三角住房公积金一体化发展和南京都市圈建设叠加的历史性契机，与南京住房公积金管理中心共育高素质人才队伍，搭建常态化业务交流指导和互学互促机制。2023年7月选送数字化建设方面的年轻干部到南京进行为期2周的跟班学习，找准找实与先发地区数字化发展差距不足。基于学习成果召开数字化发展交流研讨会，探索数字化转型的新思路、新技术和新应用。

管理运行篇·（二）数字化发展

山东省德州市贯彻落实数字政府建设部署建成住房消费集成服务平台

德州市住房公积金管理中心（以下简称"德州中心"）认真贯彻落实国务院关于加强数字政府建设的决策部署，主动探索，打造跨部门业务协同、全方位数据共享、全流程线上服务、全链条智能监管的数字化发展新模式，建成住房消费集成服务平台——"宜居德州"，为政府拓展公共服务渠道、优化服务流程、创新服务模式和科学管理决策提供数字化支持，为市民提供选房看房、租房卖房、买房贷款等全流程一站式服务。

一、精准定位，科学谋划平台建设

德州中心聚焦群众租购住房需求，通过广泛深入调研，着眼租购住房供需双方信息不对称的矛盾，充分运用部门共享数据资源，以推进住房消费跨部门、跨业务协同为切入点，以推进住房消费"一件事一次办"为目标，提出平台整体建设思路——"汇聚数据资源、辅助政府科学决策，整合业务流程、便利服务缴存人办事，提供信息发布渠道、助力企业良性发展"。在此基础上，明确"一屏两端"平台建设方案："一屏"是数字驾驶舱大屏，供市政府及有关部门实时查看全市房产交易、房价变动、住房公积金缴存使用等情况。"两端"指面向房地产开发企业及银行的企业端和服务群众的市民端。通过"宜居德州"平台，提供楼盘项目动态、售房优惠、商业银行个贷产品等信息发布渠道，市民可在"找房看房""公积金业务办理""网签备案查询""不动产登记查询""金融超市"等12个模块办理相应业务，享受租购住房全流程线上服务。

二、凝聚合力，统筹推进平台建设

德州中心积极协调发挥多家部门优势，形成合力，统筹推进平台建设，在"大合唱"中发挥"领唱"作用。一是将平台建设工作列入山东省住房城乡科技计划、全市民生服务和数字变革创新事项清单，积极向省住房城乡建设厅、市政府争取政策指导及组织保障。二是组织召开部门联席会议，坚持平台共建共享，建立常态化协调机制，保障平台整体建设进度。加大部门数据共享力度，实现与公安、民政、税务等9个部门数据共享，打通房管和不动产登记部门市县两级间数据壁垒，实现即时查询和校验婚姻、户籍、购房合同等信息。三是提高市场主体参与度。深入了解房企、银行等单位在精准定位客户群体方面存在的困难和需求，以业务合作和企业效益为驱动，吸引全市16家商业银行、185家房地产开发企业参与平台建设。

三、质效并举，平台功能逐步显现

"宜居德州"平台自2023年7月5日上线运行以来，实现了跨部门数据贯通、一站式为民服务、可视化业务监管。一是助力政府监管决策一网协同。城市政府及相关部门通过数字驾驶舱，实时监控全市房产交易、公积金业务、抵押登记办理情况，提高部门政务服务水平和管理运行效能。通过可视化界面，多维度、全方位呈现全市房地产市场变化情况，为强化数据分析、研判发展趋势、制定调整政策、强化风险防控等提供决策支撑。二是实现市民租购住房一网通办。市民租购住房时，通过平台实现全流程看房、选房、租房、购房，实时跟踪交易网签、抵押、贷款等办理进度。住房公积金缴存人还可以线上"零材料"办理租房、购房提取、住房公积金贷款等业务。截至2023年12月31日，平台累计注册个人账户3.8万个，总浏览量已超过8万人次。三是更好服务实体经济发展。通过发挥住房公积金平台作用，加强各行各业各群体间沟通协作，创新提供增值服务，为房地产开发企业、金融机构提供信息发布渠道，吸引潜在客户群体，促成房屋交易、促进银行普惠金融，服务地方经济发展。

管理运行篇·（二）数字化发展

甘肃省兰州市坚持数据赋能推动住房公积金管理服务数字化转型

2023年，兰州住房公积金管理中心认真贯彻住房和城乡建设部及甘肃省住房和城乡建设厅关于数字化发展的精神要求，加快数据共享，加深数据治理，加强服务优化，努力推动住房公积金管理工作数字化转型。

一、聚焦数字政府建设，加快数据互联共享

一是实现业务数据纵向畅通。部级层面，提前完成了住房和城乡建设部13项跨省通办服务事项的开发上线，持续做好监管平台数据报送工作；省级层面，积极融入省住房城乡建设厅公积金区域协同一体化平台，打通了全省86个县区代办点的网络链路，做到了省内业务全覆盖；市级层面，深入推进"兰西公积金一体化"建设，实现了两地业务无差别办理，主动嵌入甘肃政务服务网兰州子站，深化同微信、支付宝和地方政务App的合作，拓宽业务办理渠道。

二是实现政务数据横向联动。深入对接兰州市数据共享交换平台和国垂数据直达系统，已获取人员身份、婚姻状况、房屋产权和企业开办等8项基础政务数据；强化"政银合作"，实现了工、农、中、建、交、招商、兰州等15家商业银行的住房贷款数据接入，为业务优化奠定数据基础。

三是实现征信数据报送查询。通过总对总方式接入了人行征信系统，实现了贷款全量数据的按天自动报送，优化征信数据查询模式，查询结果自动固化生成电子表单。

二、聚焦基础数据治理，推进数据质量提升

一是建立健全工作机制。成立了中心主要领导任组长、分管领导任副组长，相关业务科室和分支机构主要负责人为成员的数据治理领导小组，制定了《数据治理总体方案》《数据资源管理办法》《数据质量管理细则》等切实管用的工作制度，召开7次专题会议分析解决数据质量问题，全面加强数据治理领导管理。

二是开展"双贯标"工作回头看。对照《基础数据标准》，通过代码审查和电子稽查，对各项业务数据进行贯标复检，共发现16类164项3421万条问题数据；针对具体问题，按照分级分类、先急后缓、先易后难的原则，组织内设科室和分支机构开展多轮次数据治理，监管平台数据检核问题从2022年的37项1562549个下降为14项34948个，数据质量合格率达到99.58%，存量数据质量显著提升。

三是严把增量数据质量关。进一步优化系统分析和管控措施，运用OCR识别等技术手段，增强数据校验纠错能力，实现了身份证、银行卡、营业执照和不动产证书等要件信息的自动识别提取；引入业务数据平衡校验机制，以资金变动为纽带，定期核查业务账、银行账、会计账之间的平衡关系，电子稽查风险疑点率由2022年的28.36%下降为5.12%，基础信息风险疑点0增长，有效提高了数据全生命周期质量。

三、聚焦系统功能拓展，提高业务办理实效

一是丰富拓展业务种类。坚持以人民为中心理念，推出了组合贷、冲还贷、商转公、提取公积金支

付购房首付款、灵活就业人员参加住房公积金制度和多子女家庭贷款额度上浮等一批群众期盼的业务，为发挥住房公积金民生保障作用，助力地区房地产市场平稳健康发展做出了应有贡献。

二是深度优化业务流程。全面落实"让数据多跑路、让群众少跑腿"的理念，能够通过数据共享获取的信息，均不再要求职工提供纸质资料，程序能够自动校验办理的，均删减人工审核环节。不断精简业务资料和流程，实现了偿还本地商贷提取、本地购房提取等多项业务的"零资料受理"。

三是大力推行自动审批。以系统改造和数据赋能为抓手，重点推进异地转移、省内异地冲还贷、离职和离退休提取公积金等业务的系统自动审批办结；引入招行 CBS 系统获取 15 家商业银行电子回单，由业务系统自动匹配住房和城乡建设部结算平台动账流水，实现了会计档案无纸化管理。

管理运行篇·（二）数字化发展

宁夏回族自治区固原市健全机制强推进凝心聚力促实效 "四个聚焦" 推动征信信息共享接入工作走深走实

为深入贯彻落实住房和城乡建设部关于加快推进住房公积金数字化发展的决策部署，进一步提升管理服务效能，有效防范"骗提骗贷"风险，按照自治区住房城乡建设厅工作安排，固原市住房公积金管理中心（以下简称"固原中心"）及时响应，迅速行动，积极参与社会信用体系建设，全力推动征信信息共享接入工作，以"四个聚焦"推动工作取得实效。

一、聚焦数据治理，以最高要求迈出步子、夯实根基

为按期完成住房公积金基础数据的整理、核对和补全工作，固原中心多措并举推动数据治理工作提质增效，截至2023年底，电子稽查疑点率降至1.29%，基础数据项检核合格率提升至99.96%。

一是科学谋划、统筹安排。制定《固原市住房公积金管理中心做好征信信息共享接入准备工作方案》，由主要领导负总责，分管领导具体负责，全员参与推进数据治理工作。按照征信数据项标准全面梳理存量数据，细化整理"异常项"和"空白项"数据，及时分解落实工作任务、细化工作措施、完善协调机制，形成衔接有序、配合密切的工作格局，截至2023年底，已完成三轮数据整理与质量提升工作。

二是建立"1+2+N"数据治理模式。"1"即一个目标：以高要求治理输出高标准数据、以高标准数据推动高效率流程、以高效率流程促进高质量发展。"2"即强化组织和机制两个保障：设置"首席数据官"，成立"数据治理工作领导小组"，建立长效化数据治理机制，定期召开推进会专题研究数据治理工作，集中解决治理过程中的堵点、难点问题。"N"即多种方式、多个渠道、多方联合：依托监管服务平台、电子稽查、数据质检工具、信息共享平台等多种平台和工具，积极协调并争取公安、不动产、民政、人社等部门的支持，采取柜台动态清理、开通线上个人信息修改渠道、定期督查等手段，全方位增强数据治理实效。

三是强化跟踪问效，压实整改责任。一方面针对全市缴存单位制定年检方案，对缴存基数、缴存比例执行情况、单位和个人缴存信息完善情况、封存账户情况等进行"铺网式"核查，督促各单位住房公积金业务经办人及时核对、补充、更新单位及职工的基础信息，确保数据的准确性和完整性。另一方面由审计稽核科牵头，定期对征信信息共享接入及数据治理工作进度进行督查，摸清存量底数，梳理存在问题，列清工作计划，通过定期通报、下发整改通知等形式，促进数据治理工作提质增效。

二、聚焦存量授权，以最大力度汇聚合力、化解难点

征信信息具有隐私性高、需要自愿授权的特点，固原中心着眼"授权收集"之"难"，提出精准对接"群众需求"之"解"，采取"延时服务+预约服务+上门服务+代帮办服务"方式破解授权收集难点，13319笔存量贷款全部完成征信授权。

一是一对多送服务上门。对于缴存人数多的大型企事业单位，采取上门服务形式集中开展授权工作，现场介绍住房公积金最新使用政策，讲解征信接入意义，发放征信授权书及《存量贷款核查数

表》，引导缴存人完成授权并补足个人信息。

二是一对一即来即办。以线上发布通告、柜台张贴工作提醒等方式加大对征信信息共享接入工作的宣传力度。对来柜台进行授权、办理信息录入的缴存人，固原中心开通业务专窗，提供一对一服务，并通过日常延时办、周末不打烊形式，解决缴存人"上班时间没空办、下班时间没处办"的难题，获得缴存人一致好评。

三是形成代帮办合力。在固原中心线上线下自主服务的基础上，积极联络沟通，引入受委托银行、房地产开发公司、基层社区等力量，将授权窗口前移，实现"就近办""代帮办""多点可办"，把优质服务送到缴存人"家门口"，让住房公积金服务更加惠民、暖心、便利。

三、聚焦系统建设，以最严标准规划部署、精进赋能

依照《固原市住房公积金管理中心征信信息系统建设方案》，紧盯节点、倒排工期，开展征信信息查询功能建设和征信数据上报接口开发工作。在征信数据报送测试验收阶段，组建工作专班，制定响应流程，对数据问题即时处理、材料问题实时整改，报送五轮后即通过验收。为确保征信数据的可用性和安全性，固原中心还对征信数据采集、存储、共享、维护、应用、分析、删除的全生命周期中，各个阶段可能引发的各类数据质量问题进行识别、度量、监控和预警，通过系统检测、专人排查等方式，保障征信数据安全和合规使用。目前，固原中心已在全区首批完成贷款数据上报人行征信系统工作，全体借款人的个人基本信息、非循环贷账户及抵（质）押合同信息全部入库。"征信信息查询"功能模块已完成建设并投入使用，住房公积金个人贷款申请不再要求缴存人提供纸质征信报告。

四、聚焦宣传教育，以最实举措压实责任、提质增效

一方面加强内部管理，强化诚信教育，确保合规使用。制定《固原市住房公积金管理中心征信信息安全内部管理制度和操作规程》《征信信息安全问责制度》《征信信息安全风险应急预案》《征信合规管理例会制度、信息安全工作自查制度、重大事项报告制度及征信信息安全报告制度》《征信风险监测管理办法》等五项征信安全管理制度，联合中国人民银行固原市分行召开征信服务工作交流座谈会，开展征信合规督导，与业务人员签订征信报告使用承诺书，组织业务培训及诚信教育活动，有效提升全体从业人员业务能力和风险管控能力。另一方面加大宣传力度，弘扬诚信文化，营造良好氛围。积极开展行业信用体系建设，以"诚信公积金、共筑安居梦"为主题开展宣传活动，通过征信知识进广场、进单位、进企业，引导广大缴存人牢固树立诚信理念，树立"珍惜征信、爱护征信"意识，依法依规使用住房公积金，杜绝贷款逾期，营造诚信、和谐、文明的良好氛围。

山西省晋中市下好清收"五步棋" 打好逾期"攻坚战"全面加强住房公积金贷后风险管控

近年来，晋中市住房公积金管理中心（以下简称"晋中中心"）统筹安全与发展，保持状态和力度，通过下好清收"五步棋"，持续攻坚逾期贷款清收工作，收到了良好效果。晋中中心 2021 年、2022 年、2023 年连续三年全市贷款逾期实现"清零"目标。

一、深化认识，健全体系，明确清收"施工图"

晋中中心坚持防范化解逾期贷款风险，深刻认识逾期贷款清收工作的重要性、严肃性和紧迫性。

（一）**加强组织领导**。围绕"控新化旧、只减不增"的攻坚目标，高起点谋划、高标准推进、高质量落实，成立中心主任、副主任带队的逾期贷款清收领导小组，建立逾期清收联系包抓工作机制，中心班子成员会同相关科室包抓全市 12 个分理处逾期清收攻坚行动。

（二）**夯实工作基础**。落实旬调度、月汇报、季通报、年总结工作方法，中心领导小组对逾期清收进行全流程监督指导，并将逾期清收工作纳入年度目标责任考核内容。

（三）**深入推进落实**。各分理处同步成立逾期贷款清收工作小组，加强联动、密切配合，进一步摸清历史逾期情况、借款人家庭收入及债务状况。

二、制度先行，清单管理，建起清收"任务书"

逾期贷款清收工作事关公积金工作大局，事关资金使用安全，事关缴存职工利益，是公积金管理运行的重中之重。

（一）**坚持目标导向**。制定《逾期催收管理办法》《个人贷款逾期清收操作指南》等制度，同步落实专项分析、清收汇报、结果通报、领导约谈等办法，在全系统形成制度先行、推进有力、效果明显的工作局面。

（二）**建立工作流程**。按照逾期清收总体部署，建立贷款逾期底数、逾期分类、逾期措施、逾期整改"四清单"，制作逾期清收流程操作图，并在系统内实现逾期数据实时共享。

（三）**认真分析研判**。指导各分理处对逾期贷款现状及产生原因、政策执行情况、审核把关情况、措施落实情况、整改效果等要素进行研判分析，发现问题及时进行调整纠正，始终做到底数清楚、分类准确、措施有效、整改到位。

三、厘清责任，层层负责，拧紧清收"压力阀"

按照目标一致、责任到人、合力攻坚的原则，建立住房公积金逾期催收责任制。

（一）**明确岗位职责**。按照"四清单"总体要求，各分理处主要负责人是逾期贷款清收的第一责任人，信贷部对逾期贷款进行分类认定。

（二）**压实主体责任**。各分理处和信贷部主要负责人对降逾整改清单签字负责，形成责任明确、压力传导、横向到边、纵向到底的责任体系。

（三）**凝聚强大合力**。多次召开全系统逾期清收工作推进会，着力搞竞争、树典型、创经验，在中心上下形成"取长补短、比学赶超、争先进位"的浓厚氛围。

四、优化流程，全程监管，提升清收"驱动力"

聚焦防范资金风险、确保资金安全目标，研究制定切合实际的贷款逾期风险防控工作预案。

（一）**坚持关口前移**。重塑业务流程、优化工作体系，按照"抓早、抓常、抓了"的要求开展过程性跟踪、全程性监管。

（二）**严控贷款流程**。进一步加强贷前面谈调查，重点核实家庭资产、负债和现金流状况，把好贷前服务关；强化资料审查，重点核实个人征信以及申贷资料的真实性、完整性、合规性，把好贷中审核关；聚焦贷后风险，按月比对核实逾期数据，把好贷后监管关。

（三）**摸清逾期底数**。财务部每月从各项业务指标运行变化中分析资金运转状况，定时将逾期额和逾期人员统计表下发到各承贷部门进行催收，逾期贷款清收领导小组定时核查各分理处清收进度，并对超4期的逾期情况进行通报。

五、多措并举，分类施策，打好清收"组合拳"

晋中中心与榆次区人民法院组建"驻晋中市住房公积金管理中心诉源治理工作站"，着力构建组织推动、部门互动、内外联动的工作体系。

（一）"诉之以理"。针对逾期1~3期的"低风险"逾期情况，做到"及时提醒"，采用短信提醒、电话催收等灵活多样的提醒方式进行催收。

（二）"诉之以情"。针对逾期4~6期的"中风险"逾期情况，在送达《逾期催收通知书》《协助函》的基础上，利用各种社会力量，采取借力催收、协助催收、纾困催收等多种方式进行催收。

（三）"诉之于法"。针对逾期6期以上的"高风险"逾期情况，一是利用开发企业阶段性保证金扣划、缴存地中心协助扣划；二是联合人民法院进行庭前调解、司法追诉，力争实现"高风险"贷款逾期诉前化解。通过以上措施，95%的逾期贷款都能够在3期内得以清收，6期以上通过司法确认的方式得以催收，有效达到消存量、遏增量、防变量的总体目标。

吉林省长春市落实专项审计整改要求推动解决住房公积金行业分支机构属地化管理顽瘴

吉林省长春市住房公积金管理中心（以下简称"长春中心"）认真学习贯彻习近平总书记关于审计工作的重要讲话精神，抓住专项审计要求对"行业分支机构尚未实现与城市住房公积金管理中心实质性整合"问题进行整改契机，攻坚克难，大力推动涉及中央企业总部的住房公积金行业分支机构属地化管理调整工作，实现国家电网有限公司长春市住房公积金管理中心电力分中心（以下简称长春电力分中心）与长春中心实质性整合，规范机构设置。

一、建立联动机制，全力推进实质性整合

（一）**凝聚整改共识，科学谋划移交思路**。一是以"破难题、提实效、促发展"为属地化管理目标，长春中心提请省住房和城乡建设厅、长春市人民政府、长春市住房公积金管理委员会多次进行专题研究，制定长春电力分中心实质性整合方案，明确整改要求，压实整改责任。二是以"统一决策、统一管理、统一制度、统一核算"为基本原则，确立"全面落实整改要求，推动长春电力分中心全面移交"的工作目标，结合实际，因地制宜，分步实施，确保做好无感移交、业务不断、秩序不乱，努力构建"央地优势互补、管理规范统一、保障坚实有力"的发展格局，实现有序推进、平稳移交。

（二）**科学谋划，明确"时间表、路线图、任务书"**。一是细化工作举措。为推动长春电力分中心实质性整合方案落实落细，长春中心在全面摸底、多次磋商基础上，明确分阶段、分步骤的移交工作"时间表、路线图"。每周召开一次移交工作调度会，对表移交工作要求，确保交接双方依据"时间表、路线图"落实。二是明确移交完成节点。经协商一致，确定了资产、数据、报表、系统、业务、服务等移交的基准时点，精准确定对接要求，对各有关业务处室下达资产清查、数据迁移、档案造册等工作任务。在各方的支持下，从启动开始，仅用3个月即完成了长春电力分中心移交工作。

（三）**贯通协调，凝聚"政府、企业、公积金"多方合力**。一是建立推进机制。每月向住房和城乡建设部、省住房城乡建设厅、长春市人民政府、长春市住房公积金管理委员会汇报进度，积极争取工作支持，凝聚多方力量，形成推进合力。二是落实人员编制。为加快推进移交工作，落实增加编制、增设网点事宜，长春中心多次向省住房城乡建设厅汇报有关事项，向市委、市政府分别做专题汇报。协调市委编办对长春市公积金管理中心开展实地调研，全面了解移交后面临的网点紧、人员紧、业务多等实际困难，并提出增加编制的请求。在全市大力压缩编制的大环境下，市委编办充分考虑长春电力分中心移交后的实际需要，为长春中心增加事业单位编制人员18名，同步配套聘用制人员6名。三是完善机构配备。长春中心增设松原市、白山市、梅河口市3个住房公积金业务网点，填补网点空白，形成"以点带面，点点相通"的网格化服务布局，更好地服务长春电力分中心员工以及其他缴存人就地就近业务办理需求。

（四）**多措并举，推动"资源整合、数据汇合、业务融合"**。长春中心审慎对待资金和业务移交安全问题，聘请第三方审计机构开展资产清查，磋商并划清移交范围。结息完成后，长春电力分中心管理委

员会被撤销,机构被撤销,银行账户被合并,增值收益被归并,全部业务数据整体平移到长春中心业务管理系统,全面实现业务合并。至此,长春中心全面接管长春电力分中心,业务按长春市住房公积金有关规定执行,全面实现同城同策。同时,增设的3个业务网点同步启用,更好满足企业职工的业务办理需求。

二、巩固整合成果,切实让缴存人得实惠

(一)**完善机制,加强管理。**一是完善管理队伍。长春中心选派管理服务经验丰富的骨干人才参与增设的住房公积金基层网点建设,以党务、政务、服务"三融合"提升管理服务效能,更好地服务广大电力职工的办事需求。二是不断改进服务。每季度听取原长春电力分中心以及管理企业相关负责人意见建议,针对员工实际需求,强化行风创建,改进服务方式,提高办理效率,让电力职工更好地"就近办、线上办"。

(二)**优势互补,强化保障。**按照"融合发展、优势互补"的移交合作框架,长春中心将原长春电力分中心职工(以下简称"电力职工")业务需求与"住房公积金服务提升三年行动"有机融合,一方面加大对电力职工缴存、提取、贷款等业务办理支持力度;另一方面建立电力职工"跨省通办""亮码可办"等业务办理绿色通道。据统计,电力职工的住房公积金资金使用率由移交前的33.6%提升至目前85%,业务网办率由移交前的零跃升至目前的80%。电力职工对长春市住房公积金服务的满意度显著提升,对长春中心零投诉。

山东省济宁市完善管控措施
不断提升住房公积金风险防控能力

近年来，济宁市住房公积金管理中心把推动合规文化体系建设、加强全流程风险管控、探索建立风险防控的长效机制作为深入贯彻党的二十大关于提高防范化解重大风险能力的具体举措，不断加强住房公积金管理，提升住房公积金风险防控能力。

一、加强统筹协调，推动合规文化体系建设

（一）**强化党建引领**。构建党建引领、统筹推进的工作机制，开展"党建＋合规"系列活动，实现"党建促合规、合规进支部"，把党的二十大对广大党员提高"防风险""化解风险"能力的重要要求转化为具体实践。建设合规文化展厅和合规学习室，组织开展合规学习、文化研讨，以德润心、以文化人，以"不想"促"不敢""不能"。

（二）**确立建设目标**。以"诚信正直、依法合规、务实高效、廉洁奉公"为合规文化核心理念，明确对干部职工个人品德、行为、作风、底线要求。制定"三年发展纲要"，确立了总体目标、建设内容和推进机制，以实现体系健全、机制有效、意识牢固为目标，构建合规文化引领高质量发展新格局。

（三）**加强组织领导**。按照党的二十大提出的"增强干部推动高质量发展本领、服务群众本领、防范化解风险本领"这一要求，实施合规文化建设"一把手工程"，成立领导小组，构建完整的组织体系，形成领导牵头、分级负责、全员参与的合规责任制。

二、聚焦关键环节，加强全流程风险管控

二十大报告深刻指出"防范金融风险还须解决许多重大问题"，济宁中心聚焦关键环节，实现合规管理常态化、风险防控规范化运行。

（一）**实施分权管理体系**。按照"把权力放在阳光下运行"的思路，强化对权力的监督制约。成立内部风险防控领导小组，领导小组采取联席会议工作机制，定期及不定期召开会议，研究防范化解业务风险的有关问题，构建决策权、执行权、监督权相互制约、相互协调的"权力"运行体系。对权力过于集中的科室、岗位，进一步分解细化，形成不同业务环节之间相互制衡、相互衔接和相互协调的住房公积金权力运行机制，有效防范和控制住房公积金资金风险。同时，建立重大事项集体决策机制，凡涉及人、财、物重大事项，都要通过集体研究，防止权力过分集中、个人说了算。

（二）**筑牢制度管理体系**。为确保岗位权力和责任高度统一，把各项业务工作置于阳光之下，汇编相关法律法规、制度办法，持续加强制度建设，为管理运行提供合规依据。一是制定出台《岗位廉政风险防控机制建设运行规程》，针对岗位、科室和管理部、班子三个层次存在的廉洁风险和风险等级，制定具有针对性、可操作性的廉政风险防控措施。二是依据《内部风险管理办法》《工作人员岗位管理规定》等，合理设置岗位，严格授权管理，制定合规手册、合规指南和各条线各岗位业务操作规范和流程，明确工作职责、权限和审核标准、处理流程。三是制定一系列配套制度，如出台《业务受托银行综合考评办法》《定期存款管理办法》《贷款合作楼盘项目管理办法》《贷款业务操作规程》《督查督办制

度》等，对每个科室、每个岗位和每项业务实现全覆盖。

（三）构筑信息管理体系。 一是加大信息技术投入，充分运用现代化手段，全面提升岗位风险防控能力。针对业务需求和风险防控，上线新一代住房公积金综合业务管理系统，实现网上审批、全流程管理，通过多参数配置，在系统内部实现近百项系统控制红线。二是出台《业务系统安全运行管理办法》和《网络安全管理办法》，开发"征信查询前置系统＋风控模型"，实现由程序设定各岗位界面的审批权限，探索建立"人控"与"机控"并行的控制模式，提高工作效率，最大限度地避免人为因素造成的风险，持续扎紧"不能违规"的防范机制。

（四）构筑惩戒问责体系。 一是严把审批关口。建立受理、复核、审批三级审批制度，实行"谁审批、谁负责"的责任追究机制，坚决杜绝人情链、利益链，确保业务办理的真实性、合规性。二是扎实开展警示教育。编印"以案释法"典型案例，定期通报违规案例，坚持用身边事警示教育身边人。三是完善违规问责流程。坚持有责必问、违规必究、追究必严，建立责任认定和追究机制，规范问责标准和程序，定期开展违规问题剖析。

三、坚持标本兼治，探索建立风险防控的长效机制

（一）坚持问题导向。 紧紧围绕防范化解重大风险，深挖问题背后的合规缺陷，不断完善调整制度、规定。为完善内部风险防控制度，督促各科室、分支机构认真履行职责，有效防范和控制住房公积金管理运作风险，出台《内部风险防控管理办法》《工作人员岗位管理规定》，为进一步强化业务风险防控，规范岗位职责，明确岗位要求，并做好干部的内部轮岗、交流，落实《待岗人员管理办法》。

（二）坚持常态治理。 紧盯业务和风险变化，强化管理制度化、制度流程化、流程信息化，及时将合规要求嵌入业务流程，做到常态长效；制定《贷款合作房地产开发企业管理办法》《贷款合作楼盘项目管理办法》，实行开发企业核查和楼盘核查双重管理，多维度开展核查，评估开发企业及楼盘的合作资格，并针对风险隐患、经济纠纷、安全事故等设定一票否决条款。

（三）加强激励机制建设。 一是组建合规风险员队伍，建立履职考核和定期培训制度，常态化组织实施合规意识、职业道德、法治教育、制度流程等合规培训。二是建立合理有效的考核评价制度，加强激励机制建设，强化正向激励，将合规建设与年度考核挂钩，并作为工作绩效、干部任用、评先树优的重要依据。三是通过对合规先进单位和先进个人进行表彰奖励、对探索消除风险隐患的新思路新方法进行总结推广、评选"合规标兵""合规示范单位"等方式，激励引导全系统树牢合规理念。

广东省广州市严守安全底线要求抓实抓细住房公积金风险防控

广东省广州住房公积金管理中心（以下简称"广州中心"）认真贯彻落实住房和城乡建设部关于防范化解风险的决策部署，以党建为引领，充分发挥全国住房公积金监管服务平台作用，严格开展风险排查整治，不断提高住房公积金风险防控水平。

一、突出党建引领，筑牢风险防控"桥头堡"

一是坚持党管审计。把牢党管审计工作正确方向，积极推进党建和审计工作深度融合，深化"公积金 广厦情"党建服务品牌影响力，充分发挥党员先锋模范作用，凝聚全员的干事创业热情，形成"岗位做贡献、人人讲奉献"的浓厚氛围。

二是强化组织领导。广州中心领导班子将健全内部控制制度作为重要工作来抓，成立内部控制工作领导小组，由主要领导担任组长，狠抓内部控制，逐步形成了"权责清晰、分工明确、相互制约、严格监督"的内部控制体系。

三是细化教育培训。以坚定干部理想信念、提升公共服务能力为目标，每年组织党纪法规、业务政策、风险防控等方面的专题教育培训，提升干部专业能力，塑造专业精神，夯实风险防控工作人才基础。

二、严格检查监督，架起风险防控"高压线"

一是抓实内部审计。进一步发挥内部审计的监督作用，推动提升内部控制、风险防控能力。每年进行年度内部控制情况审计，提出内部控制审计报告。依法依规开展领导干部经济责任审计，做到应审必审。定期开展业务专项审计，确保各项业务规范运行。

二是做好风险排查。广州中心自2018年就开始实行风险排查制度。紧紧围绕审计发现问题及关键岗位、关键环节等方面可能存在的风险隐患为主要排查方向，每月组织全面梳理和查找风险点，对防控措施进行提升。每半年组织开展全面风险排查与防控工作并形成工作报告，密切关注各岗位可能存在的风险点，督导各部门研究制定防控措施。

三是强化问题整改。结合外部审计和内部审计发现问题，严格落实审计整改工作要求，按照"立行立改、分阶段整改、持续整改"进行问题分类，明确整改方向，制定整改方案。督导各部门合力明确整改责任，全面落实整改要求。2018年至今，共计整改审计发现问题约200个。

三、优化制度措施，练好风险防控"真功夫"

一是完善内控管理制度。结合业务运行和审计发现的问题，及时修订完善内部控制制度。目前已形成经费管理、资金配置、政府采购管理、资产管理、贷款管理、提取管理、业务监督稽查和风险防控等全覆盖的10多项内控管理制度。

二是实施数字化风险防控。在推进实现数据全程"留痕"管理基础上，推动数字化风险防控，全天候实时监控住房公积金交易行为，及时发现交易节点和数量、用户信息、数据传输等方面的风险。成立网络安全和信息化领导小组，强化数据处理、个人信息安全管理，防范住房公积金数据丢失和泄露，保障信息系统安全，增强网络信息安全防护能力，夯实业务风险防控工作基础。

三是强化关键环节管控。2020年，广州中心成立联合治理违规提取工作小组，与市网信、公安、住建、市场监管、城市管理等部门联合印发《联合治理违规提取住房公积金工作方案》，集中对涉及住房公积金贷款及提取的非法小广告进行罚款，对非法广告电话和非法网站实施关停，有效防范违规贷款、提取住房公积金行为，提升业务风险防范能力。完善归集、贷款业务承办银行考核办法，提高考核标准，健全考核机制，强化风险防控的协同联动。

四、推动常态预警，构建风险防控"隔离带"

一是强化风险排查与整治。定期运用全国住房公积金监管服务平台和电子稽查工具对业务系统进行"体检"。2021年至今，共核实1704条无需整改风险数据，整改66条风险数据。每月使用电子稽查工具报送电子检查报告，针对问题隐患，认真组织问题整改落实。

二是构建"审计提醒"制度。结合近年来审计发现问题，推动实施年度"审计提醒"制度，发布《常见审计发现问题提醒》，重点列举了业务等7个方面的问题，有针对性地提出审计建议，提醒做好防范措施，充分发挥审计"治已病、防未病"的作用，督促各部门严格落实风险防控主体责任，增强风险防范意识，补强薄弱环节，进一步提升风险管控能力和水平。

四川省扎实开展"结对子"帮扶工作
帮助西藏提升住房公积金管理水平

为贯彻落实党中央、国务院关于防范化解风险的决策部署,针对西藏住房公积金个贷管理薄弱、逾期率长期较高的情况,住房和城乡建设部指导四川省与西藏自治区建立个贷风险管控"结对子"帮扶工作机制,加强贷前、贷中、贷后重要环节风险管控,修订发布缴存、提取、贷款3个管理办法,助力西藏规范制度建设,推动个贷逾期持续下降。同时,坚持"走进去"和"引进来"相结合,组织开展2场专项业务培训共计70人次,提升西藏从业人员风险防控意识和合规管理水平。截至2023年12月底,西藏个贷逾期率为0.056‰,个人住房贷款逾期额1553.68万元,逾期率同比下降45.68%。

一、强化组织领导,推进结对帮扶走深走实

(一)**建立组织保障机制**。四川省住房和城乡建设厅(以下简称"四川省厅")高度重视"结对子"帮扶工作,切实提高政治意识,成立帮扶领导小组,形成省厅牵头负责、城市住公积金管理中心(以下简称"城市中心")具体负责的组织体系,精心制定详细可行的工作计划,为帮扶工作提供良好的组织保障。

(二)**构建制度保障机制**。四川、西藏两地省厅联合印发《深入开展住房公积金"结对子"帮扶工作的通知》,以帮助西藏有效降低个贷逾期率、完善个贷管理工作机制为目标,明确"任务图"和"时间表",全力帮助西藏全面修订、补充完善管理制度,加强个贷全流程管理,有效遏制逾期贷款增量、减少存量。

(三)**加强人员保障机制**。四川省厅多次组织召开专题研究会分阶段安排部署工作,在与西藏远程交流的基础上,克服时间紧任务重和高原缺氧的困难,组织专班深入西藏辖内城市中心开展实地调研。指导辖内城市中心"一对一"派驻业务骨干深入西藏相关城市中心驻点指导。

二、健全内控机制,筑牢个贷安全屏障

(一)**加强制度建设**。四川工作专班指导并协助西藏结合国家审计署问题整改要求,修订缴存、提取、贷款三个办法,形成全流程政策体系,自2022年5月1日起执行。新的贷款办法,一是明确房屋套数认定标准,不支持在同一地级及以上城市购买第三套及以上住房。二是要求落实第二套房差别化贷款利率政策。三是按缴存贡献与贷款权益相关挂钩的贷款计算方式。四是住房公积金贷款采取抵押或保证两种担保方式,贷款资金转入开发商监管账户,确保风险控制到位。五是建立失信名单管理制度,明确失信行为认定标准、程序、失信惩戒和信用修复等。

(二)**强化逾期管控**。四川工作专班按照"降存量""控增量"的工作原则,协助日喀则、那曲等6家问题突出的城市中心制定逾期贷款催收管理规定、逾期贷款催收计划和催收方案。西藏省厅将降逾期工作作为年度重点工作,加强对辖内城市中心指导和监督,采用电话提醒、印发专项督办通知等方式对个贷逾期较高的城市中心建立台账,逐笔分析逾期原因,落实催收举措。城市中心主任负责抓落实,采取上门催收等有力措施加强催收,联动地市部门,形成住建、纪检、组织、法院、信用等层面齐抓共

管。其中日喀则中心针对公积金贷款逾期进行了逐笔催收，截至2023年12月底，逾期金额从2022年3月1926.55万元降至867.63万元，降幅达54.96%，有力保障贷款资金的安全。

（三）**提升管理服务能力**。一是推动信息共享。结合西藏缴存人在四川贷款购房占比较高的实际，四川省厅要求辖区内各城市中心积极配合西藏有关城市中心做好缴存人在四川省内的婚姻、不动产等信息核查、比对等工作，全力帮助西藏做好个贷风险管控。二是推进自主核算。西藏省厅要求辖内城市中心将委托各商业银行发放并核算的个贷转入全区住房公积金综合服务平台，实时掌握贷款的还款、逾期、余额等数据。目前，邮储银行的住房公积金业务已完成自主核算。

三、加强互动交流，形成长效帮扶机制

（一）**实施人才培训**。针对西藏全区8家城市中心服务点多面广线长，且仅有70多名从业人员的实际，四川省厅主动把帮扶工作同加强本行业人才队伍建设、促进人才作用发挥结合起来。组织开展了2期业务培训，在个贷管理、防范化解逾期风险、电子稽查、内审内控、互联网＋政务服务、区域一体化发展、办公网点建设、委托银行合作与管理方式等13个方面对西藏住房公积金从业人员进行全覆盖、系统性培训。同时，不断总结培训经验，进一步深化研究制定，形成课堂教学、参观见学、跟岗深学、总结研学的总体培训安排，采取多部门联动和面对面交流的模式，对西藏提出的亟需解决的一些典型问题和案例，认真研究和分析，进行经验做法介绍和思路建议，力争取得最好的培训实效。

（二）**实施"一对一"帮扶**。四川省厅遴选辖内8家综合能力突出的城市中心与西藏全区的8家城市中心"一对一"结对子，常态化协助西藏各城市中心持续推进建章立制、个贷管理、风险防控、人才培养等工作。自2022年"结对子"工作开展以来至2023年12月底，西藏已16次选派121人次到四川实地调研学习，其中阿里中心先后5次派员到广元中心学习。四川已16次选派业务骨干70人次前往西藏相关城市中心驻点指导。目前川藏两地有关城市中心正按照"业务互学""支部共建""生活互助"和"文化共兴"4项积极开展帮扶工作，成都中心还动员职工与西藏职工驻蓉家属开展"结对认亲"，帮助解决生活中的实际困难，进一步将部里赋予的结对子帮扶工作向纵深推进。

（三）**加强两地联动**。通过开展"结对子"工作，有力促进川藏公积金行业在工作研究、规范业务管理的互学交流，中心与中心之间、省区监管部门之间建立起密切的工作联系，在互助互学的过程中，增强了干部职工的思想认同和情感认同，增进了共识和团结，展示了"川藏一家亲、公积金一家人"的良好风貌，助推了住房公积金系统精神文明建设。

辽宁省沈阳市数字赋能布局发展新赛道 多元延伸构建服务新模式

沈阳住房公积金管理中心（以下简称"沈阳中心"）按照住房和城乡建设部提出的"数字住建""让住房公积金业务更加好办易办"的工作目标，坚持以人民为中心发展思想，构建以企业群众需求为导向，综合运用数字赋能手段，推动增值服务改革，创建住房公积金全生命周期"沈阳服务"模式。

一、强化数字化支撑，启动服务"加速度"

聚焦提高效率、提升效能、提质服务，着力推进"不见面"办理，实现更多公积金事项"网上办""掌上办"，推动智慧公积金建设驶上"快车道"，跑出服务"加速度"。

一是业务"云"端办理。以住房公积金综合业务系统和沈阳市一体化政务服务平台为支撑，全面优化流程、简化环节，运用大数据、电子印章等技术，将47项公积金办理事项中的44项实现"全程网办"，占比达93.6%，实现线上"7×24小时不打烊"服务。实行全程网办后，47项业务累计压缩办事时限77.5天，减少各类办事要件94个，线下窗口办事人员减少60%以上。

二是掌上秒批秒办。通过与公安、房产、不动产、税务、民政、人社、残联、银行11个部门和20家商业银行数据共享，采用区块链、人脸识别等技术，提取和贷款信息"免申请、秒核验"；与市场局、人社等部门高效协同联动，推出公积金提取、贷款、企业开办、员工招聘、退休、身后6类24项业务"一件事一次办"，实现业务"刷脸认证、零要件、秒提取、资金秒到账"。

三是注销实现"无感办"。沈阳中心通过管理部、受理组合贷款银行、担保公司、不动产登记中心等多部门联动，让贷款职工享受"零申请、零填表、零跑腿、零等待"注销"无感办"服务，贷款职工在结清公积金贷款（组合贷款）后，由中心主动发起，目前已为4.2万户家庭无感办理撤抵押服务。

二、加快数字化发展，拓宽服务"新广度"

综合运用数字化手段，研发移动办公平台，彻底改变传统的以网络专线为依托的延伸服务模式，构建"线上＋线下""实体柜台＋移动柜台"互为补充、综合一体的住房公积金管理服务体系。

一是方式更灵活。通过"移动办"平台，使公积金业务办理不受时间、空间、地点的限制，解决了搭建网络专线周期长、灵活性差、网络专线租用费用高等实际问题，让数字化应用场景更加广泛，从原有的"最多跑一次"向"零跑腿"转变，实现从"1"到"0"的突破，极大提升广大办事群众便利度，满足广大缴存企业和缴存人多样化、个性化服务需求。

二是办事更高效。沈阳中心与各合作银行开展组合贷款一体化审批服务，以"移动办"平台有力支撑业务流程创新，实现公积金与银行组合贷款一体化同步受理、同步签收、同步审批、同步网抵、同步放款的"五同步"贷款审批服务，通过与银行、不动产登记中心等三部门后端协同网抵，最大限度简化个人住房公积金组合贷款受理、审批和抵押等业务办理流程，将公积金贷款与组合贷款放款时限分别压减至3个工作日和5个工作日以内，极大提高个人住房公积金组合贷款业务服务质量和水平。

三是拓展"就近办"。利用"移动办"平台，打造管理部、政务大厅、银行网点、签约中心等"1＋

N就近办"服务模式,扩展建立39个"金管家服务e站",织密服务网、缩短服务距离。中心还依托银行网点,覆盖全市布设426台公积金智能柜员机,为缴存人提供自助式智能服务。

三、拓展数字化应用,提高服务"体验度"

沈阳中心在数字公积金建设方面积极探索,聚焦科技前沿,充分发挥智能AI技术优势,促进科技与服务深度融合,用心打造智慧公积金服务体系。

一是智能AI客服,服务体验更满意。中心不断加快"智慧化服务"转型进程,建成并上线"跨渠道、跨场景、跨平台"12329服务热线智能AI客服系统,实现语音导航全覆盖答疑解惑、智能外呼全链条回访反馈、文本客服全方位精准推送、坐席助手全流程智能辅助、智能质检全要素分析研判、数据平台全方位数据支撑6大服务功能,2023年机器人接听率达67%。同时,研发并推出线下智能虚拟机器人"小金"为企业职工提供全新模式的咨询导引服务体验,与缴存人"面对面"交流,解决各类业务问题,提供更加人性化、智能化服务。

二是远程协助指导,线上帮办更轻松。中心不断拓展自助终端数字化应用场景,推出公积金智慧柜员机,除提供自助查询办理功能外,重点打造了视频客服、远程协助、说说即办等线上帮办功能,通过语音解读、视频服务、数据交互、信息共享等技术支撑,提供"一对一""面对面"远程指导服务和语音操作智能服务。智慧柜员机与公积金核心业务系统对接,简化职工办理程序,职工进行身份认证登录后,自动携带职工历史信息,极大提升了线上自助办理服务效率。对于个性化、复杂度较高的问题,可以直接呼叫"视频客服",通过视频方式与中心客服人员在线沟通,实现"远程协助"指导服务。

三是数据动态管理,运营监管更高效。中心建成可视化数据驾驶舱,实时监测分析业务运营情况,包含8个主要版块,52个展示模块,涵盖共193项运营数据,实时可视化展现各项业务数据情况,实现"一屏通览、一体联动、一网统管"的"领导决策驾驶舱"指挥中心功能,改革成果"一屏可见",可视化驾驶舱对住房公积金运营业务数据进行采集、整合、分析和展示,可实时获取和直观查看运营成果及业务走势,通过政策数据化、业务指标化、数据图形化等方式,实现科学决策和智能化监管。

黑龙江省伊春市推动数字化转型实现"7×24小时"服务群众不间断

近年来，伊春市住房公积金管理中心（以下简称"伊春中心"）坚持以人民为中心的发展思想，以群众办理住房公积金业务"不打烊、零要件、掌上办"为目标，充分运用数字化思维，破除思想坚冰，改革体制机制，打通数据壁垒，仅用三年时间就完成了业务办理从线下到线上、从脚尖到指尖的历史性变革，实现了数字化转型的"后来居上"。

一、围绕群众需求，聚力攻坚打通堵点

伊春市人口稀疏，交通不便，"点多、线长、跑断腿"可谓群众办事的真实写照，特别是偏远的乡镇林场，跑一笔业务更是动辄百里，难上加难。为此，伊春中心聚焦群众"急难愁盼"，着力打破思维理念、体制机制、部门协作等"难关险隘"，向改革要发展，向数据要效益，聚力攻坚推进数字化转型。

（一）**转变思想，确定战略目标**。为破解群众"往返跑"难题，伊春中心围绕住房和城乡建设部关于住房公积金信息化建设的安排部署，实施决战三年，全部业务"不打烊、零要件、掌上办"数字化转型战略，实现业务办理由"线下"到"线上"的整体重建，构建数字化服务新模式，力争让群众办事像网购一样方便。

（二）**优化机构，搭建发展平台**。伊春中心坚持把数字化转型作为首要任务，提请市编委批准内设机构改革，成立风险合规科、资产保全科、信息管理科，风险防控、资金安全、技术攻坚齐驱并进，为数字化转型搭好平台。同时从管理、业务端运用数字化思维推进改革，选拔经验足、思路新的业务骨干牵头负责数字化转型工作，引进计算机专业人才充实技术力量，将业务特色和群众需求深度融入服务场景建设，提出切实可行的研发思路。

（三）**高位推动，强化部门协同**。数字化转型涉及电子证照、部门数据及流程再造等方面多个部门。市委市政府高度重视，要求伊春中心发挥示范引领作用，倒逼民生领域加快数字化转型。市政府特别成立住房公积金转型专班，协同营商、公安、税务、住建、司法、不动产、人民银行等部门，合理配置资源，集中力量攻克机制体制、审批流程、系统功能上的制约问题，打通数字化转型"最后一公里"。

二、坚持刀刃向内，标本兼治破解难点

针对数据共享不充分、异地办理多头跑、业务审批效率低等突出问题，摆脱传统路径依赖，健全共享利用的数据资源体系，筑牢数字化转型基础。

（一）**全面加强数据治理**。一是强化数据全生命周期质量管理。对照《住房公积金基础数据标准》《接入住房公积金银行结算数据应用系统接口标准》规范数据信息，提高数据标准和资源利用水平。利用电子稽查工具全面稽查风险疑点，推动事后整改向事前预防、事中控制转变。二是开展征信贷款数据验收，按照数据采集规范补全数据缺口，完善数据质量。全面清理历史数据，比照原始档案对2543家缴存单位数据、20万笔个人缴存数据、2.5万笔贷款数据查错纠弊，历时一年时间，全部通过整改验收。

（二）推进流程优化再造。 通过关键环节的改革创新，将旧有流程打破和重建，共精简办事流程 20 个、要件 30 项，实现服务便利化、规范化、标准化。对业务流程逐环节开展评估，清除冗余环节，实现高效运作。取消非必扫项业务要件，精简不合时宜的部分要件，凡借助数据共享可获取的所有要件均免于提供。以贷款业务为例，采用身份认证、电子签章、区块链等技术，突破传统面谈方式，由智能语音机器人代替工作人员与借款人面签，引导办理步骤，全程音视频录制，借助电子签章、OCR 识别、人脸识别等确保本人操作，并经借款人承诺留像。提交办理后，所有签署文件、音视频文件、业务流程节点材料上链存证，实施专线抵押推送，切实规避风险隐患。无需上传任何要件，能贷多少钱、能贷多少年、利息多少一目了然，真正做到"一看就能懂、一点就能办"。

（三）实现数据高效共享。 以业务需求为牵引，搭建"纵向贯通、横向联通"的数据共享模式，拓展共享数据范围，打破与相关部门、单位数据条块分割难题。与公安、民政、人社、不动产、人民银行征信等部门及相关商业银行实现跨系统、跨部门、跨层级的数据共享和业务协同，顺利获取户籍、婚姻、网签合同、购房发票、征信等办理公积金业务所需的全量化信息。

三、着眼成果转化，切实提升群众获得感

坚持成果导向，着力做好数字化转型"后半篇文章"，使缴存人获得感、幸福感、安全感更加充实、更有保障、更可持续。

（一）创新数字化应用场景。 2022 年 11 月，伊春住房公积金贷款数字操作系统开通运行，补齐数字化转型"最后一块拼图"，全部业务均做到"不打烊、零要件、掌上办"，真正实现"7×24 小时"服务群众不间断。无论何时何地，利用数据进行实名认证、信息核验，灵活就业人员开户缴存等 4 项缴存业务"掌上办"，办理时间不超过 5 分钟。提取业务只需刷脸，从申请到入账不超过 2 分钟，减少要件 12 项、环节 8 个，每笔业务可节省 1.5 小时。过去需要携带 13 项要件、跑 3 个部门，最少耗时 2 个工作日的住房公积金贷款，如今做到掌上 7×24 小时办理、借款人 20 分钟内办结。

（二）拓宽数字化服务渠道。 一是利用人工智能技术，开发集政策咨询、业务办理、大厅导引、自助打印等功能于一身的住房公积金智能机器人，填补伊春智能服务领域的空白。建成线上业务"好差评"系统，群众利用手机 App 办理完业务后，即弹出评价页面，进行满意度评价后还可提出意见建议，做到"服务好不好，群众说了算"。二是接入黑龙江省政务服务平台和"全省事"App，登录黑龙江政务服务网即可办理 31 项住房公积金业务，实现"一网通办"，利用手机公积金 App 与"全省事"App 用户互认，在"全省事"App 也可办理住房公积金业务。

（三）健全数字化安全保障。 建立数据信息安全保障体系，严格管控数据访问行为，实施全过程记录和精细化权限管理，形成数据安全管理闭环，筑牢数据安全防线。利用区块链技术去中心化、可追溯、不可篡改的特点，建成区块链＋住房公积金数据安全与个人信息保护项目，在跨部门数据共享中解决个人精准授权与信息保护难题，推进住房公积金服务从"线上化"到"链上化"升级，做到用户个人信息数据"可用不可见"，使数据主权真正回归到用户手中。

（四）推广数字化发展成果。 伊春中心坚持多渠道宣传推广，深入社区、广场和街道一线现场办公，成立党群便民服务站，提供帮办导办服务，着力打破数字鸿沟，帮助缴存人享受"7×24 小时掌上办"带来的便捷。仅疫情以来就通过"不见面"办理让至少 28 万人次免于"往返跑"，平均每笔业务节约 1.6 小时，每年可为群众节省交通费、误工费、跨省通办等费用约 187 万元，减少临时聘用岗位 9 个，节省人员开支约 46 万元，成功打造出数字化转型的"住房公积金样板"，运用数字技术赋能发展，为缴存人提供更加方便快捷、优质高效的住房公积金服务。

管理运行篇·（四）服务提升

江苏省盐城市落实"三项清单"推进走访调研成果转化 提升服务效能

2023年，盐城市住房公积金管理中心（以下简称"盐城中心"）认真贯彻落实住房和城乡建设部"惠民公积金、服务暖人心"服务提升三年行动部署，深入开展"四进""两送""两问"服务工作大走访大调研活动，以"送政策、解难题、优服务"为主题，职能处室与基层管理部结对，进百家单位、入百家网点、问万名缴存人，全面梳理群众办事过程中的"堵点""痛点""难点"问题，推动形成问题需求清单、措施落实清单、问题解决清单，切实将大走访大调研成果转化为提高住房公积金服务标准化、规范化、便利化水平的实际成效。

一、"面对面"送政策送服务

为扩大住房公积金惠民政策宣传面，助力改善营商环境，盐城中心聚焦群众"急难愁盼"问题，以"四进"即进社区、进园区、进企业、进售楼处为抓手，开展"送政策、送服务"大走访活动，组织青年服务小队"面对面"解答职工关心的热点问题，听取企业和职工对住房公积金工作的意见、建议。在企业食堂等职工集中地点，发放宣传材料1.2万余份，通过现场答疑，详细介绍住房公积金最新政策。开展"移动小课堂"进企业政策宣讲活动，努力把政策送上门、送到职工心坎里，推进实现"群众找政策找服务"到"主动送政策送服务"的转变。两个多月的走访调研活动中，共计走访272家单位、网点，走访缴存人1.5万多人次。

二、"手把手"指导网上业务

为进一步落实好各项惠企利民政策，盐城中心携手委托合作银行，开展"金银同行惠企利民"宣传走访，"手把手"帮助企业职工体验"指尖办""零跑腿"的高效便捷服务。实地走访房地产企业，现场为开发企业在住房公积金网厅办理按揭楼栋新增业务，了解收集其在业务办理中遇到的问题。针对职工咨询较多的，如"有商业住房贷款如何提取住房公积金""如何办理租房提取以及提取额度""异地住房公积金余额如何转入"等问题，工作人员为缴存职工现场演示租房提取、还贷提取等线上操作流程，并详细讲解职工关心的办理流程以及所需材料。

三、"背靠背"开展满意度评价

为用心用情帮助缴存单位和缴存人解决在办理业务中出现的问题，中心组织开展"问需于民、问策于民"服务满意度调查活动。通过12329短信平台向近期办理业务的单位及缴存人发送调查邀请，精准了解群众办事需求。在业务办理、走访调研时，邀请缴存人填写问卷调查表，"背靠背"广泛征求业务办理群众的意见。走访调研活动中，共计发出服务满意度调查问卷3100份、收回有效调查问卷2576份，通过盐城公积金微信公众号向办理业务的单位经办人或缴存人发出2.3万份调查邀请，收到有效调查问卷8600份，梳理汇总形成27条诉求组成的问题需求清单。

四、"一对一"制定落实措施

针对问题需求清单，盐城中心认真分析，开展"换位体验"，查找现行服务与群众和单位高质量服务期待的差距，通过实际办理一遍业务流程，来感知服务优不优质；回访一批缴存对象，了解政策便不便民；使用一下服务设备，体验办事服务方不方便。对照问题，职能处室、基层管理部明确责任分工，进一步推动业务流程再造，优化管理运行机制，制定完善业务政策、流程及服务改进措施，"一对一"精准制定涉及管理和服务改进为内容的25条措施清单。

五、"实打实"抓好问题整改

对照措施清单，转变服务理念，创新工作思路，推出一系列有温度、能感知、见效快的有力举措，实现业务办理快捷高效、推进服务提升工作见行见效。积极做好"大走访、大调研"的"后半篇文章"，"实打实"梳理形成6条需通过优化系统、共享信息、完善政策方能有效化解的问题解决清单。以数字化转型发展为支撑，全面接入全国住房公积金监管服务平台，融合线上线下住房公积金服务渠道，实现高频业务"零材料"、资金"秒到账"。积极推行"免证办""一码办""网上办""掌上办"等服务模式，持续优化推广各类线上服务渠道，进而推动制度受益面和服务好评率双促进、双提升，问题解决清单全清零。

管理运行篇·（四）服务提升

山东省滨州市开展员工竞赛活动提升为民服务效能

山东省滨州市住房公积金管理中心（以下简称"滨州中心"）认真贯彻落实住房和城乡建设部"惠民公积金、服务暖人心"服务提升三年行动部署，厚植为民情怀，践行初心使命，始终把服务群众作为住房公积金事业的出发点和落脚点。自2021年开始，滨州中心开展"强素质、展风采、优服务"为主题的"三金"员工（金牌柜员、金牌员工、金牌顾问）竞赛活动，着力打造高素质、专业化干部职工队伍，提升为民服务效能。目前"三金"员工竞赛活动已开展两届，评选出"三金"员工95名。

一、练内功，加强培训强素质

突出三个重点，加强日常培训，练好为民服务内功。

一是重点解决"本领恐慌"问题。滨州中心邀请全国住房公积金行业专家学者，围绕业务政策、房地产、金融、大数据、行政执法、风险防控、内审稽核等10个方面，开展各类专题培训300余人次，提升干部职工政策理论水平。

二是重点解决"基础不牢"问题。全体干部职工人人当老师、轮流上讲台，围绕岗位职责开展业务宣讲和经验分享，举办"业务大讲堂"102期，提升干部职工业务能力。

三是重点解决"职业形象"问题。与高等院校空乘院系合作，举办10期职业形象和服务礼仪培训，提升窗口工作人员服务技巧，树立良好职业形象。

二、搭平台，技能竞赛展风采

搭建人才优选平台，开展多种形式的比武竞技，检验日常培训和工作实践成效。

一是对窗口人员开展"金牌柜员"评选，考核业务知识和上机实操，通过多媒体教室的模拟业务系统进行业务操作，根据办理效率评选出操作娴熟的"金牌柜员"。

二是对中心科室一般工作人员和管理部后台工作人员开展"金牌员工"评选，通过考核住房公积金、房地产、金融等方面政策理论知识，评选出知识面广、岗位知识专的"金牌员工"。

三是对工作经验丰富的科室负责人以及业务骨干人员开展"金牌顾问"评选，考核内容除了政策理论知识，还有行政执法现场模拟、信访投诉实景模拟等场景的开放式考题，参赛员工现场随机抽取考题，现场解答或模拟演示，评选出理论知识丰富、具备处理复杂问题能力、综合素质全面的"金牌顾问"。

三、当标杆，示范引领优服务

发挥"三金"员工示范作用，积极创先争优，树立行业品牌标杆。对内，通过选拔任用、精神激励、绩效奖励等方式，增强"三金"员工的荣誉感、使命感和责任感，进一步发挥示范引领作用，带动中心全体干部职工履职尽责、担当作为。先后有11名"三金"员工走上领导干部岗位，多人获得省、市级标兵荣誉。2022年，滨州中心被评为"全国住房和城乡建设系统先进集体"。对外，以"三金"员工为代表，架起为民服务"连心桥"，树立住房公积金行业良好形象。通过组建"三金"员工"政策服务队"，开展进机关、进园区、进企业、进社区、进楼盘"五进"政策宣传和服务基层活动。联合滨州市总工会，打造"滨州市劳模和工匠人才创新工作室"，扩大"三金"服务半径。围绕滨州市五大重点产业链建立"助企服务站"，把"三金"服务延伸到头部链主企业，为缴存企业和职工提供更专业、更精准的服务。目前，"三金"员工竞赛活动已被滨州市总工会纳入全市劳动竞赛范围，每年竞赛活动第一名被滨州市总工会授予"五一劳动奖章"。滨州中心各管理部在市、区各级政务服务中心日常考核中，获得"红旗窗口单位"、先进单位等多项荣誉，得到办事群众广泛认可。

管理运行篇·（四）服务提升

宁夏回族自治区吴忠市
圆梦"小窗口"唱响"四部曲"

近年来，吴忠市住房公积金管理中心按照住房和城乡建设部开展"惠民公积金、服务暖人心"工作要求，坚持以人民为中心的发展理念，树立"规范、高效、务实、为民"服务宗旨，圆梦"小窗口"唱响"四部曲"，在全面推进住房公积金服务标准化规范化便利化方面做出积极贡献，成功创建"让党中央放心、让人民群众满意"模范机关达标单位和"五星级"基层党组织，2023年被提名为全区第十三批民族团结"示范单位"。

一、坚定政治担当，唱响党建引领"主题曲"

一是注重理论学习。始终坚持把政治标准放在首位，结合主题教育，深入学习贯彻党的二十大和习近平总书记视察宁夏重要讲话指示批示精神，牢牢把握政治方向，打造忠诚担当干净的高素质专业化公积金队伍，深刻领悟"两个确立"的决定性意义，增强"四个意识"，坚定"四个自信"，做到"两个维护"。

二是擦亮品牌底色。着力落实"惠民公积金、服务暖人心"服务品牌，紧扣党支部打造"住房公积金·圆您安居梦"党建品牌，打响"双品牌"效应，做到"一把钥匙开一把锁"，积极探索"党建+"模式，推动党建工作与队伍建设、窗口服务、业务发展深度融合，同向同行，用"小品牌"引领服务"大民生"。

三是筑牢基层堡垒。牢固树立"一个支部就是一座堡垒，一名党员就是一面旗帜"的理念，积极开展服务意识强、服务效能好、群众满意度高的"党员示范岗"星级细胞创建，引导党员亮身份、亮承诺、亮责任，争当服务先锋。组织开展"寻找最美公积金人""立足岗位作贡献""我为发展献一策"等载体活动。充分用好"六种学习形式"，广泛开展"五个一微宣讲"、业务大讲堂、岗位大练兵、红色教育、演讲比赛等各类创先争优活动，实现党员干部政治能力和专业能力"双提升"。

二、突出凝心聚力，唱响民族团结"和谐曲"

一是形成思想共识。按照创建全区民族团结示范单位目标，紧扣铸牢中华民族共同体意识这条主线，常态化开展民族团结进步宣传工作，积极开展马克思主义"五观"学习、"民族团结进步月"等载体活动，教育引导全体干部进一步将"三个离不开""五个认同"入脑入心，进一步巩固和发展平等、团结、互助、和谐的社会主义民族关系。

二是增进民族友情。结合创建活动，经常性开展"互比互看、互学互鉴""石榴籽服务之星"评选活动。深入"全国民族团结进步模范集体"金花园共建社区，学习观摩民族团结工作，主动参与"主题党日""社区邻居节""我们的节日"等活动，营造浓厚氛围。

三是凝聚同心合力。始终坚持把民族团结工作融入日常工作，立足服务吴忠市30多个民族8万名缴存职工的契机，聚焦群众高度关注的高频业务，采取"线上推送+线下推介"融合宣传的方式，多形式、多角度、多方位开展政策宣传活动，让宣传工作遍地开花。在大厅制作宣传展板、打造服务阵地，利用出租车灯箱、公交车广告播放宣传标语 200 多条，发放政策宣传手册 1 万余份，结合业务发放宣传纸杯、围裙、抽纸 2 万余份，凝聚民族团结的磅礴力量。

三、高扬思想旗帜，唱响精神文明"交响曲"

一是提升文明创建意识。坚持以创建自治区级文明单位为契机，把精神文明建设贯穿服务全过程，从每名窗口服务人员自身做起，从身边的小事做起，践行社会主义核心价值观，倡导做文明人、说文明话、办文明事，打造"文明窗口"，推动文明新风深入人心，让创建更加"有力度"。

二是提升美化服务环境。对服务大厅进行升级改造，优化设置前台受理区、办事等候区、自助服务区等 6 大功能性区域，新配备电脑、打印机、高拍仪、复印机、饮水机等人性化服务设施，新开辟了志愿者服务驿站、母婴室等便民服务设施，美化服务环境，增强服务设施功能性，实现"一门、一窗、一网、一号"综合服务，让服务更加"有温度"。

三是提升服务水平。将文明行业创建标准与"惠民公积金、服务暖人心"行业服务提升三年行动各项要求紧密结合，把规范化标准化建设作为创建基础，推动服务大厅作风再转变、服务水平再提升，以点带面提升文明行业创建质量和服务水平，群众对业务大厅的满意度不断提高，让惠民更加"有温度"。

四、聚焦主责主业，唱响为民服务"幸福曲"

一是服务管理标准化。按照政务服务工作标准要求，出台《吴忠市住房公积金管理中心政务服务制度》等五项制度，坚持"六公开一监督"政务管理体系，实行"一站式"服务，按照自治区统一部署，认真梳理"四级四同"政务服务项目，持续深化"减要件""减环节""减时限""优流程"的"三减一优"工作，精减要件 13 项。实行"零填单""好差评"等政务服务，全面规范提升政务服务水平。

二是服务形式多样化。拓宽"网上办""掌上办"服务功能，将"不见面、马上办"引向深入，全面推进"一件事一次办"，4 项服务纳入政务服务统一平台，持续推广"亮码可办"、偿还异地贷款等线上便民服务，29 项业务实现"网上办""掌上办"等线上服务，13 项业务实现"跨省通办"。

三是服务过程安全化。严格执行各项政策规定，加强"贷前、贷中、贷后"管理，贷款逾期率由 2023 年 2 月的 3‰ 降低到 2023 年 12 月的 0.11‰。加强资金安全管理，充分运用电子稽查工具，坚持不懈定期核查整改风险隐患指标，截至 2023 年 12 月减少的风险线索总数突破 2 万余条。

管理运行篇·（五）区域协调发展

浙江省嘉兴市"聚焦一体化 共绘同心圆"积极参与一体化战略合作

2023年，嘉兴市住房公积金管理服务中心紧扣"一体化""高质量"两个关键词，谋划同城化政策举措、推出示范区综合服务受理机制、共同打造跨域协作线上平台，扎实推进住房公积金长三角一体化工作，形成了一批可示范、可复制、具实效的创新性成果，为长三角公积金一体化提供"嘉兴方案""浙江方案"。

一、充分发挥"桥头堡"地域优势，以争先姿态促区域"业务联办"

一是以数字改革为契机，加速实现区域漫游。主动对接长三角"一网通办"平台，通过信息整合、流程再造，在浙江省率先实现长三角区域"一网通办"异地购房提取、退休提取公积金业务双贯通、双落地。2023年共受理区域内异地购房提取住房公积金业务1286笔，提取总额1.75亿元，获评浙江省推进长三角一体化发展最佳实践案例。以租购并举政策为导向，顺利在长三角"一网通办"平台上线租房提取公积金业务、浙江政务服务平台省内异地按月还贷提取业务。

二是以重点任务为牵引，持续加强普惠力度。围绕住房和城乡建设部"住房公积金异地贷款课题研究"和浙江省"长三角住房公积金贷款同城化课题研究"两个科研项目积极开展先行探索，在区域内积极推进公积金贷款互认互通。全年共受理长三角区域内异地缴存职工在嘉兴购房申请公积金贷款1588笔，贷款金额6.84亿元。稳妥推进委托按月提取住房公积金冲还异地贷款试点，与上海、苏州、杭州、湖州四个城市建立深度协作，共成功签约97户，提取金额202.3万元。

三是以服务大局为着眼，不断完善政策供给。以"一体化发展"、"示范区先行"和"人才全覆盖"为关键点，积极推进长三角区域内职工缴存年限互认、示范区范围内贷款政策同城化、长三角区域人才互认互贷，给予在长三角正常缴存、在嘉兴购买自住住房的高层次人才最惠待遇，全年受理长三角区域内各类人才贷款551笔，贷款金额2.59亿元，有效促进长三角人才流动和一体化发展。积极支持房地产市场平稳健康发展，2023年，先后推出二手房公积金贷款"带押过户"、公积金个人住房贷款展期、提取住房公积金支付首付款等业务，上调住房公积金贷款额度计算倍数、住房公积金贷款最高限额、加大住房公积金贷款支持力度，进一步满足缴存职工住房需求。

二、持续深化"示范区"全面建设，以创新思路引区域"政策共振"

一是创机制、拓格局，提高统筹层次。牵头制定《长三角一体化发展示范区住房公积金合作推进协议》，首创住房公积金"跨省通办"综合受理服务机制，梳理、细分三地住房公积金"跨省通办"业务事项65个，推动形成了涵盖异地信息互认、购房贷款、租房提取、按月还贷等内容的公共服务项目列表，逐步建立了"一张清单"全面覆盖、"一套标准"统一适用、"一个机制"有效支撑的工作格局。

二是统数据、抓智治，提速业务运转。着眼实现数据的高速流转、高效运行，以应用需求为导向，在示范区嘉善片区建设开发区域协同万事通"金小善"，依托AI智能交互，全面整合业务场景，高度统合三地政务服务网点和终端，通过多点归集、信息整合、平台共用等方式最大程度确保业务办理可第一时间获取、核实、反馈数据，为职工办事减环节、减材料、减时间，实现示范区内住房公积金业务高速运转。

三是勤调研、促先行，提升示范效能。着力发挥示范区先行先试职能，积极开展示范区住房公积金政策创新调研、住房公积金与商业银行个人住房贷款数据共享标准研究、住房公积金业务优化等探索性、前瞻性工作，为不断深化示范区建设、提升示范效能提供理论支持。

三、充分展现"起航地"政治担当，以一体理念推区域"全面融合"

一是在不断深化党建联建中引领发展。协同上海、苏州公积金管理部门签订《长三角一体化发展示范区住房公积金党建共建协议》，围绕"服务中心任务、建设过硬队伍"两大核心任务，深化推进长三角住房公积金党建联盟建设。结合党史学习教育，组织发起三地公积金党员代表在嘉兴开展"重走一大路、启航新征程"党建主题活动，推动党建工作与一体化发展同频共振、同向发力、同步提升，起到了以党的建设引领事业发展、从思想统一促成业务一体的显著效果。

二是在不断优化服务体验中塑造品牌。深入推进长三角住房公积金公共服务同城化、同质化发展，牵头制定《长三角住房公积金管理部门服务标准》，梳理长三角地区各公积金中心服务标准，共8大类24小项服务要点。设立"长三角示范区住房公积金服务专窗"，按照住房城乡建设部要求以全程网办、两地联办、多地帮办形式实现住房公积金事项"跨省通办"，确保服务质量和客户体验的优质供给，打造长三角住房公积金公共服务金字品牌。深耕"公积金·安'嘉'情"服务品牌，开展"大走访大调研大服务大解题"活动，2023年10月底，顺利举办了第四届"公积金·安'嘉'情"业务技能竞赛，以赛促练，不断提升能力本领。

三是在不断固化经验成果中迈向未来。与各地住房公积金部门广泛开展交流、深入总结经验，形成"党建联建促一体发展"、"跨区协同促便捷优享"、"异地提取业务双贯通"等经验做法。作为浙江省推进长三角住房公积金一体化的牵头中心，积极承办长三角年度务虚会、示范区联席会、示范区合作推进协议签约仪式、三周年成果展等会议和活动。2023年12月14日，长三角住房公积金一体化战略合作实施三周年暨成果展在浙江嘉兴顺利举行，住房和城乡建设部住房公积金监管司、上海、江苏、安徽住房城乡建设部门和长三角各地住房公积金中心领导参加会议。会上集中展示了一批长三角公积金一体化标志性成果，发布了《长三角住房公积金一体化新发展阶段倡议书》，会议获得了住房城乡建设部和省市领导的赞许。

管理运行篇·（五）区域协调发展

四川省广安市深入推进川渝住房公积金一体化发展 高质量建设川渝高竹新区住房公积金服务专区

广安市住房公积金管理中心坚持以习近平新时代中国特色社会主义思想为指导，认真贯彻落实省委十二届二次、三次及四次全会精神，在省住房城乡建设厅领导下，切实把"总牵引""总抓手""总思路"落实到各项工作的始终，以川渝高竹新区为切入点，通过机制夯基、协同提质、数字赋能，积极探索构建一窗通办、同城共享的川渝住房公积金一体化服务新模式。2023年，广安市住房公积金管理中心获评2023年度川渝住房公积金一体化发展先进单位。

一、坚持高位推动，一个专区统管理

（一）**强化"厅市合作"**。提前谋划思考，将川渝高竹新区住房公积金服务专区建设纳入年度"同城融圈"工作示范引领事项。2023年3月10日，省住房城乡建设厅同广安市人民政府签订《战略合作框架协议书》，支持广安市在川渝地区住房公积金一体化发展中先行先试，积极探索川渝高竹新区住房公积金全事项"一体化"改革，探索跨省共建管理机制、统一川渝高竹新区政策标准、协同推进住房公积金服务事项消异趋同。

（二）**同频"厅委联动"**。积极对接重庆市住房公积金管理中心，协商创新举措，依托信息技术、数字赋能，双方就推进川渝高竹新区住房公积金全事项"一体化"改革，联合打造"川渝合作"示范性成果达成合作意向。2023年4月27日，省住房城乡建设厅、重庆市住房和城乡建设委员会在重庆签订《推动川渝高竹新区住房公积金一体化创新发展合作备忘录》，将设立川渝高竹新区住房公积金服务专区、打造川渝住房公积金跨区域服务协同和政策创新高地作为年度重点工作。

（三）**共建"一个专区"**。建立定期联席工作机制，通过会商协调、联合调研、定期研讨，合力破解堵点难点问题，跟踪评估实施效果，实现决策共谋、难题共议、协同推进，高质量推动服务共建共享，全年开展实地考察调研7次，召开8次联席会议。按照"一块牌子、一个大厅、一个团队"原则，建立一个联合服务专区，打破人员编制隶属关系，由广安、重庆按1∶1比例首期派驻2名业务骨干合署办公，在赋权范围内全面负责新区住房公积金归集、提取、贷款等管理服务工作，实现新区业务流程、制度规范、信息技术、数据要素、岗责体系一体化融合升级。广安中心积极主动对接新区管委会，落实专区配套设施、完善工作人员食宿等后勤保障工作，2023年7月24日，川渝高竹新区服务专区正式开办业务。

二、坚持协同推进，一个窗口优服务

（一）**统一受理条件**。深入研究渝广两地公积金政策在跨省域实践中的差异性、趋同性和社会认可度，瞄定单位缴存、提取、贷款等政策差异点，坚持"因地施策、新区择优"原则，尊重两地差异，协同受理条件，实现36项日常服务事项受理条件统一。

（二）**统一申请材料**。成立工作专班，与重庆中心联合开展业务流程优化再造，坚持减项提效、工作下沉，全面梳理高频服务事项业务办理流程。采取"数据协查+承诺制"方式，简化表单内容4项，精简贷款户籍证明、婚姻状况证明 2 项资料，出台新区住房公积金政务服务指引，实现新区办理"两地"公积金业务要件无差别。

（三）统一流程时限。与重庆中心建立协议授权机制，通过互授核心业务系统权限，实现"两地"业务互办，在新区范围内实现住房公积金业务同城化。联合开展"服务窗口示范交流"活动，互派人员驻点交流学习，互学互鉴"两地"政策法规、业务流程、操作规范，夯实川渝住房公积金一体化发展基础。截至年末，服务专区已办理缴存业务 695 笔、金额 2579.74 万元，其中广安 390 笔、金额 1767.95 万元，重庆 305 笔、金额 811.79 万元；办理提取业务 448 笔、金额 1864.76 万元，其中广安 330 笔、金额 1347.65 万元，重庆 118 笔、金额 517.11 万元；新增缴存企业 6 家，其中，缴存登记在广安 2 家，缴存登记在重庆 4 家。

三、坚持"互联网＋公积金"，一体化通办业务

（一）**智能化建设线上平台**。依托川渝住房公积金信息共享平台，打破行业信息壁垒，实现"两地"住房公积金缴存、提取、贷款等 50 余项信息实时互通共享。大力推广"掌上办""指尖办"，深化拓展手机公积金 App，省政务服务一体化平台等线上服务功能，实现异地购房提取、退休提取等 16 项高频服务事项"全程网办"。

（二）**温馨化打造线下窗口**。推行预约服务、延时服务、7×24 小时不打烊工作机制，方便群众办理各项业务。建立容缺受理机制，对非关键证明材料不全，实行受理审核补齐办结和系统历史档案复用等举措缩短审批时限。建立日收集、周反馈、月汇总工作机制，开展实地调研走访，主动送政策送服务，为新区企业和职工答疑解惑。新区开办业务以来，实地走访 67 家新区企业，电话摸排 112 家缴存意向企业，新区企业宣传走访率达 100％。接待来电来访咨询 341 人次，其中，广安缴存职工 185 人次，重庆缴存职工 156 人次。

（三）**一体化助力川渝通办**。聚焦渝广群众跨地区办事"两地跑"、耗时长等堵点难点问题，开展联合调研，协同推进"川渝通办"高频服务事项落地落实，实现渝广全域住房公积金异地贷款缴存证明、贷款全部还清证明"无纸化""亮码可办"，购房提取、租房提取 4 项服务事项"川渝免证办"。截至 2023 年 12 月，广安累计办理重庆异地转移接续 1231 人次 1875 万元，发放重庆缴存职工在广安异地贷款 226 笔、7375 万元，办理川渝通办业务 51 件，协查重庆信息 50 余次，与重庆联合惩戒交换失信人员名单 92 人次。

管理运行篇·（六）党建综合

住房和城乡建设部住房公积金监管司党支部在高标准履职尽责中打造坚强战斗堡垒

近年来，住房和城乡建设部住房公积金监管司党支部始终坚持党建与业务"携手向前"，将理论学习、调查研究、推动发展、检视整改有机融合、贯通实施、一体推进，把"四强"党支部建在改革攻坚一线、急难险重之处、人民群众心上，在高标准履职尽责中淬炼党性，为住房公积金事业高质量发展奠定坚实基础。

一、锻造忠诚硬核，在大战大考中淬炼政治本色

（一）**严把政治方向**。将习近平总书记关于住房城乡建设领域、住房公积金工作的重要讲话和重要指示批示精神作为"案头卷""手边书"，第一时间督导促学、第一时间研讨领悟，多措并举推动学思用贯通、知信行统一。面对当前我国住房矛盾和金融形势发生的复杂变化，主动担当、积极作为，2022年，推动住房公积金首套房贷款利率下调 0.15 个百分点，住房公积金贷款余额新增 4100 亿元。

（二）**严守政治担当**。严格落实"第一议题"制度，建立台账管理、归口办理、督查督办等机制，形成研究部署、狠抓落实、督促检查、跟踪问效的工作闭环。新冠疫情暴发后，党支部闻令而动，迅速研究部署做好住房公积金服务工作的各项措施，第一时间出台阶段性支持政策，对 300 多个城市同时部署，实现住房公积金服务"零"中断、网络安全"零"失误、资金运行"零"事故。

（三）**严筑政治根基**。构建支部班子带头抓、支委委员分工抓、小组成员具体抓的工作格局。学习贯彻习近平新时代中国特色社会主义思想主题教育开展后，党支部将调查研究与推动工作贯通起来，变"要我学"为"我要学"；聚焦解决好新市民、青年人住房需求的难点问题，党支部班子成员分别带队赴 12 省 19 市开展调研，深入新经济组织和新社会组织开展面对面交流，更大力度支持他们通过公积金解决住房问题；创新"跨部门联合调研"方式，与中央和国家机关有关部门、中央企业等单位开展联合调研，从全局出发研究问题，力争部门间攥指成拳、合力致远。

二、激活高质量发展引擎，在为民服务中践行初心使命

（一）**注入坚守初心"新动力"**。做到每日一学、每周一会、每月一主题，开展"书记与党员谈体会"活动，手把手教方法、面对面传经验，做好学习实践"传帮带"。青年理论学习小组、党小组和党支部，分别通过跟进学、集中学、融汇学"三学"模式，有重点、分步骤、分层次深化学习，在真学真懂真信真用上狠下功夫。自 2021 年起，先后在重庆、广州等城市开展灵活就业人员权益保障问题试点，定制多样化的缴存使用政策，帮助外卖小哥、家政月嫂们能够参加并享受制度支持，使他们在城市进得来、留得下、稳得住。

（二）**跑出务实为民"新速度"**。针对百姓异地办事的突出堵点，把"跨省通办"作为"我为群众办实事"实践活动重点内容，先后深入十余个省（区、市）70 多个城市，获取第一手资料、聆听缴存人心声，将业务办理从属地化管理的封闭"小循环"，打通为全国共享联动的开放"大循环"。持续深化"我为群众办实事"实践活动，大胆创新办理模式，2023 年实现了异地协查业务"亮码可办"，该案例

获评国务院办公厅政务服务效能提升典型经验案例，真正实现了把群众是否满意作为检验主题教育成果的根本评判标准。

（三）**赋能地方发展"新动能"**。发挥党支部带动作用，在系统各级党组织和党员干部中树立"全国住房公积金是一家"的理念。集全系统智慧、汇全行业力量，发布全国统一的服务标识。建成全国监管服务平台，在履行好监管职能的同时，赋能地方发展，提升服务效能。采用区块链技术建设全国数据集中平台，联通各城市住房公积金管理中心，成为区块链技术在电子政务领域首次大规模成功应用典型案例。

三、练就系统铁军，在推动发展中建强党员队伍

（一）**坚持能力提升树品牌**。实施"党员干部能力提升行动"，每名党员、每个处室分别制定能力提升计划，努力实现"一人一目标、一处一品牌"。将蹲点式调研与墩苗式培养相结合，将青年干部派到改革发展、服务群众的前沿驻点，指导他们把情况摸清、问题找准、对策提实，助力青年干部在一线长见识、壮筋骨、增才干。党支部书记带领司青年理论学习小组与国办电子政务办、北京市住建委、北京市住房公积金管理中心组成"三级联合"调研小组，通过定主题、找问题、解难题方式，开展租房提取住房公积金专题调研攻关，调研成果获中央和国家机关青年理论学习小组"关键小事"调研攻关活动优秀成果二等奖。

（二）**坚持攻坚克难炼真金**。积极派员参加国务院稳经济大盘等重大专项工作，鼓励年轻党员敢接"烫手山芋"，能啃"硬骨头"，勇闯"暗礁险滩"。2021年，党支部在梳理群众需求时，发现许多缴存人不知如何查询个人账户，每到一个新城市要重新下载当地住房公积金中心App，非常不方便。党支部迅速成立专项攻坚小组，着力打通问题堵点。经过100多个日夜的奋战，全国住房公积金公共服务平台（全国住房公积金小程序）成功上线运行，累计有1.2亿人使用，申请办理异地转移接续业务540万笔，划转资金552亿元。

（三）**坚持系统联动锻铁军**。构建"大党建"工作格局，推进党建与业务融合向全系统延伸，锤炼新时代住房公积金系统为民服务铁军。在全国住房公积金监管服务平台开设视频课堂，通过"线上+线下""课堂+实践""专家授课+交流研讨"等模式，培训系统内党员干部超10万人次。开展"住房公积金系统廉洁风险防控"专题研究，一体推进全系统"三不腐"。通过"惠民公积金，服务暖人心"服务提升三年行动，在全系统选树培育一批星级服务岗，引导各地系统内党组织与社区、企业党组织互联互动、联学共建。

（来源：《旗帜》2024年第3期）

管理运行篇·（六）党建综合

安徽省聚焦四个重点着力做好住房公积金监管工作

近年来，安徽省住房和城乡建设厅（以下简称"安徽省厅"）坚持目标导向、问题导向，发挥省级部门的"承上启下"作用，明确省级监管工作定位，不断强化履职能力，按照住房和城乡建设部部署、审计整改、群众需求和数字化监管四个重点，着力做好住房公积金监管工作，取得良好效果。

一、坚决落实住房和城乡建设部重点工作部署，扎实推进住房公积金服务事项"跨省通办"

安徽省厅按照住房和城乡建设部统一部署，落实落地落细具体措施，实现更多住房公积金服务"网上办、掌上办、一次办"。

一是聚焦缴存人"急难愁盼"问题，解决信息壁垒痛点。积极协调获取住房和城乡建设部以及省内相关部门的信息支持，运用数字技术推进跨地区、跨部门数据共享，顺利完成"跨省通办"任务。

二是发挥区域优势，强化合作协同。主动融入长三角一体化，与有关省市共同建立长三角地区住房公积金一体化发展机制。按照"专班研究、试点先行、全面推广"的模式，在完成"跨省通办"任务基础上，扩大区域业务通办范围，让缴存人异地办事更加便捷。

三是创新服务模式，推进"互联网+政务服务"。在省政务服务平台主动公开住房公积金服务项目，实现一个平台入口即可办理全省各市住房公积金业务。

二、紧盯审计发现的问题整改，努力实现设区城市住房公积金"四统一"

实现设区城市住房公积金制度、决策、管理、核算"四统一"，是保证住房公积金规范运行的需要。2021年，审计部门针对部分地方仍有分支机构未纳入所在城市住房公积金中心（以下简称公积金中心）统一管理的问题，提出了整改要求。安徽省厅以审计为体检，以落实审计整改为契机，推动住房公积金行业分中心机构归并。目前，省内的宝武马钢集团、淮南矿业集团、淮北矿业集团、皖北煤电集团所属的住房公积金分中心，已全部并入所在城市中心，实现了制度、决策、管理、核算"四统一"。

一是提高政治站位，强力推动整改落实。厅主要负责同志牵头抓总，深入相关城市与市委、市政府领导当面沟通。厅分管负责同志带队走访省财政厅、编办、国资委等部门协商工作思路，形成一致意见。

二是广泛征求意见，制定工作方案。深入相关城市多次召开整改协调会、座谈会，听取公积金中心、行业分中心、分中心所属企业意见，指导相关城市人民政府制定机构归并方案和移交接收方案，并牵头抓好落实。

三是统筹安排明确分工，有序推进移交工作。组织召开联合整改工作会议，印发审计整改通知，细化具体工作内容、步骤和时限，明确相关部门、企业的职责分工，压实工作责任。紧盯工作难点、重点和时间节点，按照"交得稳、接得住、管得好"要求倒排工期，扎实推进机构移交工作。

三、聚焦群众和基层实际需求，深入实施住房公积金服务提升三年行动

随着就业形势变化和人员流动性增强，缴存人对住房公积金服务标准化规范化便利化的需求越来

强烈，对公积金中心提升服务能力提出更高要求。安徽省厅针对缴存人的服务需求，按照部里统一部署，深入实施住房公积金服务提升三年行动。

一是跟进政策落实，压实工作责任。制定印发本省住房公积金服务提升三年行动实施意见，细化工作措施，明确时间节点，把各项任务要求及保障措施贯穿三年行动全过程。成立以厅分管负责同志为组长的省市联合领导小组，各市设立联络员，形成上下联动的工作格局。

二是根据基层需求，提供有力支撑。为推进服务标准化规范化，组织全省住房公积金服务礼仪和专业知识培训。广泛听取群众意见，指导城市公积金中心优化窗口服务时间、整合线上线下服务功能。关心、关怀特殊人群，开设特殊服务绿色通道。开展"走进社区、街道、工矿企业送服务"活动，到扶贫点、贫困区缴存人家中送温暖，不断提升群众办事满意度。

三是深入宣传引导，打造服务品牌。全省统一部署，广泛报道住房公积金服务的典型案例和经验做法。在省厅官网设立三年行动宣传专栏，建立信息月报送制度，向部里和媒体择优选送。指导各城市公积金中心通过当地媒体，加大宣传力度。

四、创新数字化监管手段，用好全国住房公积金监管服务平台

助力数字政府建设、实施数字化监管是做好住房公积金监管工作的发展趋势。2021年以来，住房城乡建设部建成全国住房公积金监管服务平台，通过数据筛查及时发现风险线索，实现了贯穿部省市三级的数字化监管。安徽省厅充分运用平台，扎实推进风险线索筛查整改，共整改问题数据5.7万条，对管控风险发挥了重要作用。

一是聚焦问题化解，标本兼治控制总量。指导本省公积金中心深入查摆风险防控的突出问题，建立"人控"+"机控"的监管和问题解决机制，大大降低了问题数据总量。

二是瞄准突出问题，强力推动遏制增量。公积金中心明确职责分工，按照"日日登平台、时时防风险"要求，及时发现并整改新增风险疑点。

三是强化稽核管理，精准化解减少存量。针对已发现的问题，实行"一天一提醒，一月一通报"，对风险防控数量大的重点城市进行线上线下督导。

四是加大监管力度，协同联动防范变量。去年以来，针对房地产项目逾期交付造成住房公积金贷款风险有所增加的新情况，联合人民银行、银保监等部门制定商品房预售资金监管办法，严密防范和及时化解相关项目的公积金贷款风险。

管理运行篇·（六）党建综合

广东省中山市坚持党建引领
打造为民务实"四好"机关

广东省中山市住房公积金管理中心（以下简称"中山中心"）深入学习贯彻习近平新时代中国特色社会主义思想，坚持党建引领，以高质量发展为牵引，以推动"惠民公积金、服务暖人心"三年行动为契机，深化改革创新驱动业务服务提质增效，打造人民满意的服务型政府。

一、强化党组织建设，队伍政治素质好

中山中心坚持把党的政治建设摆在首位，深入学习领悟党的二十大精神和习近平总书记视察广东重要讲话、重要指示精神，以建设"四强"党支部为目标，深化党支部标准化规范化建设，全面提升党建工作质量。

一是注重抓理论学习，加强中心组学习、集中专题学习、党员个人自学等，落实"三会一课""第一议题"学习机制，结合开展线上学习，利用好"学习强国"App、粤政易学习群等平台，班子领导每天线上领学、党员每周群内分享学习心得常态化开展党性教育。

二是以打造独具住房公积金特色的党建主体基地为载体，将党建品牌建设与住房公积金制度宣传融为一体，集中展现中山中心干部坚持党建引领、践行"以人民为中心"的发展思想，使住房公积金制度深入人心。同时，也为中心广大党员干部搭建一个集学习、宣传为一体的党员教育阵地，把党的最新理论送到党员干部身边，全面提升党支部组织力凝聚力战斗力，努力建设让党和人民群众满意的模范机关。

二、推动精神文明创建，担当奉献氛围好

中山中心着力打造文明机关"最强责任感"，擦亮"惠民公积金、服务暖人心"党建品牌。

一是坚持开展"党员周二不午休"志愿服务，累计服务群众1万人次。

二是实施非工作日后台"不打烊"审批，为群众提供非工作日业务审批服务，累计处理批量业务近100万笔，处理资金近24亿元。

三是主动上门服务企业，开展政策宣讲、业务申办服务，年均服务企业300多家，解答群众咨询超万人。

四是主动对接党建共建镇村（社区），组织实施"双联双助"行动，开展村居网格化管理、创文志愿服务等，党员干部累计1000多人次参加志愿服务。2023年初，中山中心陈敏斯同志被评为全国"住房和城乡建设系统先进工作者"。9月，中山中心东区办事处获评为"第21届全国青年文明号"。

三、抓实抓细作风建设，发挥作用效果好

中山中心坚持人民至上理念，持续改进工作作风，强化队伍能力建设。

一是打通群众沟通"最后一公里"，通过设立"码上反映"监督举报平台二维码和开展线上问卷调查等形式，全面了解群众的"急难愁盼"问题，及时答疑解惑，积极整改、完善政策、优化流程，群众

满意度持续提高。

二是打磨业务管理"最小颗粒化",统一服务事项标准,相继出台各项内部管理机制及业务操作规程,建立健全业务办理操作规程、住房公积金服务规范、业务审批工作机制、内部稽核工作机制、好差评工作机制、信访处理工作机制等,实现服务质效全流程跟踪。

三是实现政策措施"最大保障性",实现港澳台同胞"刷脸"网上业务办理服务,创新实施住房贷款"商转公"顺位抵押模式,探索推动跨部门"一件事一次办"服务,多措并举充分发挥住房公积金惠民保障作用。

四、推动深化改革创新,为民服务效能好

中山中心坚持党建与业务同谋划、共部署、齐推进,把党建成果转化为推动业务发展的强大动力,以高质量创新驱动服务效能提升。

一是构建"1+4+N"线下服务三级模式,以自有办事大厅为基础,发挥4个办事处的窗口效能,78个银行服务点为扩充,30个主要社区服务网点为辅助,将住房公积金服务延伸至群众"家门口"。

二是大力推进"智慧公积金"多渠道服务体系建设,并将服务延伸至不同部门,联动市市场监管局开通"企业开办一件事",联合省人社局开通"员工录用一件事",联动市人才安居公司实施住房公积金"直付房租"项目等,为群众提供"环抱式"住房公积金服务体验。

三是加大数字化建设力度,在全省率先实现征信数据共享接入,完成超25项业务"跨省通办"(住房公积金缴存贷款等信息查询、出具贷款职工缴存证明、购房提取、开具贷款结清证明、提前部分偿还贷款、偿还贷款本息提取、偿还商业购房贷款本息提取、提前还清贷款、正常退休提取、单位登记开户、单位及个人缴存信息变更、公积金汇缴、公积金补缴、租房提取、个人账户封存、个人账户启封、个人账户设立、公积金对冲还贷、贷款还款方式变更、贷款缩期、其他住房消费提取、签订提取还贷协议、取消提取还贷协议、死亡提取、提前退休提取等)无差别受理,推动"亮码可办"业务迅速上线,实现异地转移"智能审批",上线贷款"不见面"办理,拓展"数字人民币"住房公积金服务等,推动业务效能提质增效。

甘肃省狠抓深化服务提升行动
扎实推动住房公积金高质量发展

近年来，甘肃省住房和城乡建设厅（以下简称"甘肃省厅"）坚持以习近平新时代中国特色社会主义思想为指导，立足新发展阶段，践行新发展理念，加强住房公积金监督管理，发扬"钉钉子"精神，一件事接着一件事抓落实、促发展，建立健全住房公积金缴存、使用、管理和运行机制，调整优化使用政策，加快数字化发展，深化服务提升三年行动，扎实推进住房公积金各项工作落地见效。

一、推动机构整合，规范机构设置，形成监管合力

2020年以来，甘肃省厅统筹谋划、抢抓机遇，推动全省住房公积金企业分支机构调整到位，六家企业住房公积金管理职能分别移交兰州、白银、平凉、金昌和酒泉城市人民政府管理，实现制度、决策、管理和核算"四统一"。

一是坚持高位推动。向省人民政府报送《关于推动全省住房公积金管理分支机构调整的请示》，经省政府常务会议审议同意。省厅发挥牵头抓总职责，与相关部门加强协作配合，强化工作统筹，主动沟通对接，依法依规稳妥推进，确保了分支机构调整工作有效推进。

二是科学制定方案。联合相关部门共同印发《甘肃省住房公积金管理分支机构调整实施方案》，明确了企业和政府的责任分工，明确财政、审计、人社、国资、住房公积金等部门和相关企业的职责分工，确保机构移交工作职责清晰、任务明确。

三是形成推动合力。及时组织实施方案宣讲解读，进行答疑解惑。针对个别城市工作推进缓慢的问题，建立协同推进机制，会同省审计厅、省国资委等部门联动推进，做到省级相关部门同安排、同督查、同落实。

四是持续优化完善。机构调整完成后，指导兰州市针对电力、煤炭行业职工点多面广的实际，积极探索完善适合异地缴存职工特点的住房公积金管理服务机制，出台涵盖提取、贷款的一揽子解决措施，切实做到各项业务不断、工作秩序不乱、职工队伍稳定。

二、夯实缴存基础，规范缴存行为，持之以恒做好归集扩面工作

甘肃省厅着力改进完善住房公积金缴存机制，使更多就业群体平稳有序纳入住房公积金制度，增加住房储金积累，增强住房支付能力。

一是将缴纳住房公积金列入劳动合同示范文本。今年6月，积极协调省人社厅对省级劳动合同示范文本进行了修订，进一步明确单位缴纳住房公积金义务，从制度上保障职工合法权益。

二是持续精简要件资料。指导各地进一步简化灵活就业人员（含新市民、个体工商户、自由职业者、非全日制从业人员等无固定用工单位人员）建缴资料，取消户籍和社保等限制，加大对新市民及青年人解决住房问题的支持力度。

三是进一步规范缴存基数。积极推动将国家规范后行政事业单位绩效奖金、第十三个月工资、交通补贴、乡镇工作补贴、行业性津补贴等纳入住房公积金缴存基数，持续增加住房储金积累。

三、围绕住房大局，调整优化政策，多措并举助力缴存人住有所居

按照全国住房和城乡建设工作会议精神和省委省政府决策部署，指导省内住房公积金管理中心积极调整优化住房公积金归集使用政策，支持缴存职工住有所居。

一是科学确定目标任务。印发《关于科学确定年度住房公积金业务发展目标的通知》，指导各地科学合理确定年度发展目标，并经管委会主任审签，报省厅审定，确保全年各项业务指标运行在合理区间。

二是统筹谋划全局工作。及时制定印发全省住房公积金管理工作要点，科学谋划全年重点工作，同步召开全省住房公积金管理工作会议进行传达部署。

三是持续优化使用政策。提高贷款额度、拓宽贷款业务类型、优化异地贷款政策。提高租房提取额度和频次、支持已售城镇住宅发证提取、完善老旧小区改造加装电梯提取及自付工程部分提取。2023年1—12月，甘肃全省新增缴存额424.17亿元，同比增长12.53%；新增提取额355.38亿元，同比增长46.65%，其中租房提取金额11.97亿元，同比增长68.21%；发放个人住房贷款223.25亿元，同比增长64.48%。

四、强化风险意识，提高防控效果，省市齐抓共管筑牢风险防控底线

甘肃省厅将"加强风险防控、确保资金安全"作为重中之重，完善防控措施，打好防范和化解风险的攻坚战。

一是完善贷款风险防控机制。制定印发《甘肃省防范和治理住房公积金贷款逾期攻坚行动工作方案》，按照"总体把控、区别定值"的原则，分时间节点有针对性地向各市州下达降低逾期目标任务，建立健全贷款逾期包抓工作机制，形成人人有压力、人人有动力、人人有责任的工作体系，形成了横向到边、纵向到底的工作责任体系。截至2023年底，全省个贷逾期率0.02%，同比下降0.014个百分点，防范和治理成效显著。

二是强化监管服务平台监督作用。通过使用全国住房公积金监管服务平台，强化业务监管，扎实推动风险整改工作。针对"缴存比例超限""一人多贷""向不符合条件职工发放贷款"和"低于最低首付比例发放贷款"等4项风险指标，明确整改要求和整改时限，定期通报工作进展。

三是筑牢住房公积金信息安全防线。按照《网络安全法》《信息安全等级保护管理办法》《住房公积金信息系统技术规范》等规定，制定印发《关于做好住房公积金信息安全工作的通知》，靠实信息安全主体责任，健全运行维护长效机制，强化基础数据资源管理，筑牢信息安全管理底线，确保不留死角、不打折扣。

五、强化数据赋能，提升服务效能，创新举措加快数字化发展

甘肃省厅将信息化、智慧化作为拓展服务渠道、简化办事手续、推动服务升级的"金钥匙"，运用移动互联技术全面提升服务效能。

一是建设区域一体化共享协同平台。建成甘肃省住房公积金区域一体化共享协同平台，实现省内住房公积金管理中心之间"数据互通、业务互助、信用互认"，编制数据接口规范、对接技术方案、操作手册、办理指南等技术文档。

二是深化与商业银行"金银合作"模式。积极搭建省级与商业银行间总对总对接平台，推动实现提取住房公积金偿还商业住房贷款、商转公、组合贷、带押过户等业务在线协同联办。利用多源数据为缴存人和缴存单位建立综合评价模型，支持商业银行为缴存企业开通融资绿色通道。

三是积极建设"点对点"联动执行平台。依据甘肃省高级人民法院和甘肃省厅《关于建立住房公积金执行联动机制的若干意见》，加快建设"点对点"联动执行平台，实现住房公积金和人民法院数据的互联互通，支持信息共享、业务协同，共同规范查询、冻结、解冻和扣划等业务流程。

2023年住房公积金大事记

2023年2月，住房和城乡建设部办公厅印发《关于做好"惠民公积金、服务暖人心"全国住房公积金系统服务提升三年行动2022年度表现突出星级服务岗先进经验推广工作的通知》，推广2022年度表现突出的93个基层星级服务岗先进经验，进一步深化住房公积金行业精神文明创建工作。

2023年3月，住房和城乡建设部办公厅印发《关于温州市推进住房公积金助力共同富裕部省合作联系点建设实施方案意见的函》，积极落实部省推进共同富裕示范区建设合作框架协议，指导温州市推进住房公积金助力共同富裕部省合作联系点建设。

2023年4月，住房和城乡建设部在武汉、济南、青岛、昆明、湖州、包头、晋城7个城市开展灵活就业人员参加住房公积金制度试点，试点城市范围由6个扩大到13个。

2023年4月，住房和城乡建设部住房公积金监管司组织开展落实《关于加快住房公积金数字化发展的指导意见》远程视频培训，指导地方争取认识住房公积金数字化发展的指导思想、基本原则和主要目标，理解健全共享利用的数据资源体系和整体协同的平台支撑体系的重要意义，准确把握建立数字化管理新机制、服务新模式、监管新局面、安全新防线"四新"的发展要求，推动文件落地实施。

2023年4月，按照住房和城乡建设部党组关于"选择部分城市，开展住房公积金管理中心承担住宅专项维修资金管理业务试点"的要求，积极指导山东滨州、江西抚州开展住房公积金管理中心承担住宅专项维修资金管理试点工作。

2023年5月，住房和城乡建设部认真落实习近平总书记在雄安新区考察期间重要讲话精神，开展调查研究，积极协调北京、雄安新区两地有关部门，围绕雄安新区疏解单位和疏解职工利益关切，在5月底明确了住房公积金一揽子支持政策要求。

2023年5月，住房和城乡建设部、财政部、中国人民银行印发《全国住房公积金2022年年度报告》，披露2022年全国住房公积金管理运行情况，召开新闻发布会，开展宣传解读，保障缴存单位和缴存人的合法权益。

2023年6月，为推动住房和城乡建设部《关于加快住房公积金数字化发展指导意见》实施，住房公积金监管司联合中国人民银行征信中心，组织29支服务指导小组，赴全国32个省（自治区、直辖市）和新建生产建设兵团开展现场服务指导，推动各地住房公积金管理中心完成征信共享接入等工作任务，确保年底前实现住房公积金个人住房贷款数据与人民银行征信数据全面对接。

2023年7月，按照住房和城乡建设部确定的关于雄安新区纾解职工住房公积金支持政策要求，北京住房公积金管理中心（国管分中心）向星网集团疏解职工发放住房公积金个人住房贷款，有力支持疏解职工住房需求，推动住房公积金支持政策在关于高标准高质量建设雄安新区一揽子政策措施中率先落地实施。

2023年7月，住房和城乡建设部办公厅印发《关于整合住房公积金个人证明事项推动"亮码可办"工作的通知》，以统一"电子码"代替原有职工缴存证明等3项纸质证明，实现住房公积金个人证明事项"亮码可办"，方便缴存人办理异地贷款等相关业务，加强异地协同联动，由缴存人多地跑变为中心间协同办。

2023年7月，商务部、国家发展改革委、住房和城乡建设部等部门联合印发《关于促进家居消费若干措施的通知》，继续支持城镇老旧小区居民提取住房公积金用于加装电梯等自住住房改造，政策支持范围扩大到本人及配偶双方父母自住住房加装电梯等改造，支持缴存人改善居住环境。

2023年7月，住房和城乡建设部住房公积金监管司指导江苏省与青海省、山东省与新疆生产建设兵团建立住房公积金管理运行"结对子"帮扶工作机制，助力提升住房公积金全行业管理运行水平。

2023年8月，住房和城乡建设部住房公积金监管司组织编印《2021中国住房公积金年鉴》和《2022中国住房公积金年鉴》，全面记载当年住房公积金管理运行情况，突出展示住房公积金年度重点工作、主要举措和经验亮点。

2023年9月，住房和城乡建设部住房公积金监管司委托清华大学纪检监察研究院开展住房公积金系统廉洁风险防控研究，形成研究报告和警示教育、示范经验案例集，总结住房公积金管理机构加强自身建设、创新廉洁风险防控举措等方面的做法和成效。

2023年10月，住房和城乡建设部指导杭州市开展住房公积金贷款资产证券化工作，在上海证券交易所发行20亿元，所筹集资金重点支持新市民、青年人租房及购买首套住房、共有产权住房。

2023年10月，住房公积金高质量发展培训班在北京举办，通过解读重大政策、介绍专项工作要求、分享地方创新经验等方式，指导地方提高住房公积金管理服务水平。本次培训创新课程设计，首次尝试"线下培训+线上直播"的教学方式，全行业共有3500余人参加此次培训。

2023年11月，住房公积金重点工作推进会暨经验交流会在成都召开，这是住房公积金行业召开的一次重要会议。会议以习近平新时代中国特色社会主义思想为指导，深入学习贯彻党的二十大精神，总结住房公积金事业发展取得的成效，明确新时代新征程住房公积金肩负的新使命。会议强调要坚持人民至上、坚持以用为先、坚持数字引领、坚持底线思维，在中国式现代化新征程中找准住房公积金制度定位，在推动构建房地产发展新模式中更好发挥住房公积金作用，在推动国家治理体系和治理能力现代化中提升住房公积金管理服务水平。住房和城乡建设部党组成员、副部长董建国出席会议并讲话。

2023年11月，住房和城乡建设部住房公积金监管司印发《关于试用住房公积金管理中心年度体检评估指标（2023版）的通知》，从发展绩效、管理规范化、数字化发展、风险防控、服务能力、年度工作6个方面设计33项指标，指导省级监管部门和城市住房公积金管理机构开展试用；建立体检评估工作联系点机制，将12个省64个城市住房公积金管理中心作为体检评估工作联系点，推动建立体检评估常态化工作机制。

2023年11月，住房和城乡建设部住房公积金监管司指导各地住房公积金管理中心做好新版外国人永久居留身份证适配性改造工作，服务保障国家高水平对外开放，提升住房公积金服务效能。

2023年12月，住房和城乡建设部办公厅印发《关于做好住房公积金数据质量提升工作的通知》，提出健全住房公积金数据质量管理机制，加强住房公积金全生命周期质量管理的工作要求，部署数据质量提升工作。

2023年12月，住房和城乡建设部住房公积金监管司组建住房公积金数字化发展咨询服务团队，制定工作规则，建立健全住房公积金数字化发展咨询服务工作机制。

2023年12月，继苏州、广州、深圳等城市探索住房公积金数字人民币业务后，大连、淮安、青岛、湛江、昆明等24个城市住房公积金管理中心应用数字人民币向缴存人、缴存单位提供住房公积金缴存、提取、贷款等服务。

2023年12月，住房公积金行业实现"租房提取住房公积金、提前退休提取住房公积金"2项住房公积金服务事项"跨省通办"，住房公积金"跨省通办"事项增至13项，服务缴存人跨区域流动需要，进一步畅通异地业务办理。